U0856208

10 月 1 日，北京交通大学 2 323 名师生组成的“交通运输”群众游行方阵接受国庆 60 周年阅兵检阅

3 月 19 日，北京交通大学深入学习实践科学发展观活动动员大会隆重举行，全面动员和部署深入学习实践科学发展观活动

10月17日，学校举行运输、经管、电信学科创立百年庆典

11月26—28日，学校召开2009年学位与研究生教育工作会议，会议主题为“优化结构、注重创新、提高质量”

6月19日，中共中央政治局委员、北京市委书记刘淇一行来校视察，专题调研轨道交通基于通信的先进CBTC系统核心技术研发、示范工程进展及产业发展情况

7月2日，全国政协副主席、致公党中央主席、科技部部长万钢来校视察，指导我校轨道交通控制与安全国家重点实验室、隧道及地下工程教育部工程研究中心和结构强度检测国家认证中心工作

5月23日，北京市委常委、教育工委书记赵凤桐一行来校视察，听取学校工作汇报，参观了轨道交通控制与安全国家重点实验室等

5月6日，北京市副市长黄卫一行来校视察指导工作，听取学校工作汇报，参观了国家工科物理教学实验基地等

5月15日，北京市副市长陈刚一行来校视察指导工作，参观了隧道及地下工程教育部工程研究中心，并听取了学校关于发挥学科优势和特色，服务北京经济社会发展特别是轨道交通建设方面的工作汇报

10月17日，第五届中国交通高层论坛举行，主题为“金融危机下的综合交通体系建设”。图为校长宁滨致开幕词

11月28日，由我校主办的第三届中国产业安全论坛在人民大会堂隆重举行，论坛主题为“关注金融产业安全 共促国家经济发展”

6月10日，学校自主研发的轨道交通亦庄线国产CBTC示范工程信号系统采购合同签约仪式举行

1月10日，北京交通大学成立国内首个横跨文、理、工、管的综合性网络舆论安全研究机构——北京交通大学网络舆论安全研究中心

9月25日，学校与奥地利欧亚太平洋大学联盟及维也纳技术大学共同创建“中奥物流创新研究中心”

1月19日，北京轨道交通运行控制系统国家工程研究中心有限公司举行揭牌仪式

4月14日，学校与北京市工商行政管理局海淀分局共建北京市首个“大学生自主创业指导中心”

4月16日，学校与河北沧州渤海新区举行战略合作签字仪式

12月11日，第四届全球孔子学院大会召开，我校和比利时鲁汶工程大学合办的鲁汶孔子学院被国家汉办评为2009年度优秀孔子学院

6月30日，国家“千人计划”首批人选宋永端教授聘任仪式举行

9月2日，学校王移芝老师获得第五届高等学校教学名师奖

5月8日，北京交通大学机械工程楼群落成。该楼由4部分组成，总建筑面积36 059平方米，工程总投资1.16亿元

3月18日，学生活动服务中心开工建设。该楼建设用地面积16 800平方米，建筑面积58 000平方米

10 月 25 日，北京交通大学海滨学院二期建设项目开工奠基仪式隆重举行。项目总投资达 3 亿多元，建设总面积 191 812.9 平方米。

8 月 31 日，北京交通大学校史博物馆开馆

10 月 24 日，学校举办第三届国际文化节

2 月 8—14 日，北京交通大学学生艺术团交响乐团、管乐团在第二届全国大学生艺术展演中双双荣获全国一等奖

7 月 2 日，学校举办庆祝国庆 60 周年教职工“祖国万岁”大合唱比赛

10月30日—11月9日，我校交响乐团、女子排球队组成的“2009乐动两岸文化交流团”一行赴台进行了交响乐义演和排球友谊赛等文化交流活动

11月24日—12月7日，北京交通大学学生艺术团赴欧洲巡演

北京交通大学年鉴

2009

《北京交通大学年鉴》编委会　编

北京交通大学出版社
·北京·

内容简介

《北京交通大学年鉴·2009》是由北京交通大学年鉴编委会主持编纂的一部综合性工具书和史料文献。全书由学校概况，特载与专文，组织机构，党群与思想政治工作，人才培养，学科、科研与校办产业，教职工队伍建设与管理，国际交流合作及港澳台工作，国有资产管理，办学条件保障，院系工作和学校大事记等12个部分组成，客观翔实地记载了北京交通大学2009年的改革与发展情况。

年鉴的编辑和出版得到了学校领导的关心、指导及各单位的支持与协助，在此谨表衷心感谢。书中难免疏漏之处，恳请读者批评指正。

图书在版编目（CIP）数据

北京交通大学年鉴. 2009 /《北京交通大学年鉴》编委会编. —北京：北京交通大学出版社，2010. 10

ISBN 978-7-81123-920-1

Ⅰ. ①北…　Ⅱ. ①北…　Ⅲ. ①北京交通大学－2009－年鉴　Ⅳ. ①G649. 281-54

中国版本图书馆CIP数据核字（2010）第189284号

责任编辑：赵彩云
出版发行：北京交通大学出版社　　电话：010-51686414　　http://press. bjtu. edu. cn
北京市海淀区高梁桥斜街44号　　邮编：100044
印 刷 者：北京交大印刷厂
经　　销：全国新华书店
开　　本：185×260　印张：26. 25　字数：674千字　彩插：12
版　　次：2010年10月第1版　2010年10月第1次印刷
书　　号：ISBN 978-7-81123-920-1/G·130
印　　数：1～500册
定　　价：168. 00元

本书如有质量问题，请向北京交通大学出版社质监组反映。对您的意见和批评，我们表示欢迎和感谢。
投诉电话：010-51686043，51686008；传真：010-62225406；E-mail：press@bjtu. edu. cn。

《北京交通大学年鉴》编委会

《北京交通大学年鉴·2009》

主要撰稿人名单

（以姓氏笔画为序）

王　锋　王春友　王铁江　王雪庄　邓小凤　卢　强　宁望和
刘　拓　刘　蓉　刘新英　回晓文　孙冬梅　孙亚慧　安志强
曲立忠　朱建军　闫　立　何　凌　吴　俊　张永生　张延平
张辰红　张岳强　李　敏　李　蓉　李红梅　李京涛　李凌宇
杨贵艳　陈　尘　陈　曦　周　阳　周　倩　林　葵　郑光信
金　松　胡　滢　赵　樱　赵世瑛　赵庆先　殷晓彤　贾长忠
董丽敏　董金凤　潘　力

目　录

学校概况

学校概况 …………………………………………………………………………………… (3)

特载与专文

全面把握新形势新要求新任务不断开创有特色、高水平研究型大学建设新局面
——王建国书记在校党委九届十次全会上的报告 ……………………………………… (9)
抢抓机遇　迎接挑战　推进有特色、高水平研究型大学建设
——宁滨校长在校党委九届十次全会上的报告 ……………………………………… (16)
优化结构　注重创新　提高质量　推进我校学位与研究生教育事业科学发展
——宁滨校长在北京交通大学学位与研究生教育工作会议上的讲话 ……………… (24)
北京交通大学 2009 年工作要点 ………………………………………………………… (33)
北京交通大学 2009 年工作总结 ………………………………………………………… (37)
北京交通大学深入学习实践科学发展观活动 …………………………………………… (41)
【综述】 ………………………………………………………………………………… (41)
【附件 1】王建国书记在北京交通大学深入学习实践科学发展观活动
动员大会上的讲话 ……………………………………………………………… (42)
【附件 2】王建国书记在北京交通大学深入学习实践科学发展观活动
总结大会上的讲话 ……………………………………………………………… (50)

组织机构

学校部分委员会和领导小组 ……………………………………………………………… (59)
学校部分机构及负责人 …………………………………………………………………… (61)

党群与思想政治工作

综合工作 ………………………………………………………………………………… (67)
【综述】 ………………………………………………………………………………… (67)
【制度建设】 …………………………………………………………………………… (67)
【文稿服务】 …………………………………………………………………………… (67)
【信息与统计工作】 …………………………………………………………………… (67)
【督察督办】 …………………………………………………………………………… (68)
【接待管理】 …………………………………………………………………………… (68)
【来信来访】 …………………………………………………………………………… (69)
【单位考核】 …………………………………………………………………………… (69)

【附件3】2003—2009年学校年终单位工作考核结果 …… (70)
组织工作 …… (72)
【综述】 …… (72)
【学习实践科学发展观活动】 …… (72)
【干部队伍建设】 …… (73)
【基层组织建设】 …… (75)
【党建研究】 …… (76)
【党校工作】 …… (76)
【党员发展工作】 …… (77)
宣传工作 …… (78)
【综述】 …… (78)
【理论学习与研究】 …… (78)
【教职工思想教育】 …… (78)
【校园文化建设】 …… (78)
【媒体宣传】 …… (79)
统战工作 …… (81)
【综述】 …… (81)
【统战理论学习】 …… (81)
【民主党派和无党派代表人士工作】 …… (81)
【民族宗教工作】 …… (82)
【归侨侨眷工作】 …… (83)
【女教授协会工作】 …… (83)
【荣誉奖项】 …… (83)
纪检监察工作 …… (85)
【综述】 …… (85)
【宣传教育】 …… (85)
【制度建设】 …… (86)
【监督监察】 …… (86)
【信访与案件查办】 …… (87)
保密工作 …… (88)
【综述】 …… (88)
【体制机制】 …… (88)
【宣传教育】 …… (88)
【监督检查】 …… (89)
【保密管理】 …… (89)
学生工作 …… (91)
【综述】 …… (91)
【体制机制建设】 …… (91)
【学生工作队伍建设】 …… (91)

【学风建设】 …………………………………………………………………… (92)
【学生党建】 …………………………………………………………………… (93)
【思想政治教育】 ……………………………………………………………… (94)
【心理健康教育】 ……………………………………………………………… (96)
【国防教育】 …………………………………………………………………… (98)
【国防生培养】 ………………………………………………………………… (99)
【资助工作】 …………………………………………………………………… (100)
工会工作 …………………………………………………………………………… (102)
【综述】 ………………………………………………………………………… (102)
【教代会工作】 ………………………………………………………………… (102)
【教职工之家建设】 …………………………………………………………… (102)
【教学基本功比赛】 …………………………………………………………… (103)
【送温暖工作】 ………………………………………………………………… (104)
【文体活动】 …………………………………………………………………… (104)
【女教职工工作】 ……………………………………………………………… (105)
【工会组织建设】 ……………………………………………………………… (106)
老干部与离退休工作 ……………………………………………………………… (108)
【综述】 ………………………………………………………………………… (108)
【党建工作】 …………………………………………………………………… (108)
【落实两项待遇】 ……………………………………………………………… (110)
【老年大学】 …………………………………………………………………… (111)
【老教授协会】 ………………………………………………………………… (111)
【老龄活动】 …………………………………………………………………… (111)
【关工委工作】 ………………………………………………………………… (111)
共青团工作 ………………………………………………………………………… (112)
【综述】 ………………………………………………………………………… (112)
【组织建设】 …………………………………………………………………… (112)
【主题教育】 …………………………………………………………………… (112)
【社会实践】 …………………………………………………………………… (113)
【志愿服务】 …………………………………………………………………… (114)
【科技创新与创业】 …………………………………………………………… (114)
【文化艺术教育】 ……………………………………………………………… (115)
【学生组织与社团】 …………………………………………………………… (116)
【国庆60周年庆典活动】 ……………………………………………………… (117)

人才培养

研究生教育 ………………………………………………………………………… (121)
【综述】 ………………………………………………………………………… (121)
【招生工作】 …………………………………………………………………… (121)

【培养工作】 …… (121)
【学位工作】 …… (122)
【管理工作】 …… (123)
【附件4】2009年北京交通大学专业学位设置、博士生指导教师及授予博士、硕士学位人员情况 …… (127)
本、专科教育 …… (153)
【综述】 …… (153)
【质量工程】 …… (153)
【专业建设】 …… (154)
【课程教学】 …… (155)
【教材建设】 …… (156)
【教学改革】 …… (158)
【实践教学】 …… (160)
【科研训练与学科竞赛】 …… (161)
【毕业设计】 …… (162)
【团队建设】 …… (162)
【质量监控】 …… (163)
【教学管理】 …… (163)
【高职教育】 …… (164)
【附件5】2009年北京交通大学本、专科专业目录及本、专科在校生人数 …… (166)
远程与继续教育 …… (171)
【综述】 …… (171)
【成人学历教育】 …… (171)
【远程网络教育】 …… (172)
【高等教育自学考试】 …… (173)
【培训工作】 …… (174)
【留学服务工作】 …… (175)
招生与毕业生就业工作 …… (176)
【综述】 …… (176)
【招生工作】 …… (176)
【就业工作】 …… (178)
【附件6】2009年本、专科招生录取状况 …… (182)
体育工作 …… (185)
【综述】 …… (185)
【条件建设】 …… (185)
【体育教学】 …… (185)
【群众体育】 …… (185)
【竞技体育】 …… (186)

学科、科研与校办产业

学科建设与“211 工程”建设 …… (191)
【综述】 …… (191)
【学科建设】 …… (191)
【“211 工程”建设】 …… (191)
【附件 7】2009 年北京交通大学重点学科情况 …… (192)
自然科学研究 …… (193)
【综述】 …… (193)
【科研基地建设】 …… (193)
【科研项目与科研经费】 …… (194)
【科技成果及奖励】 …… (198)
【科研论文】 …… (215)
【学术交流】 …… (215)
【学术会议】 …… (216)
人文社会科学研究 …… (217)
【综述】 …… (217)
【科研项目】 …… (217)
【科研成果】 …… (217)
【科研基地建设】 …… (217)
科技平台建设 …… (219)
【综述】 …… (219)
【轨道交通控制与安全国家重点实验室】 …… (219)
【下一代互联网互联设备国家工程实验室】 …… (219)
【轨道交通运行控制系统国家工程研究中心】 …… (220)
【部、市级重点实验室建设】 …… (220)
【部、市级研究中心建设】 …… (221)
校办产业 …… (223)
【综述】 …… (223)
【产业规范化建设】 …… (223)
【产业结构及经营】 …… (223)
【国家大学科技园建设】 …… (224)

教职工队伍建设与管理

队伍建设 …… (229)
【综述】 …… (229)
【教职工队伍概况】 …… (229)
【人才培养与引进】 …… (229)
【岗位设置与聘用】 …… (232)

【职员职级晋升】 …… (235)
【青年教师挂职锻炼】 …… (237)
【博士后工作】 …… (237)
教职工服务与管理 …… (239)
【综述】 …… (239)
【薪酬工作】 …… (239)
【合同管理及考核】 …… (240)
【服务教职工工作】 …… (240)
【非事业编制岗位聘用人员管理】 …… (240)
【表彰与获奖】 …… (241)
【附件8】2009年教师节表彰名单 …… (242)

国际交流合作及港澳台工作

国际交流与合作 …… (255)
【综述】 …… (255)
【外事及港澳台工作】 …… (255)
【留学生工作】 …… (256)
【引智工作】 …… (256)
【附件9】2009年国（境）外交流情况 …… (260)

国有资产管理

财务工作 …… (265)
【综述】 …… (265)
【财务收支状况】 …… (265)
【财务管理】 …… (265)
审计工作 …… (267)
【综述】 …… (267)
【工程审计】 …… (267)
【经济责任审计】 …… (267)
【财经审计】 …… (267)
房地产管理 …… (268)
【综述】 …… (268)
【房产管理】 …… (268)
【地产管理】 …… (270)
【附件10】学校房产相关统计数据 …… (271)
实验室与设备管理 …… (272)
【综述】 …… (272)
【实验室建设与管理】 …… (272)
【设备管理】 …… (272)

【设备招标采购】 …… (273)

办学条件保障

图书馆工作 …… (277)
【综述】 …… (277)
【经费与馆藏】 …… (277)
【读者服务】 …… (277)
【文化活动】 …… (278)
【研究与交流】 …… (279)
出版社工作 …… (280)
【综述】 …… (280)
【主要出版物】 …… (280)
【生产经营】 …… (280)
【体制改革】 …… (281)
信息管理与网络建设 …… (282)
【综述】 …… (282)
【校园网建设】 …… (282)
【信息系统建设】 …… (282)
【一卡通系统建设】 …… (283)
档案工作 …… (284)
【综述】 …… (284)
【综合档案】 …… (284)
【人事档案】 …… (284)
【档案管理信息化】 …… (284)
【校史博物馆建设】 …… (284)
【修志工作】 …… (285)
【附件 11】2009 年档案管理情况统计 …… (286)
后勤管理与服务 …… (287)
【综述】 …… (287)
【节约型校园建设】 …… (287)
【后勤规范化管理】 …… (287)
【党建和思想政治工作】 …… (288)
【理论研究和宣传工作】 …… (289)
【校内外市场开拓】 …… (289)
【国庆服务保障工作】 …… (289)
【供暖保障工作】 …… (289)
【甲流防控保障工作】 …… (290)
【下属单位工作】 …… (290)

基本建设 …… (292)
【综述】 …… (292)
【基建投资完成情况】 …… (292)
【基建管理】 …… (293)
医疗保健与卫生工作 …… (294)
【综述】 …… (294)
【预防保健】 …… (294)
【基本医疗工作】 …… (295)
【健康促进】 …… (295)
安全稳定 …… (296)
【综述】 …… (296)
【社会治安综合治理】 …… (296)
【治安管理】 …… (296)
【消防管理】 …… (296)
【交通管理】 …… (297)
【户政管理】 …… (297)
【平安国庆工作】 …… (297)
校友会　基金会　董事会　校企合作 …… (298)
【综述】 …… (298)
【校友会工作】 …… (298)
【教育基金会工作】 …… (300)
【董事会工作】 …… (303)
【校企合作】 …… (305)

院系工作

电子信息工程学院 …… (309)
【综述】 …… (309)
【队伍建设】 …… (309)
【党建和思想政治工作】 …… (310)
【教学工作】 …… (312)
【科研工作】 …… (314)
【学科与平台建设】 …… (314)
【对外交流与合作】 …… (315)
计算机与信息技术学院 …… (316)
【综述】 …… (316)
【队伍建设】 …… (316)
【党建和思想政治工作】 …… (317)
【教学工作】 …… (318)
【科研工作】 …… (318)

【学科与平台建设】 …… (319)
【对外交流与工作】 …… (319)
经济管理学院 …… (320)
【综述】 …… (320)
【队伍建设】 …… (320)
【党建和思想政治工作】 …… (321)
【教学工作】 …… (322)
【科研工作】 …… (323)
【学科与平台建设】 …… (324)
【对外交流与合作】 …… (324)
土木建筑工程学院 …… (325)
【综述】 …… (325)
【队伍建设】 …… (325)
【党建和思想政治工作】 …… (326)
【教学工作】 …… (329)
【科研工作】 …… (330)
【学科与平台建设】 …… (330)
【对外合作与交流】 …… (331)
交通运输学院 …… (332)
【综述】 …… (332)
【队伍建设】 …… (332)
【党建和思想政治工作】 …… (332)
【教学工作】 …… (335)
【科研工作】 …… (336)
【学科与平台建设】 …… (337)
【对外交流与合作】 …… (337)
机械与电子控制工程学院 …… (338)
【综述】 …… (338)
【队伍建设】 …… (338)
【党建和思想政治工作】 …… (338)
【教学工作】 …… (341)
【科研工作】 …… (342)
【学科与平台建设】 …… (343)
【对外交流与合作】 …… (343)
电气工程学院 …… (345)
【综述】 …… (345)
【队伍建设】 …… (345)
【党建和思想政治工作】 …… (345)
【教学工作】 …… (348)

【科研工作】 …… (350)
【学科与平台建设】 …… (352)
【对外交流与合作】 …… (352)
理学院 …… (354)
【综述】 …… (354)
【队伍建设】 …… (354)
【党建和思想政治工作】 …… (356)
【教学工作】 …… (358)
【科研工作】 …… (359)
【学科与平台建设】 …… (360)
【对外交流与合作】 …… (360)
人文社会科学学院 …… (362)
【综述】 …… (362)
【队伍建设】 …… (362)
【党建和思想政治工作】 …… (362)
【教学工作】 …… (364)
【科研工作】 …… (365)
【学科与平台建设】 …… (365)
【对外交流与合作】 …… (365)
语言与传播学院 …… (366)
【综述】 …… (366)
【队伍建设】 …… (366)
【党建和思想政治工作】 …… (366)
【教学工作】 …… (368)
【科研工作】 …… (369)
【对外交流与合作】 …… (369)
软件学院 …… (370)
【综述】 …… (370)
【队伍建设】 …… (370)
【党建和思想政治工作】 …… (370)
【教学工作】 …… (372)
【对外交流与合作】 …… (373)
建筑与艺术系 …… (374)
【综述】 …… (374)
【队伍建设】 …… (374)
【党建和思想政治工作】 …… (375)
【教学工作】 …… (377)
【科研工作】 …… (378)
【对外交流与合作】 …… (378)

远程与继续教育学院 …… (379)
【综述】 …… (379)
【队伍建设】 …… (379)
【党建和思想政治工作】 …… (379)
【资源与平台建设】 …… (381)
【对外交流与合作】 …… (382)
海滨学院 …… (383)
【综述】 …… (383)
【队伍建设】 …… (383)
【党建和思想政治工作】 …… (383)
【招生工作】 …… (383)
【教学工作】 …… (384)
【对外交流与合作】 …… (384)
【办学条件保障】 …… (384)

学校大事记

2009 年学校大事记 …… (387)

2009 学校概况

学校概况

北京交通大学是教育部直属的全国重点大学，是全国首批博士、硕士学位授予高校，是首批进入国家“211 工程”建设高校和“985 工程”“优势学科创新平台”项目重点建设高校，是全国具有研究生院的 56 所高校之一，1997 年、2006 年被评为全国本科教学工作优秀学校，2004 年经教育部批准正式设立研究生院，2005 年被确定为教育部大学英语教学改革示范点项目学校之一。

北京交通大学作为交通大学的重要组成部分，历史渊源追溯到 1896 年，她的前身是清政府创办的北京铁路管理传习所，是中国第一所专门培养管理人才的高等学校，是中国近代铁路管理、电信教育的发祥地。1917 年改组为北京铁路管理学校和北京邮电学校，1921 年与上海工业专门学校、唐山工业专门学校合并组建交通大学。1923 年交通大学改组后，北京分校更名为北京交通大学。1950 年学校定名北方交通大学，由著名桥梁专家茅以升任校长。2000 年与北京电力高等专科学校合并，由铁道部划转教育部直属管理。2003 年恢复使用“北京交通大学”校名。学校曾培养出中国第一个无线电台创建人刘瀚、中国第一台大马力蒸汽机设计者应尚才，以及中国现代作家、文学评论家、文学史家郑振铎，中国第一本铁路运输专著作者金士宣，我国铁路运输经济学科的开创者许靖，我国最早的四大会计师之一杨汝梅等一大批蜚声中外的杰出人才；“东京审判”担任首席检察官的向哲浚，我国著名的经济学家、人口学家马寅初等都曾在我校任教。

学校位于首都北京“学府胜地”海淀区，毗邻中国“硅谷”中关村，总面积近 1 100 亩，建筑面积 78 万平方米，东西两个校区，教学、科研设施完善，校园环境优美。设有电子信息工程学院、计算机与信息技术学院、经济管理学院、交通运输学院、土木建筑工程学院、机械与电子控制工程学院、电气工程学院、理学院、人文社会科学学院、语言与传播学院、软件学院、建筑与艺术系 12 个学院（系），还设有研究生院，远程与继续教育学院，燕郊、清河职业技术学院和黄骅海滨独立学院。

百十年来，数代交大人励精图治、艰苦奋斗，北京交通大学已成为培养国家经济社会建设人才，特别是轨道交通现代化建设高水平、高层次人才，解决国家经济和社会发展以及铁路现代化建设与改革重大技术与政策问题的重要基地。学校正在全力建设以信息和管理等学科为优势，以交通科学与技术为特色，工、管、经、理、文、法、哲等协调发展的多科性、开放式、国内一流、国际知名的研究型大学。

学校有交通运输工程、信息与通信工程 2 个一级学科国家重点学科，产业经济学、桥梁与隧道工程 2 个二级学科国家重点学科，包括一级学科所涵盖的二级学科国家重点学科共 8 个。建有 13 个博士后科研流动站，有 11 个一级学科博士点、60 个二级学科博士点、120 个硕士点，有 MBA、工程硕士、会计硕士和法律硕士 4 类专业学位。

北京交通大学大力实施人才强校战略，努力建设一流的师资队伍。全校在编教职工 2 842 人，有专任教师 1 668 人，其中教授 286 人，副教授 588 人，具有博士学位的教师占

54.3%，具有硕士以上学位的教师占87.5%。有中国科学院院士3名，中国工程院院士7名，有国家级教学名师4人，国务院学位委员会学科评议组成员4人，“973”首席科学家3人，“长江学者”特聘教授和讲座教授6人，国家百千万人才工程7人，新世纪百千万人才工程国家级人选4人，国家杰出青年基金获得者5人，跨世纪优秀人才培养计划4人，新世纪优秀人才支持计划29人，教育部优秀青年教师教学和科研奖励计划5人，享受政府特殊津贴专家181人。

北京交通大学教学设施先进，教学及素质教育成绩斐然。在百余年的办学历史中，已向国家输送了10余万建设人才。在校本科生13 910人，博士研究生2 088人，硕士研究生5 396人，成人教育学生8 767人，外国留学生人数突破500人。近年来获国家级教学成果特等奖1项，一等奖2项，二等奖13项，有国家精品课程24门，国家级教学团队6个；建有国家大学生文化素质教育基地，2个基地被评为优秀国家工科教学基地；3个实验中心被教育部评为国家级实验教学示范中心；有通信工程等11个国家级特色专业建设点。学校的生源质量逐年提高，本科、研究生毕业生就业率一直保持在95%以上。学校设立了思源班、轨道交通试验班、本硕连读班、詹天佑班、茅以升班等特色班，加强创新拔尖人才的培养。学校学生艺术团在首都和全国历次高校比赛中取得了优秀成绩，赴台湾和欧洲丹麦等地演出，排演的《长征组歌》应邀在人民大会堂和国安剧院演出，在社会上引起强烈反响。高水平运动队在北京市各类比赛中共获得56项（次）冠军，羽毛球队在近几年国内大学生重大比赛中成绩突出，共获得35块金牌。

北京交通大学科研力量雄厚，产学研合作日益增强。学校拥有教学、科研仪器设备固定资产5.23亿元，图书馆纸本藏书138.6万册，电子图书等电子资源33万余册，网络资源等累计195万余册，学位论文全文118万余篇，建有铁路交通运输特色数据库。拥有1个国家重点实验室，2个国家工程实验室，1个国家工程研究中心，3个国家认可实验室，已建成3个教育部重点实验室，4个教育部工程研究中心，4个北京市重点实验室，建有北京交通大学中国综合交通研究中心和中国产业安全研究中心。近年来，学校承担了包括国家高新技术“863”计划、国家发改委、科技部科技支撑项目、国家自然科学基金及国家社科基金项目在内的各类科研课题4 000余项。2006年以来3项主持项目获国家“973”立项。2008年1项主持项目获国家社科基金重大项目立项。2009年“双主持”项目“复杂与高速条件下车载信号安全控制系统关键技术及应用”获国家科技进步奖二等奖。学校建立了GSM-R技术实验室，主要进行中国铁路新一代移动通信的调度指挥和无线传输等，研究成果应用于大秦线、胶济线与青藏铁路，填补了中国铁路无线通信技术的空白。“基于通信的列车运行控制系统（CBTC）”取得关键技术研究的突破，具有完全自主知识产权，并将用于亦庄城轨线。2009年科研合同经费达6.1亿。2009年公布我校在全国高校SCIE排名第52位，EI第34位，ISTP第14位。联合国科教文组织在我校设立了“高等工科教育与产业合作教席”。北京市在我校设立了“北京市城市交通技术转移中心”、“北京交通发展研究基地”及人文社会科学重点研究基地，市委教育工委、市教委依托我校建立了大学生思想政治教育研究的专门机构——首都大学生思想政治教育研究中心。学校举办一年一度的“中国交通高层论坛”，并已形成独特“品牌”。

北京交通大学重视和加强国际、国内合作交流。与美、英、德、法等10多个国家的60多所大学及著名跨国企业建立了合作关系。与澳大利亚维多利亚大学共同开展的中外合作办学项目“中澳商学院”以其鲜明的办学特色，赢得了社会的广泛认可。学校还在比利时鲁汶办有孔子学院，积极传播中国文化；每年主办和承办多次大型国际学术会议，举办一年一度的“国际文化节”，为加强中外学术文化交流提供了良好的平台。学校充分发挥董事会、校友会、基金会的作用，深化校企合作，与铁路行业、社会企业及地方政府等65家单位签订了战略合作协议，在人才培养、科研合作等领域开展长期、广泛的合作。

“饮水思源，爱国荣校”，学校秉承“知行”校训，以谦虚谨慎、开拓进取的精神，努力实现交通大学百年华诞时江泽民同志题词“继往开来，勇攀高峰，把交通大学建设成世界一流大学”的要求和期望，向着国内一流、国际知名的研究型大学的目标迈进。

2009

特载与专文

全面把握新形势新要求新任务
不断开创有特色、高水平研究型大学
建设新局面

——王建国书记在校党委九届十次全会上的报告

（2009 年 3 月 5 日）

各位委员、同志们：

这次会议的主要内容是传达上级有关会议精神，分析和把握学校发展的新形势、新要求、新任务，审议 2009 年学校工作要点，对学校重点工作进行部署。按照会议安排，我先就有关问题谈一些看法，具体工作宁校长稍后进行全面介绍。

在上学期末团拜会上，我们对 2008 年的工作已做了简要总结，寒假以来，学校有关工作有序推进：土木工程实验中心获批国家级实验教学示范中心。我校学生艺术团交响乐团、管乐团双双荣获全国第二届大学生艺术展演活动一等奖，是器乐类比赛中唯一荣获两个一等奖的高校。我校培养的学生首次获得全国室内田径赛跳高专业比赛金牌。争取了多年的西门燃气站搬迁合同正式签订，目前拆迁工作已基本完成，为学生活动服务中心开工建设扫清了障碍。更值得一提的是，我们紧紧抓住全国铁路工作会议铁道部提出加大铁路职工队伍培训和能力提高这一重要信息和机遇，从农历正月初七开始，各位校领导分别带队，走访了近 20 个路局和铁路单位，就人才培养和校企合作等方面进行了交流，受到各单位的极大欢迎和积极响应。

寒假以来，教育部和北京市也召开了多个会议。

1 月 17 日，召开北京高校领导干部会，北京市委常委、教育工委书记赵凤桐做了重要讲话，就切实做好高校毕业生就业、学生思想政治教育、安全稳定、高校领导班子建设工作和开展学习实践科学发展观活动进行了部署。

2 月 13 日，召开北京高校党建会。以学习贯彻第十七次全国高等学校党建工作会精神为主题，研究部署了当前和今后一段时期北京高校党建工作，要求各高校认真开展深入学习实践科学发展观活动，把科学发展观转化为正确的办学理念、发展思路和改革措施，进一步提高办学水平。同时，切实加强思想理论建设，进一步巩固马克思主义在高校意识形态领域的指导地位，推进中国特色社会主义理论体系进教材、进课堂、进学生头脑。

2 月 15 日，召开全国教育纪检监察工作会。学习贯彻胡锦涛总书记重要讲话和第十七届中央纪委三次全会精神，研究部署 2009 年教育系统反腐倡廉工作，重点是切实加强领导干部作风建设，认真落实党风廉政建设责任制。教育部党组书记、部长周济做了重要讲话。

2 月 16—18 日，召开教育部直属高校工作咨询委员会第十九次会议。深入分析了高等教育面临的新形势，旗帜鲜明地提出要把建设有特色、高水平大学作为高等教育当前的战略重点。国务委员刘延东和教育部党组副书记、副部长陈希先后做了重要讲话。

这么多的会议，传递的信息量很大，对做好今年各项工作、推进学校下一步发展具有重要的指导意义，也对我们的工作提出了新任务、新要求。为此，我主要讲两点意见，既是对会议精神的学习传达，也是对全年学校工作面临形势的分析。

一、认清学校发展面临的新形势、新要求，加快有特色、高水平研究型大学建设步伐

首先，从国家大的形势看，当前我国经济社会发展已站在一个新的历史起点上，正在向全面建设小康社会的宏伟目标和人力资源强国、高等教育强国的目标迈进。但我们也要看到，当今世界正处在深刻的变动中，最受关注的是金融危机，已经从局部发展到全球，从发达国家传导到新兴市场国家和发展中国家，从金融领域扩散到实体经济领域。这场危机对我国实体经济的影响正进一步加深。为此，党中央国务院第一步出台十条政策；第二步用不到一个半月的时间，制订出台了汽车、钢铁、纺织、装备制造、船舶、电子信息、轻工、石化、有色金属和物流 10 个重要产业的调整和振兴规划，而且国家投入的 15% 用于产业升级的研发；第三步是发挥科技在应对国际金融危机中的支撑作用。在这里面，我们北京交大能为国家做些什么，既是机遇，也是挑战。

其次，从高等教育自身改革发展看，也面临着诸多机遇和挑战。从机遇来说，党的十七大对教育工作作出了战略部署，为教育工作指明了方向；我国经济实力和综合国力显著增强，为教育事业发展提供了有力的物质保障；人民群众对教育事业非常关心和重视，教育需求不断增长；高等教育经过改革开放后的 30 年的发展，为建设人力资源强国和高等教育强国奠定了坚实的基础；我国不断扩大对外开放，为开展高等教育国际交流与合作提供了良好的外部环境。从挑战来说，复杂多变的国际形势和日趋激烈的国际竞争，全面建设小康社会的新要求和人民群众的新期待，对教育改革发展提出了新的更高要求。我们只有保持清醒的头脑，科学分析形势，才能找准自身定位，明确前进的方向和任务。

第三，从行业发展看，当前面临交通运输业发展的新机遇，需要我们发挥多年行业办学所积累的学科、平台和人才优势，在新的历史和体制条件下，为行业技术创新、知识创新和人才培养提供重要的支撑。并通过支撑和服务行业技术创新，瞄准行业未来发展需求，聚焦学科前沿，不断积累，增强储备，尽快实现从“支撑”到“引领”的跨越。在为国家作贡献的同时，实现学校的可持续发展。

适应上述新形势，高等教育工作今年呈现出一些新的特点。

第一，党中央、国务院高瞻远瞩，在今年的教育部直属高校工作第十九次咨询会上，明确提出要把建设“有特色、高水平”大学作为高等教育当前的战略重点。

“有特色、高水平”是胡锦涛同志 2008 年 3 月 15 日视察人民大学时提出的，办出特色和办出水平是统一的，办出特色才能有高水平，办出水平才能有特色。这次咨询会上，与会人员也一致认为，建设“有特色、高水平”大学是我国高校包括原行业院校发展的必由之路。

我们理解，“有特色”就是有中国特色。首先，作为社会主义大学，要始终坚持社会主义办学方向，满足国家建设的需要，发挥服务职能，在人才培养、科学研究、服务行业和社会中体现自身的办学实力，实现自身的价值。其次，大学自身要有特色，特色是一所高校独特的本质内涵，是一所高校相对于其他高校而言具有的比较优势和核心竞争力，集中体现在

办学定位、学科特色、人才培养理念和模式、科技和服务面向、校园文化等多个方面。当前，我国高等教育发展存在着较为普遍的趋同化现象，即发展目标、学科结构趋同。不少高校在办学定位、办学层次、学科专业设置、人才培养结构与方式等方面存在“千校一面”的现象。

“高水平”就是具有世界水平。在人才培养、学科水平、科技成果、师资队伍等方面按照世界标准提高质量，特别是不能以“有特色”掩盖“低水平”。

第二，在这个大的背景下，国家更加重视原行业院校的发展。这次咨询会充分肯定了原行业院校在经济社会发展特别是行业发展中的地位和作用，大会交流发言的 11 个高校中，有 8 个高校为原行业院校；大会的分组讨论中，原行业院校也单独成组。行业特色高校多年来培养了大量毕业生，成为行业领域的管理中坚和技术骨干。传统的行业特色高校主要有三个特点：一是由原行业部门管理和指导；二是学科专业主要围绕行业的产业链进行设置；三是人才培养和科学研究主要服务于行业。会议指出，随着高教管理体制改革和高等教育的发展，行业特色高校正处在分化、转型、发展的重要时期，做到“顶天立地”，实现由支撑到引领，是行业特色高校面临的重要现实问题。要求我们努力保持和强化自身办学特色，发展新的特色，发挥特色和优势，在服务和贡献中实现自身价值。

基于以上两个新特点，就下一步高等教育如何建设有特色、高水平大学的问题，国务委员刘延东在咨询会上的讲话提出了需要抓紧抓好的 7 个战略重点，结合学校实际，我们扩展到 10 条，分别是：

一要坚持科学定位。不同类型大学要确立与社会需求、学校办学历史和传统、学科特点等相适应的办学理念，科学定位，突出优势，合理确定发展目标和路径，建议深入研究欧洲一些国家多样化办学模式和工程教育的特色，避免趋同化和无止境追求升格。我校第九次党代会确定要建设以信息、管理等学科为优势，以交通科学与技术为特色，工管经理文法哲等协调发展的多科性、开放式的国内一流、国际知名的研究型大学，根据当前新的形势，我们可以理解为“有特色、高水平研究型大学”。

二要建设优势学科。学科建设上要有所为有所不为，进一步落实“优势学科发展壮大、特色学科与时俱进、新兴交叉学科异峰突起、基础学科重点突破”的总体要求，面向学科前沿和国民经济建设主战场，进一步梳理学科建设的思路，根据国家产业结构、劳动力结构变化、世界科技发展趋势等不断进行学科布局调整，创新学科交叉融合机制，建设跨学科、特色鲜明、优势突出的新的学科增长点，形成一流的学科群体。加强与行业的联系，注重辐射作用，在服务国家经济社会发展大局中体现学校的价值，在对人类发展和科学技术贡献中扩大学校影响，提升办学实力和核心竞争力，做到“顶天立地”，实现从支撑到引领。

三要培养拔尖创新人才。加快教育教学改革，优化质量评价体系，注重大学文化建设，形成多样化的人才培养模式。为此，要总结经验，切实办好“思源班”、“茅以升班”、“詹天佑班”、“本硕博连读试点班”等特色班，注重培养拔尖人才。

四要实施人才强校战略。把发现、培养、引进杰出人才作为高水平大学建设的战略任务，营造激励人才成长的有利环境。培养和引进并重，大力实施“红果园创新人才培育计划”。

五要提升科技创新和社会服务能力。围绕国家和区域重大战略需求，提高自主创新能力，推进产学研用结合，加快高校科研成果向现实生产力转化。发挥高校思想库、智囊团作用，繁荣发展哲学社会科学，为党和国家决策、提升国民素质和社会文明程度服务。我们要特别关注国务院公布的10大产业振兴计划，关注铁路发展对人才需求和科技的要求。

六要推进体制机制创新。进一步完善党委领导、校长治校、教授治学、民主管理，深化学校内部管理制度改革，积极探索依法自主办学。

七要拓展对外交流合作的广度和深度。加强国际学术交流和高水平科研合作，引进国外优质教育资源，扩大来华留学生规模。

八是改善办学条件。校园基础设施建设是学校发展的基础和保障，也是制约我们当前建设和发展的一个重要方面，今后一个时期需要重点突破。

九是加强大学文化建设。以教风和学风建设为核心，倡导追求真理、诚信治学、志存高远、奉献社会的风气，倡导敢于创新、勇于竞争、诚信合作、协同攻关、宽容失败的精神，形成兼收并蓄、海纳百川的学术环境和文人相亲、相互支持、相互包容的人文环境。

十是进一步加强校院两级领导班子建设。校级领导要提高领导能力和治校水平，成为讲政治的教育家、懂教育的政治家。

第三，当前高等教育呈现一些新的亮点，出台了或即将出台一些新的政策，其中许多新政策带有机制性、制度性安排，需要我们及时掌握，确立新的思路，采取新的做法。

一是毕业生就业方面，有4条新举措：其一，可以项目合同制的方式聘任科研助理，解决了聘用人员费用开支问题，形成按国际惯例正常聘用合同制研究人员的新机制；其二，增加双证专业硕士生招生名额5万人，招生对象是本科应届毕业生，也有助于调整研究生结构和培养模式改革；其三，提倡大学生下基层，实施农村教师特岗计划，相应地有贷款代偿机制等一系列优惠和鼓励政策，形成农村中小学教师队伍补充新机制；其四，大学本科生毕业入伍，也有相应的优惠和鼓励政策，由此中国士兵的质量发生重大变化；另外国家将在全国20个城市建立服务外包基地，建立实习基地，吸纳大学毕业生就业。

二是增加自主科研经费。校基金、学生挑战杯竞赛等都可以自主安排使用这些资金，从而形成高校自主科研的新机制。

对于上述新形势、新要求、新任务、政策新亮点，我们要认真学习领会，进一步增强紧迫感、危机感、责任感和使命感，对新机制要有新的思路，要明确工作的新要求，不断分析面临的形势，及时提出对策。我在这里提两点要求。

1. 关注国家发展需求，勤于思考和谋划，主动出击寻找机会

有思路才能有出路。要想做成一件大事情，要以围绕国家需求，深入思考、加强谋划为前提。在谋划的基础上，还要积极行动，努力使想法变成现实。每位干部职工都应主动思考能为国家干点什么，主动思考能为学校发展做些什么。最近我们抓住铁道部当前加大铁路职工和铁路人才培训力度的机会，走访了近20个路局单位取得显著成效，这就是我们积极谋划、主动争取的结果。

下一步，我们还要在新的国家重点实验室等重大平台、学科建设及新的学科增长点、校园基本建设、改善教职工住房条件、留学生招生和培养等方面继续加大工作力度，争取政府支持、务求取得实效。国务院已经制定出台的10个产业振兴计划中，有不少和我们的学科紧密相关，比如汽车和装备制造与机电学院、电气学院相关，电子信息与电信学院、计算机学院相关，物流与经管、运输学院相关，对于这些，都要求各相关学院和部门有强烈的机遇意识和开放意识，高度关注，加大研究力度，想方设法主动向有关方面汇报工作、沟通想

法，掌握信息，抢抓机遇，并且能锲而不舍、千方百计一抓到底，从而在为国家、为行业和区域发展作出贡献的同时，争取尽可能多的支持。

今年，党委也要求每位分管校领导除了牵头落实工作要点中提出的常规工作外，还要突出抓一两件大事。各学院院长书记、各部处长也要在确保日常工作有序进行的同时，着重思考并谋划抓好一两件有亮点的创新的工作，抓出成效。

2. 要勇于突破和创新，解放思想、敢为人先、改革创新，通过机制变化寻求工作的突破

北京交通大学经过百十年的发展，站到了新的起点上，我们必须坚定不移地继续解放思想，推进改革创新，突破传统观念。一方面我们要积极、合理地争取国家和社会的必要支持。另一方面，要更加注重发挥主观能动性，更加注重自身努力，在现有条件下，创造性地开展工作，只要有利于学校的又好又快发展、有利于师生员工的根本利益，就要敢试敢闯。因此，必须大胆突破，勇于创新。

二、明确任务，突出重点，破解难题，着力推动发展

今年我们将迎来庆祝新中国成立60周年，也是全面落实学校“十一五”规划的攻坚之年，我们要认真开展贯彻落实科学发展观学习实践活动，筹备召开第十次党代会，大事多、任务重。2009年学校工作要点宁校长将做全面部署，在此我主要强调四个方面的工作。

1. 认真开展好深入学习实践科学发展观活动

学习实践科学发展观活动是教育系统今年政治生活中的一件大事，也是我们本学期工作中的一件大事。

教育部2月28日召开了部属高校深入学习实践科学发展观活动动员大会，就搞好第二批学习实践活动提出了明确的要求。我校在认真研究的基础上，成立了领导小组和办公室，领导小组采取双组长制，由我和宁校长任组长，其他校领导为小组成员；领导小组下设办公室，由颜吾佴同志兼任办公室主任，办公室下设5个专项工作组。昨天召开了办公室全体人员培训会议，前期的调研准备工作已正式启动，并定于3月中旬召开整个学习实践活动的动员大会。

我校这次活动时间从3月初到8月底，主体分为三个阶段，第一阶段为学习调研，从3月中旬到4月中旬，主要内容是学习调研和解放思想大讨论；第二阶段为分析检查阶段，从4月下旬到6月上旬，主要内容是召开专题民主生活会，完成分析检查报告；第三阶段是整改落实阶段，从6月中旬到7月上旬，主要内容是落实整改方案，集中解决突出问题。8月底完成各项收尾工作。

这次学习实践活动的主题是科学发展，总的要求是“党员干部受教育、科学发展上水平、人民群众得实惠”，其中“科学发展上水平”是三句话中最核心的要求；目标是“提高思想认识、解决突出问题、创新体制机制、促进科学发展”，参加学习实践活动的范围是全体党员，重点是校院两级领导班子和党员领导干部。

除了学习实践科学发展观活动，今年我们还有筹备第十次党代会和启动制定“十二五”规划等全局性的工作。这几件事不是相互孤立，而是围绕推进学校科学发展这一中心，相互关联，相互促进。学习实践科学发展观活动有利于我们找准问题，形成共识，提出未来发展的思路、目标、任务和措施，也必将为学校第十次党代会奠定好的基础。第十次党代会将要提出今后5年的发展思路和目标战略，又必将为制定“十二五”规划作好准备。

因此，各单位要高度重视，把学习实践科学发展观活动作为解放思想、改革创新、解决问题、推进发展的难得机遇。同时，要把学习实践活动与筹备二级党组织换届结合起来，认真总结工作经验，分析制定奋斗目标和任务，把学习实践活动搞好、做实。

2. 筹备召开学校第十次党代会，加强党的建设

筹备召开第十次党代会是学校今年工作中的一件大事。我们要全面总结第九次党代会以来的工作情况、办学经验，认真分析工作中存在的问题和困难，明确今后5年工作的指导思想和战略任务，凝聚力量，振奋人心，团结带领师生员工进一步坚定建设有特色、高水平研究型大学的信心。

在此之前，今年要进行二级党组织换届和相应的干部调整，我们要以此为契机，加强干部队伍建设，真正把那些政治靠得住、工作有本事、作风过得硬、群众信得过的干部选拔到领导岗位上来，提升干部队伍整体形象和水平。

同时，我们要以提高执政能力建设为主线，加强思想、组织、作风、制度和党风廉政建设，把加强基层党建放在突出位置，推进党内民主建设，完善党风廉政建设和防治腐败的长效机制，进一步增强基层党组织的创造力、凝聚力和战斗力。

3. 千方百计做好毕业生就业工作

高校毕业生是国家宝贵的人力资源和现代化建设重要的生力军，党和国家高度重视高校毕业生的就业问题。经济困难加剧，对学校的影响是多方面的，但首当其冲的是学生就业。就业中存在突出的“三难”问题，即：研究生想留京难，女生就业难，学习成绩较差和与人沟通等自身综合素质较差的学生就业难。就业问题解决不好，容易引起社会不稳定。我校2009届毕业生6 907人，其中研究生2 838人，本科生3 645人，高职生424人。学校就业会上我提出了10条要求，要加大工作力度，进一步落实“一把手”责任制，要充分利用教育部新出台的有关政策，鼓励学生到基层去，到祖国最需要的地方去。要做好周密细致的服务，提供渠道、资源和政策上的支持，特别要更加关注理科、文科基础学科或就业不理想专业以及零就业家庭等两类就业困难学生的就业。同时，要做好严峻就业形势下学生的心理疏导工作，最大限度使我们的毕业生顺利毕业、就业。

4. 切实做好安全稳定工作

今年是新中国成立60周年，也是敏感日期比较集中的年份，做好安全稳定工作形势严峻、任务繁重。因此，我们要从以下几方面着手，切实做好校园安全稳定。

一是以庆祝新中国成立60周年为契机，按照中央和上级要求，在全校师生中加强主旋律教育，深入进行“六好”教育。要用积极向上、丰富多彩的教育活动鼓舞学生的爱国主义热情，用正气压倒邪气。中央和北京市将举行国庆游行、大型晚会等一系列庆祝活动，我们有相应的工作任务，要确保高质量完成。

二是即将开工建设的学生活动服务中心、热力改造等，给师生工作、学习和生活带来不便，各二级党组织和有关部处负责同志要注意做好解释、说明等思想工作，确保施工安全，确保校园和谐稳定，确保各项工作的顺利进行。

三要高度重视意识形态工作，牢牢把握意识形态工作的主导权。高校是意识形态领域问题集中反映的地方，作为领导干部，一定要增强政治意识、政权意识和责任意识，一定要在原则性问题、大是大非问题面前保持清醒的头脑，立场坚定，不糊涂，不动摇。同时，要主动做好教师、学生的思想政治教育，加强正面引导。

四是切实做好平安校园建设。校园安全警钟长鸣，要认真总结“平安奥运”工作经验，形成维护校园稳定的长效机制，特别是要加强消防安全工作。

为了促进各项工作更好开展并取得实效，我从工作作风方面对同志们提4点要求：

一要解放思想，增强创新意识，大力弘扬与时俱进的作风。要坚持用改革创新精神解决发展中的重点难点问题，始终保持开拓进取的朝气和不畏艰难、敢做善成的勇气。

二要转变观念，增强服务意识，大力弘扬密切联系群众的作风。今年机关各部门要精简文件，少开会、开短会、多调研。今后一些业务层面的会要多到学院开、到基层开，把调研和基层工作研究结合起来，和推进各项工作结合起来。

三要有大局意识、全局意识，大力弘扬求真务实的作风。一切都要从大局出发，部门之间、个人之间要相互配合和支持。工作中要突出重点、谋划重点、狠抓落实。

四要提倡节约，增强节俭意识，大力弘扬艰苦奋斗的作风。为了应对国际金融危机冲击、克服经济发展困难、促进社会和谐稳定，中共中央办公厅、国务院办公厅近日印发了《关于党政机关厉行节约若干问题的通知》，要求各级党政机关厉行节约、反对铺张浪费。2008年四川地震发生后，我们把行政事业费压缩了10%，得到各单位的理解和支持。今年我们的各项接待、应酬、出差出访以及日常行政，也都要贯彻节俭的要求，讲成本、重实效，坚决反对讲排场，财务要切实把好关。

各位委员，同志们，让我们更加紧密地团结起来，深入贯彻落实党的十七大和十七届三中全会精神，抓住建设高等教育强国的重要战略机遇，紧紧围绕建设有特色、高水平研究型大学的目标要求，解放思想，开拓创新，不断开创学校工作的新局面，以优异成绩迎接共和国成立60周年！

抢抓机遇　迎接挑战
推进有特色、高水平研究型大学建设

——宁滨校长在校党委九届十次全会上的报告

（2009 年 3 月 5 日）

各位委员，老师们、同学们、同志们：

刚才王书记深刻分析了学校发展所面临的新形势新要求新任务，重点阐述了建设“有特色、高水平”大学的内涵，并将学校发展置于国家发展中思考，置于高等教育自身改革发展的大局中定位，置于行业和区域的发展中谋划，使我们感到了深深的紧迫感、危机感，增加了忧患意识。可以说，当前我们的发展正处在重要的时刻，正处在一个发展的新起点上，面临的机遇与挑战并存，关键是我们如何响应国家号召，为国分忧，同时紧紧抓住机遇发展自己，推进有特色、高水平研究型大学建设。

下面，我主要讲三方面内容。一是进一步分析目前学校工作存在的主要问题，使下一步工作更有针对性，落实措施更加得力；二是就今年学校重点工作进行说明；三是和大家谈谈工作中需要注意的几个问题。

一、分析问题，明确目标，进一步解放思想

2008 年，学校以提高质量为核心，以改革创新精神推进一流研究型大学建设，学校各项工作平稳发展中见亮点，协调发展中有突进，在一些体现办学实力和水平的项目方面取得了一些成绩和突破。但是在看到成绩和机遇的同时，我们也要清醒地认识到，学校改革发展中仍然面临严峻挑战，在建设有特色、高水平研究型大学过程中，特别是在思想观念、人才培养、学科建设、科学研究、基础设施建设、校园文化软实力等一些基础性工作方面还存在新的矛盾和问题。

一是思想观念上，与新形势新任务的要求相比，我们不少同志还需要进一步解放思想，转变观念，如有的同志对国内国际形势，对高等教育、对学校改革发展中面临的新情况新变化关注不够、研究不够，习惯用陈旧的思维方式谋划和指导工作；有的同志思前瞻后，工作中缺乏激情和主动性，不善于开展创造性工作；另外，有些过去在学校事业发展实践中形成的不合时宜的体制机制、观念和做法也亟须变革。

二是人才培养方面，在个性化教育，在拔尖人才培养方面还做得不够，对“思源班”、“茅以升班”、“詹天佑班”、“本硕博连读试点班”等拔尖人才培养模式的重点班关注不够；国家级、省部级平台向本科生开放不够，教授为本科生讲课的工作仍需进一步推进；毕业生的创新意识和实践能力还有相当的差距；科学研究、学科成果与人才培养结合不够，特别是研究生参与知识创新、科技创新不够，有的课程设置和教学内容陈旧，学科专业结构滞后于社会发展；研究生的培养质量，特别是博士生的培养质量，研究生的思想道德建设和学风建

设有待提升。

三是学科建设方面，我们的科学研究、学科发展仍然缺乏核心竞争能力，有明显优势的学科不多，特色学科难以适应国家经济社会的快速发展，新兴交叉学科的形成和发展举步维艰；难以形成“组织大团队、争取大项目、建设大平台、取得大成果”的好势头，实现“强优势、有特色、入主流、占前沿”还有很长的路要走；“重申报、轻建设”的问题没有彻底改观，忽视内涵建设过程和学科水平的提升。实质性的国际合作与交流亟待加强。缺少学术大师和学科领军人才，如何在完成岗位设置与聘任和绩效工资配套改革的基础上，依托国家重点学科、国家重点实验室、国家工程中心和工程实验室等创新平台的建设和“111”引智项目的实施，培养、引进并汇聚一批高水平学术大师和学科带头人，是我们的当务之急。

四是科研方面，我校科研成果的数量逐年增加，质量不断提高，但由我校主持的国家级大奖多年没有突破，反映出我们科研水平不高，科研实力有待提高。我校目前横向科研项目比例偏低，从现阶段分析来看，这种结构表明我校跟企业的联合和参与国家重大工程方面比较弱，此外，科研项目如何形成有影响、含“金”量高的成果，如何与平台建设和人才培养有机结合，如何与学科方向的凝练有机结合？这些是我们需要认真思考的问题，我们不是为了搞科研而搞科研。我校三大论文，特别是 SCI 和 EI，从数量和排名来看，这几年一直在 30 ～ 40 名之间，但仔细分析就会发现比较严峻的问题，就是我们的高水平论文不多，尤其是得到大量引用和实验验证及实践检验的理论创新不足。同样，这几年我们申报和获批的专利数也不少，但专利转化并形成生产力和产生效益的专利不多。

五是基础设施建设方面，尽管我们全力以赴缓解了一些矛盾和困难，但缺口仍然较大，难以满足学校教学、科研日益发展的需要，教职工的工作条件、研究生的学习科研条件有待改善，师生员工和离退休职工活动及体育锻炼的空间太小，条件有待改善。

六是大学制度和校园文化建设方面，学校现行的规章制度与高等教育的新形势、新要求和建设一流研究型大学的要求有较大差距，一些影响科学发展的体制机制亟待修订完善。在高等教育快速发展的新形势下，在社会主义市场经济形成过程中，学校的校风、教师的教风、学生的学风面临着严峻的挑战。如何使教师能潜心做学问、教书育人，如何使学生能树立远大志向、安心学习，少一些浮躁，少一些功利色彩；如何使管理者能爱岗敬业并提高服务水平，是我们必须深入思考并加以解决的重要课题。

总之，我们建设研究型大学的道路仍很长，任务仍很艰巨，希望大家对此保持清醒的认识，牢固树立忧患意识、危机意识，增强紧迫感和使命感。

二、狠抓落实，突出重点，着力推进 2009 年重点工作

在分析问题的基础上，根据学校的发展目标和面临的新形势，学校研究起草了 2009 年学校工作要点，已经校党委常委会审议，并征求了全体党委委员意见，今天全委会将予以最后审定。从反馈情况看，大家对今年工作要点内容比较肯定，认为符合学校发展要求，抓住了今年工作的主要方面，经过努力是可以达到的。今天印发给各位的就是吸收了同志们意见的修改稿。2009 年学校工作总体要求是：深入贯彻落实党的十七大和十七届三中全会以及胡锦涛总书记在纪念党的十一届三中全会召开 30 周年大会上的讲话精神，深入贯彻落实科学发展观，紧紧抓住建设创新型国家和建设高等教育强国的重要战略机遇，继续解放思想，

改革创新，锐意进取，艰苦奋斗，不断开创有特色、高水平研究型大学建设的新局面，以优异成绩迎接新中国成立60周年和学校第十次党代会的召开。

今年工作要点共分七个部分、29条，我主要围绕建设有特色、高水平研究型大学这一新的目标，归纳五个方面进行说明。

（一）启动制定“十二五”事业规划这一关乎学校未来发展的重要工作

今年，学校全局性工作一共有4项，其中开展学习实践科学发展观活动、筹备召开学校第十次党代会、开展建国60周年各项纪念活动等3项内容王书记刚才已经比较详细地部署了，我就不展开了。我重点讲一下“十二五”规划的启动工作和这四项工作之间的关系。

2009年可以说是承上启下的重要一年。一方面，教育部目前正在主持制定《国家中长期教育改革和发展规划纲要》，部直属高校第19次咨询会一项重要内容就是对规划的制订情况进行说明，并要求各高校积极参与到规划制订过程中来。另一方面，我们学校的“十二五”规划制订工作也要正式启动。我们要根据《国家中长期教育改革和发展规划纲要》和学校中长期发展战略，全面总结“十一五”规划实施情况，结合国家“十二五”重大需求和高等教育发展新形势、新任务以及即将召开的学校第十次党代会的要求，立足校情，分析差距，找准问题，形成共识，凝聚力量，全面启动“十二五”规划工作，抓住机遇，迎难而上，切实为学校下一个五年的又好又快发展明确目标，绘就蓝图，制定出基于现实和未来的基本判断、切实可行的行动计划，并注重突出我们的个性化发展理念、办学模式和特色。

（二）紧紧抓好人才培养这一根本任务

建设高等教育强国、建设有特色、高水平研究型大学的根本任务都是为国家培养一批优秀拔尖创新人才和大批各类优秀人才。我们培养的学生不仅要系统了解和掌握综合的前沿知识，同时还必须要有创造性思维，具备很好的解决实际问题的能力。我们要创新教育观念和人才培养模式，为此，今年要着力推进以下四个方面的工作。

一是继续深化人才培养模式改革，全面实施2008本科培养计划。其中，要继续落实教授到教学第一线承担本科教学工作；推进专业主干课程研究性教学；做好“思源班”等特色班拔尖创新人才培养工作。做好新一届国家教学成果奖的申报工作。积极开展特色专业建设，培养国家急需的创新人才和工程实践型应用性人才。进一步优化专业结构和突出办学特色，使部分优势专业尽快建设成为国内外具有较高知名度的专业，进一步加强通信工程、运输工程、软件和铁路运输、铁道信号、铁路电气化、铁道工程、铁路车辆等特色专业的建设。

二是加大实践教学平台建设，完善本科生科研实践训练体系。提高高等教育质量，关键是要探索以创新能力和综合素质提高为核心的人才培养模式，不仅要致力于培养一流的科学家，更要培养一线的工程技术创新人才。今年的着力点有：继续加大实验室建设和学生科研训练经费投入力度，争取新增1个国家级实验教学示范中心立项。要大力推进基础实验室和科研实验室向本科生开放，积极鼓励本科生参与科研工作，共享学科发展和科技研究的成果，充分调动学生学习的主动性和创造性，提高大学生创新精神和实践能力。加大学生参与重要学术竞赛和校内外科技竞赛工作支持力度，取得优异成绩。

三是进一步完善研究生培养机制改革，强化研究生培养质量保障体系。研究生教育作为教育的最高层次，在培养创新人才中具有决定意义。我们要完善研究生质量控制的约束机制、激励机制和质量监控体系，完善和强化博士生质量保障体系，推进产学研联合培养研究生基地建设，切实提高研究生培养质量。要结合研究生培养机制改革后的实际情况，进一步完善改革方案，确保平稳运行。

四是围绕学生综合素质提高，加强人文教育，教育和引导学生全面健康成长。学生工作是一项有很强的自身规律且需要常抓不懈的工作。今年要根据新的形势和学生思想状态实际，准确把握学生工作规律和学生特点，创新主旋律教育的方法与形式。以改进教育教学模式为抓手，加强学风建设，激发学生学习兴趣，通过政策引导和基础平台建设，提高学生的创新意识和实践能力。还要注重提高学生的科学和人文素质，同时也要做好部分同学的心理危机预防与干预。

（三）始终抓好学科建设这一龙头工作

建设一流大学，说到底就是要建设若干在国内名列前茅、在国际上有较大影响的一流学科。提高学术水平和人才培养水平，是学科建设的核心任务。要树立起“不断创造一流学术成果”的精神，不仅强化基础研究，根据学校学科实际，在战略前沿领域和高技术领域适当超前部署，而且要重视提高应用研究水平，坚持基础研究与国际接轨，应用研究与国家更大需求接轨的方针。今年围绕学科、队伍、平台、科技、国际合作等方面工作，我们都将采取比较大的举措。

一是要建设完善适合我校科学发展的三级学科体系，推动重点学科建设，逐步实现支撑发展，引领未来。下大力气建设好国家重点学科。做好“211 工程”三期建设工作，加强过程管理。进一步进行学科布局和结构调整，推动学科建设再上新台阶，真正实现“增优势、强特色、入主流、占前沿”。加大新兴、交叉学科建设力度，在能源、环境、生物、材料等前沿新兴学科和交叉学科建设方面出实招、见实效。深入调研并研究制定适应学科发展和有利于提升学术水平的基层学术组织模式和院系设置方案。加强学位点的培育、申报和建设。推进哲学社会科学发展。

二是做好顶层设计，完善体制机制，打造一流学科平台。平台是学科建设的重要基地，也是支撑学科团队、推进学科发展的基础。要紧紧抓住“211 工程”三期建设、“985”优势学科创新平台建设契机，整体考虑和设计国家、省部级平台，坚持把“建设大平台、组织大团队、争取大项目、取得大成果”作为学科建设的着力点。重点是建好现有的国家重点实验室、优势学科创新平台、国家工程实验室和国家工程研究中心，确保教育部 2 个工程中心通过验收。同时，总结经验，加强谋划，争取申报建成 1 个国家级平台、2 个省部级平台。完成与北京市共建 CBTC 研究中心工作。加强军工基地建设，积极争取军工重大项目和平台。

三是努力建设一支高水平的师资队伍。人才资源是学校发展最重要的战略资源，是提高学科水平的关键。要发挥学科特别是国家级重点学科在培养和汇聚高水平教师和学科带头人方面的引领作用，注重人才的培养、引进和使用，依靠制度吸引和培养一批高层次人才，创造人尽其才、人才辈出的良好环境。今年的重点是全面实施“红果园创新人才培育计划”。由校院两级共同推进，做好现有人才选拔和重点培育工作。适度扩大教师规模，面向国内外

选留一批优秀博士、博士后充实教师队伍。力争创新团队建设取得实效。此外，要完成校院两级机构编制的核定，进一步完善岗位职责、绩效考评和奖励办法，完善分配制度和职务评聘制度。

要下大力气引进学术大师和高水平学科带头人。落实学院高水平人才引进协议，分学科认真研究人才需求，针对性地确定人才引进意向，完善人才引进机制，采取超常规措施，从校外和海外引进或选聘具有国际领先水平的学科带头人，积极推进团队引进。争取长江学者奖励计划申报取得重要进展。

同时，切实加强师德建设，开展“三育人”师德建设论坛，评选“师德标兵”，教育和引导教师热爱学生，潜心做学问，教书育人。

四是抓住机遇推进重大科技项目，注重项目过程管理，提升学术实力和竞争力。重大项目是学科建设的有效载体，能有力促进学科发展。国家级奖励是我们今年要着力突破的一项工作，要做好组织和申报工作，争取我校单位和个人牵头主持的国家级奖励取得突破。要抓住国家基础设施、行业和区域经济振兴的发展机遇，特别是国家十大产业振兴计划，组织教师积极参与其中并承担国家科技计划和支撑项目。全面参与铁道部、科技部“中国高速列车自主创新联合行动计划”、400 Km/h 综合检测车、京沪高速铁路建设等国家重大支持计划项目。做好亦庄 CBTC 示范工程建设相关工作。在解决国家、行业和地方重大经济与社会发展问题中作出学校的贡献。在科研经费上，要力争全年科研经费不少于 5 亿元。

五是切实提升学校国际交流合作与国际化水平。提高国际交流合作水平是建设一流学科的重要内容。在提升国际交流与合作方面，今年重点是扩大留学生规模，在学人数力争突破 500 人，提高留学生教育层次。拓展与国外知名高校的实质性交流合作，推进与台湾和香港地区高校的学术交流与科研合作。要落实互派教师、交换学生事宜，数量和质量都要保证。建设好在比利时的孔子学院，同时筹建新的孔子学院。

（四）持之以恒加强办学资源条件建设

资源是学校建设研究型大学的物质保障和资金保障。这里讲的资源包括“硬”资源和“软”资源，今年都要给予足够重视。

一是加强校园硬件建设。学校基础设施建设的欠账已经成为制约学校发展的一个瓶颈，我们要加快学校基本建设，进一步完善校园规划。今年我们将开工建设学生活动服务中心、科技创业大厦，并积极筹划建设新图书馆和新体育馆，加快解决交大附小迁建等问题，推进海滨学院二期建设，继续加大力度推进学校建设难点问题的彻底解决。同时，继续加强公共服务体系建设，比如校园网和校园无线网建设以及图书馆数字化和特色资源建设。于 6 月底前完成校史陈列馆布展工作。

二是要千方百计拓展办学资源。积极回应社会各界对学校正面的要求和期望，并注重将这些愿望转化为学校的发展优势。充分发挥董事会、教育基金会、校友会在联系社会各界、争取办学资源方面的重要作用，建立校院两级筹资融资体系，努力为学校改革发展筹措更多的社会资金。扩大产学研合作，促进科技成果转化和应用。充分把握教育部有关政策，做好远程与继续教育工作，加大为铁路行业发展培育各类各层次实用型人才的力度。

三是进一步提高后勤管理和服务水平。大力推进节能减排工作，建设节约型校园。加强学校环境美化，争取到庆祝新中国成立 60 周年期间校园面貌能有进一步改观。推行公用房屋使用机制改革，实施和完善学校水电管理办法。多种途径解决就餐拥挤状况，确保食堂餐饮质量。积极推进后勤内部改革。

（五）采取措施抓好民生这项关系师生员工切身利益的工作

科学发展观归宿点在于保障和改善民生。要始终坚持把实现好、发展好、维护好师生员工和离退休职工的根本利益作为我们全部工作的出发点和落脚点，着力解决师生员工最关心、最直接、最现实的利益问题，为广大师生员工和离退休职工办实事，办好事。

要高度重视并做好招生和就业工作。充分利用国家、北京市出台的就业新政策，广开就业渠道，开展深入的就业指导，切实做好就业困难毕业生就业帮扶工作。探索以创新带动就业的机制。建设好北京地区高校示范性就业中心。进一步做好招生工作，提高生源质量，落实“阳光工程”。

进一步完善家庭经济困难学生资助体系。改善师生员工生活、学习和活动条件。多渠道为青年教师解决住房困难问题。扩大教职工文体活动场地。关心困难职工和离退休老同志生活，改善就医环境。

三、转变观念、抓住机遇、提高水平

同志们，2009 年学校任务多、责任重，我们要以崭新的精神面貌，务实的工作作风，全力以赴抓开局、抓起步、抓落实，为完成全面工作任务奠定扎实的基础。在座都是单位骨干，是学校发展的中坚力量，为做好学校今年工作，希望大家注重研究并处理好以下三个方面的问题。

1. 解放思想、转变观念，抓机遇、抓发展，破解难题、提升水平

要解决学校发展存在的诸多困难和不足，最根本的途径就是要牢牢坚持发展这个第一要务。没有发展，一切无从谈起；只有发展，才能增强凝聚力。要获得发展，就必须在新的起点上，开始新一轮的思想解放，转变观念，从而注重抢抓机遇。要深刻认识到，危机中有危也有机，难点可以变为亮点，只要努力，就有可能。失去一个机遇，我们将落后一个时代；相反，抓住一个机遇，就有可能跃上一个新的台阶。机遇是给有准备的人的。实践证明，学校事业发展的任何重大进展和成绩，都是以思想解放为先导，进而采取与以往不同的新的举措取得的。这就要求我们必须进一步解放思想，贯彻落实科学发展观，推进改革，在竞争中谋求发展。从学校的发展历程和当前学校所面临的形势与挑战来看，我们必须紧紧抓住“发展”这个第一要务。有些东西我们首先要敢想，如果不敢想、不敢突破既有的模式，我们就很难进步。所以在新的形势下，如何进一步解放思想仍然是我们面临的重要课题。解放思想，要从领导干部开始。领导干部的思想状态如何，对一个部门和单位的发展，有着决定性的影响。全体教职员工特别是领导干部，必须坚定不移地解放思想、转变观念、更新思路、变革思维，对照十七大提出的新要求，对照建设创新型国家和高等教育强国的重大战略形势，对照学校建设有特色、高水平研究型大学的要求，及时查找与政策、观念、体制不相适应的地方，及时调整、及时更新、及时改革，在解放思想中真抓实干，在解放思想中迎难而进，采取超常规的措施，拿出实招硬招，推动各项工作取得实实在在的进展。

2. 牢固树立质量意识

多年的办学实践告诉我们，无论是人才培养还是科学研究，质量是我们的生命线，是一

切可持续发展的基础，是实力和竞争力的体现。质量意识，是我们办学中一个永恒的主题，特别是高水平创新人才的培养、重点学科的建设、重大科研项目，要在这方面做好示范，以带动全校人才培养水平、学科水平的整体提升。以我们试点班为例，在扩大试点工作规模的同时，我们要研究试点班培养模式、管理模式和培养效果，要跟踪他们毕业后的去向，要能说出我们培养了多少拔尖人才，在他们所处的行业领域有多人成为了领军人物，从而不断提高人才整体培养水平。对于我们国家重点学科来讲，在注重发表论文数量的同时，更注重论文的质量，以及论文对所在学科发展的贡献，被同行引用的情况。对所从事的研究项目，在注重经费、项目级别的同时，更要注重项目水平，对国家重大工程的参与度以及贡献情况。有特色、高水平研究型大学，就是中国特色、世界水平。创建一流大学，没有质量意识，不提升水平，不走内涵式发展道路，就很难达到这一目标。

3. 注重处理好几个关系

一是处理好继承传统与创新发展的关系。国家和行业的发展需要学校的积极参与和提供支撑，这也是我们学校这样特色型研究型大学的责任和义务。特别是当前，我们要认清形势，把握国家调整经济结构和工业布局，以及重要产业调整和振兴规划的重大历史机遇，围绕国家保稳定、保发展、保民生的战略部署，找准切入点，不仅有所作为，更要争取大有作为。一方面，面对突飞猛进的国家工程建设，我们要安排师生深入京沪高铁和北京市轨道交通等重大工程中挂职锻炼，熟悉并了解工程实践一线的最新动态与趋势，尽可能地缩小教材、研究内容与实际工程需求的差距。另一方面，仅仅做好支撑，对于学校的定位与可持续发展是不够的。要聚焦轨道交通行业的未来发展，积极开展相关学科前沿的探索。不仅要总结回顾30年前交通发展的历程，还要回归到当前发展的大好机遇，通过积极参与起到支撑作用的基础上，深入思考未来如何引领发展，要有超前、长远的战略眼光，面向世界，面向未来，分析10年甚至30年以后交通的发展趋势，研究与交通行业密切相关学科的未来发展，同时还要关注其他相关行业的未来发展，加强技术和知识的超前储备，实现从支撑到引领的跨越。

二是处理好优势学科、特色学科、基础学科与新兴交叉学科之间的关系。首先要继续重点支持和发展优势特色学科。学校的信息与管理学科在国内历史悠久，也是学校的传统优势学科，有很强的实力。交通学科是体现学校办学特色的学科，在国内一直处于领先地位。这三类学科不但在过去积累了很厚实的基础，当前我们也作为学科发展中的三条主线不断加大建设力度。其次要拓展学科领域和研究方向，注重加强与行业发展密切相关的学科建设，培育新的优势特色学科增长点，在若干学科培育“杀手锏”。过去一段时间，我们特别加强了综合交通运输理论与方法、交通运输信息网络、轨道交通运输基础设施、载运工具、现代交通运输管理等领域的理论与关键技术的研究。第三要统筹兼顾，协调发展，注重进行新的学科布局，促进新兴学科和交叉学科发展，以重点突破带动全面提高，建设更多的高水平学科。目前，学校重点支持的新兴交叉学科在研究方向上都注重与学校已有的优势、特色融合，这些都有力地促进了学科整体实力的提高，成为学校进一步保持特色、扩大优势、实现引领的基础和推动力。

三是处理好服务行业与长期合作的关系。国家技术创新体系建设要求按照“统筹规划、资源共享、优势互补”的原则，积极构建以企业为主体、以市场为导向的新型产学研联盟。企业是技术创新的主体，就意味着企业是科技创新投入的主体、受益的主体和风险承担的主

体。高校要转变观念，以服务求支持，在贡献中求发展，要在战略层面有明确定位和正确理念，主动与企业合作，支持和服务企业技术创新，注重把与企业单一项目的合作关系转化为建立起稳固有效、广泛互利的战略联盟。同时，特别要注意处理与企业的当前利益与长远利益关系，不与企业争利，不争当项目的主持，甘当配角，在研究和开发上更重视科技研究，在平台和装备上更重视平台建设。要适当超前，要有储备。

四是处理好基础厚实和专业精深的关系。人才培养质量是高校的生命线。当前，重大科学问题、工程问题、社会经济问题的出现对人才的创新能力和实践能力提出了更高要求，尤其是作为以工科为主的高校，在人才培养过程中面临的这些问题更为突出，学生不仅要系统了解和掌握综合的前沿知识，同时还必须要有创造性思维，具备很好的解决实际问题的能力。我们所培养的学生，基础要实、专业要精，而且知识面要广、综合素质要高。要不断增强人文教育，使科学精神和人文精神在我们的培养方案中有机配合，在人才培养过程中得到体现，并取得预期效果。为此，我们要求教授为本科生上课，同时，创造条件实施专业主干课程小班授课，加强对学生的研究意识和研究方法的训练和引导。在这方面人文学院要尽快落实“国学”和“科学史”等方面师资力量配备，理学院要加强数理师资队伍建设，以确保我们这些理念的实施。

同志们，我们已站在向高等教育强国迈进的新的历史起点上，机遇和挑战考验着我们，责任和使命召唤着我们。全校共产党员和全体干部教师要同心协力，在校党委的领导下，以高度的责任感、紧迫感、使命感，抓住机遇，迎接挑战，以提高质量为核心，以改革创新精神推动学校各项事业科学发展，为建设有特色、高水平的研究型大学作出应有的贡献。

优化结构　注重创新　提高质量
推进我校学位与研究生教育事业科学发展

——宁滨校长在北京交通大学学位与研究生教育工作会议上的讲话

（2009 年 11 月 26 日）

尊敬的梁副主任，各位领导、老师们、同学们、同志们：

今天，学校召开学位与研究生教育工作会议。会议主要任务是：总结近年来我校学位与研究生教育工作取得的成绩，深入探讨研究生教育如何适应国家和社会发展新形势新需要，全面推进学校“十一五”发展规划落实，谋划“十二五”学校学位与研究生教育事业发展。根据国家高等教育发展的形势以及我校的实际情况，经多方调研、征求意见，确定了“优化结构、注重创新、提高质量”的会议主题。希望通过此次会议的召开，能够在全校上下进一步提高认识、统一思想、明确差距，优化学位类型与培养结构，提高研究生培养质量，推动我校学位与研究生教育事业迈上一个新台阶。

一、过去五年工作回顾

2004 年 3 月，学校在研究生院由试办到转正评估之际召开了学位与研究生教育工作会议，明确了“研究生教育是学校改革发展的突破口，办好研究生院是建设研究型大学的基础，把研究生教育放到学校转型与发展的战略位置上来”，并提出实施“研究生教育创新工程”，推行了一系列新举措，确立了当时必须突破的三个目标，即“研究生院通过转正评估，全国优秀博士学位论文零的突破，一级学科博士授权点较大幅度增长”，这是我校研究生教育发展史上的大事。经过全校师生的不懈努力，上次会议确定的发展目标已基本实现：2004 年我校研究生院正式挂牌；共获得全国优秀博士论文 2 篇，获提名 6 篇；一级学科博士学位授权点由 2004 年的 4 个增加到 11 个。具体建设成效主要体现在：

1. *研究生教育规模大幅增长，成为国家高层次人才培养的重要基地*

五年来，硕士研究生招生规模增长 68%；博士研究生招生规模增长 22.7%。目前各类研究生在校总数达 9 427 人，包括全日制研究生 7 527 人，非全日制研究生 1 900 余人。其中，全日制硕士研究生较 2004 年增长 1.85 倍，博士研究生增长 2.37 倍，专业学位硕士研究生增长 2.4 倍。2009 年各类研究生招生总数已达 3 953 人，超过了本科生年度招生规模。在校研究生与本科生的比例由 1∶3.42 提高到 1∶1.48，在校生结构得到较大改善，研究生教育与本科教育相互促进、协调发展的办学新格局已经形成。

2. *学位点建设成效显著，多学科协调发展的局面初步形成*

五年来，学校在认真分析我校学科布局及其建设情况基础上，实行了学位点申报建设立项制度。经过全校上下共同努力，学位授权点数量有了大幅度增长，一级学科博士学位授权点由 4 个增加到 11 个，二级学科博士学位授权点由 45 个增加到 60 个，二级学科硕士学位授权点由71个增加到120个。一级学科博士点数量在研究生院高校中的排名由原来的第48位上升至第32位。学位授权点涉及8个门类的33个一级学科，在其中的18个一级学科中具有博士学位授权；现有MBA、工程硕士、会计硕士和法律硕士4类专业学位授权。学位点建设取得的成绩为我校学位与研究生教育提供了广阔的发展空间。

3. 推动制度创新，研究生导师队伍建设成效显著

为促进中青年骨干教师的成长，改革了研究生导师遴选办法，2005年出台了副教授遴选博士生导师的有关规定，至今共有23名副教授遴选为博士生导师。同时，要求导师的科研课题与经费必须达到最低量化指标，对承担国家重大科研项目的导师在研究生招生指标、配套经费上予以优先考虑。为配合研究生培养基地的建设，制定了《北京交通大学培养基地硕士生指导教师遴选办法》。

五年来，我校导师队伍在数量上有了较大幅度的增长，其中，博士生导师由153人增加到318人（含兼职博士生导师74人）；硕士生导师从480人增加到821人，在一定程度上缓解了招生规模扩大与导师数量不足的矛盾。

4. 建立质量保障体系，加强过程管理与监控

注重以质量为核心的保障体系建设，逐步健全校、院两级管理体系，遵循各学科研究生培养的特点，加强学院在研究生培养过程中的作用，不搞“一刀切”，初步形成了有利于不同学科、专业研究生教育的管理体制。

质量保障机制贯穿博士研究生培养的全过程。针对博士生培养四个主要环节制定了资格考试、学位论文开题报告、学位论文中期检查、学位论文预答辩、学位论文匿名送审制度，特别是采取了预答辩和匿名送审的措施，建立科学的评价方式和有效的监督机制等，实现多个关键点的质量控制，从而保证博士生的培养质量。五年来，我校博士学位论文送审的一次通过率平均在80%左右。2006年以来匿名送审的博士论文总体评价为优秀或特别优秀的占40%，学位授予质量得到有效保证。

全面启动了硕士研究生培养质量的监控工作。各学院对硕士研究生从学位论文答辩环节的质量监控入手，加大匿名评审论文的比例、改变匿名评审的抽查方式，在学生完成论文后进行论文的抽查工作，并开发了匿名评审的抽签系统。学位论文答辩按照研究方向组织答辩委员会，改变了原来由导师组织答辩的做法。

5. 改革培养机制体制，提高研究生创新能力

落实研究生教育创新工程，推动创新人才培养。学校2004年启动研究生教育创新工程，为博士研究生搭建科技创新与学术交流平台，创造条件激励博士研究生做出重大创新成果。项目实施以来，始终以“公平、公正、公开”为原则，规范选拔程序和标准，采用校内外同行专家评审、公开答辩等方式，严格选拔；在项目执行过程中，动态跟踪，对全部资助项目通过中期检查、结题检查等形式进行全程跟踪。五年来，博士生科技创新基金立项53项，专项研究员立项12项，资助28名博士研究生出国开展学术交流活动。

实施以科研为导向的研究生培养机制改革。硕士研究生改变了原来“一考定终身”的奖助学金评定模式，建立了有利于激发研究生学习动力的动态评价机制；通过政策引导，加大对承担高水平科研项目博士生导师的支持力度，统筹和优化配置教学、科研等方面的资源，为支持博士生深入开展高水平的研究工作、参加高水平国际学术交流、开阔学术视野创造条件。两年来，依托国家级科研课题招收博士生的占66%，依托省部级科研课题招收博

士生的占 17%，依托其他科研课题招收博士生的占 9%。

产学研联合研究生培养基地建设成果显著。2005 年 12 月，我校承担了教育部研究生教育创新计划——“结合国家高速铁路重大工程建设研究生培养基地”资助项目。2006 年起，我校连续获得“北京市产学研联合研究生培养基地建设”项目资助。

在教育部和北京市的大力支持下，建成了一批比较规范的联合培养基地，推动了研究生培养模式的转变。通过基地培养，学生有了较强的综合运用知识的能力和创新能力，基地毕业生广受用人单位的好评，就业率达 100%。2008 年 5 月，“产学研联合研究生培养模式的创新与实践”项目被北京市高教学会研究生教育研究会评为“北京地区研究生学位工作优秀成果一等奖”。

6. 加强研究生德育工作，提高综合素质

2004 年以来，学校研究生德育工作与学业培养有机结合，坚持以满足社会发展需要和研究生发展需要为基础，以“研究生综合素质教育计划”为主线，以研究能力、创新能力、沟通能力为培养目标，形成了“专兼结合”的研究生德育工作体系，构建了以促进研究生全面发展为目标的综合素质教育工作平台。2007 年研究生工作部获得“北京高校德育工作先进集体”荣誉称号。

全面实施“研究生综合素质教育计划”。以培养研究能力、创新能力、提高综合素质为目标，举办了“与大师面对面”名师讲坛、研究生学术论坛、慧光杯学术文化节、英语文化之夜等活动，营造了良好的校园学术氛围。以培养实践能力、沟通能力为目标，组织社会实践团，8 个团队获评首都大学生社会实践优秀团队，获 6 项首都高校社会实践优秀成果。成功承办 3 项教育部研究生教育创新计划项目——交通运输工程学科全国博士生学术论坛、研究生暑期学校和博士生学术会议，提高了我校交通运输工程学科的知名度，加强了我校研究生的对外交流。

优化研究生德育工作体制机制，不断加强研究生德育工作队伍建设。2007 年 12 月，我校专兼职相结合切实加强研究生辅导员队伍建设的经验与做法被《教育部简报》单篇报道。

通过设置“三助”岗位，把解决学生的经济困难问题同加强研究生思想政治教育紧密结合。设置多项奖学金，每年有超过 30% 的研究生获得市级、校级荣誉称号和奖学金，在研究生中树立了榜样。

7. 加强研究生院自身建设，提高教育服务和管理水平

自 2005 年开始，学校逐步修订和完善了学位与研究生教育管理文件，在招生、培养、学位授予等各个环节，制定工作流程，严格贯彻落实学校研究生教育管理各项制度规定。2005 年 2 月研究生院向全校公布了“研究生院服务承诺”，以服务为主导，转变作风，扎实工作，接受全校师生的监督。2004 年开始全面加强研究生教育信息化建设，通过启用综合教务管理信息系统、制作研究生院新网站、开发使用研究生“三助”系统等，有效地提高了工作效率，简化了工作程序，增强了工作的公开与透明程度；通过研究生答辩程序、送审、答辩信息、办事指南等上网发布的方式，利用研究生院主页服务导师和研究生，提高了研究生教育服务和管理水平。2008 年学校被北京市教委评为北京地区学位与研究生教育管理先进集体；被北京市高教学会研究生教育研究会评为研究生学位工作优秀单位。

二、我校研究生教育存在的问题

回顾过去五年我校学位与研究生教育的发展历程，取得的成绩令人振奋。这五年是全校师生求真务实、开拓创新的五年，是坚持内涵发展、强化优势特色的五年，是贯彻落实科学发展观，提升综合竞争力的五年。在回顾过去、总结经验的同时，我们也要清醒地认识到，与学校建设国内一流、国际知名研究型大学的奋斗目标相比，与国家和社会对高校的要求相比，我校学位与研究生教育工作还存在诸多问题与明显的差距。

1. 对研究生教育的认识不够到位

研究生教育是整个教育的最高层次，是一个国家高等教育发展水平的重要标志，对于创新型人才的培养、科技发展水平的突破和赶超、国家自主创新能力的提升，以及先进社会文化的塑造，都具有不可替代的突出作用，直接关系到人力资源强国和创新型国家建设目标的实现。研究生教育同时也是强校之源，其发展水平和教育质量直接影响着我校建设一流研究型大学目标的实现。对此，近几年全校上下已经有一定的共识，但相对于形势发展的迫切要求来说，重视程度还很不够，在工作的落实方面不够扎实。

今年初，《教育部关于做好全日制硕士专业学位研究生培养工作的若干意见》（教研［2009］1号）指出，随着我国研究生规模的不断扩大和社会需求的不断变化，硕士研究生的就业去向已更多地从教学、科研岗位转向实际工作部门。从世界研究生教育发展状况来看，硕士研究生教育基本是以面向实际应用为主，教学科研人才更多是来源于博士研究生。我们要抓住机遇，着力调整人才培养结构，深化培养机制改革，积极促进专业学位教育的健康、快速发展。

同时，建立以高层次人才培养为目标的评价和考核体系，以适应学校建设高水平研究型大学总目标。学校的机构设置及评价和考核体系一定要为学校的发展总目标服务，确立什么样的总目标就应设立什么样的评价和考核体系，对研究生培养机构的评价，对导师的评价和考核最核心的指标应体现在人才培养的质量上。

2. 导师的学术水平有待提高，责任不到位，精力投入不足

一是导师学术水平有待提高。刘延东同志在今年教师节讲话中指出：“国家发展希望在教育，办好教育希望在教师。”提高研究生培养质量要坚定不移地依靠导师。目前我校的研究生培养质量，特别是高水平创新人才培养质量不高的重要原因是一流的导师队伍建设存在问题，有影响力的学术领军人物和中青年学科带头人严重不足。某种程度上说，导师的水平决定学生的学术视野和发展潜力，离开了科学研究和学科建设，导师便难以把握住学科发展的前沿状态，更不能预知学科未来发展的趋势，导师自身的创新能力也将逐步衰减，缺乏创新能力的导师是不能够培养出有创新潜力的研究生的。

二是部分导师在研究生培养上投入不足，岗位责任制不到位。2006年我们制定了《北京交通大学研究生指导教师责任制暂行规定》，明确了导师在研究生培养过程中的职责。但是在执行过程中，一方面导师的投入和责任心不够，另一方面缺乏有效的监督机制，导致培养质量难以保证。此外，相应激励机制不健全，也是难以发挥导师在研究生培养中的积极性和主动性的重要原因。

三是兼职导师的作用没有充分发挥。目前，我校兼职博士生导师的数量已达74人，占导师总数的24%，按照每人每年招收1名博士生计算，由兼职导师指导的博士生占招生总

人数的比例接近20%。由于兼职导师都承担着其他社会工作，研究生指导方面的时间和精力投入必然受到影响，而校内相应的配套措施和解决方法没有跟上。如何充分发挥兼职导师在培养研究生当中的作用需要进一步研究探讨。

3. 研究生教育质量亟待提高

一是生源质量尚待提升。我校硕士研究生的生源主要以本校毕业生和比我校办学层次低的高校毕业生为主，名校毕业生比例偏低，推免生来自“211 工程”建设高校或研究生院高校的不到20%，录取“985 工程”高校的学生比例不到10%。这固然有宣传不够的因素，但我校的学术声誉、学术影响力和研究生培养质量没有完全被社会认可等因素更需要引起我们的高度重视和认真思考。

二是课程教学质量有待提高。今年学习实践科学发展观活动调研发现，92% 受调查的研究生和 79% 的受访教师均认为研究生课程教学存在问题，教学效果不够理想；实践培养环节不足，课程教学秩序不够规范，部分课程教学内容陈旧。

三是委培和定向博士研究生质量难以保证。我校在校生中委培和定向攻读博士学位的人数比例越来越高，目前达到45%。由于这些人没有脱离原工作岗位，学习精力投入不足，与导师的联系不够紧密，使得课程学习、科学研究及论文撰写均缺乏必要保证。这种情况造成相当一部分的在职博士不能及时毕业，论文质量难以保证，直接影响了我校博士研究生的整体培养质量。

随着招生规模扩大，宏观调控各学科、导师的招生数量显得尤为重要。在读博士超过15 人的有 40 位导师，占导师数量的 14% 以上，某些学科这种状况尤为突出，由此造成导师指导能力不足，影响博士生培养质量的提高。

4. 与科学研究和学科建设的结合不够紧密

研究生教育与学科建设、科学研究之间良性互动、相互促进的机制尚未形成。从本质上讲，研究生教育是一种创新教育，而创新意识的培育、创新能力的提高均应该在创新实践的过程中完成。研究生只有在导师的指导下，在具体的科研过程中才能形成发现科学问题的能力，在解决具体科学问题的过程中掌握科学研究方法，直接参与导师的科研活动是研究生创新意识向创新能力提升的必要途径。因此，只有依托科学研究和学科建设才能完成高质量研究生的培养工作。

5. 学位类型与研究生教育结构有待优化

目前，我校专业学位研究生比例偏低：我校目前全日制专业学位研究生占在读全日制研究生总数的20%，而从硕士研究生就业趋势来看，2009 年有 75% 以上的硕士毕业生直接到企业单位工作，到科研、教育单位工作的不到我校就业总人数的 16%，而在这些人当中，也只有较少部分真正从事教学、研究工作，也就是说大量的硕士毕业生直接走向了实际应用领域。随着我国社会经济的发展，国家对高层次、应用型专门人才有更大规模和更高质量的需求，学校目前人才培养的结构还不尽合理。因此，必须重新审视和定位我校硕士研究生的培养目标，进一步调整和优化硕士研究生的类型结构，逐渐将硕士研究生教育从以培养学术型人才为主向以培养应用型人才为主转变，实现研究生教育在规模、质量、结构、效益等方面的协调、可持续发展。专业学位人才培养与学术型学位人才培养是高层次人才培养的两个重要方面，在高等学校人才培养工作中，具有同等重要的地位和作用。

6. 研究生培养过程的国际学术交流亟待加强

国际学术交流广度和深度有待提高，近年来已通过国家项目、校际项目（包括国际交流项目和研究生访学基金、学术交流基金）派出部分研究生出国联合培养、攻读学位、进行学术交流等，但是由于缺乏稳定的高层次国际学术交流渠道和项目，未形成与学科建设、人才培养、师资规划协调统一的有重点、有规划、成建制地派出机制。

7. 研究生学术规范与学术道德教育亟待加强

长期以来，学校始终重视加强学术规范和学术道德建设，不断健全规章制度，出台了《北京交通大学处理学术不端行为的办法》等文件，倡导学术诚信、严谨治学。但是在指导研究生树立科学精神、掌握科研方法、遵守学术规范、撰写学术论文、利用学术资源等方面还存在不足，迫切需要进一步加强研究生学术规范与学术道德教育，树立健康积极的学风，为培养高素质创新人才提供坚实保证。

8. 研究生教育管理和服务水平有待提高

随着我校研究生的规模和类型的不断增加、培养模式改革的不断深入，研究生教育组织架构亟待完善，整体管理水平有待提高。管理人员对研究生教育管理的相关政策与规定掌握不够，校院两级管理模式落实不到位；研究生教育管理人员数量不能满足我校研究生教育迅速发展的需要；学校、学院信息资源共享率差，研究生教育信息化建设需进一步加强；课程教学缺乏配套的激励约束机制，尚未形成合理、有效的评价方法；学院学位委员会的质量保障环节发挥作用不够，对研究生科学研究过程的评价标准总体上有所欠缺；研究生培养机制改革所设立的研究生奖助学金体系，在评定办法、评价内容等方面还存在问题，有待进一步完善。

三、关于今后我校学位与研究生教育工作的思考

当前，是我国建设创新型国家、建设人力资源强国，实现由高等教育大国向高等教育强国转变的关键时期。根据我校实际情况，我们应该有这样一个基本判断：除博士研究生招生数量有待进一步扩大以外，我校硕士研究生招生数量和学位点数量已经不是主要矛盾，今后一段时间工作的重点应转向结构调整、注重创新与提高质量上来。

我们希望以此次会议为契机，在今后五年内，争取在三个方面取得突破：一是学位类型与研究生培养结构调整积极适应国家的应用人才需求，到 2015 年专业学位研究生占招生规模数 50% 以上；二是博士生招生规模超过 500 人，博士生培养水平和创新能力显著提高，成为我校科学研究的生力军，力争全国优秀博士论文在 8 个国家级重点学科均有所突破；三是研究生总体培养质量得到社会的充分认可，越来越多的研究生发展成为国家各领域和相关行业的骨干与栋梁之才，我校研究生教育的社会影响力得到大大提升。

伴随我国高等教育改革发展的不断深入，党和国家对高水平研究型大学建设提出了新的目标和要求，摆在我们面前的任务很多，但就研究生教育而言，当前最重要的任务是调整结构，注重创新，提高质量。正确理解和认识当前正在进行的学位类型与结构的调整，即调整目前学术型和专业型硕士研究生的招生培养比例，满足国家建设对不同类型人才的需求。我们要抓住这个机遇，同时避免认识上的误区，“调整”是数量和培养模式的变化，而没有水平和层次上的高低差异，要避免专业学位人才培养出现“弱化”、“矮化”、“同化”的倾向，使应用型人才培养更好适应社会需求。随着结构调整，也要更加重视学术型人才的培养

质量，应采取相应的措施，使学术型人才培养重点向基础性、高水平科研项目倾斜，使学术型人才成为我国基础研究和应用基础研究的中坚力量。

今后的五年，是我校研究生教育发展的关键期，也是攻坚期。研究生教育的水平提高和内涵发展比研究生教育的规模扩大在难度上要大得多。下面，就今后五年学校研究生教育改革和发展的措施谈一些看法，供大家思考。

1. 加强导师队伍建设，提升研究生教育水平

要实现我校研究生教育又好又快发展，人是最关键的因素。我们要用五到十年的时间，建立起一支高水平的导师队伍：有相当数量的导师成为学术界及行业领域的领军人物或著名专家，具有国际视野，能把握学科发展前沿，站在国家战略发展和高等教育以及行业发展高度去思考问题并提出应对方法，成为国家或行业重要计划与规划的起草人，国际学术组织的领导者、参与者，在国内同行、国内国际学术界有一定影响和知名度，形成能代表国家水平的人才培养团队。

加强高水平导师队伍建设。把发现、引进、培养、使用、凝聚优秀人才作为我校发展最关键的战略任务，将“红果园人才培育计划”、团队建设、国家建设高水平大学公派研究生项目、“985”优势学科创新平台项目和“211 工程”队伍建设计划等与导师队伍建设紧密结合，提高国际合作与交流水平，大力提升导师队伍水平。

明确研究生导师岗位职责。进一步明确导师是指导、培养研究生的重要岗位，不是职称，更不是终身称号。适时改革现有的导师遴选办法，探索按需设岗、动态遴选、评聘分离、择优上岗的新机制。探索建立激励与约束机制，对个别导师不能按学校要求履行岗位职责的，在研究生招生名额的分配上要提出限制甚至停招；对履职优秀、培养水平不断提高的导师，要加大支持与奖励力度。

规范兼职导师的选聘。目前我校兼职博士生导师已占导师总数的 24%，规范兼职博导招生、培养，对提高博士生培养质量至关重要。兼职博士生导师招收博士生需在我校有科研课题，要明确校内工作助手，且必须由学科相近的校内、外专家教授组成博士生导师组，分工合作、联合指导，从而规范对兼职博士生导师的管理。

加强专业学位研究生导师队伍建设。建设一支适应应用型人才培养所需的教师队伍，是人才培养模式改革首先要解决的问题，学校鼓励青年教师参与工程实践训练、提高工程技术应用能力，完善其知识、能力、素质结构。同时，通过各种渠道，如董事会、校友会、联合培养基地等，积极聘请企业一线高水平技术人员作为兼职导师，弥补学校师资在实践性教学和论文指导经验上的不足，促进专业学位教育的发展。

加强对新增博士、硕士生导师的培训。导师培训要制度化，通过学习导师中精心育人、潜心研究的先进人物和典型事迹，让新增导师正确对待学术和科学研究中的名与利，克服急功近利的浮躁情绪，履行好导师的指导责任和岗位职责。

2. 完善管理机制，提高研究生培养质量

坚持以质量为核心，深化研究生培养机制改革。落实培养机制改革方案所确定的研究生培养科研导向原则，切实保证公平、公正的奖助学金评定机制，形成真正有利于激发广大研究生学习热情和创新精神的良好氛围。不断完善研究生奖助金资助体系，逐步对研究生招生制度、研究生培养过程、研究生学位论文评价体系、研究生弹性学制、导师遴选制度等进行全面改革和完善。对于不能按照学校要求完成培养计划和达不到培养要求的，将采取相关措

施并探索建立淘汰机制。深入研究与改革相关的导师考核体系、科研经费管理办法等，最终促进我校研究生教育水平的全面提升。

采取有效措施提高生源质量。大力宣传学校的办学优势、学科专业特点和特色研究方向，以增强对广大考生的吸引力；提供特殊的奖励政策，鼓励优秀生源报考；做好信息化建设工作，完善招生工作的规章制度，服务广大考生。同时，提高接收校外推免生比例，重点招收来自“211工程”、研究生院高校的推荐免试学生。博士生招生鼓励本校研究生采取直接攻博和硕博连读等形式，广开渠道，吸引优质生源。

加大投入，进一步完善创新工程体系。通过对申报方式以及管理模式的改进，将竞争激励机制引入基金的设置与管理，扩大资助面，形成利于学科平衡发展、激励机制贯穿整个培养过程的局面，建立创新基金的滚动机制，提高资源利用效率。真正实现培养机制改革激发研究生学习主动性和创新的目标，形成真正有利于激发广大研究生创新意识和创新精神的良好氛围，造就一批拔尖高层次创新人才。

3. 优化研究生教育类型与结构，培养适用人才

根据教育部的统一部署和指导，稳步开展学位类型与结构的调整工作，提高对目前正在进行的学位类型与结构调整的认识，研究生培养要类型多样、规模适度。按照高层次人才培养的社会需求，清晰学位培养目标，逐步优化研究生教育结构，探索学术型、应用型研究生分类、分层次培养的新模式，改变目前单一的培养体系。加强校内外实践训练基地建设，完善学位授予质量评价标准，形成有利于不同层次、不同类别创新型人才脱颖而出的新机制。

对于学术型研究生培养应加强基础理论即知识的深度，创新更多地集中在原始创新上；而对于专业型研究生的创新则应强调知识的宽度，创新的角度更多地体现在综合的或集成的创新，是培养具有专门知识的工程技术人才和复合型管理人才。我们应该充分认识到，社会需求是专业学位教育的牵引力，培养质量是专业学位教育的推动力，专业学位的社会评价是检验培养质量的试金石。理清专业学位培养的观念与现有问题，认真研究对专业学位的认识问题，生源问题，课程问题，培养方案问题，与职业资格认证挂钩，社会认可程度与专业学位的质量观念、质量标准等问题。

密切校企合作，加快应用型人才培养基地建设。在进一步稳定我校已有的研究生培养基地基础上，结合国家信息化工业化的发展，结合交通领域特别是轨道交通领域大发展的需要，发挥我校优势学科和特色学科优势，推进行业特色研究生培养基地建设，加速应用型人才培养的步伐，促使人才培养模式不断适应国家建设和科学发展需要。

我们应该充分认识到：建设好研究生培养基地具有多方面的意义，具有多赢性。对学生而言，学到了谋生的本领；对社会而言，满足社会对人才培养的需求；对学校而言，扩大了宣传学校和了解人才需求途经，促进学生就业工作；对教师而言，让教师走向国家工程实践第一线，了解科研需求，为科研成果转换为生产力提供一个重要平台。

4. 通过加强国际交流，提升学校整体办学水平

我们要解放思想，积极行动，加强与国外大学的交流与联系，大力推进我校国际合作交流方式的多样化、多层次建设，建立起稳定的派出渠道；利用国家当前开展的大力推进国家建设高水平大学公派研究生项目的有利政策，完善选派制度，狠抓落实，切实推进我校研究生教育的国际化进程，培养一批能够提升自主创新能力，具有国际视野的拔尖创新型人才；抓住我校正式签约国家建设高水平大学公派研究生项目的机遇，结合学校发展战略规划，以

及我校师资队伍现状，有针对性地选派相关专业领域研究生出国研修，将研究生国际化培养与学校学科发展、师资人才储备结合起来，为学校未来的发展储备高层次、高素质的师资力量；同时，通过学生交流带动科研合作，建立国内外稳定持久的学术交流渠道，为科研合作奠定良好基础，不断提高研究生教育国际交流与合作水平。

5. 推进学风建设，营造优良的学术环境

加强研究生学术规范和学术道德教育，树立惩防并举、综合治理的理念，坚持自律与他律相统一、内部治理与外部监督相结合，着力构建学风管理体系，形成学术规范和学术道德教育的长效机制。借助学校各种渠道和途径，大力宣传优秀研究生成长过程中的学术道德事迹，激发研究生自我教育热情；从制度上调动导师参与研究生学术道德培养的主动性、积极性，将研究生学术道德教育工作渗透到研究生专业教育的各个环节和日常管理中。

校园文化建设是形成优良学风的载体，通过加强校园文化建设，培育优良学风。继续以“名师讲坛”、“研究生学术论坛”活动为平台，通过“院士校园行”活动，邀请高水平“名师”进校园，促进学术活动品牌化、持久化，努力营造浓厚的学术文化氛围。加强促进研究生创新能力培养的思想政治教育平台建设，加大“挑战杯”科技学术作品竞赛和课外科技活动竞赛的组织力度，培养研究生的创新意识和创新精神，提高研究生实践能力和动手能力。加强研究生党员教育，充分发挥党员在学风建设中的示范作用。

6. 推进管理创新，提高研究生教育管理和服务水平

进一步提高管理水平与效率，是今后我校研究生教育的一个重要任务。随着我校研究生教育规模的不断扩大，学科特色、类型的差异性越来越突出，要求我们的管理充分依靠学院学位委员会、学术委员会，实现科学管理。人事部门要尽快探索、完善校院两级研究生教育管理体系，明确人员责任、职责设定。

同时，在研究生教育发展的新形势下，要求我们充分认识学科建设、科学研究、社会服务、后勤保障、校园学术环境在高水平人才培养过程中的重要作用，树立全校办研究生教育的观念。不同部门之间要加强合作，齐抓共管，形成各职能部处通力配合的良好机制，为广大研究生创造和谐的校园环境，提高管理、服务育人水平。

同志们，国家间的竞争、企业间的竞争归根结底是人才的竞争。从根本上说，二十一世纪的竞争是高素质创新人才的竞争，研究生教育是高素质创新人才培养的重要环节和关键环节，研究生教育强则学校兴，科学发展、注重创新、提高质量的研究生教育是高水平研究型大学建设与发展的重要目标，是需要全校上下共同为之努力的系统工程。同志们，让我们通过这次会议，进一步统一思想，提高认识，扎实工作，努力开创我校学位与研究生教育的新局面，向建设有特色、高水平研究型大学的宏伟目标迈进！

谢谢大家！

北京交通大学2009年工作要点

2009年学校工作总体要求是：深入贯彻落实党的十七大和十七届三中全会以及胡锦涛总书记在纪念党的十一届三中全会召开30周年大会上的讲话精神，深入贯彻落实科学发展观，紧紧抓住建设创新型国家和建设高等教育强国的重要战略机遇，继续解放思想，改革创新，锐意进取，艰苦奋斗，扎实推进内涵建设，提升学校核心竞争力，不断开创有特色、高水平研究型大学建设的新局面，以优异成绩迎接新中国成立60周年和学校第十次党代会的召开。

一、深入学习实践科学发展观，推进学校事业发展

1. 认真开展深入学习实践科学发展观活动。紧紧围绕“党员干部受教育、科学发展上水平、人民群众得实惠”的总体要求，从学校改革发展实际出发，以科学发展为主题，明确发展思路，解决突出问题，创新体制机制，推进学校事业又好又快发展，确保学习实践活动取得实效。

2. 积极开展建国60周年各项纪念活动。以庆祝新中国成立60周年为契机，按照中央和上级要求，在全校师生中深入进行革命传统、爱国主义、理想信念和改革开放教育，完成好国庆游行、晚会的各项任务，开展好校内系列宣传教育文化活动。

3. 做好学校第十次党代会筹备工作，加强党的建设。认真总结和宣传九次党代会以来学校的工作经验，完成二级党组织换届和相关干部调整工作，加强校院两级领导班子和干部队伍建设，加强基层党组织建设，推进党内民主，完善党风廉政建设和防治腐败的长效机制，进一步增强基层党组织的创造力、凝聚力和战斗力。

4. 启动“十二五”学校事业发展规划制定工作。根据国家教育改革发展中长期规划和学校中长期发展战略，结合国家“十二五”重大需求和高等教育发展新形势，立足校情，总结学校“十一五”规划实施情况，启动“十二五”规划工作，进一步分析形势，找准问题，形成共识，凝聚力量。

二、深入实施质量工程，提高人才培养质量

5. 继续深化人才培养模式改革，全面实施2008本科培养计划。全面修订实践教学和理论课程教学大纲，进一步落实教授到教学第一线承担本科教学工作，继续推进重要公共基础课程按类分级教学、专业主干课程研究性教学、专业研究方法论课程群建设和本科生科研训练体系实施，加强“思源班”、“茅以升班”、“詹天佑班”、“本硕博连读试点班”等建设，做好拔尖创新人才培养工作。做好第六届国家教学成果奖的申报工作。

6. 加大实践教学平台建设，完善本科生科研实践训练体系。继续加大实验室建设经费投入和学生科研训练经费投入力度，加强实验教学示范中心建设，争取新增1个国家级实验教学示范中心立项建设。加强各级大学生创新性实验计划项目过程管理，充分调动学生学习

的主动性和创造性，提高大学生创新精神和实践能力。进一步推进基础实验室和科研实验室向本科生开放，积极鼓励本科生参与科研工作，共享学科发展和科技研究的成果。在重要学术竞赛中取得优异成绩。

7. 进一步完善研究生培养机制改革，强化研究生培养质量保障体系。结合研究生培养机制改革后的实际情况，进一步完善改革方案，确保新的研究生培养机制平稳运行。完善研究生质量控制的约束机制、激励机制和质量监控体系，完善和强化博士生质量保障体系，确保研究生培养质量的提高。加强产学研在人才培养中的作用，推进产学研联合培养研究生基地建设。

8. 以学生为本，围绕学生综合素质提高，教育和引导学生全面健康成长。准确把握学生工作规律和学生特点，创新主旋律教育的方法与形式。以改进教育教学模式为抓手，加强学风建设，激发学生学习兴趣，通过政策引导和基础平台建设，提高学生的创新意识和实践能力。进一步提高学生心理危机预防与干预的水平与能力。协调各方力量与资源，将教育、服务与管理有机结合，形成学校教育合力。组织好 07、08 两届本科生集中军训工作。加大对艺术教育的投入。加强关工委工作。

9. 进一步加强体育工作。广泛开展“阳光体育运动”，努力实现学生每天锻炼 1 小时，提高师生体育健康水平。加大投入，完善体育场地和设施，加强体育课程建设，提高体育竞赛水平。

三、坚持人才强校，建设高素质教师队伍

10. 全面实施“红果园创新人才培育计划”。校院两级共同推进，加大现有人才选拔和重点培育工作力度。适度扩大教师规模，面向国内外选留一批优秀博士、博士后充实教师队伍。发挥学科特别是国家级重点学科在培养和汇聚高水平教师和学科带头人方面的引领作用，为人才成长搭建平台，营造良好氛围。创新团队建设取得实效。

11. 下大力气引进学术大师和高水平学科带头人。落实学院高水平人才引进协议，分学科认真研究人才需求，针对性地确定人才引进意向，完善人才引进机制，采取超常规措施，从校外和海外引进或选聘具有国际领先水平的学科带头人，积极推进团队引进。争取长江学者奖励计划申报取得重要进展。

12. 加强教职工队伍建设，进一步深化人事管理制度改革。完成校院两级机构编制的核定。进一步完善岗位职责、绩效考评和奖励办法，完善分配制度和职务评聘制度。加强管理队伍和辅导员队伍建设。

13. 切实加强师德建设。把师德建设放在教师队伍建设的首位，开展“三育人”师德建设论坛，评选“师德标兵”，教育和引导教师热爱学生，潜心做学问，教书育人，弘扬“十年磨一剑”精神，做到“学为人师、行为世范”。鼓励教师之间相互支持、相互尊重、相互欣赏，团结一致，共同发展。

四、加强学科、平台和科技工作，提升学术实力

14. 做好“211 工程”三期和优势学科创新平台建设工作。建设完善适合我校科学发展的三级学科体系。加强国家重点学科建设，发挥重点学科的辐射作用，逐步做到支撑发展，引领未来。在能源、环境、生物、材料等前沿新兴学科和交叉学科建设方面有显著进展。深

入调研适应学科发展和有利于提升学术水平的基层学术组织模式和院系设置方案。加强学位点的培育、申报和建设。

15. 争取国家级奖励和平台。组织和申报国家级奖励，力争我校单位和个人牵头主持的国家级奖励取得突破。认真做好国家重点实验室、国家工程实验室和国家工程研究中心的建设工作，确保教育部2个工程中心通过验收。总结经验，加强谋划，争取申报建成1个国家级平台、2个省部级平台。完成与北京市共建CBTC研究中心工作。加强军工基地建设，积极争取军工重大项目和平台，提升军工科研能力。

16. 抓住国家基础设施、行业和区域经济振兴的发展机遇，全面参与国家及相关领域的人才培养、科技合作和技术服务。组织教师积极承担国家科技计划和支撑项目。积极争取和承担国家“973”、“863”、国家自然科学基金等重大主持课题。全面参与铁道部、科技部“中国高速列车自主创新联合行动计划”、京沪高速铁路建设等国家重大支持计划项目，做好亦庄CBTC示范工程建设相关工作，在解决国家、行业和地方重大经济与社会发展问题中作出学校的贡献。学校全年科研经费不少于5亿元，三大论文检索数和专利申请数量与水平有新的提升。

17. 以进一步加强思想政治理论课教师队伍建设为契机，大力推进我校哲学社会科学发展。完成思想政治理论教学科研机构调整。出台我校《落实中共中央宣传部、教育部关于加强高等学校思想政治教育理论课教师队伍建设的实施方案》，完善人文社会科学评价体系，加强哲学社会科学重大课题研究。加强首都大学生思想政治研究中心建设工作。

五、深入开展对外合作与交流，为学校争取更多资源

18. 继续扩大留学生规模，提高留学生教育层次。力争2009年在学人数突破500人，留学生学历教育数量有较大增加。推进留学生管理体制改革。加强外事信息化建设，构建学校国际合作交流管理信息系统，为学院、教师和学生搭建更好的国际合作交流平台。

19. 巩固和加强已有国际合作与交流伙伴关系，进一步拓展国际和港澳台地区合作交流。拓展与国外知名高校的交流合作，积极推进与台湾和香港地区高校的学术交流与科研合作，积极落实互派教师、交换学生事宜。建设好孔子学院。

20. 加强校友会、基金会、董事会工作。完成基金会在教育部及民政部的申报注册。建立校院两级筹资融资体系，力争实现各类社会资金收入5 000万元。完成校友信息库建设，加强地区校友会建设。召开董事会第七次全体会议，并取得实效。

21. 为学校发展筹措更多资源。注重抓住高速铁路、城市轨道交通、综合交通运输发展的重大历史机遇，统筹规划、整合资源，争取为社会提供更多的理论、人才和技术支持。着力推进教育部、铁道部共建北京交通大学工作。继续加强学校远程与继续教育联系行业与社会纽带的功能，加大为铁路行业发展培育各类各层次实用型人才的力度。推进产学研合作，促进科技成果转化和应用。

六、进一步推进校园建设，深化后勤改革

22. 大力推进校园基本建设。完善校园规划。学生活动服务中心一季度开工，科技创业大厦年内开工，10月底前完成供热改造工作。积极筹划建设新图书馆和新体育馆。继续加大力度推进学校建设难点问题的彻底解决。加快解决交大附小迁建等问题。推进海滨学院二

期建设。

23. 继续加强公共服务体系建设。切实加强校园网和校园无线网建设。进一步加强图书馆数字化和特色资源建设，提升出版社、幼儿教育中心为教学、科研和社会服务的水平。校史陈列馆完成布展工作，全面提高档案管理和服务的层次与水平。做好新一轮修志工作。

24. 进一步提高后勤管理和服务水平，不断推进节约型校园建设。着力推进节能减排工作。加强学校环境美化和基础设施改造保障能力建设。进一步优化房产资源配置，试行公用房屋使用机制改革。多种途径解决就餐拥挤状况，确保食堂餐饮质量。完成全校水电计量设施规划和安装，实施和完善学校水电管理办法。深化后勤机构改革和岗位聘任方案，稳妥推进和深化后勤社会化改革。

七、着力解决事关师生员工切身利益的问题，促进校园和谐

25. 高度重视招生和就业工作。充分利用国家、北京市出台的就业政策，广开就业渠道，开展深入的就业指导，保持就业信息畅通，切实做好就业困难毕业生就业帮扶工作。探索以创业带动就业的机制。加强毕业前教育，开展毕业生工作情况调查。建设好北京地区高校示范性就业中心。进一步做好招生工作，提高生源质量，落实“阳光工程”。

26. 进一步完善家庭经济困难学生资助体系。做好家庭困难学生的资助与诚信教育工作。

27. 改善师生员工生活、学习和活动条件。多渠道为青年教师解决住房困难问题。挖掘和整合资源，扩大教职工文体活动场地，引导和促进教职工强身健体。关心困难职工和离退休老同志生活，加强社区建设和规范管理。关注师生健康，加强师生疾病预防保健工作，提高服务质量。

28. 做好校园安全稳定工作。巩固深化“平安奥运”工作成果与经验，积极探索和建立维护高校安全稳定的工作体制和长效工作机制，严格落实校园安全稳定责任制，特别加强消防工作，切实维护好“两会”和新中国成立60周年庆典等重要时期的校园安全稳定。加强保密工作，确保保密资质复审顺利通过。

29. 促进校园和谐。开展和谐校园理念的宣传教育，加强校风、教风和学风建设，培育交大精神，提升学校凝聚力。加强统战和离退休工作，加强统战人士队伍建设，发挥统战人士、离退休老同志在学校改革与发展中的作用。

北京交通大学2009年工作总结

2009年，是充满挑战和机遇的一年。在这一年里，学校坚持以邓小平理论和“三个代表”重要思想为指导，深入贯彻落实科学发展观，圆满完成了年度重点工作中的各项任务，全面加强学校党建和思想政治工作，全面推进有特色、高水平研究型大学建设，学校各项事业保持良好发展势头。全年主要工作总结为抓好“两件大事”、“一个根本”、“三项重要工作”、“四个保障”几个方面。

一、以学习实践活动和庆祝建国60周年两件大事为契机，全面加强党建和思想政治工作

一是深入开展学习实践科学发展观活动。学校把这次活动作为解放思想、改革创新、破解难题的难得契机，紧密围绕“着力推进改革创新，加快建设一流大学”这一载体，圆满完成各项任务。活动中，全校上下进一步明确办学思路和发展战略，强化了对加快建设有特色、高水平大学这一新使命的认识。校级领导班子形成了坚持科学发展观5点共识，各级领导班子和领导干部逐步把科学发展观的要求转化为谋划科学发展的正确思路、促进科学发展的政策措施和领导科学发展的工作能力，并形成指导学校今后两到三年乃至更长时间的分析检查报告和整改落实方案。截至年底，活动集中整改20件事已基本完成，56个整改落实项目已完成38项，其余大部分为中长期工作，正在按计划推进。为群众办实事好事84件，在提升教职工待遇方面，学校决定，在职人员按绩效工资总量的5%调标，离退休人员每人发放一次性补助500元，真正实现学习实践活动“党员干部受教育，科学发展上水平，人民群众得实惠”要求，群众满意率达99%。

二是出色完成庆祝新中国成立60周年各项任务。我校3 000多名师生参加了群众游行、群众联欢晚会、“复兴之路”演出等活动，以饱满的热情和出色的表现赢得了社会各界一致赞赏，学校被评为首都国庆60周年群众游行优秀组织单位和群众联欢大学生联欢板块突出贡献单位。光波技术研究所发挥学科优势，为通州阅兵村研制并安装了缆线长达25 km的光缆预警系统，得到有关方面充分肯定。全校上下认真落实“平安校园”建设和维稳工作要求，提升综合防控水平，为庆典活动营造了安全稳定的校园环境。

三是始终坚持把“社会主义政治家、教育家”作为班子成员努力方向，开展加强领导干部作风建设年和“讲党性、重品行、作表率”深化拓展年活动，深入学习贯彻十七大和十七届四中全会精神，积极加强学习型党组织建设和基层党建，切实提高党建工作科学化水平，重视后备干部队伍建设，对新任处级干部进行培训，选送干部参加校外各类学习培训及调研。

四是落实上级加强高等学校反腐倡廉、惩治和预防腐败体系有关规定和要求，完善党风廉政建设和防治腐败长效机制，推进廉政风险防范管理，开展工程建设领域突出问题专项治理，切实加强了对重点部位和关键环节的监督和管理。

五是注重加强统战、老干部、离退休、工会、教代会和共青团工作，继续办好老年大学，坚持重大问题向统战人士征求意见、通报情况、联系交友等制度。制定出台了关心下一代工作实施意见，出台教职工之家建家管理办法，为发挥教职工的办学主体地位搭建新平台。

六是加强师生员工的思想政治工作和校园文化建设。深入开展“我爱我的祖国”等系列主题教育活动，在广大师生中加强主旋律教育。完成校史馆布展工作，加强档案管理，启动校志编纂，推进校园文化带建设，取得良好效果。

二、紧紧抓住育人这一根本，不断提升人才培养水平

学校深化人才培养模式的改革，推进人才培养工作取得新进展。实施了2008本科培养计划，制订了《本科教学大纲的指导性意见》等7个相关文件，并特别注重做好四点工作：一是推进教授上讲台，春、秋两学期全校主干课教授上课率为72.1%，比去年同期增长2.5个百分点。二是注重实践教学，初步实现主干课程研究型教学模式的转换。三是强化拔尖创新人才培养，在“思源班”等特色班基础上，建立“轨道交通复合型工程拔尖人才培养模式创新试验区”，启动“轨道交通卓越工程师计划”，探索建立“国际班”模式。四是不断加强素质教育，切实做好新形势下学生思想政治工作，办好名师讲堂、交大大讲堂等，实现艺术课覆盖全体本科生。

研究生培养方面，筹备召开了研究生与学位教育工作会议，全面回顾总结了学校近五年研究生和学位教育工作情况，制定完善了研究生培养优化结构、注重创新、提高质量以及质量监督等方面的文件、措施，提出了今后五年研究生培养和学位教育要取得的3个突破，目前学校正在全面落实会议精神，推进各项工作的开展。同时，学校注重不断加强与企业等用人单位合作，建立联合培养基地总数达37个。

提高人才培养质量，师资队伍建设是关键。学校进一步强化教师队伍建设，全年人才引进和师资补充113名，1人入选国家首批“千人计划”；“长江学者”特聘教授、讲座教授榜上有名；全面实施“红果园创新人才培育计划”；加大中青年教师培养力度，出台师资博士后、鼓励青年骨干教师出国研修深造等倾斜政策；教师派向国外学习76人次；扩大博士后招收规模，新增博士后科研流动站2个，与8家企业博士后工作站建立了合作关系。

在全校共同努力下，学校人才培养取得较为突出的成绩：全年获得国家级教学成果奖一等奖2项、二等奖4项。获评国家教学名师1名，国家级教学团队3个，国家级实验教学示范中心1个，特色专业建设点2个，精品课程6门，双语教学示范课程1门，精品教材3种，大学生创新计划项目50个，首都大学生思想政治教育工作实效奖一等奖、优秀奖各1项。同时，招生就业工作再创佳绩，理科在31个地区中有24个创新高，文科在21个地区中有7个创新高。在全国150多所重点中学建立首批生源基地。开创性建成全国首个以科技创新与学生就业相结合的学生创业园区，极大推动了学生自主创新能力培养，本科生和研究生就业率分别达98.10%和98.41%。

三、着力做好学科及平台建设、科研创新、国内外交流合作三项重要工作，不断增强学校总体实力

围绕学科前沿梳理学科结构、凝练学科方向、建好学科平台，围绕国民经济建设重大需

求承担科研项目、产生重大成果，是一所大学硬实力的重要体现，也是近年来我们下大力气推进的重要工作。为此，学校主要从以下方面着手：一是切实加强学科顶层设计和内涵建设，认真梳理重点学科、优势特色学科的发展状况，推进国家、省市、学校三级重点学科体系建设。二是注重加大平台顶层设计，以“建设大平台”为着力点，加强“211 工程”三期和优势特色学科平台项目、公共学科平台、基础学科平台、人文社科平台等建设。三是牢固树立面向国家需求、服务主战场的责任意识，加大科技攻关，增强特色研究、基础研究和宏观战略研究，致力于科技成果向现实生产力的转化。四是瞄准学科前沿，注重交叉新兴学科建设，在新能源、低碳经济、应对气候变化方面迈出了新的步伐。

2009 年，我校“211 工程”三期建设获批经费 5 700 万元，“985”二期 5 000 万经费已到位，11 个学科建设项目基本完成年度计划编制，进入开发和采购环节。学科体系得到进一步梳理，重点加强信息科学与技术和交通运输工程两大学科群建设，获准成为法律硕士专业学位培养单位，新增 5 个工程硕士领域办学资格。2 个国家级平台顺利进入建设阶段，新增省部级重点平台 5 个，军工科研基地实现里程碑式跨越。

2009 年学校科研总经费达 6.1 亿，以 17.41 亿元的经费总额提前 1 年超额完成“十一五”规划中 15 亿元科研经费的目标。国家自然科学基金、“863”、“973”、科技支撑、铁道部等项目和经费数量都有显著增加，特别在主持国家科技奖、“973”项目和全国人文社科类最高级别项目方面都有了新的突破。

建设一流研究型大学，需要有与之相当的国内外合作交流。在国际交流方面，学校积极完善留学生招生管理体制，全年留学生人数达 513 名，实现年初目标。努力推进与世界高水平大学、教育机构和知名企业的合作交流，正式成为“中国政府奖学金—高校研究生项目”和“国家建设高水平大学公派研究生项目”的高校。与比利时鲁汶工程大学合作建设的孔子学院被评为全球 20 个优秀孔子学院之一。全年赴国外交流项目及参加国际会议学生达 240 人次。在国内交流方面，校友会、基金会、董事会、校企合作工作取得了新成效，收到各类捐赠 4 300 万元，首次获得财政部配套拨款 3 300 万元，与地方政府和企业签订战略合作协议 12 份。

四、扎实推进基建、后勤、财务、制度建设，为学校发展提供重要保障

基础建设方面，机械工程楼投入使用，拉动了全校教学科研用房的改善。学生活动服务中心开工建设，市政供热改造工程克服重重困难按时完成，教职工住宅改造工程取得突破，科产大厦前期准备工作有序推进，影响校园周边治理多年的西门液化气站彻底搬迁，塔五楼通气、向阳小学搬迁等工作也在积极有效推进之中。

后勤保障方面，拓宽了学苑公寓道路，新建图书馆东侧塑胶操场，学生食堂和部分学生公寓楼得到了改造维修，通过错峰就餐、延长营业时间等，缓解学生就餐拥挤问题，稳定学生食堂价格。在应对甲型 H1N1 流感期间，学校高度重视，及时决策，采取多部门联防联控，有效控制了疫情蔓延，确保了全校正常教学秩序。校医院新增 20 多种需求集中药品，开通人民医院网上预约挂号功能，方便师生就医。

财务运行方面，积极应对国际金融危机影响，提高资金使用效率和效益。2009 年，全校综合收入 13 亿余元，与上年同期基本持平；学校综合支出 10 亿余元，财政收支基本平衡。争取中央财政减轻高校债务负担专项资金 1.94 亿元，支付贷款利息 656 万元，比上年

节约利息支出 2 114 万元。

制度建设方面，学校始终将加强制度建设作为学校发展长远之计，努力做到以制度管事、以制度管人。2009 年制定和完善出台红果园创新人才培养计划、校务公开、处理学术不端行为、辅导员队伍建设、思政课教师队伍建设等规章类文件 23 个、规章制度 26 项，切实推进了依法治校工作的开展。

学校发展进步和取得的成绩，是各级领导的关心与支持的结果，是广大师生员工的积极进取、努力奉献的结果。在看到成绩的同时，也应清醒认识到，学校在人才培养、师资队伍、科技学科核心竞争力、办学条件、规范管理等方面还存在着很多不足，学校发展依然面临严峻挑战，同时也面临着前所未有的机遇。

2010 年是全面落实“十一五”规划收官之年和“十二五”规划制订之年。要制订好学校新世纪第二个十年发展线路图，落实好学校发展战略第二步走重要内容，不断提高人才培养质量，不断在建设好优势特色学科同时在新兴交叉学科建设方面取得标志性成绩。全校上下将解放思想，同心同德，以锐意改革、求真务实的精神，不断开创学校研究型大学建设的新局面！

北京交通大学深入学习实践科学发展观活动

【综述】

3—8 月，按照中央和教育部统一部署，北京交通大学作为第二批单位开展了深入学习实践科学发展观活动。学校高度重视，把这次活动作为解放思想、改革创新、破解发展难题的难得契机，牢牢把握科学发展这一主题，紧密围绕“着力推进改革创新，加快建设一流大学”这一载体，加强领导，精心组织，有力、有序、有效地推进各项工作，在部属高校学习实践活动第三指导检查组的指导和帮助下，圆满完成学习调研、分析检查、整改落实 3 个阶段 6 个环节的工作。

学习调研阶段，认真组织学习中央必读书目和学校编印的学习读本，提出处级领导干部“五个一”、普通党员“四个一”的学习要求。组织全校规模的学习辅导报告 7 场，开通学习实践科学发展观专题网站，联系国家教育行政学院开通干部在线专题学习网站。开展学校办学思路和定位，人才培养，人才强校战略，学科、平台建设，国际交流与合作，办学条件，大学制度与大学精神，党的建设 8 个方面的深入调研，并形成了调研报告。开展“我为学校科学发展献一策”活动，共征集意见建议 1 419 条，评选出 10 个“金点子建议”、16 个优秀组织奖和 60 个优秀建议。紧密围绕学校各方面工作“是不是科学发展、能不能科学发展、怎样科学发展”，组织校级领导班子、各二级单位领导班子以及各党支部开展新一轮解放思想的大讨论。

分析检查阶段，围绕“深入学习实践科学发展观活动”召开了 4 个层次的专题民主生活会，即校级领导班子专题民主生活会、二级党组织领导班子民主生活会、校领导主持召开分管机关部门处级领导干部专题民主生活会和党支部专题组织生活会。校领导班子专题民主生活会前，征求群众意见建议 1 662 条，汇总归并后共计 112 条。校党委中心组围绕“深入学习实践科学发展观活动”组织学习 11 次。在书面征求意见、召开座谈会听取群众意见的基础上，形成了学校分析检查报告。

整改提高阶段，进一步吸纳了群众意见、体现群众意愿，形成了学校整改落实方案。召开学习实践活动总结大会，进行学校学习实践活动民主测评，群众满意率为 99% 。

【附件1】

王建国书记在北京交通大学深入学习实践科学发展观活动动员大会上的讲话

（2009 年 3 月 19 日）

尊敬的各位领导，老师们、同学们、同志们：

党的十七大决定在全党开展深入学习实践科学发展观活动。根据中央和教育部部署，我校的学习实践活动安排在第二批，于今年 3 月到 8 月进行。今天我们召开大会，主要任务就是贯彻上级有关重要指示精神，对学校开展学习实践活动进行动员和部署，这也标志着学习实践活动在北京交通大学全面展开。

中央和教育部对部属高校开展学习实践活动高度重视，专门成立了指导检查组对高校学习实践活动进行指导检查。今天，部属高校学习实践活动指导检查第三工作组组长、清华大学原党委书记贺美英同志和其他同志亲临动员大会，稍后贺美英同志将发表重要讲话，我们要认真学习并贯彻落实。

现在，我就学校如何开展好这次学习实践活动讲四点意见。

一、深刻认识开展学习实践活动的重大意义，切实增强推进学校科学发展的紧迫感和责任感

在全党开展深入学习实践科学发展观活动，是党的十七大作出的重大战略部署，是用中国特色社会主义理论体系武装全党的重大举措，是深入推进改革开放、推动经济社会又好又快发展、促进社会和谐稳定的迫切需要，是提高党的执政能力、保持和发展党的先进性的必然要求，对于推动教育事业科学发展，进一步办好人民满意的教育，具有重要的现实意义和深远的历史意义。全校党员、干部、广大师生员工，要深刻认识开展学习实践活动的重要意义，把学习实践活动作为当前的首要政治任务，自觉把思想统一到中央的决策部署上来，以高度的责任感和使命感投入到学习实践活动中去。

首先，深入开展学习实践活动，是进一步用中国特色社会主义理论体系武装全校党员干部和师生员工的迫切要求。

中国特色社会主义理论体系是马克思主义中国化的最新成果，科学发展观是中国特色社会主义理论体系的重要组成部分，走科学发展观的道路就是坚持社会主义办学方向，就是走中国特色社会主义道路。高校是思想、文化、科技资源的聚集地，是培养中国特色社会主义合格建设者和可靠接班人的重要阵地，在建设创新型国家、推动社会文明进步中发挥着骨干作用。高校是不是科学发展、能不能科学发展，直接关系科教兴国战略和人才强国战略的实施，关系思想政治领域的和谐与稳定。当前在高校进一步加强理论武装工作，坚持不懈地用

中国特色社会主义理论体系武装全校党员干部、教育广大师生员工，尤为迫切。我们要通过开展学习实践活动，提高广大党员特别是校院两级领导班子和领导干部的中国特色社会主义理论水平，自觉运用科学发展观来指导实践、推动工作，真正把科学发展观落实到学校事业发展建设的各个方面。

其次，深入开展学习实践活动，是解放思想、改革创新、破解难题、推动学校科学发展的难得契机。

近年来，我校发展取得了可喜成绩，在人才培养质量、办学实力和水平等方面不断有新的进展和提升。但必须清醒地看到，在建设人力资源强国、创新型国家和建设高等教育强国的新形势、新要求下，我们北京交通大学既面临千载难逢的机遇，也面临日益激烈的竞争和前所未有的挑战。当前和今后一个时期，国家将持续重点支持建设若干世界一流大学、一批高水平大学和重点学科，使高等教育的整体水平再上一个新台阶。对于北京交通大学而言，跻身这一行列既是国家的要求，也是广大师生的共同期盼，事关学校建设和发展的大局。在建设国家创新体系和我国交通事业快速发展的伟大进程中，作为特色鲜明、优势突出的原部属行业高校，我们如何进一步强化办学特色、提高综合实力，为国家经济社会发展发挥积极作用，也是摆在我们面前的重要课题。2005 年，我校第九次党代会明确提出，到 2020 年要把学校建成以信息和管理等学科为优势，以交通科学与技术为特色，工管经理文法哲等协调发展的多科性、开放式的国内一流、国际知名的研究型大学。但就目前而言，学校发展与研究型大学的要求还有相当的差距，其中既有我国高校普遍性的问题，也有我校自身发展中的实际困难、矛盾和问题。可以说，经过 113 年的发展，当前北京交通大学站在了一个新的起点上，正处于承上启下、继往开来的关键时刻，如何让北京交大这个百年老校焕发新的青春和活力，迫切需要我们以此次学习实践活动为契机，研究新情况，解决新问题，实现新跨越。

今年，我校还要筹备召开第十次党代会和启动“十二五”规划的战略研究两件大事。我们要通过学习实践活动，找准问题，形成共识，进一步明确学校未来发展的思路、目标、任务和措施。做好这些工作将为学校第十次党代会奠定良好的思想基础；第十次党代会又必将明确学校今后 5 年的发展思路和目标战略，这也将为“十二五”规划的制定提供依据。所以，各单位要高度重视，把学习实践活动作为解放思想、推进发展的难得机遇，把学习实践活动与筹备党代会和研究制定“十二五”规划有机结合起来，认真总结经验，继续解放思想，推进改革创新，勇于破解难题，明确奋斗目标，真正把学习实践活动搞好、做实。

再次，深入开展学习实践活动，是进一步加强学校党的建设的迫切需要。

学校要实现科学发展，关键在党、关键在人、关键在领导班子。我校党组织历来重视自身建设，近年来，在领导班子建设、党员队伍建设、学生思想政治教育等方面探索了出许多新的做法，积累了新的经验，为学校事业发展提供了坚强的思想、政治和组织保证。但是随着形势的变化，学校党建工作面临着十分艰巨的任务，基层党组织特别是教师和学生党支部建设亟待加强、干部队伍整体水平亟待提高。我们要通过学习实践活动，进一步落实党的十七大要求，以改革创新精神加强党的建设新的伟大工程，不断研究党建工作的新情况，不断解决党员干部队伍中出现的新问题，不断提高校院两级领导班子、领导干部的工作能力和领导水平，努力适应推动学校科学发展的要求，符合广大师生员工的期待。

因此，学校党委要求各级党组织和全体共产党员，特别是党员领导干部要高度重视，充

分认识开展学习实践活动的重要性、必要性和紧迫性，按照中央的要求和学校的具体部署，切实做好学习实践活动的各项工作。

二、准确把握学习实践活动的指导思想、主要原则、目标要求，着力解决影响和制约学校科学发展的突出问题

中央和教育部对部属高校开展学习实践活动的指导思想、目标要求、主要原则及要解决的重点问题等要求非常明确。我校结合国家建设战略需求和大力实施科教兴国、人才强国战略的需要，围绕“培养什么样的人，怎样培养人”、“办什么样的北京交通大学，怎样办北京交通大学”等根本性问题，认真制定了学习实践活动的实施方案，明确了活动的指导思想、主要原则和目标要求等，全校上下要全面把握，认真落实。

第一，准确把握学习实践活动的指导思想。

结合学校实际，我们提出了学习实践活动的指导思想，与中央要求完全一致，关键要做到四个“一”，实现“三个着力、一个提高”。

四个“一”，即“高举一面旗帜，把握一个总要求，突出一个主题，抓住一个重点”。

高举一面旗帜，就是要高举中国特色社会主义伟大旗帜，统一思想认识，增强贯彻落实科学发展观、走中国特色社会主义道路的自觉性和坚定性。

把握一个总要求，就是要把握“党员干部受教育，科学发展上水平，人民群众得实惠”这个总体要求。党员干部受教育是基础，要通过学习实践活动，进一步提高全体党员特别是校院两级领导班子、党员领导干部对科学发展观的认识，着力把握发展规律、创新发展理念，切实加强党性修养、树立和弘扬优良作风，增强贯彻落实科学发展观、走中国特色社会主义高等教育强国之路的自觉性和坚定性。科学发展上水平是核心，要通过学习实践活动，自觉用科学发展观指导实践、推动工作，围绕从高等教育大国向高等教育强国迈进的目标，围绕有特色、高水平的目标，坚持社会主义办学方向，把握办学规律，深化教育改革，提高办学质量，大力培养高素质创新型人才，更好地为国家和地方的科学发展服好务。人民群众得实惠是目的，要通过学习实践活动，努力解决办学过程中师生员工的一些困难问题，不断满足人民群众日益增长的对高等教育高质量、多样化的需求，积极营造大学生成长成才的良好环境，着眼于人民群众长期得实惠，努力办好符合我国经济社会发展需要、人民群众满意的高等教育。

突出一个主题，就是要突出科学发展这个主题。只有在推动学校科学发展的过程中，党员干部才能得到锻炼和提高；只有通过学校科学发展，把学校优势学科、特色学科做强做大，师生员工才能从学校发展中真正得到实惠。

抓住一个重点，就是要抓住领导班子和党员领导干部这个重点。这次学习实践活动，参加对象是全体党员，重点是校院两级领导班子、中层以上党员领导干部和党员骨干教师。我们要组织好广大党员的学习教育工作，更要集中精力抓好重点对象的学习。领导干部要以身作则，带头深入学习、带头调查研究、带头解放思想、带头分析检查、带头整改落实、带头参加领导班子和所在支部的活动，切切实实在学习实践活动中起到表率示范作用。

在学习实践活动中，要努力实现“三个着力、一个提高”，就是要着力转变不适应不符合科学发展要求的思想观念，着力解决影响和制约学校发展的突出问题以及党员干部党性党风党纪方面群众反映强烈的突出问题，着力构建有利于科学发展的体制机制，提高领导学校

科学发展、促进校园和谐稳定的能力。

第二，准确把握学习实践活动的载体。

能不能推动科学发展，关键是看能不能找准问题，能不能解决突出问题；能不能解决问题的关键是看能否凝炼出符合实际、有特色的活动载体。从学校实际出发，我们提出了“着力推进改革创新，加快建设一流大学”的活动载体，就是要继续深化我校提出的八项改革，通过创新体制机制，完善规章制度，破解发展难题，加快实现建设国内一流、国际知名研究型大学的奋斗目标。

这一载体包含两层含义。首先，第九次党代会提出的建设多学科协调发展的国内一流、国际知名的研究型大学目标，是符合高等教育发展规律和学校发展实际的战略选择，也是全校师生员工集思广益形成的共识，我们要继续坚持，任何时候都不动摇、不放松。其次，在当前谋求学校新发展、新突破的关键阶段，我们体会，体制机制是根本，改革创新是动力，只有坚定不移地坚持解放思想，破解难题，坚决抛弃一切妨碍学校科学发展的思想观念，坚决破除一切妨碍学校科学发展的体制机制的弊端，才能真正解放蕴涵在全体共产党员和广大师生员工中的生产力，才能激发全体师生员工的创造力，才能不断开创学校工作新局面，加快实现我们的奋斗目标。在学习实践活动中，全校党员特别是党员领导干部要紧紧围绕“着力推进改革创新，加快建设一流大学”这一活动载体，按照科学发展观的要求进一步转变观念，全面分析影响学校实现发展目标的突出困难和体制机制的障碍，积极提出解决思路，不断形成共识，努力实现学校新的又好又快发展。

第三，准确把握学习实践活动的目标定位。

根据部属高校学习实践活动的实施方案，我校要通过学习实践活动，努力实现“提高思想认识、解决突出问题、创新体制机制、促进科学发展”的目标。提高思想认识，就是要把广大党员、干部特别是党员领导干部的思想认识统一到科学发展观的要求上来。围绕建设国内一流、国际知名研究型大学的奋斗目标，总结过去、研究现在、谋划未来，创新发展理念，明确发展思路。解决突出问题，就是要找准影响和制约学校科学发展的突出问题，特别是办学理念、办学举措、办学质量等方面存在的突出问题，集中精力，边学边改，推动这些问题取得实质性进展。创新体制机制，就是要继续解放思想，坚持改革创新，把解决现实问题和建立长效机制紧密结合，针对学校管理体制和运行机制中与科学发展不适应的地方，加大改革创新力度，加快构建有利于科学发展的体制机制。促进科学发展，就是要把务求实效作为开展学习实践活动的出发点和落脚点，把科学发展的要求转化为推动科学发展的坚强意志、正确思路、政策措施，努力在促进学校各项事业又好又快发展、培养高素质创新型人才根本任务上取得新成效。

第四，准确把握学习实践活动要重点解决的问题。

按照中央和教育部要求，开展学习实践活动关键在取得实效，要着力找准和解决影响学校发展的突出问题。结合学校实际，我们提出了 8 个方面的问题，要在这次学习实践活动中深入调查研究，找准突出问题，提出整改方案。这 8 个问题是：

一是明确学校办学思路和发展战略。加快建设有特色、高水平大学是党和国家当前在高等教育发展新阶段赋予我们的新使命，如何理解这一新要求、新任务，进一步丰富“国内一流、国际知名”研究型大学的新内涵；如何根据这一新内涵，进一步明确加快北京交通大学发展的新思路和新举措，完善发展战略，需要我们进一步形成共识，凝聚力量。

二是提高人才培养质量。人才培养是高校的根本任务。我校在人才培养方面一直有着鲜明的特色和优势，但和培养国家急需的创新型人才要求相比，我们还存在很多问题和不足。如何深化人才培养模式改革，保证教师在教书育人方面的投入，激发学生学习动力，提高学生的创新精神和实践能力；如何提高学生思想政治教育的针对性和时效性，促进学生的全面成长，为不同类型学生创造多样化的发展机会，培育优良的校风学风；如何促进科学研究、学术成果与人才培养的有机结合，强化研究生培养质量保障体系，这些问题都需要我们深入思考。

三是加强师资队伍建设。人才是兴校强校的根本保证。如何落实人才强校战略，实施好“红果园创新人才培育计划”，加强高素质教师培养和教学科研创新团队建设力度；如何调动院系积极性，创新高层次人才引进模式，拓宽引智渠道，增强我校对优秀人才的吸引力；如何完善评价考核体系，深化人事和分配制度改革，完善专业技术职务聘任制度，更好地调动广大教师的积极性和创造性，也需要我们深入研究。

四是加强学科、平台建设，促进科技创新和社会服务。在“211 工程”支持下，我校学科实力和科技创新能力明显增强，目前，如何进一步凝炼学科方向，落实“优势学科发展壮大，特色学科与时俱进，新兴交叉学科异峰突起，基础学科重点突破”的学科建设思路，形成我校学科发展战略方向和若干战略重点；如何通过体制机制创新，解决制约我校学科和科技水平提高的瓶颈问题；如何推进基层学术组织体制机制改革，进一步完善院、系、所机构和学术机构设置；如何紧跟国家、行业等重大需求，增强科技创新和社会服务能力，都是当前我校学科建设亟待突破的重点问题。

五是推进国际交流与合作。这是我校建设国内一流、国际知名研究型大学的必然要求。如何建立开放的办学模式，开拓对外合作新领域，加大与国外知名高校等相关机构的实质性合作；如何创新留学生管理模式，拓展途径，扩大规模，提高留学生培养质量；如何创新体制，调动学院、教师推进对外交流合作的积极性，这些也都需要我们进一步深入探讨。

六是改善办学条件。如何拓展办学资源，加快基础设施建设；如何推进房屋资源、实验仪器设备、水电使用机制改革，建立科学的资源配置机制，提高资源使用效率和投入产出比；如何采取多种措施改善师生员工工作、学习和生活条件，多渠道改善教职工住房条件，努力为师生员工和离退休同志办实事，这些问题需要我们进一步研究并下决心努力推进。

七是完善大学制度，凝炼大学精神。围绕如何增强发展活力和提高运行效率的目标，推进八项改革，完善校院两级管理和学校规章制度体系；如何改进校风、学风和教风，转变机关工作作风；如何推行学术自由、学术民主，倡导良好的学术道德，营造敢于创造、创新，敢于批判、扬弃的氛围，凝炼百年交大文化内涵；如何正确处理学校改革、发展、稳定的关系，推进和谐校园、“平安交大”建设，是我们必须深入思考并加以解决的重要课题。

八是加强党的建设。坚持党的领导，以改革创新精神加强党的建设，是学校科学发展的坚强保证。如何加强领导班子思想政治建设和能力建设，提高领导科学发展的能力，提升科学决策、民主决策、依法决策的水平；如何加强干部队伍的思想、作风、能力和党风廉政建设，切实提高干部队伍的战斗力、凝聚力、创造力；如何推进基层党建工作创新，特别是加强教师党支部建设，充分发挥基层党组织的战斗堡垒作用和党员的先锋模范作用，都是当前我们要重点研究的问题。

总之，我们要通过这次学习实践活动，广泛开展解放思想大讨论，进一步找准学校科学发展中存在的突出问题，研究对策，提出措施，真正以改革创新精神推进学校各方面工作，务求学习实践活动取得实效。

第五，准确把握学习实践活动的主要原则。

党中央要求学习实践活动要以“坚持解放思想、突出实践特色、贯彻群众路线、正面教育为主”为主要原则，我们要在整个活动中自始至终贯彻好这些原则：

一要把解放思想贯穿始终。要把思想认识从那些违背科学发展观要求的观念、做法和体制机制的束缚中解放出来，克服安于现状、因循守旧等思想，切实增强忧患意识、责任意识和机遇意识，进一步开阔眼界、开阔思路、开阔胸襟，开创思想解放的新境界。

二要把突出实践特色贯穿始终。要把开展学习实践活动与中央提出的“保增长、保民生、保稳定”的要求紧密结合起来，与参与研讨制定《国家中长期教育改革和发展规划纲要》紧密结合起来，与参与和服务铁路发展规划、国家十大产业调整和振兴规划紧密结合起来，与学校“十一五”规划检查落实紧密结合起来，与学校办学实际及需要解决的突出问题紧密结合起来，与切实加强领导班子思想政治建设结合起来，把实践特色贯穿学习实践活动全过程。

三要把群众路线贯穿始终。要相信群众、依靠群众，全心全意为群众谋利益，充分调动师生员工的积极性和创造性，充分发扬民主，真诚接受群众监督指导，把师生员工参与贯穿学习实践活动全过程，把开展学习实践活动的过程作为运用科学发展观宣传群众、组织群众、教育群众、推动群众不断前进的过程，让群众亲身感受到学习实践活动带来的变化和取得的成效，在群众中形成推动科学发展的强大合力。

四要把正面教育贯穿始终。引导广大党员特别是党员领导干部认真学习领会科学发展观，加强党性修养，树立和弘扬良好作风，认真总结在推进学校科学发展方面的历史经验，实事求是地查找学校存在的突出问题，深刻分析产生问题的原因，进一步明确努力方向。

三、准确把握关键环节，确保我校学习实践活动深入扎实开展

根据中央和教育部党组部署和要求，我校开展学习实践活动的时间从现在开始，7 月中旬基本结束，8 月底完成各项收尾工作。总体工作分为 3 个阶段、6 个环节。

第一，学习调研阶段。这一阶段要重点抓好学习调研、解放思想讨论两个环节。

学习调研环节，要进一步组织党员干部认真学习中央、教育部规定的必读书目和学校组织编印的专题学习资料，对重点篇目要精研细读、全面理解、融会贯通。学习形式上，不同党员群体要采取集中学习、专题辅导等多种形式，确保学习效果。各二级党组织、各党支部要更加注重学习的针对性和实效性。处级以上党员领导干部要参加学校和支部的双重学习，校院两级党员主要领导干部要带头面向师生员工作学习报告。

校院两级领导班子成员还要深入实际开展调研。校级领导班子成员重点围绕 8 个方面的问题以多种渠道和方式开展调研。各二级党组织和机关部处领导班子成员研究确定具体调研主题，积极开展调研，调研结束后要形成高质量的调研报告。

在解放思想讨论环节，要结合调研结果，重点围绕“着力推进改革创新，加快建设一流大学”开展新一轮解放思想大讨论，引导广大党员干部进一步解放思想，深入思考学校和本单位各项工作“是不是科学发展、能不能科学发展、怎样科学发展”的问题。要坚持实事求是、从实际出发，以求真务实的态度，开展研讨，让大家讲实话、讲心里话，形成解

决问题的思路，凝炼科学发展的共识，营造勇于思考、畅所欲言的良好环境。

第二，分析检查阶段。这一阶段要重点抓好领导班子专题民主生活会、形成领导班子分析检查报告2个环节。

领导班子专题民主生活会环节，要精心组织，充分准备，问题找得不准不上会，原因分析不透不上会，整改措施不实不上会，着重查找思想观念、工作能力、工作作风、党性党纪的问题，深刻分析原因，特别是主观方面的原因。要开展严肃认真的批评和自我批评，既坚持原则又讲究方式方法，既严肃认真、触及思想、深入剖析又不纠缠历史旧账，不纠缠个人责任，不搞人人过关。

形成领导班子分析检查报告环节，主要领导干部要全程主持报告起草工作，其他领导干部也不能放手不管。要专题研究，开门纳谏，努力使分析检查报告成为推动学校科学发展的指导性文件，避免写成一般性的报告。报告形成后，要以适当方式广泛听取党员干部、师生员工等各方面意见，着重从对科学发展观的认识深不深、查找的问题准不准、原因分析得透不透、发展思路清不清、工作措施行不行等方面对分析检查报告进行评议。

第三，整改落实阶段。这一阶段要重点抓好制订整改落实方案、集中解决突出问题2个环节。

制订整改落实方案环节，要把分析检查报告提出的整改思路和措施进一步具体化、目标化、责任化，做到“四明确一承诺”，即明确整改落实项目、明确整改落实目标和时限要求、明确整改落实措施、明确整改落实责任，采取适当方式向党员干部和师生员工公布，作出公开承诺。方案要具有可操作性，能落实、好检查，要注意对师生要求进行引导，防止做出不切实际的承诺。

集中解决突出问题环节，要防止面面俱到，不搞“形象工程”，坚持尽力而为、量力而行，抓住既事关大局又有可能经过努力近期解决的问题，集中力量解决在学习实践活动中能够解决的问题。学习实践活动基本完成后，要及时做好总结工作，组织满意度测评。根据测评情况，进一步完善整改落实措施，抓紧落实尚未解决的突出问题。

需要注意的是，以上3个阶段、6个环节，有的是阶段性的，有的是贯穿始终的，比如学习培训、思想讨论、解决问题等。各单位要做到跟上进度、提升质量、前后衔接、首尾呼应，圆满完成整个学习实践任务。

四、加强组织领导，确保学习实践活动取得实效

开展学习实践活动，是高校当前的首要政治任务。我们要高度重视，加强领导，精心组织，务求实效。

1. 加强领导，落实责任

学校已成立深入学习实践科学发展观活动领导小组，由宁校长和我任组长，领导班子其他成员任成员。领导小组下设办公室，包括组织协调组、文秘组、宣传组、调研组、联系指导组，是学习实践活动的工作机构，负责日常活动的组织协调。为加强分类指导，在领导小组下还分别设立了学生党员和离退休党员两个学习实践活动指导小组。各二级单位、各直属单位要成立本单位学习实践活动的领导小组，书记和党员行政负责人任双组长，参照学校实施方案制定本单位活动方案，并负责组织实施。

同时，部属高校学习实践活动领导小组向我校派出了指导检查组，这是确保我校学习实

践活动健康发展、取得实效的重要保证。组长是清华大学原党委书记贺美英同志，副组长是中国海洋大学原党委书记冯瑞龙同志、教育部科技司副司长娄晶同志，组员有教育部港澳台办调研员刘建丰同志、清华大学机关党委副书记王芹同志、北京科技大学工会组宣部副部长李芹同志和北京市委教育工委高晓军同志。我们要积极支持、密切配合指导检查组的工作，为他们开展工作创造必要的条件。

2. 区别情况，分类指导

学校内部包括学院、直属单位和机关职能部门等不同类型的单位，有党员领导干部、教职工党员、学生党员、离退休党员和流动党员等不同党员群体。针对不同单位和党员群体，要提出不同要求，进行分类指导。其中，学校和中层领导干部要集中精力，严格要求，重在解决问题、提升能力、推动工作；普通教职工党员要认真学习、提高思想认识、做好本职工作，推动科学发展；离退休党员重在积极参与，为学校科学发展出谋划策、献计献策；学生党员重在加强理论武装，强化实践锻炼。

3. 强化宣传，营造氛围

学校各级党组织、各单位在学习实践活动中要采取多种形式切实把思想发动工作做好，把开展学习实践活动的重大意义和紧迫性讲清楚，把中央的决策部署和上级有关精神讲清楚，把学习实践活动的主要目的和突出特点讲清楚。学习实践活动期间，各有关单位要积极围绕主题，充分利用专题网站、校园广播、电视台、校报专栏、专题论坛等平台，采取广大师生员工喜闻乐见的方式，为学习实践活动营造良好的氛围。要结合学习实践活动，深入宣传和研讨科学发展观，力争推出高水平的学习实践成果。要注意挖掘和宣传学习实践活动中涌现出的先进典型，及时总结本单位学习实践活动中的鲜活经验，为学校今后的科学发展留下宝贵的精神财富。

4. 统筹兼顾，搞好结合

科学发展观根本方法是统筹兼顾。我们要使学习实践活动 3 个阶段的各项工作有机衔接、前后呼应；还要正确处理好日常工作与学习实践活动的关系；把开展活动与提升领导班子科学发展能力与学校的安全稳定相结合起来，与学校的事业发展结合起来，切实做到两手抓、两不误、两促进。

老师们，同学们，同志们，为深入开展学习实践科学发展观活动，学校积极筹划，精心部署，已经作好了充分准备。让我们紧紧抓住这难得的机遇，在教育部的领导下，在指导组的指导帮助下，紧紧围绕建设国内一流、国际知名研究型大学的奋斗目标，继续解放思想，开拓创新，全力以赴开展好这次学习实践活动，推动学校各项工作科学发展，不断开创学校党建思想政治工作和一流研究型大学建设的新局面，以优异成绩向共和国成立 60 周年、向学校第十次党代会献礼！

【附件2】

王建国书记在北京交通大学深入学习实践科学发展观活动总结大会上的讲话

（2009年8月25日）

各位领导，老师们、同学们、同志们：

按照中央和教育部统一部署，我校作为第二批单位从今年3月到8月开展了深入学习实践科学发展观活动。学校党委高度重视，把这次活动作为学校解放思想、改革创新、破解发展难题的难得契机，牢牢把握科学发展这个主题，紧密围绕“着力推进改革创新，加快建设一流大学”这一载体，加强领导，精心组织，有力、有序、有效地推进了各项工作。在部属高校学习实践活动第三指导检查组的悉心指导和热情帮助下，在全校20个二级党组织、411个党支部、近7 000余名党员的共同努力下，我校圆满完成了学习实践活动各项工作任务。

现在，我代表学校党委，就我校学习实践活动有关情况向大家作一简要报告。

一、主要工作和特点

深入学习实践科学发展观活动开展以来，我校党委始终把这一活动作为当前一项重要的政治任务，认真落实，扎实推进，切实把活动组织好、开展好。

1. 认真准备，提前筹划，广泛动员

我们坚持把搞好思想发动作为学习实践活动深入开展的重要前提，认真部署、广泛动员，全校党员干部和师生员工深刻把握中央和教育部对部属高校学习实践活动的总体目标和要解决的重点问题等要求，以高度的政治责任感、奋发有为的精神风貌和求真务实的工作作风，积极参与，相互协作，扎实推进各项工作。为加强对活动的组织领导，我校成立了实践活动“双组长”领导机构和工作机构，多次研讨，广泛征求意见，凝练提出了“着力推进改革创新，加快建设一流大学”的活动载体，把改革创新作为我们北京交通大学当前最紧迫、最重要的任务，并深入研究制定了体现交大特色的活动方案，为活动的全面开展作好了充分准备。活动中，校学习活动领导小组提前筹划，为各环节精心制定实施方案，并通过建立工作日志、信息报送等制度，明确活动日程，掌握活动进展，及时指导各二级党组织开展好各项工作。学校还紧紧围绕活动主题，充分利用各种宣传阵地，及时宣传活动的部署要求、工作动态和成效，大力宣传校内典型事例，营造了良好的舆论氛围，引导各基层党组织不断将学习实践活动推向深入。

2. 学习调研，结合实际，形式多样

学习调研阶段，根据不同单位、不同群体党员的情况特点，我校坚持一切从实际出发，认真学习中央规定的必读书目，并自编学习读本，提出校级领导干部“六个一”、处级领导

干部“五个一”、普通党员“四个一”的学习要求。我们采取集中学习、个人自学、辅导报告、上门送学、在线学习、外出调研等灵活多样的方式，在加强理论武装上下工夫，避免了把学习理论同解决思想认识问题和发展问题割裂开来。围绕学校科学发展的8个重要问题，校领导分别领题带队，通过“走下去”、“走出去”、“请进来”等形式，深入院系、教师、学生，深入用人单位和服务对象，广泛听取各方面意见，形成了8份高质量的调研报告。结合学习调研成果，校级领导班子、各二级单位领导班子以及各党支部，紧密围绕学校各方面工作“是不是科学发展、能不能科学发展、怎样科学发展”分别组织专题研讨会，开展了新一轮解放思想大讨论。

3. 分析检查，认真深入，求真务实

开好领导班子专题民主生活会是搞好分析检查的重要基础。学校本着求真务实的态度，坚持正面教育为主，重在分析问题、重在总结经验、重在明确方向，认真组织召开好4个层次的专题民主生活会，除校级领导班子专题民主生活会外，校领导还分别参加联系单位班子民主生活会、主管部门负责同志民主生活会和所在党支部专题组织生活会。会前，通过广泛征集群众意见，班子成员深入谈心，进一步沟通思想、化解矛盾、形成共识。民主生活会上，校院两级领导班子成员开展了认真的批评和自我批评，深入查找了在贯彻落实科学发展观方面存在的突出问题，深刻分析了原因特别是主观方面的原因。会后，对查摆出来的问题进行梳理分析，列入学习实践活动整改落实项目认真加以解决，切实把民主生活会开成征求意见会、分析问题会、沟通思想会、明确方向会。在此基础上，校党委认真做好分析检查报告起草工作，前后进行了11次比较大的修改，形成了群众评议满意度96.8%的分析检查报告。

4. 整改落实，措施得力，成效显著

我们历经5次修改制订了学校整改落实方案，并进一步吸纳群众意见、体现群众意愿，把分析检查报告中提出的整改思路和措施具体化、目标化、责任化，切实做到“四明确一承诺”。结合学校年度重点工作、学习实践活动确定的已经启动和即将开展的工作，我们明确了学校科学发展必须做好的几件大事、必须着力解决学校科学发展的突出问题、必须抓紧办好事关师生员工切身利益的实事等3个方面共56个整改项目。特别是为确保整改工作落到实处，我们在形成整改方案的同时，制定了《整改落实项目责任分工列表》，学校党委对整改落实工作负总责，把需要整改的各个问题、各项制度分解到分管领导及其分管部门，明确主要责任单位和责任人，明确相关单位和领导干部的责任，建立责任跟进机制和监督机制，督促中长期问题的解决。为确保活动善始善终，我们在暑假期间统筹兼顾，科学安排，集中必要的人力、采取有力的措施，尽快解决了基本具备整改落实条件的问题。对活动结束后仍需一段时间努力才能解决的问题，我们将按照跟踪问效和监督保障制度的要求，确保有人过问、有人来抓，逐步予以落实。经过民主测评，学校学习实践活动群众满意率99%。

总的来看，我校学习实践活动有5个较为鲜明的特点。

一是坚持把学习调研、提高认识贯穿始终。我们始终坚持把学习理论同解决思想认识问题和学校改革发展问题紧密联系起来，紧密结合学校实际深化理论学习，做到学以致用、用有所成。校院两级共组织学习辅导报告63场，校级领导班子成员深入学院、直属单位和第38集团军、中南大学、中国海洋大学、哈尔滨铁路局等兄弟单位调研70余次，各二级单位领导班子成员也领题带队在校内外通过多种方式开展调研活动，涉及调研对象3 659人次，

取得了比较好的成果。科技部、铁道部、北京市委市政府、市委教育工委、海淀区等 20 余位上级领导先后在活动期间来校指导工作，帮助学校推动实践活动的开展。

二是坚持把解放思想、查摆问题贯穿始终。活动中我们始终坚持以解放思想为先导，认真查摆问题，深刻分析原因，敢于直面问题，不回避，不推卸。我们通过召开各类座谈会、开展“我为学校科学发展献一策”活动、设立意见箱、网上专门邮箱、“书记校长信箱”、“科学发展观专题网站”及书面调查问卷等多种方式，广泛征集意见建议。校院两级共召开座谈会 205 次，3 个阶段共征集到对校院两级班子的建议意见近 2 500 条。广大师生员工积极建言献策，有力地促进了校院两级领导班子进一步找准问题。

三是坚持把领导带头参与、示范表率贯穿始终。我们紧紧抓住领导干部这一重点，坚持校院两级领导带头深入学习、带头调查研究、带头解放思想、带头分析检查、带头整改落实、带头参加领导班子和所在支部的活动，努力起好表率示范作用。共召开校学习实践活动领导小组会议 11 次，书记、校长带头作学习报告 2 次，校理论学习中心组集体学习 8 次。特别是在撰写分析检查报告和整改落实方案过程中，我和宁校长亲自主持起草工作，班子全体成员积极参与，反复研讨，最终形成了高质量的分析检查报告和整改落实方案。

四是坚持把依靠群众、问计于民贯穿始终。我们大力弘扬密切联系群众的优良作风，充分尊重广大党员和群众的主体地位，努力问计于民、努力体现民意、努力集中民智，让广大党员群众了解活动全过程，参与活动全过程，监督活动全过程。学习调研阶段，我们共向全校师生发放调查问卷 4 500 多份，召开座谈会 45 个，参会人员 800 多人次；分析检查阶段，我们征集到对分析检查报告的修改建议 110 多条，并将这些意见和建议作为报告的重要内容，因此我们说分析检查报告是全校师生员工集体智慧的结晶；整改落实方案制订后，我们也通过座谈会、书面征询、网上公布等形式广泛听取了全校师生员工的意见和建议。

五是坚持把突出实践特色、边学边改贯穿始终。活动过程中，我们始终在找准学习实践活动与实际工作的结合点上下工夫，边学边改、边查边改、集中整改，加大力度解决影响学校科学发展的突出问题，尽心尽力为师生员工办实事，努力做到两手抓、两不误、两促进。我们把做好大学生就业工作作为检验活动成效的重要内容之一，加大就业工作力度，取得了良好成效。截至 8 月 19 日，学校应届本科生和研究生就业率分别达到 95. 44% 和 91. 96% 。部属高校深入学习实践科学发展观活动简报第 147 期以“北京交通大学坚持‘三深’要求着力做好大学生就业工作”为题专题介绍了我校就业工作的经验和做法。学校整改落实方案确定的集中活动期间必须完成的 20 项工作，包括人才培养、科研服务、队伍建设、国际合作、教职工福利、校园环境和校园文化建设、领导干部作风建设、基层党建等方面，相关工作目前已基本完成，充分体现了活动的实践特色。

二、主要成效

经过各方面努力，我校学习实践活动各项任务圆满完成，取得了比较明显的成效，达到了中央提出的“党员干部受教育、科学发展上水平、人民群众得实惠”的总体要求和“提高思想认识、解决突出问题、创新体制机制、促进科学发展”的目标要求。

1. 统一了思想，形成了学校科学发展的新共识

活动中，全校上下进一步明确了办学思路和发展战略，深化了加快建设有特色、高水平大学新使命的认识，党员干部、师生员工不断将思想统一到科学发展观的要求上来，统一到

中央各项方针政策和决策部署上来，真正达到了党员干部受教育的目的。校级领导班子形成了坚持科学发展观的 5 点共识，即坚持把科学发展观作为指导学校改革发展的根本方针；坚持发展是第一要务，增强推进科学发展的紧迫感和责任感；坚持以人为本，把培养创新人才和高素质教师队伍作为根本任务；坚持内涵发展，强化优势和特色，着力提高办学水平；坚持以改革创新精神推动学校科学发展。各二级单位党组织也形成了各具特色的共识，全校共提出提高人才培养质量、提高学科水平和竞争实力等 216 条主要思路和举措，明确了今后发展方向。

2. 责任感、紧迫感明显增强，提高了推动学校科学发展上水平的能力

通过学习实践活动，我校各级领导班子和领导干部普遍增强了忧患意识、责任意识和改革意识，努力把科学发展观的要求转化为谋划科学发展的正确思路、促进科学发展的政策措施，努力提高领导学校科学发展的实际能力。一是更加重视宏观思考和战略研究，通过总结分析，更加准确地把握了学校发展的新形势新任务，理清了发展思路。二是提高了统筹兼顾，驾驭全局的能力。我们把为保增长、保民生、保稳定作出积极贡献作为学习实践活动最大的实际、最重要的实践和最需要取得的实效，积极主动地为促进经济平稳较快增长提供技术服务和智力支持。由我校研发、真正实现自主创新的 CBTC 信号系统将在北京亦庄线作为示范工程开始应用。学校选派青年教师深入铁路基层挂职锻炼，组织青年学术骨干深入哈尔滨、西安、南宁铁路局、南京大胜关大桥、徐州京沪先导段、武广铁路等进行现场考察实践，密切了学校与铁路单位的联系，使同志们深受教育，明确了通过服务行业实现自身价值的成才途径。学校办学实力稳步增强，新增国家“973”立项 1 个，张顶立教授成为我校第三位“973”首席科学家。我校作为第一完成单位，邱宽民教授作为第一完成人的项目“复杂与高速条件下车载信号安全控制系统关键技术及应用”获得国家科技进步二等奖，这是时隔 10 年我校再次获得的“双主持”国家级科技奖。在第六届国家高等学校教育教学成果奖评选中，我校获一等奖 2 项、二等奖 4 项，继续保持了较好成绩。我们围绕纪念建党 88 周年、庆祝新中国成立 60 周年、涉疆维稳等大事，深入开展“我爱我的祖国”系列主题教育活动和以学习实践科学发展观为主题的大学生暑期社会实践活动，切实做好少数民族学生工作，深入排查化解矛盾，维护了校园稳定，推进了文明校园、和谐校园建设。三是学校党建和思想政治工作、特别是党性党风党纪建设取得了新成效。我们把解决党员干部党性党风党纪方面群众反映强烈的突出问题作为活动重点，努力构建教育、制度、监督并重的惩治和预防腐败体系，努力加强领导干部党性修养，注重树立和弘扬良好作风，党员干部服务意识明显增强，努力为群众解难题、办实事，在转变工作作风、提高工作效率方面有了较大进步。

3. 认真整改，集中精力解决了部分突出问题

我们认真研究影响学校科学发展的突出问题和群众最关心、最直接、最现实的利益问题，本着尽力而为、量力而行的原则，在解决突出问题方面取得了一些初步成果。在争取资源、改善办学条件方面，我们加紧与北京市、海淀区等政府部门的联系，积极争取市区政府对我校科技产业落地和扩大发展空间给予土地和相关政策的支持，取得了一定的进展。在建立大学制度方面，我们出台了本科生培养模式改革系列文件，修订了学术道德规范、科研成果转化支持办法，制订了推进廉政风险防范管理工作实施方案等党风廉政建设相关办法。在解决事关师生员工切身利益问题方面，我们制订完成学校加班费规范文件和提高返聘人员待

遇办法，建立了校领导联系教师制度，建立了教职工爱心帮困基金，筹集经费近 30 万元，完善了教职工帮困机制，出台了教职工之家建家管理办法，为进一步发挥教职工办学主体地位搭建了新的平台。完成图书馆东侧操场改造、学苑公寓道路及相关设施、东校区 1、2、3 号及主校区 19 楼公寓、学生食堂改造、教学楼电热水器安装等工程，建立了后勤集中维修和缴费公共服务平台，完成新校史馆的布展工作，美化了校园环境，改善了师生员工的工作、学习和生活条件。市政供热改造工程暑假前开工以来进展顺利，预计今年 10 月能按时完成。学校共计为实践活动集中整改 20 项工作投入经费约 8 000 万元。

4. 完善体制机制，进一步坚定了以改革促发展的决心

我校实践活动确定的“着力推进改革创新，加快建设一流大学”的活动载体，就是要深化我校“十一五”规划提出的 8 项改革，通过创新体制机制，破解发展难题，加快建设国内一流、国际知名研究型大学的步伐。活动过程中，我们始终围绕这一载体，解决影响学校科学发展 8 个方面突出问题的思路和举措，都突出了改革创新的主线，整改落实方案也把完善机制体制作为解决突出问题的首要问题。我们把解决突出问题和完善体制机制相结合，以体制机制创新促进问题解决，按照“废、改、立”原则，对现有政策、规章制度、管理办法等进行集中梳理，对涉及全局性的体制机制问题提出了建设性的改进意见，特别是研究制定和完善了科学发展迫切需要的教学、科研、后勤管理等新制度、新政策，切实取得了推进学校事业科学发展的制度成果。截至目前，我们已出台或修订完善规章制度 20 余个，包括人才培养模式创新实验区建设、拔尖创新人才培养实施导师制等 7 个指导性意见，学术道德规范、科研成果转化支持、机关编制等 3 个办法，学术场所会议室开放、学生收费、校园机动车等 3 个管理办法，加强辅导员队伍建设、加强思想政治理论课教师队伍建设、加强基层党建工作等 3 个实施意见，反腐倡廉实施意见等 5 个相关规定，等等。下一步，我们还要把这些好做法、好经验以制度的形式固定下来，努力形成学习实践科学发展观的长效机制。

体制机制的完善使我们今天的发展受益匪浅，并为学校今后的改革奠定了坚实的基础。我们已越来越清醒地认识到，大改革大发展，小改革小发展，不改革则停滞不前。我们要进一步树立“用新一轮改革促进新一轮发展”的思想，勇于探索，大胆实践，继续坚定不移地推进学校各方面改革创新，坚决破除一切妨碍学校科学发展的思想观念和体制机制弊端，力争在解决一些深层次的重点难点问题上不断有所突破，全面开创学校工作新局面。

三、下一步打算

贯彻落实科学发展观是一项长期任务。按照中央部署，在适当时候，我们还要进行学习实践活动“回头看”工作。针对当前我国高等教育发展面临的新形势新任务，我们要按照教育部要求，以改革创新精神做好“回头看”工作，把重点放在为实现学校科学发展，大力推进和深化各项改革上。

我们深知，十年前世纪之交的高校管理体制大改革带来了高等教育的大发展，今天我们要建设国内一流、国际知名的研究型大学，同样需要新一轮改革来推动，没有改革就没有学校新一轮发展。我校“着力推进改革创新，加快建设一流大学”的活动载体，完全符合当前教育部大力推进高教改革创新的要求，适合学校发展实际，也是全体北京交大人对学校美好未来的共同企盼，我们当前乃至今后一个时期都必须予以坚持，不断把我校改革创新引向深入。

党委研究认为，我们要重点从4个方面落实这一要求。

1. 进一步明确办学定位，担负起建设“有特色、高水平”大学的使命

当前和今后一个时期，国家将重点支持建设若干世界一流大学、一批高水平研究型大学、一批学科特色鲜明的高水平大学和一批优势明显、特色鲜明的重点学科，使我国高等教育的整体水平再上一个新台阶。教育部已明确，像我们北京交通大学这样的大学就是学科特色鲜明的高水平大学，我们不能妄自菲薄，必须不断强化办学特色，走内涵式发展道路，提高综合实力。我们要进一步解放思想，明确办学定位，在坚持建设国内一流、国际知名研究型大学奋斗目标不动摇的同时，围绕国家加快建设“有特色、高水平”大学的使命，解放思想，精心谋划，明确并丰富学校办学定位的具体内涵，进一步明晰以优势和特色取胜的发展方向和战略，形成新阶段学校改革发展新的动力。当前特别要结合学校“十一五”规划建设情况总结、“十二五”规划制定启动和筹备第十次党代会等工作，认清国家经济社会发展和高等教育发展的新形势，做到准确定位，科学谋划，明确学校下一步奋斗目标和实现措施，形成新共识，凝聚新力量。

2. 深化教育教学、科技管理改革，切实提高学校核心竞争力

提高核心竞争力，是我们推进学校改革发展的目标。一要深化教育教学改革，创新人才培养模式，提高人才培养质量，特别要在办好特色班，形成一套科学系统的拔尖创新人才培养办法上下工夫，在重视应用型人才培养，加大专业学位人才培养，完善研究生培养机制上下功夫。二要大力实施人才强校战略，完善并推进“红果园创新人才培育计划”，加大教师培养力度，下大力气引进学术大师和高水平学科带头人，建设一支适应学校发展要求的高水平、高素质的师资队伍。三要创新学科建设体制机制，推进基层学术组织设置改革，理顺校、院、系（所、中心）三级学科建设体系，加强学科和重大平台的顶层设计，在推进优势特色和新兴交叉学科建设上取得新突破。四要深化科技管理体制改革，完善科研管理办法，推进分类评价，加强产学研联盟和科技成果转化，进一步提高科技创新水平，提升服务社会能力。五要加强学风建设，推进国际交流与合作，强化校史教育和校园文化建设，建设和谐校园、平安交大。

3. 深化内部管理体制改革，为学校未来发展注入新的活力

体制机制改革的重点是内部管理体制改革。下一步，我们将围绕涉及学校人、财、物等方方面面的内部管理体制，进行全面深入的改革，按照增强发展活力和提高运行效率的目标，努力构建充满活力、富有效率、更加开放的内部管理体制机制。一要推进依法治校，建立中国特色大学制度，构建党委领导、校长负责、教授治学、民主监督有机结合的工作格局。二要完善学校内部组织架构和运行机制，完善校院两级管理体制，实现管理重心下移，让院系设置调整更加有利于学科建设、组织教学和科研工作，更加符合学科成长和学科建设规律，更加适合基层学术组织建设和新兴交叉学科发展的需要，进一步转变机关部处职能，提高服务水平。三要探索民主管理、民主监督的实现方式，更加有效地发挥以教授为主体的教师在学校治学中的作用。四要推进人事分配制度改革，创新教师学术和业绩多样化的考核评价晋升机制，保障教师在教书育人方面的投入，建立激励与约束相结合的分配体制，不断提高教职工收入和生活水平。五要推进公共资源使用机制改革、后勤社会化改革，不断优化资源配置，提高资源使用效益。

4. 创新党建和思想政治工作，为学校改革发展提供坚强保证

党建工作是学校坚持社会主义办学方向和实现科学发展的坚强保证。我们要以改革创新精神推进党的建设这一伟大工程，不断研究党建工作的新情况，不断解决党员干部队伍中出现的新问题，不断提高校院两级领导班子、领导干部的工作能力和领导水平，努力适应学校科学发展和广大师生员工的要求。一要创新高校党建工作机制，优化组织设置，创新活动方式，充分发挥基层党组织推动发展、服务群众、凝聚人心、促进和谐的作用。二要坚持党的民主集中制原则和党委领导下的校长负责制，切实维护班子团结，增强党的纪律观念，求真务实，真抓实干，提高执行力。三要进一步弘扬密切联系群众、艰苦奋斗的优良作风，把反腐倡廉工作的各项要求落到实处。

老师们，同学们，同志们，为期 5 个多月的学习实践活动暂时告一段落。我们紧紧抓住了这一难得的机遇，在教育部的领导下，在指导检查组的指导帮助下，全校上下紧紧围绕建设国内一流、国际知名研究型大学的奋斗目标，解放思想，团结一致，开拓创新，切实推动了学校的科学发展。在此，我代表校党委，对指导检查组、各基层党总支、党支部和全体党员、全校师生员工表示衷心的感谢！同时，我们也清醒认识到，学习实践活动仅仅是一个开端，我校很多工作与中央的要求相比、与广大师生员工的期盼相比，还有很大的差距。我们要继续高举中国特色社会主义理论伟大旗帜，贯彻落实党的十七大精神，坚持把创新精神和实事求是的态度结合起来，敢为人先，科学管理，坚定不移地走改革之路，不断加快建设国内一流、国际知名研究型大学的步伐，加快建设学科特色鲜明的高水平大学，为建设创新型国家和人力资源强国作出更大的贡献！

谢谢大家！

2009

组织机构

学校部分委员会和领导小组

下列为2009年1月1日—12月31日调整变化部分。未变化部分见2008年年鉴。

北京交通大学校务委员会

（2009年5月11日调整）

主　任：王建国

副主任：宁　滨　颜吾佴　高福廷　高　艳　谈振辉　宋守信　章梓茂

委　员：（以姓氏笔画为序）

王元丰　王永生　王玉凤　王均宏　王梦恕　卢　苇　刘友梅　孙守光　阮秋琦　何庆复　张　欣　张宏科　张星臣　李　熙　李永学　李学伟　杨庆山　杨若东　杨雪松　汪至中　汪越胜　陈　庚　陈　峰　陈志南　林建成　郑广天　姚建铨　姜久春　施仲衡　施慧玲　查建中　洪　涛　荣朝和　赵成刚　唐　涛　夏　禾　夏海山　徐寿波　徐叙瑢　殷　快　袁伦渠　贾利民　高自友　常彦勋　黄世华　黄明利　曾广商　韩振峰　韩继华　简水生

秘书长：吴　强

北京交通大学献血领导小组

（2009年4月30日调整）

组　长：高　艳

副组长：陈　峰　张星臣

成　员：王　瑢　董敬祝　韩继华　陈　莹　王虹英　王雪松　陈　剑　徐　民　侯永峰　刘　燕　屈晓婷　李燕华　康　俊

领导小组下设办公室，聘请冯宝玺为兼职主任，负责献血相关日常工作

北京交通大学治理“小金库”工作领导小组

（2009年5月15日成立）

组　长：宁　滨

副组长：颜吾佴

成　员：吴　强　关忠良　贺代平

领导小组办公室设在计财处

主　任：关忠良

副主任：孙蓝烽　许安国　王宏军

成　员：陈　莹　张　俊　陶　宏　刘新英

北京交通大学政府采购工作领导小组

（2009 年 5 月 27 日成立）
组　长：宁　滨
副组长：李学伟　陈　峰　孙守光
成　员：张家栋　李宏林　谷钧宏　韩宝明　李海红　关忠良　贺代平　孙蓝烽
方跃法　余祖俊　屈　波

北京交通大学政府采购监督工作领导小组

（2009 年 5 月 27 日成立）
组　长：颜吾佴
成　员：贺代平　孙蓝烽　王宏军　陶　宏

《北京交通大学志》（1998—2010 年）编纂委员会

（2009 年 10 月 15 日成立）
主　任：宁　滨
副主任：高福廷
委　员：（以姓氏拼音排序）
蔡红建　邓新华　范　瑜　杜永平　何　青　郭海云　谷钧宏　关忠良
韩继华　孔　琳　李海红　李　彤　李光磊　李志斌　卢　苇　刘志刚
裴劲松　屈　波　孙蓝烽　孙全欣　沈永清　王大勇　王　锋　文海涛
王化深　王虹英　王宏军　王元丰　王雪松　吴　俊　吴　强　吴　萱
解　郁　杨　飞　杨培飞　杨晓晖　叶　龙　殷　快　张家栋　郑光信
张其坤　郑　兰　张明玉　张孝荣　钟　雁

《北京交通大学志》顾问委员会

王金华　张永甡　谈振辉　李士群　杨肇夏　宋守信　韩满怀　吴绵先
赵洪义　游德茂

《北京交通大学志》编辑委员会

主　编：高福廷
委　员：（以姓氏笔画排序）
蔡红建　邓新华　杜永平　谷钧宏　李光磊　李　彤　刘志刚　屈　波
吴　强　王虹英　王元丰　王雪松　王化深　张其坤　文海涛　叶　龙
钟　雁

《北京交通大学志》编纂委员会办公室

办公室主任：钟　雁（兼）
办公室成员：张其坤　钟　雁　刘　峰　康敬东　梁东海　王翠珍　王治频　李志军
秘　书：王治频

学校部分机构及负责人

表1　2009年学校党政机关及直属机构负责人

党委系统	部长（主任、书记）	副部长（副主任、副书记）
学校办公室（党办）	吴　强	王绪厚 蓝晓霞（女） 王　瑽
稳定办公室	吴　强（兼）	王绪厚（兼常务副主任） 裴劲松（兼）
保密办公室	吴　强（兼）	王绪厚（兼常务副主任） 裴劲松（兼） 余祖俊（兼）
纪律检查委员会	颜吾佴	贺代平 孙蓝烽（女）
组织部、党校	文海涛（女）	林　芳（女） 陈志新（女）
宣传部	高沁翔	王虹英（女）
统战部	李　彤（女）	
学生工作部 武装部	蔡红建	芦富彦 刘　燕（女） 韩继华
研究生工作部	屈晓婷（女）	
团委	韩继华	王　莹（女） 刘东平 秦思阳（女）
工会	高福廷（兼）	殷　快（女，常务副主席，正处级） 董敬祝
机关党委		郑铁锤（主持工作）
保卫部	裴劲松	黄　宏 徐　民
离退休党委、离退休工作部	李永学	何　青（女） 薛成海
后勤服务产业集团党委	杜永平	李燕华
资产经营有限公司党总支	王景昕	

续表

党委系统	部长（主任、书记）	副部长（副主任、副书记）
校医院直属党支部	康　俊（女）	
图书馆直属党支部	周兴友	
体育部直属党支部	刘茂辉	

行政部门及直属机构	处长（主任）	副处长（副主任）
学校办公室（校办）	吴　强	王绪厚 蓝晓霞（女） 王　璁
法制办公室	蓝晓霞（女，兼副处级）	
发展规划处 高教研究所	王元丰	王元丰（常务副所长）
教务处	屈　波（女）	侯永峰 张有根
科学技术处	余祖俊	赵　鹏 叶　龙（兼，5. 14—） 郭树东（—8. 14） 张晓永（兼，—2. 26）
人文社会科研管理办公室	张晓永（—2. 26） 叶　龙（5. 14—）	
国家重点实验室		王俊峰
研究生院	方跃法（常务副院长，—8. 24）	屈晓婷（女，兼） 刘志刚 郝生跃
人事处	许安国	王雪松（女） 宋　瑞（女）
学生工作处	（同学生工作部）	
学生资助管理中心	蔡红建（兼） 屈晓婷（女，兼）	孙长索
纪委监察处 纪委办公室	贺代平 王宏军（副处级）	王宏军
计财处	关忠良	陈　莹（女） 张　俊
国际合作交流处	徐宇工	刘彦青（女） 邓新华（女）
审计处	孙蓝烽（女）	陶　宏（女）
保卫处	（同保卫部）	

续表

行政部门及直属机构	处长（主任）	副处长（副主任）
基建与规划处	李宏林	黄维科 张孝荣
实验设备处	张家栋	丁鹏玉
后勤管理处	谷钧宏	陈　剑
后勤服务产业集团	郑广天	陈中伟 翟　儒 张　重 李燕华
招生与就业处 （学生就业指导中心）	王化深	黄晓慧（女） 史贞军
离退休工作处	李永学	何　青（女） 薛成海
房地产管理处	杨培飞	刘英武
对外联络合作处	尹　激	吴　俊 徐劲松（女）
信息化办、网络中心	贾卓生	王　锋
图书馆	韩宝明	郑　兰（女）
出版社	郑光信	
档案馆	钟　雁	王雪松（女，兼）
校医院	李海红（女）	
体育部	张岳强	
资产经营有限公司	姚念龙	王景昕（兼） 王大勇
科技园有限公司	姚念龙（兼）	廖涌泉
首都大学生思想政治教育研究中心		寇红江（办公室常务副主任）

表 2　2009 年学院党政负责人

学院	党委书记	副书记	院长	副院长
电子信息工程学院	蒋大明	赵　岚（女） 李志斌	陈后金	李志斌 娄淑琴（女） 蔡伯根（3. 12—） 刘　颖（女，3. 12—）
计算机与 信息技术学院	杨晓晖（女）	徐爱国 于亚光（女）	韩　臻	梁满贵 于双元 林友芳
经济管理学院	张明玉	王德瑜 郭雪萌（女）	刘延平	郭雪萌（女） 叶　龙 张真继 张　力

续表

学院	党委书记	副书记	院长	副院长
交通运输学院	孙全欣	赵映奎 孙冬梅（女）	刘　军	朱晓宁 聂　磊（女） 关　伟
土木建筑工程学院	吴　萱（女）	马　强	魏庆朝	杨庆山 姚谦峰 张顶立 张鸿儒
机械与 电子控制工程学院	路加栓	王　烜（女） 李国岫	李建勇	杨　飞 李国岫 李长春 刘志明
电气工程学院	范　瑜	连会仁 和敬涵（女）	郑琼林	和敬涵（女） 王立德 王　毅 姜久春
理学院	解　郁（女）	刘　晓	冯其波	张希清 修乃华 衣立新（女）
人文社会科学学院	康敬东（—3.26） 孔　琳（女，5.14—）	宁望和（—3.26） 孙慧环（女，3.26—）	郭海云（—3.26） 韩振峰（3.26—）	孔　琳（女，—5.14） 杨若东（—3.26） 毕　颖（女）
语言与传播学院	郭海云（3.26—）	宁望和（3.26—）	司显柱（7.17—）	杨若东（3.26—）
软件学院	卢　苇（兼）	段春荣	卢　苇	赵　宏（女） 段春荣（兼）
建筑与艺术系	沈永清		沈永清（兼）	常　工 韩林飞
远程与继续教育学院	李光磊（—12.28）	徐晓玉（女，兼）	陈　庚	司银涛 祝祖强 徐晓玉

注：2009 年机构变动情况

1. 2 月 27 日，《关于轨道交通控制与安全国家重点实验室独立运行有关事项的通知》（校发［2009］3 号）确立轨道交通控制与安全国家重点实验室为学校独立二级机构。明确了实验室由固定人员和流动人员组成。固定人员初步定编 47 人，包括管理人员和固定研究人员。管理人员包括实验室主任、学术副主任、行政副主任及 3 名秘书。实验室主任由唐涛同志担任、学术副主任由贾利民同志担任，行政副主任由王俊峰同志担任。固定研究人员初步定编 43 人（含 2 名科技部助勤人员）。流动人员包括固定人员的研究团队成员、客座研究人员、访问学者、博士后等。
2. 3 月 26 日，经党委常委会研究决定：社科部更名为马克思主义理论教学研究部，纳入学校直属管理，并与法律系、文化素质教育中心组建新的人文社会科学学院，简称人文学院，同时挂马克思主义理论教学研究部牌子；由外语系、传播学系组建语言与传播学院，简称语言学院。两个学院分别成立党委。人文学院设班子职数 5 个，其中：院长、马克思主义理论教学研究部主任 1 名，党委书记 1 名，副院长 2 名（其中 1 名同时担任马克思主义理论教学研究部副主任），副书记 1 名；语言学院设班子职数 4 个，其中：院长 1 名，党委书记 1 名，副院长 1 名，副院长兼副书记 1 名。

2009 党群与思想政治工作

综合工作

【综述】

2009年，学校党委文秘信息、督办稳定与综合工作紧紧围绕学校中心工作，积极发挥综合协调和参谋助手作用，不断创新、勇于突破，在做好文稿服务、会务接待、来信来访、督查督办等日常工作的基础上，圆满完成学习实践活动调研组和文秘组专项任务。

【制度建设】

继续推进学校规章制度建设，对2009年印发的23个规章类文件、26项规章制度，包括红果园创新人才培养计划、学生收费、档案管理、机动车收费、处理学术不端行为、辅导员队伍建设、思政课教师队伍建设等重要管理办法认真把关，严格执行法律顾问审核、上会审定等程序，确保了各项制度的科学性、合法性，切实推进了学校制度建设和依法治校工作的开展。对《北京交通大学章程》初稿进一步完善，再次征求了职能部门意见，经相关校领导审阅，并结合到浙江大学的调研情况，形成了章程的会议讨论稿。

【文稿服务】

全年原创性文稿起草工作量总计35万字。

1. 圆满完成了学校工作会、暑期工作会等重要会议领导讲话和党政重要文件的起草工作

主要可分为4类：一是党政重要工作讲话及文稿24件，包括书记、校长在学校工作会、暑期工作会、董事会，教代会、教师节表彰大会、党委十次全会、校务委员会全会，校务报告会，全球校友峰会等重要讲话；二是重要文件，包括学校工作要点、重点工作折子工程、议题计划、考核文件等4件，校园周边环境治理等上级请示6件，学校党政重要会议纪要及落实通知98件；三是学校重要活动新闻稿20篇，包括暑期工作会、上级领导来校视察等重要活动新闻稿20篇；四是上级领导及兄弟单位来校汇报用演示文稿共12件。

2. 完成学习实践活动调研和文秘组各项任务

为深入了解学校“学校办学思路和定位”中的问题，面向职教工开展问卷调查，还通过“书记校长信箱”面向全校师生员工广泛收集意见。在此基础上，完成了第一调研小组1万多字调研报告的撰写及11多万字调研报告的编印成册工作，为学习实践活动的开展提供了科学依据，并为学校今后的发展提供了重要的参考。文秘组在学习实践活动期间，共完成分析检查报告、整改方案、动员大会讲话等文稿14件，文字量约10万字，为服务学校重点工作作出了重要贡献。

此外，2009年完成校内发文与上报文件审核、运转527份，文字量50余万字，处理上级来文1 305份，处理上级机要文件1 500余份，为各二级单位传送请示、报告文件250余份。将2006—2008年学校党委和行政文件汇编为3册，处理文字量达100万字。

【信息与统计工作】

1. 出色地完成了信息报送任务

日常信息报送方面，做好重点信息提前策划、研判与集中采写工作，不断挖掘学校改革

发展亮点；推进信息报送基础工作，完善信息工作规范与程序，设立信息员队伍信息库，形成了覆盖全校的信息报送格局；召开年度信息工作会总结工作、表彰先进，邀请中共中央办公厅有关领导就信息报送业务进行了培训。2009 年共向教育部、北京市委教育工委等上级部门上报《北京交通大学信息》160 余期，其中经验类、思想动态类等单篇信息 40 篇，共 10 余万字。教育部以简报形式采用经验类单篇信息 4 篇，通过教育部门户网站各地教育专栏发布我校经验类单篇信息 8 篇，通过摘报、专报综合、要情综合等多种形式采用信息 32 条。信息报送排名上升至全国高校第七名，单篇采用量排名全国高校第二。

安全稳定信息报送方面，全年向北京市委教育工委报送《情况反映》30 期，并根据学校甲流防控形势向教工委上报确诊、密接、防控情况文字材料 6 篇。落实市教工委部署，协调相关部处汇总并及时报送《庆祝建国 60 周年安全稳定信息》61 期。按照教育部维稳办要求，每日上报《国庆期间学校维稳信息情况表》。按照市教委要求，每周报送学校学生发烧情况，累计 6 期。

2. 做好年鉴、年报编撰等工作

完成了《北京交通大学年鉴・2008》（33 万字）的组稿编辑出版工作。年鉴内容方面，结合 2008 年工作实际，在“特载与专文”和相关专项工作中增加了服务奥运和抗震救灾内容；版式编排方面，为彩色插图设计了融汇交大元素的统一模板，视觉上更加简洁大方。

完成了《北京教育年鉴》的编写报送任务，向北京市教委提供文字总计 3.4 万字、图片 21 张、视频资料 11 条。内容涵盖了学校年度总体情况和亮点工作及奥林匹克教育工作。编印完成了学校 2009 年度工作报告。

3. 认真完成高基表及其他统计工作

完成年度高基表及学生人数月报、能源统计年度、季度报送，以及教育部、北京市等上级单位及其他校外单位数据统计报表，完成 2008 年度统计数据分析报告，荣获 2008/2009 学年度北京市教育事业统计工作优秀集体一等奖、优秀个人一等奖。

【督察督办】

加强计划研判和主动协调，增强重点督办和专项督办力度，将学校年度折子工程重点工作、学习实践科学发展观活动整改措施、常委会校长办公会决策事项作为督办重点，积极推动学校中心工作落实，做到了“年有计划、月有台账、随时记录、定期督办”。共下发督办单 67 件，均得到了及时有效的反馈，确保督办事项“件件有落实、事事有反馈”。编辑印发《督办简报》4 期，分别对落实 2008 年学校暑期工作会议提出的 3 项工作落实情况、安全稳定与校园环境整治、折子工程中期落实情况、学习实践活动整改落实事项进行重点督办。进一步加强校务信箱管理，及时关注网上思想动态和各种问题，积极协调、督促有关部门予以解决和答复。每月统计各单位校务信箱回复情况，全年督促各部门回复信息 120 余贴。

【接待管理】

接待会务工作规范细致，得到上级单位和领导的认可。全年共完成中央政治局委员、北京市委书记刘淇等北京市 4 位常委和 3 位副市长及海淀区 4 大班子来访，全国政协副主席、科技部副部长万刚，教育部、北京市教工委、市教委、外省市和兄弟高校领导来访等重要接待任务 28 次。协调国庆活动、交通论坛、院士校园行、运输经管电信 3 个学科世纪巡礼、中国国情教育课堂等各类活动任务 100 余项。全年接待各类日常来访近千人次。

进一步规范了校徽等各类标识的使用，完成了VI（视觉形象识别）标准第一阶段工作，后续设计工作初步方案基本成型，经学校审批通过后将尽快投入使用。在思源楼大厅安装电子屏，设专人管理信息播放工作，及时将各类重要信息滚动播出，受到师生好评。

【来信来访】

坚持认真分析学校信访形势及内容，及时处理信件、邮件、电话，积极与主管部门信访责任人沟通，耐心细致做好信访人工作。对重点信访个案做到了领导分工包干、定期和信访人沟通，把工作解决在基层和萌芽状态，有效避免了缠访、重复访等情况。2009年冬，因学校首次接入市政供暖，初期运行面临很多困难，接到供暖相关咨询、投诉等电话近百个，接待来访20多人，先后与供暖部门协调数十次，在相关部门的共同努力下，解决了问题，化解了矛盾。注重听取各方意见，不断改进信访工作，吸收并采纳学习实践科学发展观活动中师生提出的设立“校领导接待室”意见，在科学会堂设立了校领导接待室，为师生员工提供了一个相对独立、时间固定的接待场所，畅通了信访渠道。三年来，信访立案数降低40%。2009年立案68件，比2008年减少11件。

【单位考核】

2009年学校总结和考核工作仍本着认真、简化、突出重点、特色和创新的原则进行。学校年度绩效工资继续与单位考核挂钩，获奖单位绩效工资总量上浮一定比例，出现重大失误的单位，绩效工资总量下浮一定比例。为进一步加强基础工作，学校决定把档案资料归档和信息报送等基础工作列入考核单位的重要内容，2009年先作为参考指标，从2010年开始，正式纳入单位考核的内容和指标。

各学院结合《北京交通大学2009年工作要点》和学院班子任期目标责任书，进行工作总结，突出重点、增量、特色和创新，形成2009年度工作总结报告，报学校考核办公室（设在学校办公室）。同时，学校组织进行学院工作总结与交流大会；学院班子还须向全院教职工述职，并组织系、所（中心）等之间的工作交流。学校相关部处结合学院年度工作总结报告和日常掌握情况，对各学院相关工作提出总体评价意见。校考核领导小组根据相关部门的考核和大会交流情况进行综合评价，提出对各学院的考核评价意见和拟授“思源杯”和进步奖的单位后报党委常委会研究审定。

机关部处和直属单位按照《北京交通大学2009年工作要点》和《关于印发2009年学校折子工程的通知》，参照2009年对机关部处考核主要内容，认真总结履职和完成工作任务的情况。突出重点、特色和创新，形成2009年度工作总结报告，报学校考核办公室。各部处和直属单位还须向本单位职工报告工作。2009年校机关部处和直属单位评单项奖和优秀单位。各部门、直属单位根据各自工作的特色、创新和突出成绩，自主申报单项奖（1～2项），学校组织部分学院领导和教师代表进行评审。考核领导小组根据各部门工作总结，结合日常工作考核和单项奖评审情况，在听取各学院、有关部门和分管校领导意见后，提出对机关部处和直属单位拟授单项奖和优秀单位名单，报党委常委会研究审定。

【附件3】

2003—2009年学校年终单位工作考核结果

2009年

获“思源杯”：电子信息工程学院　经济管理学院

获“特色奖”：交通运输学院　理学院　软件学院

获“优秀奖”：学校办公室　组织部　团委　教务处　科学技术处　人事处
计划财务处　招生与就业工作处　基建与规划处　后勤服务产业集团

获“单项奖”：纪委（监察处）　学生工作部（处）　工会　实验室与设备管理处
国际合作与交流处　对外联络合作处　档案馆　校医院

2008年

获“思源杯”：电子信息工程学院　机械与电子控制工程学院

获“优秀奖”：土木建筑工程学院　理学院　宣传部　团委　保卫处　教务处
科学技术处　人事处　招生与就业工作处　后勤服务产业集团

2007年

获“思源杯”：机械与电子控制工程学院　土木建筑工程学院
学校办公室　组织部　人事处　计划财务处

获“进步奖”：电气工程学院　计算机与信息技术学院

优秀单位：学校办公室　组织部　宣传部　学生工作处　工会　教务处
科学技术处　研究生院　人事处　实验室与设备管理处　计划财务处
招生与就业工作处　后勤服务产业集团

2006年

获“思源杯”：交通运输学院　电子信息工程学院
学校办公室　教务处　科学技术处　后勤服务产业集团

获“进步奖”：机械与电子控制工程学院　人文社会科学学院

优秀单位：学校办公室　组织部（党校）　宣传部　纪委（监察处）　学生工作处
教务处　科学技术处　计划财务处　实验室与设备管理处
国际合作交流处　基建与规划处　房地产管理处　后勤服务产业集团

2005年

获“思源杯”：理学院　经济管理学院
教务处　研究生院（研究生工作部）　科学技术处　组织部（党校）

获“进步奖”：机械与电子控制工程学院　电气工程学院

优秀单位：教务处　研究生院（研究生工作部）　科学技术处　组织部（党校）
学校办公室　团委　工会　审计处　招生与就业工作处

信息化工作办公室　后勤服务产业集团

2004 年

获“思源杯”：交通运输学院　电子信息工程学院　学校办公室　招生与就业工作处　计划财务处

获“单项奖”：理学院　土木建筑工程学院　机械与电子控制工程学院

2003 年

获“思源杯”：电子信息工程学院　交通运输学院　科学技术处　招生与就业工作处　计划财务处

获“单项奖”：电子信息工程学院（师资队伍建设工作、党建和思想政治工作）
交通运输学院（学科建设、科研工作）
经济管理学院（研究生培养与学位工作）
土木建筑工程学院（本科教学工作）
电气工程学院（学生德育工作）
理学院（本科毕业生就业率和深造率综合）

组织工作

【综述】

2009 年，学校党委组织工作以邓小平理论和“三个代表”重要思想为指导，深入贯彻落实科学发展观，认真贯彻落实教育部、北京市和学校关于组织工作的部署和要求，围绕学校中心工作，以贯彻落实党的十七大和十七届四中全会精神为主线，以开展深入学习实践科学发展观活动为重点，以改革创新为动力，加强党员干部党性党风党纪教育，全面推进基层党建工作创新，加强组织部自身建设，圆满完成了各项工作任务。

【学习实践科学发展观活动】

按照中央和教育部的统一部署，把开展深入学习实践科学发展观活动作为年度学校重点工作，精心准备，认真组织，学习实践活动取得了显著成效，群众满意率 99% 。

1. 认真准备，提前筹划，广泛动员

新年伊始，结合前期调研和上级文件要求，起草修订活动方案，经党委常委会讨论通过印发全校；集中培训二级党组织书记、领导小组办公室成员，进一步明确活动要求和工作重点；3 月 19 日，组织召开全校学习实践活动动员部署大会，并指导各二级党组织做好方案制订和活动动员，切实搞好思想发动；根据活动方案制订阶段工作实施计划，组织召开工作布置会，建立工作日志、信息报送等制度，为活动的全面开展作好充分准备。

2. 学习调研，结合实践，形式多样

根据不同单位、不同群体党员的特点，认真组织学习中央必读书目和我校编印的学习读本，提出处级领导干部“五个一”、普通党员“四个一”的学习要求。在采取集中学习与个人自学相结合的同时，组织学习辅导报告 7 场，联系国家教育行政学院开通干部在线专题学习网站，丰富了干部学习形式和内容。开展学校“党的建设”专题调研，通过“请上来”召开座谈会、“走下去”开展个别访谈和座谈、问卷调查、开通电子邮箱等多种形式征求师生员工对学校党的建设的意见，形成了高质量的调研报告。组织开展了“我为学校科学发展献一策”活动，共征集意见建议 1 419 条，组织“金点子建议”和“优秀组织奖”评审，对 10 个“金点子建议”、16 个优秀组织奖和 60 个优秀建议进行表彰奖励。结合学习调研成果，组织校级领导班子、各二级单位领导班子以及各党支部，紧密围绕学校各方面工作“是不是科学发展、能不能科学发展、怎样科学发展”分别组织专题研讨会，开展了新一轮解放思想大讨论。

3. 分析检查，认真深入，求真务实

认真组织学习调研阶段总结暨分析检查阶段工作部署会，总结交流学习实践活动第一阶段工作，详细部署第二阶段工作。专题民主生活会召开前，通过多种形式广泛征求群众意见，共征集意见建议 1 662 条，对相近内容的意见建议进行了归并，汇总整理意见建议共计 112 条。

围绕“深入学习实践科学发展观活动”组织好 4 个层次的专题民主生活会，即校级领导班子专题民主生活会、二级党组织领导班子民主生活会、校领导主持召开分管机关部门处级领

导干部专题民主生活会和党支部专题组织生活会。校党委中心组围绕“深入学习实践科学发展观活动”组织学习11次，及时学习、领会中央最新指示精神，指导学校建设发展。

通过书面征求意见、召开座谈会等形式征求对学校分析检查报告的意见，形成了群众评议满意度96.8%的分析检查报告。

4. 整改落实，措施得力，成效显著

认真组织分析检查阶段总结暨整改提高阶段工作部署会，总结第二阶段工作，部署第三阶段工作。组织学校整改落实方案征求意见工作，进一步吸纳群众意见、体现群众意愿，形成了学校整改落实方案。组织学习实践活动总结大会，进行学校学习实践活动民主测评，群众满意率99%。

认真做好整改落实方案完成情况的统计和督促工作，切实推进整改落实方案的贯彻落实。截至12月31日，学习实践活动集中整改的20件实事已经基本完成；56个整改落实项目已完成38项，其余18项绝大部分为中长期工作，也在按计划推进。做好学习实践活动3个阶段主要内容和成果的整理和归档工作，编辑出版《着力推进改革创新　加快建设一流大学——北京交通大学深入学习实践科学发展观活动成果汇编》。

【干部队伍建设】

认真落实《干部教育培训工作条例（试行）》，根据学校《干部教育培训五年规划》和《2009年度干部教育培训计划》，组织第四期干部海外培训班赴澳大利亚研修，该培训班由学院、校机关、后勤等单位处级干部10人组成，培训时间为3周，培训内容主要围绕高校战略规划的制定与实施、质量评价，高校管理体系与管理机制、人力资源和师资队伍、学生事务以及国际交流与合作等方面，听取专题报告和讲座共15场。同时充分利用中央、教育部、北京市提供的各种机会，拓宽教育培训渠道，先后选派32位党员领导干部参加近10个班次的校外专题培训。通过学习培训，进一步开阔了干部的眼界，提高了认识水平和工作能力。

表3　2009年干部培训情况一览表

姓名	培训时间	培　训　项　目	主办单位
张星臣	3.9—4.7	高校领导干部进修班（第三十四期）	教育部
方跃法	3.9—6.6	高校中青年干部培训班（第三十一期）	教育部
文映春	4.20—4.24	北京高校青年干部培训班（第二期）	北京市委教育工委
余祖俊	5.18—5.26	高校科研工作专题研修班（第一期）	教育部
孙冬梅	7.1—7.30	高校思想政治理论课骨干教师研修班	教育部
关忠良	8.31—9.18	高校财务管理工作培训（法国）	教育部
文海涛	9.24—9.25	北京高校组织部长学习贯彻党的十七届四中全会精神培训班	北京市委教育工委
文海涛	10.20—11.10	北京高校干部队伍建设研修班（美国明尼苏达大学）	北京市委教育工委
林　芳	10.21—10.24	全国组织部长学习贯彻党的十七届四中全会精神培训班（第四期）	中组部
蒋大明 杨晓晖 孔　琳 郭海云	10.22—10.23	北京高校学习贯彻十七届四中全会精神培训班	北京市高校干部培训中心

续表

姓名	培训时间	培 训 项 目	主办单位
姚念龙	11.23—12.18	北京高校领导干部教育管理研修班（第六期）	北京市委教育工委
王永生	11.29—12.20	“1+2+1”项目高校管理人员能力建设培训团（美国）	教育部
宋 瑞 陶 宏 刘 颖 段春荣 刘志明	12.1—12.4	高等教育管理培训班（第四期）	北京市高校干部培训中心
刘 燕	4.21—7.21	英国里丁大学	国家留学基金管理委员会
屈晓婷	9.19—12.19	美国加州大学圣地亚哥分校	
陈 峰 吴 萱 路加栓 杜永平 沈永清 吴 俊 陈志新 孙冬梅 杨若东	11.30—12.20	干部海外培训班（澳大利亚弗林德斯大学）（第四期）	教育部国家外国专家局
张星臣	11.25—12.21	高校领导海外培训（美国明尼苏达大学）	教育部国家外国专家局

根据学校事业发展需要和学校党委部署，按照“民主、公开、竞争、择优”的原则，进一步加大干部公开选拔工作的力度，拓宽选人视野和用人渠道。在干部选任工作中，严格执行公开选拔任用程序，扩大考察范围，采取多种方式广泛听取广大教职工对干部选拔任用工作的意见和建议，落实群众对干部选拔任用工作的知情权、参与权、监督权，增强选人用人的公信力和透明度，对参与竞聘人数多于2人的岗位，实行双人选考察，并对考察人选以书面形式征求纪委意见，对所有空缺干部岗位实行公开选拔、竞争上岗，并通过媒体面向海内外公开招聘2个学院院长。2009年引进院长2人，新提任处级干部3人（其中正处1人，副处2人），退居二线干部1人（正处1人）。

根据《北京交通大学党政领导班子后备干部工作实施办法》，按照素质优良、数量充足、结构合理、堪当重任的要求，进行学校处级后备干部队伍调整补充工作。继续选派青年教师到管理岗位挂职锻炼。组织召开第五批青年教师挂职锻炼总结交流和第六批青年教师挂职锻炼启动会。第六批共有29位青年教师到12个院系副职岗位和17个部处副职岗位挂职锻炼。积极选派干部到校外挂职锻炼，为政府部门提供人才支持。选派2名副处职干部到北京市委教育工委、市教委挂职，选送1名副处职干部到教育部锻炼，选送4名辅导员、团干部和2名骨干教师到中组部、教育部、北京市委教工委、北京市总工会和北京区县有关政府部门挂职锻炼，选送5名青年教师到宁夏有关政府部门挂职锻炼，选送4名辅导员、团干部赴北京市参与国庆60周年游行活动。推进校际干部交流培养，接受5名江西省教工委选派的江西高校干部到我校相关单位挂职锻炼。

进一步修改完善处职干部考核办法和处职干部网上考核测评系统，在校党委的统一部署和二级党组织的大力配合下，通过网上考核系统对全校158名处职干部进行了年终考核群众民主测评。经学校考核工作领导小组研究讨论、校党委常委会研究决定，2009年度共有36名处职干部考核结果为优秀，其他干部均为考核称职，并对考核结果进行了公示。

认真组织处级以上干部学习中央《关于进一步从严管理干部的意见》，严格管理干部。加大对干部的日常管理和监督，进一步做好因公出国、干部重大事项申报和每年2次的个人收入申报工作，及时掌握干部有关情况；与审计处共同做好干部离任审计工作。

根据中央组织部、中央统战部、国家民委等三部委要求，3月，教育部选派西北民族大学党委副书记、纪委书记王扎西同志到我校挂职副校长，时间为1年。

【基层组织建设】

坚持围绕中心、服务大局、拓宽领域、强化功能的原则，进一步巩固和加强党的基层组织，充分发挥基层党组织在推动发展、服务群众、凝聚人心、促进和谐的作用，不断推进基层党建工作创新。认真完成2009年党内半年统计、党内统计工作，获市委教育工委2008年度党内统计报表优秀单位。

1. 以重大活动、重要节日、重要事件为契机，不断加强党员教育

深入学习实践科学发展观。按照普通党员“四个一”，即“参加一次动员大会、听一次辅导报告、进行一次集中学习、参与一次解放思想大讨论”的要求，在强化理论武装上下工夫，校院两级共安排校内外专题辅导报告65场，切实促进了党员对科学发展观内涵的领会和把握。

组织开展向先进人物学习活动。组织全校党员学习吴大观同志先进事迹，统一订购了《我的中国心　中国航空发动机之父——吴大观》专题片，要求全校党员通过专题组织生活会、观看专题片、重温入党誓词、党日活动等形式深入开展向吴大观同志学习活动。树立身边的榜样，开展向我校优秀共产党员成正维教授学习活动。

组织开展主题教育活动。以庆祝建党88周年和建国60周年为主要内容，通过参观成就展、主题实践、演讲比赛等多种形式对党员进行爱国主义和改革开放教育。“七一”和国庆前夕，走访慰问老红军、老战士和困难党员共计137人；组织召开党员代表座谈会，了解和帮助解决党员和群众在学习、工作和生活中的困难和问题。按照市委教育工委的部署，组织党员认真学习《党内反邪教警示教育宣传提纲》和《反对邪教，警钟长鸣》专题片等材料，开展以反邪教教育为主要内容的学习讨论活动和党日活动。

按照北京市部署和学校党委要求，组织开展了“共产党员献爱心”活动，全校党员向北京市慈善协会捐款80 676.47元，向我校教职工爱心帮困基金捐款80 000元。

2. 夯实基础，加强指导，进一步推进基层党建工作规范化建设

按照《北京普通高等学校党建和思想政治工作基本标准》要求积极推进基层党建规范化建设，制定《关于进一步加强基层党建工作的若干意见》，加强对基层党建工作的规范和指导。学校对部分单位和机构进行调整后，及时指导新成立（调整）单位的党建工作，如语言与传播学院、国家重点实验室等单位的党组织建设。指导软件学院召开党员大会选举总支委员会。授权软件学院党总支审批学生党员，并制定相关管理规定加以规范。

3. 注重培养和培训，不断加强基层党组织负责人队伍建设

按照守信念、讲奉献、有本领、重品行的要求，不断加强基层党组织书记队伍建设，通

过多种途径和形式培训基层党组织负责人。选派部分党组织负责人参加校外培训。在做好党支部书记日常培训基础上，选派4位学院党委书记、4位教师党支部书记参加北京市组织的专题培训班，学习十七届四中全会精神、北京高校党建重要经验和兄弟院校的好做法，为抓好基层党建工作提供新思路。开展新生党员培训和学生党支部书记、委员培训。依托学生工作部、研究生工作部，培训新生党员178名，党支部书记和委员700多人。其中新生党员培训改变了以往只进行短期集中培训的方式，进一步丰富培训内容、创新培训形式、延长培训时间，使新生党员培训工作系统化、长期化，增强培训效果。

【党建研究】

以党建研究为契机，总结经验、破解难题、推动工作、加强创新，依托学校党建和思想政治工作研究会组织研究队伍，提高党员干部的理论研究水平。

完成学校党建和思想政治工作研究会2008年度课题结题评审，16个课题全部结题通过验收，共形成研究报告16篇，发表相关研究论文12篇，取得了一批具有一定学术水平和应用价值的研究成果。2009年度课题共立项13个，涉及高校党校管理、基层党组织建设、学生党建、领导干部作风建设等多个方面。

承接北京高校党建研究会2009年度重点课题“北京高校学生党员教育情况调查及改进方式研究”。基本完成北京市委教育工委委托、北京市高校党校协作组立项课题“高校入党积极分子培训班课程体系研究”，形成了1份研究报告、1份教学大纲、2篇研究论文、3项管理办法的研究成果。

注重理论研究和工作实践的结合，推进经验成果的交流评比，认真组织校院两级领导干部撰写工作理论文章，全体校领导均撰写理论文章上交市委教育工委，全体处级干部上交了个人年度理论文章。校领导上交的理论文章中《高校增强社会主义核心价值体系教育实效性的途径研究》、《从“小平您好”到“中国加油”——看改革开放30年来大学生群体特征的变化》和《特色专业建设与人才培养的理性思考》3篇文章获2008年度北京市局级领导干部优秀理论文章一等奖；《从支撑到引领——特色性研究型大学的责任与使命》、《当前大学生思想政治教育的两大困境》、《关于建设研究型大学进程中学校国际（及港澳台）合作与交流工作的一些思考》和《以科学发展观为指导，坚持“党管人才”原则，进一步加强高校人才队伍建设》4篇文章获2008年度北京市局级领导干部优秀理论文章二等奖；《以科学发展观为指导，坚持“党管人才”原则，进一步加强高校人才队伍建设》一文同时获2008年度北京高校领导干部理论文章二等奖；《增强高校社会主义核心价值体系教育的实效性》一文荣获2009年“丹柯杯”优秀研究成果二等奖。《努力使辅导员成为大学生的人生导师和知心朋友》、《深化一站式服务，创新基层学生工作机制》分获2009年首都大学生思想政治教育工作实效奖一等奖和优秀奖。荣获北京市委教育工委“思考与展望：在中央16号文件颁布五周年的新起点”北京高校德育高层论坛2009主题征文活动优秀组织奖。

【党校工作】

充分发挥党校在建设马克思主义学习型政党中的重要作用，大力加强党校工作的总体规划，推进党校工作创新。在做好干部、党支部书记和党员培训的同时，采取多项措施，提高入党积极分子培训效果。

强化师资队伍建设，努力提高党课教师教育教学水平。结合新任务新要求，重点办好党课教师培训班。培训班参与人员范围广，不仅有全体党校教师，还包括党委主要部门负责

人、各学院（系）党委书记、副书记、副处级辅导员、部分思想政治理论课教师、学校党校及分党校工作人员等60余人。

推荐党课教师到上级单位任职，向全国高校党校教育研究分会教学专业委员会成功推荐委员1名，并参加了全国高校党校教育研究分会教学专业委员会成立大会。选派党校工作人员参加北京高校党校干部培训班，提高工作人员能力水平。

制定了《北京交通大学入党积极分子培训班管理考核办法》，进一步明确了学校党校和分党校在入党积极分子培训工作中承担的工作职责和具体要求，确定了入党积极分子培训班的学员资格、纪律要求、考核方式、考核内容和考核要求。配合《管理考核办法》的贯彻落实，组织力量根据《北京交通大学入党积极分子培训大纲》的要求制作考题，建立入党积极分子培训班结业考试试题库。开展分党校入党积极分子培训班组织员培训，对入党积极分子培训班的工作计划、组织实施、总结存档提出明确要求。

本年度共举办入党积极分子提高班两期，安排12个班次，培训入党积极分子共计2 500人。

【党员发展工作】

做好党员发展工作，严把党员发展质量关。加强对党员发展工作的培训和指导，在组织党支部书记培训过程中将党员发展工作作为重点内容加以培训，注重和强调对发展对象入党动机的把握，高标准培养入党积极分子，确保党员发展质量。继续做好在青年教师特别是教学科研骨干中发展党员工作。

2009年共发展新党员1 118人。截至12月底，学校共有党员7 607名，其中在职教职工党员1 641名，35岁及以下青年教师党员308名，占青年教职工总数的71.13%；学生党员4 933名，其中本科生党员1 833名，占本科学生总数的13.04%，研究生党员3 100名，占研究生总数的42.72%。

宣传工作

【综述】

2009年，学校党委宣传工作全面贯彻党的十七大和十七届三中、四中全会精神，深入学习贯彻落实科学发展观，以庆祝新中国成立60周年活动为主体，加强理论学习与研究，着力教职工思想教育工作，扎实推动大学文化建设，加强宣传思想阵地建设，为学校的改革发展稳定提供精神动力和思想舆论氛围。

【理论学习与研究】

加强校院两级中心组理论学习，坚持“质”、“量”并举。举办多场高层次、高水平系列高层论坛，全年组织专题学习12次。及时编印《宣传通讯》，为校院两级理论中心组和全校师生的理论学习同步提供学习材料。开发深入学习实践科学发展观论坛1个，建设深入学习实践科学发展观网络学习平台1个，校内党员干部平均上网学习2小时以上。

学校设立学校党建与思想政治工作专项课题基金，深入组织相关理论研究，形成了一系列研究成果。围绕党建和思想政治工作面临的新形势、新问题，组织深入开展理论研究；进一步贯彻落实《北京交通大学党建和思想政治工作“十一五”规划》，依托党建与思想政治工作研究会和德育研究会，积极开展改进党建和思想政治工作新方法、新途径研究；积极组织在重要媒体发表理论研究论文和成果，及时编印和出版优秀理论成果文集。组织师生参加中宣部理论局和中央台电视台主办的《“六个为什么”》理论节目的拍摄，围绕“六个为什么”，回答师生关注的重大理论和实践问题。开展了《基于网络舆情研判的高校群体性事件预警与网上应急处理》等多项党建与思想政治工作、大学精神与大学文化及新闻宣传方面的课题研究。

【教职工思想教育】

坚持和健全教职工思想政治教育学习制度，结合重大活动和重大历史事件开展思想政治教育和宣传工作。以开展纪念长征胜利70周年、纪念改革开放30年、庆祝新中国成立60周年等重大活动为契机，通过新闻报道、理论文章、专题讲座、成果展览、专题片制作等多种形式，充分运用报纸、网络、电视、广播、橱窗等媒体平台，宣传国家政治经济文化社会建设及高等教育和学校发展的光辉历程、巨大成就和宝贵经验。组织学校党政干部、共青团干部、思想政治理论课和哲学社会科学课教师、各学院辅导员、班主任以及学生代表，参观了在民族文化宫举办的《西藏民主改革50年大型展览》。举办形势报告会，邀请省部级党政负责同志作形势报告。组织师生参观“新中国成立60周年成就展”、观看“复兴之路”大型文艺演出。学校党委作出向成正维同志学习的决定，号召全校教职工学习成正维同志的优秀品质和先进模范事迹，争创一流业绩，做让人民满意的教师和教育工作者。

【校园文化建设】

以培育大学精神为主线，扎实推动大学文化建设。加强校园文化形象设计与建设，把学校改革发展成果固化为文字、音像、图片等有形文化产品。参与举办了“第三届国际文化

节”，举办了“跨越之旅——庆祝新中国成立60周年”大型图文展及系列文化产品发布会，完善了“我最敬爱的老师”文化墙。制作学习实践科学发展观专题，弘扬以改革创新为核心的时代精神；组织开展庆祝新中国成立60周年系列活动，弘扬以校园爱国主义为核心的民族精神；制作运输、经管、电信三大学科世纪巡礼专题，突出爱校教育；开展校园系列文化活动，丰富校园文化生活；开展大学文化建设研究，提升校园文化建设的理论水平。

《漫游中国大学——北京交通大学》再版，为校际文化交流打开了广阔的空间。为五位院士进行油画肖像创作。制作图文画册《北京交通大学改革开放30年》。举办了高士其家族《三代高吟》诗集首发式。完成了中国铁道学会《铁路60年大型文献汇编》中北京交通大学部分的编撰工作，主题为“科技服务铁路”。学校电视台学术播报栏目，成为交大师生了解学校学术讲座和学术活动的一个窗口。校广播电台每天中午在两个校区播出《欧洲古典音乐欣赏》节目，为校园创造艺术氛围，使全校师生系统地欣赏欧洲高雅艺术。

完成了学校党建课题“大学文化建设研究”的调研工作，起草了《北京交通大学校园文化建设发展规划》稿。开展《大学制度和大学精神》调研，形成1.7万字的《完善大学制度·凝练大学精神》调研报告，为学校今后继续深入地进行校园文化建设做了良好的储备。

【媒体宣传】

成功举办《跨越之旅——北京交通大学庆祝新中国成立60周年大型图文展》、《世纪巡礼——北京交通大学运输、经管、电信学科发展历程》和《漫游中国大学》研讨会。举办庆祝新中国成立60周年系列活动。开展了纪念校报创刊、广播站成立60周年活动。

全年编辑出版校报20期。加强一线新闻的报道数量及力度，开设“漫游交大”、“科学发展观”等众多专栏，编辑制作校友返校、“我爱我的祖国”、赴台文化交流专版，制作了海滨学院建院1周年庆祝专刊。新闻网日均点击量从年初的21 000次提高到31 000次，全年访问量从1 800万次提高到年底的2 940万次，增量1 140万次。全年编辑、发布新闻信息2 000余条，其中综合要闻占据总新闻的50%左右。校电视台共制作新闻40期，学术播报36期，全年摄制新闻素材约150小时，制作专题片11部。形教课、重要会议等全程录像300小时左右。广播站全年共编辑制作252期广播节目，全年向两个校区广播632次计15 060分钟节目。播出《预防“甲流”》广播专题节目21期。主宣橱窗举办近20次主题展览。全年在《中国教育报》、《中国青年报》、《科学时报》、中国教育新闻网、《中国高等教育》等报刊、杂志、网络发表学校重大活动的新闻图片百余幅。

对外宣传方面注重整体策划、主动宣传。全年举办大型新闻发布会3次，专题报道近20次，全年在中央电视台、《人民日报》、新华社、《光明日报》、《科技日报》、《科学时报》、《人民铁道报》等30余家国家和行业重点媒体进行全方位宣传报道。每个专题的报道量都在10篇次以上，网络转载超过50条。据不完全统计，对外宣传相关报道近千条，仅中央电视台对我校的报道即达30余次，半版及整版报道约35篇。北京人民广播电台《教育面对面》邀请我校师生为现场嘉宾的节目增至6次。新增《人民日报·海外版》、《中国日报》等十余家合作媒体。

《北京交通大学报》获北京高校优秀校报称号。由北京新闻学会和北京高校校报研究会共同组织的2008年度北京高校好新闻奖评选结果揭晓，我校参评作品荣获5项一等奖，4项二等奖，1项三等奖。在中国广播电视协会、纪录片工作委员会举办的中国台山新富源杯第六届中国纪录片国际选片会上获 1 金 2 银 3 铜：《轨道交通安上中国芯》获 DV 类金牌节目奖，《反盗版公益宣传片》获银牌节目奖，《中国运输学科奠基人——金士宣》获银牌节目奖，《把一生献给人民铁道——金士宣》获铜牌节目奖，《应战》获 2 个铜牌节目奖（党建宣传类和 DV 动漫类）。学校广播站荣获第二届北京市大学生声音作品设计大赛优秀组织奖。

统战工作

【综述】

2009年，学校统战工作按照市委统战部、市委教育工委的部署，认真学习贯彻党的十七届四中全会精神，围绕学校中心工作，以服从大局、服务大局、团结力量、凝聚人心为目标，开展了大量统战工作。

【统战理论学习】

9月，党的十七届四中全会召开后，学校党委组织民主党派基层组织负责人认真学习了会议精神。校党委副书记颜吾佴对文件进行了导读，对重点问题进行重点讲解，党外人士也对自己所关心的问题进行了讨论，进一步明确了作为参政党所肩负的使命与责任。

全国两会结束后，组织学校民主党派成员和无党派代表人士认真学习两会精神，邀请学校全国政协委员、无党派代表人士王玉凤教授传达两会精神，畅谈参加全国政协会议的切身感受。与会人员纷纷发言，表示两会后更加振奋，对未来充满信心。

为更好地学习民族知识，做好少数民族学生工作，11月，校党委举办了民族宗教知识专题讲座。会议邀请了北京市民族事务委员会副主任、北京市宗教事务局副局长牛颂主讲，校党委副书记高艳主持了讲座。学生工作干部70余人听取了讲座，并与牛副局长进行了深入交流。

【民主党派和无党派代表人士工作】

1. 进一步规范党外代表人士参与学校民主管理、民主监督工作

6月，学校党委制定了《中共北京交通大学委员会关于党外代表人士参与学校民主管理、民主监督的规定》。

2. 及时召开座谈会、通报会，听取统战人士的建议和意见

1月，校党委召开了统战人士迎新春座谈会。校党委书记、校长亲自参加，向全体民主党派人士和无党派代表人士通报学校工作，主管书记通报统战工作情况，并听取他们的意见。3月，学校党委召开统战人士情况通报会，颜吾佴副书记传达了年初召开的全国统战部长会议和北京市统战部长会议精神；同时通报了2009年学校工作要点和统战工作要点。9月，召开党外人士迎国庆座谈会。座谈会上，党外代表畅谈新中国成立60周年的感受和体会。他们对新中国成立60周年发生的翻天覆地变化，特别是改革开放30年来，身边看得见、摸得着的变化，人民群众生活水平的不断提高，国家综合国力的不断增强，祖国欣欣向荣、蒸蒸日上的新貌发出了由衷感慨。他们表示在当前形势下，更要围绕学校中心工作，立足本职，充分发挥党外知识分子的优势和作用，为学校和国家的建设发展贡献力量。

3. 组织党外人士参观“西藏民主改革50周年大型图片展”

为纪念西藏民主改革50周年，宣传西藏50年来的发展历程和巨大成就，4月10日，组织学校民主党派人士、无党派代表人士以及侨联代表参观了在民族文化宫举办的“西藏民主改革50年大型展览”。

4. 组织党外人士赴徐州进行社会实践

在新中国成立60周年之际，为了回顾历史，展望未来，对统战人士进行爱国主义和革命传统教育，增强大家的使命感和责任感，10月下旬，组织民主党派、无党派代表人士以及侨联成员代表一行16人赴徐州淮海战役烈士纪念馆和徐州神宇重工有限公司参观考察学习。

5. 组织党外人士参与学习实践科学发展观活动

3月，学校开展学习实践科学发展观活动，为组织党外代表人士参与到此项活动中来，动员会、阶段总结及转段会、学习辅导报告会均邀请民主党派负责人和无党派代表人士出席，还多次召开党外代表人士座谈会，听取他们对此项活动实施方案、学习调研阶段总结、分析检查阶段总结、学校整改方案的意见，各主要部处在制订各自整改方案时也都听取了党外人士的意见。

6. 进一步加强民主党派工作

按计划、保质量地协助民主党派发展新成员：协助九三学社海淀区委调查考核，8月，土木建建筑学院教师刘磊、语言与传播学院教师姚亚芝被批准为九三学社社员；协助民盟北京市委调查考核，5月，理学院副教授张尚立、远程与继续教育学院李亚春被批准为民盟盟员。

支持民盟召开研讨会。5月，学校和民盟北京市委联合举办了研究生教育研讨会。国务院学位办处长任增林，北京市政协常委、民盟北京市委常务副主委朱尔澄及来自其他高校和单位的民盟成员、其他党派代表，学校党委副书记颜吾佴及研究生院相关负责人出席会议。这次研究生教育研讨会以“注重内涵发展，加强特色办学，提高发展质量”为主题，围绕高校、科研单位研究生培养教育质量的发展状况、存在的问题，对研究生人才培养、学科建设等诸多方面进行研讨，为建立富有效率、充满活力、高质量的研究生教育体系提出对策与建议。

7. 创造条件积极支持党外人士参政议政

学校发展规划处处长、九三学社中央委员、社中央教育文化委员会主任、北京市政协委员王元丰教授积极从事参政议政工作。在3月份的全国“两会”上为九三学社中央撰写的“改变行政化趋向，推动高等教育健康发展”提案，被全国政协大会从收到的5 500余件提案中选出，作为大会46件口头发言，由九三中央副主席邵鸿代表在大会发言，国内外各大媒体广泛报道，取得良好的社会反响。这篇提案被人民网评选为“两会”十大教育热点之首。在1月的北京市“两会”上，王元丰教授提交的关于北京市应对气候变化提案，入选“30件内容宏观、对北京发展具有战略意义提案”，被市政协呈送市委、市政府、市政协领导参阅。

认真选送党外代表人士参加上级主管部门的培训。学校注重党外人士的培养选拔工作，有的放矢地进行培养。钟章队教授作为学科带头人和铁道部 GSM－R 首席专家参加了北京高校无党派人士培训班，获好评，学习总结被采纳。

新增李建勇、谭忠盛教授作为中央统战部六局联络员。

袁伦渠教授由于在国务院参事室的出色工作，2009年届满后被国务院参事室续聘为参事，任期2009年3月至2014年3月。

【民族宗教工作】

3月，学校党委两次召开民族宗教工作领导小组会议。会上，党委副书记颜吾佴强调高

校宗教情况比较复杂，要正确认识高校民族宗教工作的新形势、新任务，结合科学发展观的学习做好民族宗教工作；并强调要对学校师生中的信教情况做到心中有数，要依法管理宗教事务，抵御宗教渗透。与会人员结合自己部门的工作，沟通了情况，就如何做好民族宗教工作进行了积极的研讨，并表示要在党委的统一领导下，各负其责，协调配合，共同做好此项工作。通过学习和研讨，大家进一步提高了对民族宗教工作重要性的认识，明确了今后工作的任务目标。6月，为进一步加强学校的宗教管理工作，校党委制定《中共北京交通大学委员会关于认真做好新形势下宗教工作的意见》，对校内宗教管理工作做了较为全面、具体的规定，使宗教管理工作更加规范化。

【归侨侨眷工作】

为迎接新中国成立60周年，以及北京市侨联组织成立60周年，校党委在财力、人力上积极支持侨联出版正式发行书目《侨之声》。校侨联积极征集文章，全书内容主要体现海外华侨、归侨对祖国母亲的眷恋和无私奉献，呈现归国留学人员的成长及科技创新工作，记述广大侨眷的海外见闻等等。

配合北京市侨联完成对学校侨联工作的调研工作。11月24日，中国侨联副主席、北京市人大常委会副主任、北京市侨联主席李昭玲等一行5人来学校调研考察侨联工作，校侨联向市侨联领导汇报了我校侨联的整体工作情况，并衷心感谢市侨联对学校工作的关心和支持。李昭玲主席充分肯定了学校侨联工作取得的成绩，认为学校侨联工作有特点、具有前瞻性，侨联班子老中青三结合，是团结、和谐、奉献的领导班子，发挥了很好的作用。她同时希望学校侨联在新形势下，进一步加强自身建设，积极探索侨联工作新思路，不断总结新经验，扩大侨联覆盖面，找准工作切入点，在围绕中心、服务大局上出实招，见实效。她特别希望学校侨联在侨情调研工作上不断完善和总结，创新方法，推广经验，发挥引领作用。

5月，党委统战部、学校侨联举办了科技奥运报告会。主讲嘉宾刘金霞曾任第29届奥组委北京国际会议中心击剑馆运行副秘书长、残奥会经理，她用生动的语言和亲历的感受，为与会同志再现了北京2008奥运会、残奥会很多激动人心的场面。特别是北京奥运会的高科技含量，不但确保了比赛的公平、公正，还为世界各国打造出一个鲜亮的样板，给世界人民留下永恒的美轮美奂的艺术享受。参加报告会的侨联成员、各民主党派成员深有感触地说，从报告会中进一步了解了“科学发展”的力量、“艰苦奋争”的力量、“人民和谐”的力量。

【女教授协会工作】

5月，承办北京女教授协会换届大会。首都女教授协会第四次代表大会在我校召开。市妇联党组书记、主席赵津芳，市委教育工委副书记王民忠，市妇联副主席刘颖，学校党委书记王建国，党委副书记颜吾佴出席会议，第三届首都女教授协会全体理事、特邀代表、女教授代表以及第一届首都“女教授之友”等近200人参加了会议。学校女教授协会召开了“我与祖国共命运——三代女教授座谈会”。

【荣誉奖项】

5月31日，在首都女教授协会第四次代表大会上，校党委副书记颜吾佴获得“女教授之友”称号；校女教授协会会长刘云教授任首都女教授协会常务理事；电信学院副教授路勇任首都女教授协会监事会监事。

7月14日，在第八次全国归侨侨眷代表大会上，学校侨联主席、市侨联委员范瑜教授被中华全国归侨侨眷联合会、国务院侨务办公室联合授予“全国归侨侨眷先进个人”荣誉称号。

学校侨联主席田卫平获2008年北京市侨联理论研究和调查研究优秀成果奖三等奖。学校九三支社被九三学社海淀区委评为2009年度信息工作先进支社。学校九三支社成员王元丰教授被九三学社中央委员会授予2009年度信息工作贡献奖。学校九三支社成员魏学业教授被九三学社海淀区委评为2009年度信息工作先进个人。

纪检监察工作

【综述】

2009年，学校纪检监察工作按照上级纪检监察机关的部署和要求，全面贯彻党的十七届四中全会精神，以学习实践科学发展观活动为契机，围绕学校中心工作，认真贯彻落实《中共北京交通大学委员会关于加强反腐倡廉建设的意见》，以完成《2009年北京交通大学纪检监察工作要点》为重点，坚持改革创新，圆满完成了全年任务。

【宣传教育】

结合学校实际，传达贯彻上级会议精神。4月3日，学校党委召开2009年党风廉政建设工作会议。党委副书记、纪委书记颜吾佴在会上作工作报告，总结学校2008年纪检监察工作，部署2009年党风廉政建设工作，并强调要以科学发展观为指导，坚持标本兼治、综合治理、惩防并举、注重预防的方针，严格执行党风廉政建设责任制，认真落实中央《建立健全惩治和预防腐败体系2008—2012年工作规划》和中纪委、教育部、监察部《关于加强高等学校反腐倡廉建设的意见》等文件精神，完善学校党风廉政建设和预防腐败的长效机制，为学校的发展稳定提供坚强保证。党委书记王建国作重要讲话，强调要加强领导干部作风建设，增强领导干部的责任感，把干部作风建设纳入科学发展观学习实践活动、纳入领导干部作风年建设活动；各单位要以《中共北京交通大学委员会关于加强反腐倡廉建设的意见》提出的30条内容为重点，加强培训工作，深刻理解上级和学校党委的要求，明确任务和责任；要严格执行民主集中制和“三重一大”决策制度，认真落实党风廉政建设责任制，加强制度建设，提高制度执行力度；全面推进廉政风险防范管理工作，成立廉政风险防范管理工作领导小组，查找评定风险等级、确定实施防控措施、考察考核防范效果、完善并形成操作规程；加强领导干部廉洁自律工作。全体校领导、党委委员、纪委委员、中层以上干部、各单位纪检员、各系所中心主任、党支部书记和学校党风监督员260多人参加会议。

结合学习实践科学发展观活动，加强反腐倡廉宣传教育。在学校反腐倡廉宣传教育领导小组领导下，进一步完善反腐倡廉“大宣教”工作格局，以深入学习实践科学发展观活动为契机，进行反腐倡廉宣传教育。一是校党委书记、校长和纪委书记等校级领导干部分别给联系单位讲廉政党课，邀请中纪委政策研究室主任刘明波对党员干部进行党风党纪党性主题教育；二是纪委书记和副书记分别对新任处级干部进行集体廉政谈话，组织党风廉政建设知识、规章制度等方面的培训；三是利用召开党风廉政建设工作会议、廉政风险防范管理工作布置会等形式，传达上级文件精神，对党员领导干部和重点岗位人员进行反腐倡廉和政策法规宣传教育。

专兼职纪检监察干部积极参加学习实践科学发展观各项活动和教育部、北京市教育纪工委组织的业务培训，努力提高政治素质和业务能力，把深入学习实践科学发展观与本职工作紧密结合，开展校内外调研、交流，查找制约学校纪检监察工作科学发展的关键性问题，分析问题产生的主客观原因，统一认识，理清思路，制定措施，认真整改，把学习实践科学发

展观活动落实到工作中。

积极与相关部门协调配合，利用校园新闻网、校报、闭路电视、橱窗等多种媒体，先后播放廉政公益广告和宣传片40多次，在师生员工中开展了不同形式的廉洁自律、遵守法纪、遵守财经制度和职业道德的教育。为丰富学习宣传教育内容，向二级党组织和重点职能部门提供党的十七届中纪委第三次全会文件专辑、《是与非》杂志等学习资料。

9月底完成纪委监察处网站改版工作，增设政策法规、警钟长鸣、在线举报、图片浏览等信息模块，增强了网站宣传教育的针对性。全年向学校、教育部纪检组、北京市教育纪工委报送各类文字和图片信息28件。

【制度建设】

制定印发《北京交通大学2009年党风廉政建设和反腐败工作主要任务分工》并严格执行。该文件对学校党风廉政建设方面的15项任务36点具体工作进一步细化，明确了具体任务、责任人、牵头单位、协办单位、完成时间。按照市委教育工委、市教委《2009年北京教育系统党风廉政责任制推进惩防体系任务完成情况检查工作方案》组织协调学校自查工作。从自查结果看，全校各单位和各级党政领导干部都能按照党风廉政建设的领导体制和工作机制以及任务分工，认真履行党风廉政建设责任，做到了一岗双责、齐抓共管，形成了学校党风廉政建设的合力，保证了全年反腐倡廉工作进一步推进。

以落实《关于加强高等学校反腐倡廉建设的意见》为抓手，进一步完善学校反腐倡廉制度体系建设。根据中央纪委、教育部、监察部印发的《关于加强高等学校反腐倡廉建设的意见》（以下简称《意见》）和北京市《关于加强普通高等学校惩治和预防腐败体系基本制度建设的意见》，结合学校实际，制定并印发《中共北京交通大学委员会关于加强反腐倡廉建设的意见》。根据教育部关于开展对落实《意见》情况进行量化考核工作的通知精神，学校成立了落实《意见》量化考核工作领导小组，校长宁滨任组长，党委副书记、纪委书记颜吾佴任副组长，办公室设在纪委监察处。考核工作领导小组按照教育部要求认真组织自查自评工作。9月17日，教育部互查互评考核组对学校落实《意见》情况进行检查，综合评分为95.3（满分为100分）。互查互评考核组对学校落实《意见》整体工作以及党风廉政基本制度建设、干部监督、廉政教育制度化方面的突出特色给予充分肯定。

按照市委教育工委、市教委关于《北京普通高等学校惩治和预防腐败体系基本制度检查工作方案》要求，认真清理、完善了我校党风廉政管理制度109项。本年度印发了《中共北京交通大学委员会关于加强反腐倡廉建设的意见》、《中共北京交通大学委员会关于领导干部廉洁从政的若干规定》、《中共北京交通大学委员会关于领导干部谈话制度的暂行办法》、《中共北京交通大学委员会关于纪检监察信访举报处理规定》等8个学校层面的制度和多项二级单位（部门）制度。

【监督监察】

积极推进廉政风险防范管理工作。按照学校党委的要求，认真组织部署，制订工作方案，把推进廉政风险防范管理作为今年的重点工作来抓，从而建立对重点部位和关键环节的监督体系，加强对涉及人、财、物管理使用等关键岗位的监督。根据北京市教工委、教委《关于在首都教育系统推进廉政风险防范管理工作的实施意见》，学校制订了《北京交通大学廉政风险防范管理工作实施方案》。7月14日，召开廉政风险防范管理工作动员部署会，校长、纪委书记出席并对参加试点单位的主要负责人提出了具体要求。在方案实施中，针对

权力运行中的风险和监督管理中的薄弱环节，突出重点岗位、关键环节，认真查找在思想道德、岗位职责、制度机制和外部环境等方面可能发生的腐败行为的风险点。按照围绕重点、分步实施、分批推进的总体要求，分两批实施该项工作：2009 年年底完成第一批，主要是针对招生、基建、财务、采购、科研经费、校办企业和后勤等 7 项工作 12 个重点部门进行试点；第二批将在总结第一批试点经验的基础上于 2010 年完成。通过两年的工作，最终建立一套涉及所有重点岗位的监督管理体系。年底已经完成了 12 个部门的风险排查工作，排查了 36 个处级岗位和 47 个重点岗位风险。风险排查工作后，与 12 个部门逐一交流，督促并配合这 83 个岗位进一步梳理岗位职责，细化业务流程图，不断完善过程控制、管理环节。

认真履行纪检监察职责。继续加强对重点部位和关键环节的监督工作。全年在“三重一大”、工程项目、大宗物资设备采购、体育、文艺、艺术设计本科招生考试等方面加强了监督工作。截至年底，纪委监察处共参与相关监督工作 128 人次，仅设备采购部分，金额高达 6 000 多万元。协助房地产处调查核实有关教工的住房情况。

全程参与了学校中层干部选拔、聘任领导小组和考评小组的工作，对拟提职的 7 名处职领导干部候选人提出书面意见。严格执行了干部选拔、聘任工作纪律。

根据《教育部直属高校和事业单位开展工程建设领域突出问题专项治理工作的意见》要求，结合我校实际，制订了《北京交通大学开展工程建设领域突出问题专项治理工作实施方案》，成立了校工程建设领域突出问题专项治理领导小组，校长宁滨任组长，党委副书记、纪委书记颜吾佴、副校长陈峰、孙守光任副组长，办公室设在基建处，明确了专项治理工作的内容和时间，把责任落实到部门和个人。

【信访与案件查办】

认真做好信访、举报件和学生申诉处理工作。全年共调查处理来电、来信、来访 8 人次，受理学生申诉 2 人次。在调查处理工作中，做到了坚持原则，以事实和制度为依据，工作耐心细致，积极维护学校发展稳定大局。2009 年根据北京市教工委《对涉嫌违犯党纪政纪有关重要案件线索统一管理的实施细则（试行）》要求，上报重要线索 1 人次。经过调查取证核实，形成了初步核实材料并上报，结论为举报不实。

保密工作

【综述】

2009 年，学校保密工作认真落实中央和北京市委关于加强新形势下保密工作的精神，根据教育部和北京市委保密委员会年度保密工作要求，以迎接保密资格认证复查为重点，以提高服务保障能力为主线，积极探索信息化条件下高校保密工作的特点和规律，不断加强保密教育培训、技术防范、监督检查和制度建设，做到保密教育经常化、保密检查制度化、保密管理规范化，为学校发展与和谐校园建设提供了服务保障。

【体制机制】

深入推进工作体制机制创新，进一步提高管理、服务水平，本着“既保守国家秘密，又便利各项工作”的方针，体现“积极防范，突出重点，严格标准，严格管理”和“业务工作谁主管，保密工作谁负责”的实施原则，做到保密工作与业务工作同研究、同部署、同检查、同落实、同奖惩。

5 月 25 日，召开了年度保密委员会工作会议，会议由校党委副书记、保密委员会副主任高艳同志主持，保密委员会副主任李学伟副校长、保密委员会委员参加会议。会议主要议题是：传达上级有关保密工作会议精神；总结 2008 年保密工作；通报学校承担军工科研项目情况和军工科研保密管理情况；通过 2009 年保密工作要点；通过 2008 年度保密先进集体和先进个人的评选结果；对即将开始的保密承诺书签订工作进行动员。会上，与会人员观看了保密办制作的短片《巩固成果，构筑长效管理机制》。

根据《关于评选保密工作先进集体和先进个人的通知》（校密发［2009］1 号），进行了 2008 年度保密工作先进集体和先进个人的评选工作，经单位推荐，学校保密委员会研究决定，对电信学院宽带无线移动通信研究所陶成课题组、计算机学院信息科学研究所胡绍海课题组、理学院光电子研究所王永生课题组 3 个保密工作先进集体和孙昕等 7 名保密工作先进个人予以表彰和奖励。

按照市保密局的统一安排和要求，6 月 1—11 日，学校积极组织开展了保密承诺书签订工作，全体校领导、保密委员会委员、建立军工科研生产基地的学院保密领导小组成员、涉密人员和各单位机要秘书都签订了保密承诺书。全校各级领导干部和涉密人员得到了一次很好的保密教育，增强了大家的安全意识、保密意识和规范意识，提高了遵守保密法律、法规和规章制度的自觉性。

【宣传教育】

学校坚持把保密宣传教育作为一项常规工作常抓不懈，本着筑牢保密防线、强化保密意识、知晓保密法规、掌握保密知识、提高防范能力的要求，开展了形式多样、持续有效的宣传教育活动。

9—10 月，结合新生入学教育，对新入学的本科生、研究生、分校学生和远程教育学生分别进行保密及安全专题教育，加强了新入校学生的保密及安全意识，逐步增强了他们遵守

保密法律法规的自觉性。

针对当前计算机网络信息技术的发展给保密工作带来的严峻形势，学校充分利用计算机学院信息安全保密特色专业优势，依托“北京交通大学－国家保密技术研究所研究生联合培养基地”，把保密工作的专业化、技术化发展同信息安全保密专业建设和人才培养工作结合。10—12月，邀请国家保密局、国家保密技术研究所的专家，举办了以“保密工作与保密科学”、“保密管理”、“保密法律法规”、“保密标准”等为主题的保密系列讲座7次，共计296人参加了讲座培训。

12月14—15日，举办保密教育培训暨工作研讨交流会。校保密委员会副主任、党委副书记高艳，保密委员会副主任、副校长李学伟出席会议并讲话。会议由学校办公室主任、保密办主任吴强主持。会议邀请到北京市国家保密局、北京市军工保密资格审查认证办公室的专家，对新修订的《保密资格标准》和《保密资格评分标准》进行了专题讲解，参会人员对新标准有了更深入的理解。会上，涉密单位领导、保密联络员和课题组老师分别就一年来单位和部门开展保密工作的情况进行了交流。

做好《保密工作》订阅和宣教工作。把《保密工作》杂志作为保密宣传教育的重要资料，实现了《保密工作》覆盖学校保密工作各个领域、各个方面的目标。

学校为涉密单位统一订购配发了《计算机及办公自动化设备管理保密须知》、《涉密移动存储介质使用指南》、《国家秘密载体管理必知》、《身边的泄密隐患》等挂图，制作了《安全保密日常规范“四字书”》、《国防科技工业涉密人员保密行为十不准》、《日常保密工作“十个想一想”》、《社会信息化保密常识“七字经”》等宣传展板。定期更新保密专题网站内容，发挥网络信息化优势，搭建了全方位的保密普法宣传教育平台。

【监督检查】

结合学校“平安国庆行动”实施方案，由学校保密办、军工办和计算机学院信息安全专业选拔的研究生组成检查组，对学校建立军工科研基地的学院进行了2次安全保密专项检查，曾多次参与国家机关和部队保密技术检查的鼎普科技公司专业技术人员配合参加了检查。开学初和放假前以及重要节日期间，学校都安排部署各涉密单位组织开展保密自查，发现问题，及时整改。

【保密管理】

学校将涉密项目管理、涉密人员管理和涉密设备管理作为保密管理工作的重点，认真贯彻执行新颁布的《武器装备科研生产单位保密资格审查认证管理办法》，将新标准印制成册，发给有关人员进行学习，以深入学习新标准为契机，认清当前军工保密形势的严峻性，加强对军工保密工作重要性的认识，增强危机意识和责任意识，将保密管理贯穿于军工科研项目申报、立项、实施、验收的全过程，切实加强对军工科研项目实施过程的监控和检查，将军工科研工作与保密管理融为一体，建立“项目谁主管，保密谁负责”的保密责任制度，在科研工作中抓保密，以保密工作促科研。

学校建立涉密人员离岗审查及签订离岗保密承诺书、涉密人员出国（境）保密审查及保密提醒制度，严格执行涉密文件复印、打印、刻录审批，涉密计算机维修、重装操作系统等各项审批工作。全年严格涉密学位论文保密审查工作，办理国际论文保密审查269篇。

学校定期召开保密工作会议，传达上级文件精神，通报泄密案例，分析泄密案件的成因和特点，查找问题，汲取教训，及时解决工作中出现的问题。有计划地选派专兼职保密干部

进行学习培训，加快建设一支政治强、素质好、业务精的保密干部队伍。11 月 16 日，2 人参加了北京市军工保密资格审查认证培训班。12 月 28—29 日，2 人参加了北京高校保密工作领导干部业务培训班。

发挥信息安全专业特点和人才优势，选拔政治面貌好、品学兼优的研究生，经过系统培训，承担学校保密技术检查工作，高水平的技术队伍为保密工作发挥了技术服务保障作用，提升了学校保密工作水平。

2009 年，学校保密工作得到了上级单位的肯定，5 月 12 日，教育部门户网站宣传报道学校围绕中心工作，服务大局，不断探索保密工作科学发展新途径，全面做好新形势下保密工作。学校报送的关于开展保密教育培训、保密检查、新标准学习的信息分别被《保密工作》采用 1 条、《保密科学技术》采用 1 条、《北京保密工作》采用 3 条。

学生工作

【综述】

2009 年，学校学生工作围绕育人中心工作深入贯彻落实科学发展观及中央 16 号文件精神，以纪念新中国成立 60 周年等重大历史纪念日为契机，改进思想政治教育方式和方法，深入开展社会主义核心价值体系教育，努力提高思想政治教育工作实效性。做好学生思想教育工作，努力构建平安、稳定、和谐的校园环境，确保了学校的正常教学秩序及校园稳定大局。

【体制机制建设】

进一步加强完善学生工作体制机制。调整学生处人员工作岗位职责，加强学生教育及管理工作。制定《北京交通大学辅导员队伍建设实施细则》和辅导员补贴发放办法、考核办法，建立《北京交通大学辅导员工作手册》及相关工作规章，建立并实施实习辅导员制度，举办辅导员高水平培训讲座，规范、加强辅导员工作。加强了大学生思想政治教育课题管理及研究，加强校际学生工作交流，促进学校学生工作质量及水平不断提高。增加 1 名心理专业教师，加强学生心理素质教育中心工作。

【学生工作队伍建设】

建立完善模式、探索工作新路，通过多种措施促进辅导员队伍可持续发展。

1. 完善制度，全方位、多角度保障辅导员安职乐业

起草《北京交通大学辅导员队伍建设实施细则》和辅导员补贴发放办法、考核办法，把队伍的构成与职责、配备与选聘、培养与发展、管理与考核等方面制度化、规范化、系统化。

年初，组织召开 2009 年“新时期学生思想政治教育工作的创新与发展”学生工作研讨会。会议就如何加强学生的信仰教育、辅导员队伍建设、毕业生就业工作、学风建设等内容进行深入研讨，统一思想，达成共识，为全年学生工作奠定思想基础。

2. 精选、优培、严考，充实、壮大、规范辅导员队伍

经过程序规范、选拔严格的招聘笔试、心理测试和面试，2010 届本科毕业生 11 人保留学籍两年留校任辅导员。经过面向社会的公开招聘，从 1 000 余名应聘者中选拔了 5 名业务精、素质高、作风硬的辅导员充实到队伍当中。

2009 年开始，在全校范围实行“实习辅导员”制度，选派有意向留校任辅导员的大三本科生、一年级研究生到学生工作部和各学院学生工作办公室担任实习辅导员，协助专职辅导员和一线辅导员开展工作，充实学生工作队伍力量，锻炼实践能力。

3. 请进来、走出去，提高队伍综合素质，增强队伍竞争力

邀请辽宁省委高校工委副书记曲建武来校就“科学发展观指导下的高校辅导员工作理论与实践”为辅导员作专题报告；邀请心理学专家北京师范大学郑日昌教授、首都师范大学蔺桂瑞教授、清华大学樊富珉教授等为辅导员做心理健康教育方面的专题讲座；邀请

《北京教育》（德育版）副主编包和春为辅导员讲解文章撰写、课题研究的方法和要领。还组织全校辅导员参加人力资源与社会保障部部长尹蔚民报告会、梁思礼院士报告会、傅志寰院士报告会聆听高层次报告和讲座，17 名辅导员参加了教育部《当代中国国情》培训，16 名辅导员参加了北京市组织的大学生心理辅导和发展辅导培训班，辅导员队伍的全面素质和能力得到提升。作为牵头负责单位，分别以“沟通的艺术”和“就业与创业”为主题组织北京高校学生工作学会西北四组 9 个学校举办了 2 期辅导员论坛，互相学习。认真组织师生参加评选 2008 全国高校辅导员年度人物，人文学院孙慧环老师被评为 2009 年全国模范教师、全国高校优秀辅导员，学校组织全体辅导员学习孙慧环先进事迹。

4 月选派 1 名辅导员到英国研修学习 3 个月，9 月选派心理中心主任到澳大利亚学习研修 3 周，11 月选派 1 名辅导员到澳大利亚参观学习 1 个月。4 月选派 1 名辅导员到北京团市委，参加组织首都国庆 60 周年活动；选派 1 名辅导员到中央组织部挂职 6 个月；5 月选派 1 名辅导员参加北京市委组织部和北京市教工委安排的辅导员挂职锻炼，担任北京市昌平区沙河镇党委书记助理；8 月选派 1 名辅导员到北京市教工委办公室挂职锻炼 3 个月。通过多种途径，让辅导员经风雨、见世面，提高能力。

继续推进我校大学生思想政治教育研究课题的研究工作。2009 年学生思想政治教育共立项 20 个课题，其中重点课题 2 项，一般课题 15 项，首次设立支持课题 4 项，鼓励更多的辅导员参与研究工作。

【学风建设】

学校不断创新工作模式，改进评优评先工作程序，结合具体事例做好学生日常管理，大力加强学风建设。

2009 年评优评先工作首次通过学生管理系统进行。经过系统开发、工作测试、组织培训、补充修改等程序，本年度评优评先工作的思想行为测评、奖学金和荣誉称号的评定等工作均通过系统进行。进一步规范了评优评先工作的评选程序，严格了评选条件，加强了检查督导工作。

通过与相关部门和校外实体联系，新增设了詹天佑、高富浪、新华都、博爱、佳讯飞鸿等 5 项专项奖学金，新增奖学金总计发放金额 13.2 万元。同时，通过各种专项奖学金的评定过程表彰先进、扩大影响、感染学生，使评优评先成为广大学生树榜样、受教育、增动力、增实效的过程。

9—12 月，经过严格评审，2008—2009 学年学生先进集体和先进个人的综合考核和评定工作圆满完成。其中，1 个班级被评为第十届周恩来班，47 个班级被评为校级先进班集体，65 个班级被评为校级优良学风班，1 个班级被评为詹天佑班优秀班集体，8 个学院被评为军训综合或单项先进学院，13 个集体被评为国防生先进集体。在参评的 10 661 名本科生中共有 1 971 人次获得各类荣誉称号，有 5 100 人次获各类奖学金，占参评人数的 47.8%；奖学金实际获奖人数 3 772 人，占参评人数的 35.4%。10 人获得学校设立的思源奖学金；5 人获得高富浪奖；751 人次分别获得国家奖学金、国家励志奖学金、茅以升、詹天佑、智瑾、宝钢、汉能李嘉宁、金源、西门子、尖峰、钱仲侯、电气春雨、日立（中国）、北京公交、万桥、新联铁、新华都、博爱、佳讯飞鸿等 19 项专项奖学金。

根据“程序正当、证据充足、依据明确、定性准确、处分恰当”的总要求，按照相关程序，做好学生违纪处理工作。尤其是在对计算机学院 2 名考试严重作弊学生开除学籍的处

理过程中，由于在处理程序、掌握证据、处理依据、事件定性等方面做得较好，相关工作经受住了学生申诉、教育部行政复议、法院起诉、各类媒体四番报道等考验。同时，为增强学生对遵守校规校纪的重要性的认识，每学期专门下发通知，组织各院系做好考试诚信教育，还通过学校 BBS 论坛、邮箱、大屏幕、公告橱窗等媒介，提出遵守校纪要求，提出诚信考试倡议，整理并宣传典型案例，起到了较好的教育效果。

坚持组织辅导员听课及检查课堂秩序等工作，针对问题及时向学生通报情况，倡导严谨学纪。整合校内外资源和力量，加强思源班、茅以升班、詹天佑班、通信本硕试点班等特色班级的管理和建设。以 2009 年度茅以升铁道教育希望之星奖评审会为契机，学校作为秘书处单位组织开展茅以升班建设的工作研讨会。起草詹天佑科学技术发展基金会詹天佑班管理办法，参加研讨会议。在周恩来班建设过程中，将工作重点向建设过程转移，出台了《北京交通大学周恩来班管理办法》，使周恩来班的建设和评选工作进一步规范化。

【学生党建】

以学习实践科学发展观为主线，创新形式，全面加强学生党建工作。

1. 开展以“坚定理想信念，树立优良学风，促进全面发展，争做时代先锋”为主题的系列活动

学校制订了《北京交通大学学生党员深入学习实践科学发展观活动实施方案》，以科学发展观统领学习实践活动，将其与学生党员思想政治教育相结合，与学风建设相结合，与社会实践和校园文化活动相结合，与促进大学生党员自身全面发展相结合。通过学习实践活动，达到“学生党员受教育、思想认识有提高、学习实践长才干、综合素质上台阶”的目标。各支部组织为学校发展建言献策大讨论，每名党员撰写 1 篇学习实践活动体会，突出学习实践活动的实效性。

学校组织各学院学生党支部开展学生党员学习实践科学发展观实践项目活动，主要安排活动有：“科学发展我实践”、“见证祖国 60 年”、“毕业生教育服务”等 3 个必选主题活动，“红色 1 + 1”、“传承优良传统、争做时代先锋”活动等 6 个任选活动。各学院学生党支部根据活动要求，将学习实践科学发展观活动与实践相结合，开展了丰富多彩的主题活动，积极参与庆祝建国 60 周年 PPT、电子杂志制作、宣讲、征文比赛等活动，选取不同角度反映建国 60 周年所取得的伟大成就；继续全面开展“红色 1 + 1”活动，本年度共有 7 个支部开展活动 2 次以上，并获得北京市优秀奖。通过活动，学生党员骨干党性修养和意识得到进一步提升，其中参加国庆游行方阵训练的党员骨干，克服高温，不怕困难，充分发挥表率作用，成为训练方阵中的中坚力量和精神领袖。

2. 规范基层党支部建设，完善培训制度和评议制度

学校统筹安排，进一步规范学生基层党建工作。4 月 8 日—5 月 9 日，组织各学院学生党员骨干 200 余人开展系统培训。培训涉及学生党支部实务、“团队合作”能力素质培养等，通过“我谈科学发展观”主题宣讲、参观展览等实践环节及主题党日活动展示等内容，充分调动基层支部及党员骨干的积极作用。5 月 4 日—6 月 6 日，组织各学院开展 2008—2009 学年学生党员述职评议工作。6 月份检查落实《学生党员手册》、《党支部工作手册》填写情况及学生党员佩戴党徽等情况。

3. 继承传统，总结经验，系统化新生党员教育

为加强新生党员教育系统化、规范化进程，组织新生党员提前入校进行培训，做好中学

与大学的党建衔接，使新生党员培训长期化、制度化、规范化。组织新生党员参观校园，听取主题报告，集体学习讨论，参观建国以来少数民族发展成就展、建国60周年成就展，撰写观后感；对新生党员入党情况进行问卷调查；组织新生党员维持东区食堂就餐秩序、打扫教室。组织新生党员参加各学院迎新工作。开学后，邀请学校建国前参加工作的老党员为新生党员讲党课，请关工委李士群主任为新生党员上《青年党员的历史使命》党课，增强学生党性修养。新生党员课题研究通过组织部验收，主要观点在中组部主办的《党建研究》发表，研究论文在《北京教育》（德育版）发表。

【思想政治教育】

1. 深入贯彻落实科学发展观，围绕庆祝新中国成立60周年，加强主旋律教育

组织广大学生参加暑期社会实践活动。按照《教育部办公厅关于开展全国高校学生“我爱我的祖国”主题暑期社会实践活动的通知》要求，组织全校本科生开展了“我爱我的祖国”主题暑期社会实践活动，引导青年学生深入基层、深入群众、深入实际，勤奋工作，刻苦学习，在实践中受教育、长才干、作贡献。61支社会实践小分队、数百名本科生深入基层，开展社会调查、志愿服务、科技创新、践行科学发展观等多种形式的社会实践活动，结合专业特长参与社会实践，服务社会，增强了实践能力，提高了组织管理能力和解决问题的能力。

举办“我爱我的祖国”主题系列教育活动。充分利用五四运动90周年、中国共产党诞生88周年、国庆60周年、建军82周年等重要历史纪念日，以社会主义核心价值体系引领学生思想政治教育，周密策划、开展了“我爱我的祖国”主题系列活动。通过制作PPT、电子书、征文、红色短信征集等活动宣传新中国取得的伟大成就，弘扬中华民族伟大复兴的奋斗历程和辉煌成就，增强了自身坚定不移走中国特色社会主义道路的信心与决心。购买了8 000份《人民日报》，组织2007级、2008级7 000名学生和全体国防生、2009级158名新生党员，组织开展学习“100位为新中国成立作出突出贡献的英雄模范人物和100位新中国成立以来感动中国人物”的先进事迹。组织安排了全校1.2万名学生到北京展览馆参观“辉煌六十年”大型展览。各学院依托党支部、团支部、班委会、学生社团等，精心组织“我爱我的祖国”主题系列教育活动。本次活动中，共收到电子版征文453篇，电子版PPT展示146份，单位电子杂志105份。10月1日，组织在校师生代表在思源广场举行了隆重的升国旗仪式。

组织暑期国庆方阵训练学生激励活动，圆满完成国庆游行任务。暑假期间，约2 500名学生留校参加庆祝国庆60周年活动的游行方队训练。2 500名学生圆满完成了参加大型音乐舞蹈史诗《复兴之路》的排练、演出任务和国庆游行方队训练及游行任务。

2. 积极应对敏感期和突发事件，确保校园稳定

开展“平安国庆”行动，加强学生生命安全教育，确保校园平安。2月，针对学生第三食堂拆除造成的学生就餐面积减少、社会物价不断上涨、新建楼施工噪音等情况，和相关部门一起研究方案，组织全体辅导员食堂值班，深入做好对学生的解释工作，化解问题，防止矛盾激化。

5—10月，学生处、保卫处、后勤集团联合对22栋本科宿舍楼进行了3次大型安全检查，及时通报、处理、消除安全隐患问题，确保学生生命安全，落实“平安校园”建设。重要节假日或长假向所有学生个人邮箱发送详细安全提示，通过短信平台、大屏幕、网络等媒体对全体学生进行安全教育，详细掌握学生离返校情况及动态。在新生入学教育中对全体

新生进行安全教育和保险教育，培养学生生命安全及自我保护意识。根据市教工委统一要求，选拔了“平安国庆”信息员骨干志愿者120人，设立学院安全员和信息员，建立班、院、校信息报送体系，每天逐一审核120名信息员申报信息，做到信息渠道畅通，保证第一时间发现并解决问题。国庆期间，学校组织辅导员值班，开放天佑会堂、思源楼、逸夫楼等50余个多媒体教室，供全校2万余名学生观看国庆庆典、广场联欢及《复兴之路》大型演出等国庆节目，激发学生爱国热忱。

全面掌控学生思想动态，大力加强民族团结教育。从5月底到10月中旬，实行各学院每日安全稳定信息报送制度；建立“辅导员24小时在学校值班、住楼辅导员每日走访学生宿舍、党员骨干不定时汇报情况”的安全稳定防控机制，派出专人参加市教工委组织的天安门广场监控工作组。为庆祝西藏民主改革50周年，学校组织藏族学生座谈会，组织各民族学生、学生党员骨干参观西藏民主改革50年展览。新疆乌鲁木齐发生“7·5”暴力犯罪事件，校院领导和辅导员深入新疆少数民族学生宿舍开展民族团结教育，引导学生正确看待“7·5”事件，要求学生回家积极做工作。学校特别加强对少数民族学生思想政治教育工作，专门发文组织开展民族团结教育和少数民族学生思想政治教育，建立一对一的联系机制，密切关注少数民族学生各方面需求，解决他们的实际困难。辅导员与少数民族学生逐一交流，了解情况，建立少数民族学生专门档案。组织各民族学生联欢会，组织西藏、新疆少数民族学生参观“辉煌六十年——中华人民共和国成立六十周年成就展”，共同庆祝新中国成立60周年。

关注学生生命健康，做好防控甲流工作。10月下旬，学校发热学生人数剧增，严重时达到每天新增100余人，甲流防控形势严峻。学校把保障学生生命健康安全放在学校工作的首位，将防控甲流作为学生工作的重中之重，启动应急预案，组织学生工作部门协同稳定办、校医院、后勤集团、保卫处等联合开展甲流防控工作。10月上旬给全校所有学生发放预防甲流中药饮片2.2万大包；统一安排全校1.1万多名本科生注射甲流疫苗；校、院制订严密防控甲流工作计划，组织学生宿舍卫生大扫除，每周进行宿舍卫生大检查，辅导员、班主任深入学生宿舍，宣传预防知识，结合防控工作做好学生思想教育，坚决切断甲流所有传播途径。坚持做好每日发热学生情况报送和汇总，为学校正确分析甲流防控形势提供第一手材料。先后安排10名辅导员进驻发热隔离区，24小时坚守岗位，直接面对学生开展教育管理工作，同时协调校医院、后勤集团、教务处等部门为学生在隔离区的正常生活和治疗提供保障。制订了隔离区管理暂行办法、隔离区辅导员工作职责等规章制度，为学生购置报纸、象棋、跳绳等丰富隔离区学生生活。定期慰问值班辅导员。通过连续不懈努力，学生每日发热人数很快得到控制，保障了全校正常教学、工作秩序。

3. 提高质量、注重创新，把日常思想政治教育做精、做细

总结经验、改进方式，提高《形势与政策》课教学的针对性和实效性。举办《形势与政策》课程建设研讨会，完成了面向近2 000名本科生的“形势与政策”课教学实效性问卷调查，针对国内经济形势、西藏民主改革50周年、当前美国政治与大国关系、国际安全、百年交大的社会责任与担纲、祖国辉煌60年、民族团结与社会稳定、国际金融危机与中国经济走势、中国国际地位的新变化等8个专题进行了讲授。建立了《形势与政策》课程“三库”——“专家库”包括了国家各大部委的科研机构、军事院校及著名高校和有关单位的从事国内外政治、经济问题以及国际问题的20多位专家学者；充分发挥各类人才的专业

特长，建立了“专题库”，做到专人讲专题、专业有专家；将近5年教师讲课的讲稿、参考资料装订成册，建立了“资料库”。增加了外请专家面授课的覆盖率。上半年面授学院从50%提高到70%，下半年提高到90%，面授学生人数从50%提高到53%。为促进学生充分理解课程内容，2009—2010学年第一学期，结合第一讲“祖国辉煌六十年”，组织学生参观了“辉煌六十年——中华人民共和国成立六十周年成就展”和北京“多彩中华”展览。为了培养学生运用所学理论分析、解决问题能力，在人文学院试点进行寒假社会实践活动，指导学生做社会调查，制定调研方案并进行考核，2010年暑假全校将全面开展。

完善制度、拓宽渠道、实现学生思想政治教育多层面、全过程。制订出台《2009年学生工作部门学风建设方案》；举办“红果园有约——名师讲坛”活动十余次，邀请李极冰、俞敏洪、苏恺之以及校内名师对学生进行理想、创业、学习、人生教育。深入开展毕业生教育。开展“到祖国最需要的地方建功立业”主题教育活动，邀请校友回校座谈，组织毕业生评选“我最敬爱的老师”，制作《毕业生纪念册》，举办毕业典礼和国防生欢送仪式，将爱国爱校、感恩等教育融入毕业教育中，确保3 500名毕业生文明离校。周密组织新生入学教育。组织了新生班主任培训和班主任助理培训，提前将《学生手册》、《学生学习生活指南》寄发到新生家中，召开新生家长会、新生班会，组织新生参观校史馆，参加心理、资助、安全保险等教育活动。举行“2008—2009学年学生先进集体、先进个人暨社会实践表彰大会”，以“身边的榜样”鼓舞更多学生奋发有为。邀请全国自强模范与助残先进个人事迹报告团英模、全国自强奉献优秀大学生侯海燕来校做讲座，对学生开展自立自强教育；承办“《中华诵》——首都大学生庆祝新中国成立六十周年诵读晚会”，组织师生参与活动，感受经典文化，抒发爱国激情；邀请中国工程院院士、原铁道部部长傅志寰来校作题为《关于低碳经济发展的认识与思考》的报告，浙江大学党委副书记郑强教授为全校学生党员作题为“当代大学生的成才之道与历史责任”的报告，引导学生认清现实，端正定位，脚踏实地，放眼未来。加强对网络舆情的实时监控，及时发现解决问题；召开网络思想教育研讨会，坚持网上教育与网下教育相结合，充分发挥学生自我教育的作用，拓展网络思想政治教育在学生中的影响。

【心理健康教育】

学校学生心理素质教育工作着力于推进示范基地建设，深化服务内容，提升教学、咨询、危机预防和干预等方面的服务质量。12月，学生心理素质教育中心荣获2007—2009年北京高校心理健康教育工作“先进集体”称号。

1. 推进示范基地建设，发挥基地的示范和辐射作用

加强队伍建设，增加专职咨询教师1人，学校专职队伍增至6人；不断发挥心理素质教育示范基地的示范作用和辐射作用，全年共接待参观交流高校京内20余所，京外高校10余所；继续办好心理咨询师成长之家，有12所高校的咨询师在学校心理素质教育中心进行学习与督导，全年共完成专兼职心理咨询师学习与督导28次。

2. 加强课程管理，提升课程质量

本年度共开出5门理论课，2门实践课。选课人数为3 570人。引入社会课程《成功之道——前途及领袖发展》，300名学生选修。

加强新课程体系的研讨与建设。新课程体系包括《大学生心理学》、《人际交往技能训练》、《生命教育》、《心理素质培养与训练》、《情感心理学》、《两性心理学》、《幸福心理

学》、《社会心理学》、《成功之道——前途及领袖发展》等。针对不同群体知识需求，不断拓展和延伸教学空间。面向心理委员开设《基本的助人策略与技巧》，面向班干部开设《团体心理训练》等。根据学校学生特点和多年教学经验积累，编写课程教材，建设心理健康教育教学材料参考库，供教师和学生共享。

积极探索教学改革，使心理课程有趣有益。课程设计从大学生心理实际出发，注重理论讲授与实践体验相结合的教学方式，采用多样化的教学手段，使心理课程有趣，学生爱上，学了有益有用。如《大学生心理学》主要大一新生为授课对象，采用“理论讲授＋实践”的教学模式，使新生一入学就接触到心理健康的最基本的知识和理念，同时通过“参观一次心理中心，完成一次心理实践，体验一次心理测查”等实践环节，帮助新生认识和接纳心理健康理念，尽快完成从中学到大学生的转变；《心理素质培养与训练》融心理训练与心灵分享于一体，使学生在活动的分享中得到启迪与升华；《成功之道》邀请国内外专家及企业杰出人士授课，创造机会让学生参与国际交流，帮助高年级学生在品格、心理和领导力技巧上成长。

3. 加强个体咨询、团体咨询以及危机干预间的有效联结

个体咨询共接待各类咨询 943 人次。每周面询服务 20 个单元，全年 840 单元提供服务 2 520 小时；加强团体心理咨询的制度建设，落实团体辅导的流程、过程评估、档案管理、工作原则等制度，本年度共 4 个团体咨询小组，36 人得到 8 ～ 12 周的团体咨询服务；对研究生、2009 级新生党员、心理委员骨干、灾区学生、团干部、学院班干部等共开展拓展训练活动 16 次；针对不同群体有针对性地开展工作，如针对毕业生、新生和家庭困难学生等进行了问卷调查及分析并进行咨询干预；落实严重个案及时上报、即时处理、及时转介制度，加强重点和危机学生的信息库建设，做好跟踪，同时加强与学院、校医院及专业医院间的沟通和联系。

4. 以心理论坛为轴线，面向全体学生，开展丰富多彩的心理健康教育活动

阳光心理论坛从 2007 年开设以来已举办 63 期，成为交大每周的品牌活动。论坛流程由学生自己设计、自行策划，嘉宾主要为校内外心理健康领域的老师、专家和社会人士，话题主要针对学生关心的热门话题展开，形式上主要采用互动体验式和讨论式，使参与学生的心灵在不断碰撞中成长。邀请校内外专家为校内各类人群开展心理讲座 20 余场。成功举办“第六届大学生心理健康文化活动月”系列主题活动。以“直面压力，放飞理想”为主题，开展了丰富多彩的心理健康教育活动。活动月以压力管理为主线，邀请著名音乐治疗专家为大家奉献“音乐引导想像”专题活动，心理素质中心教师带领大家通过“识别与管理情绪”“自我定位与影响力”“如何度过你的大学”探讨内在心灵。围绕活动月主题共开展 4 期心灵短信评选活动。借助学生喜爱的网络开展“特思交流吧”活动，由专职教师和学生在网上进行专题讨论。

以世界精神卫生日为契机，开展了为期一周的主题为“行动起来，促进精神健康”的心理健康专题宣传活动。共出版 8 期《心路》，1 期文化活动月专刊；为新生印制了《心理宣传手册》；印发主题宣传折页；为心理委员编印了讲义。加强研究生心理健康教育工作，开设专题讲座 8 场。

5. 以心理危机预防与干预为点，大力推进心理危机的预防和干预工作

对 2009 级 6 341 名新生（含本科生和研究生）进行心理健康普查、访谈和干预，最终

筛选出480名同学参加了访谈。

开展心理危机排查工作。进一步完善心理危机月排查和主管领导签字制度，每月对所有学生进行心理危机排查，建立重点人群管理信息库；加强对筛选结果的评估和后续工作，共完成心理危机干预42人次。

针对不同人群开展心理危机预防和干预培训。面向2009级心理委员开展为期8周的系统培训；加强对辅导员班主任的心理培训，邀请校内外专家，进行了8次培训。

对排查出来的学生及时进行干预。成立危机学生评估小组，对每例危机学生进行评估，必要时转介到专业医院进行治疗；对于中等程度问题的学生进行长程的心理咨询，个体咨询8次以上的学生转入团体咨询中。

6. 指导心理社团锻炼成长

大学生心理健康协会在心理素质教育中心的指导下，开展心理健康知识竞赛、心理电影赏析、朋辈交流与互助、心理素质拓展训练等丰富多彩的活动，被评为学校年度“十佳社团”。成立了健心社，以红果园健心服务热线的成员为主，主要从事心理咨询热线的服务工作。本年度共开展心理培训26次，接听咨询热线126人次。

7. 利用专业资源为社会服务

完成参与国庆训练方阵的2 500余名学生的心理保障和精神激励。召开4次研讨会，出台《北京交通大学国庆训练方阵学生心理保障、精神激励实施方案》。对参与方阵训练的师生进行3次热身培训。编写《我与祖国共奋进》心理支持宣传册并分发给每位参训学生。对参训师生开展心理热线、面询等心理援助服务。从暑假到国庆，用贴心的服务，支持和激励学生度过艰苦且有意义的训练时光。

8. 深入开展心理健康育研究工作

成功申请校重点教改课题“构建大学生心理健康教育体系、促进学生健康和谐发展的研究与实践”，成功申请校思政课题2项，参与课题6项。主编著作1部，发表论文4篇。

【国防教育】

7月2日—8月1日，2008级和2007级近7 000名学生先后进驻大兴学生军训基地，开展为期14天的集中军事技能训练。在承训部队严格要求、严格训练、严格管理下，圆满地完成了队列、战术、军体拳、实弹射击和15公里武装越野拉练等科目的训练任务，并举行了阅兵式、分列式和军事科目汇报表演。校党委高度重视集中军训和参加国庆60周年游行学生方阵训练工作，校党委副书记高艳等领导多次带领相关人员前往基地慰问参训师生，并亲自进行动员教育、总结表彰各项工作，极大鼓舞了参训师生士气。军训期间，为切实做好甲流防控工作，确保学生身心健康和军训工作顺利进行，在进入军训基地前，学校对学生逐个进行体温测试并备案。在集中军训期间采取了严格的封闭式训练，制定了严格的防控制度，严格军训基地出入制度，严格控制饮食卫生。

完成2008级军事理论课教学。在军事理论课教学中，坚持早晨出操、整理内务卫生，上下课以营（学院）为单位整队，逐级清点人数报告，课前课后由带军训辅导员向教官报告，坚持和完善了严格的考勤、例会和课后讲评制度。开展2009级近3 500人校内分散军事训练工作。在开训一周后，由于启动防控甲流工作暂停校内分散训练。

冬季征兵工作成果显著。学校征兵办、人民武装部积极开展各项征兵宣传活动，校院两级宣传动员，创新宣传形式，确保宣传效果，将征兵宣传工作作为全校学生国防教育

活动深入开展。电信学院何涛、计算机学院王学桥、土建学院李磊、机电学院李群、理学院尤琪瑞、建筑艺术系尹丹等6名学生被批准光荣入伍，奔赴二炮、南海舰队、南京空军、65集团军等单位服役。2007年入伍的5名学生光荣退伍，载誉归校。学校坚持对参军学生的年度回访制度。3月，人民武装部副部长芦富彦带领院系领导、辅导员走访广西某部、南海舰队某部、吉林白城某部，到参军学生所在部队进行走访调研，慰问参军学生。

双拥共建，创建“军爱民，民拥军”良好军民关系。在国庆60周年前夕，解放军三军仪仗队派出一名旗手和两名护旗手，参加学校升旗仪式。11月，学校组织新生辅导员岗前集中军训，三军仪仗队派出优秀班长作教官，对参训13名教师实施封闭式军事化管理，提升军政素质。校领导在八一建军节、春节前期分别走访国防大学、北京军区、北京卫戍区、三军仪仗队、大兴区人民武装部，与相关部门领导进行座谈与交流。10月，人民武装部组织庆“八一”座谈会，组织学校退伍教工、学生沟通交流活动。

学校国防教育深入人心，国防体育工作进一步提高。人民武装部通过和北京军区驻交大选培办合作等方式，邀请田永清将军给学生作成长成人成才的报告、国防大学公方彬教授作军人核心价值观报告、空军指挥学院教授李国强作南海热点问题报告等。通过邀请名家讲授热点问题，激发学生爱国热情，增强学生国防意识。

武装部开展多种形式的国防体育活动。组织新生健身走廊比赛。指导定向越野协会组织新生定向越野赛，普及国防定向知识，选拔定向越野队新队员，协助组织北京6高校定向越野联赛，并获得最佳组织奖。组织定向越野队参加北京市2009年“指北针杯”定向越野锦标赛，获得团体第四名。聘请国家定向越野队队长、国家定向越野队青年队队员为学校定向越野队兼职教练，开展系统、科学识图训练和外场训练。学校国防教育协会参加北京市2009年军事知识竞赛获得第一名。

【国防生培养】

严把招生关，保证国防生生源质量。学校与北京军区驻北京交通大学选培办联合开展招收国防生工作，向各招生网、教育网、中学网站发送招生信息邮件1 000余份，印制4万余份宣传彩页寄到近1 200所重点中学，开展《给母校写一封信》活动，开通国防生咨询热线。部队驻学校选培办安排4名同志随学校招生工作组到6个省份参加招生咨询会；开展新生入学教育，召开新生家长会，宣传国防生政策。全年招收国防生71名，选拔5名优秀在校国防生。北京、河北、辽宁等8省市招收国防生最低录取分数线高出当地一类本科线30分以上，北京市高出82分。

深入开展当代革命军人核心价值观教育，国防生立志献身国防。学校将国防生思想政治教育放在首位，当代革命军人核心价值观深植国防生头脑，2009年毕业国防生百分之百服从分配，赴部队任职。一是通过教育打基础。组织开展了理想信念、献身国防等4个专题教育。邀请公方彬教授、田永清将军围绕当代革命军人核心价值观作辅导讲座，邀请参加国庆阅兵的优秀毕业国防生李志兴作报告，对毕业国防生进行入伍前系列教育。二是通过活动促进步。组织举办签约仪式、欢送仪式、读军事书籍、歌咏比赛等军营特色文体活动，陶冶国防生情操，提高军事理论素养。开展“当代革命军人核心价值观引领我成长”演讲比赛，选送国防生武宇和国防生干部刘道鹏参加总部和军区比赛，取得1个全军三等奖、1个军区二等奖和1个军区优秀奖；武宇作为优秀参赛选手做客中国军网并赴外地巡回演讲，鼓舞和

带动了国防生学习训练的积极性。三是通过交流抓深入。通过定期分析思想情况、开展谈心活动，帮助国防生坚定献身国防志向。选培办教官5月走访了国防生和干部研究生所在的6个学院，与学院领导、教师研究国防生教育；10月赴石家庄机械化步兵学院和警卫一师教导队，对毕业国防生进行回访和调研。

锻造部队第一任职需要能力，不断提高国防生军政素质。狠抓军事能力培养，全年共完成了9门总计360个学时的军政训练课教学。国防生军政素质得到明显提高，毕业国防生军事考核合格率达到99%。一是严密组织军事教学授课。邀请国防大学教授为国防生讲授《战争简史》和《军事思想》理论课，组织国防生参加学校安排的军事理论课教学，5月，邀请空军指挥学院李国强教授作南海风云专题讲座，提高国防生国防意识和战备观念。二是抓好军事技能训练。制订《国防生军政训练改进方案》，增加体能训练内容，国防生每周出2次早操与学分挂钩。开展军事技能大比武、唱军歌、出黑板报等技能培训活动，提高了担任基层指挥员的基本技能。安排国防生担任普通学生、新入学国防生和海滨学院学生的军事训练小教官，国防生组织指挥能力明显增强。三是扎实搞好暑假实习锻炼。暑假期间，组织84名2008级国防生到13团集中进行军人基本技能训练；86名2006级国防生到警卫1师6团当兵锻炼。组织2009级新国防生提前入学报到，集中住宿，进行20天校内基础训练，打好新国防生军事素质基础。

学校与部队密切协作，国防生培养工作持续发展。1月，选培办走访北京市教委和学校相关部门，通报并研讨工作；3月，组织学校部分领导、教授与军区政治部干部部领导一行14人，到38集团军进行了调研；11月，选培办与电信学院共同举办军区工程硕士研究生和导师双向选择意向会；国防生国旗班参加学校大型活动举行升国旗仪式23次；组织86名国防生代表学校参加国庆60周年群众游行方队，受到国庆群众游行指挥部和学校的好评。为规范学校国防生管理工作，安排2009级国防生集中住宿。2009年，学校和北京军区密切合作，国防生培养工作取得显著成绩。国防生有13个集体、136人次获得校级以上表彰奖励，为部队培养输送了186名合格毕业国防生和干部研究生。部队驻学校选培办在《总政干部工作情况》、《战友报》、《军队党的生活》、《解放军生活》等报刊上刊稿45篇。

【资助工作】

学生资助管理中心本着“以真爱培育真爱”的宗旨，继续完善“奖、贷、助、勤、俭、补”的资助体系，坚持资助与教育并重，不断加强对学生的诚信教育、自立自强教育、感恩教育和心理健康教育，按照学校工作要点的要求，策划和开展了“教育活动月”和“能力建设月”活动，不断提高家庭经济困难学生的综合素质，促进他们健康成长成才。

团中央第一书记陆昊与寒假留校学生共进除夕年夜饭，并深入学生宿舍与同学们亲切交流，了解学生生活、工作情况。我校2009年寒假共有留校学生401人，其中本科生277人，研究生112人，远程与继续教育学院学生12人。还有50多名留学生在校。学校本着让寒假留校学生“安安心心求学、快快乐乐过节”的宗旨，策划安排了丰富的假期的活动，让学生们感受到学校的温暖和关爱，体现学校师生对他们的关怀。

积极参与和策划国庆60周年系列活动。参与了“我爱我的祖国”教育系列活动。策划了资助中心的暑期社会实践活动。给我校承担方队游行任务学生中的420名家庭经济困难学生按照500元、200元两个档次发放生活补助。

加强了信息化建设，利用学校开发的学生管理信息系统，实现了国家助学贷款、各类奖助学金、勤工助学、困难补助网上办公。为2009级982名家庭经济困难学生办理了国家助学贷款，新放和续放国家助学贷款1 925万元。年度还贷平均违约人数为220人，违约率低于10%。成功举办“第五届勤工助学固定岗位勤工助学双选洽谈会”及3期勤工助学上岗培训大会，培训学生数量达1 000余人。全年提供1 500多个校内岗位，上岗学生数超过3 300人，发放勤工助学补助470万元。发放各类奖助学金达1 609.39万元。全年“奖、贷、助、勤、减、补”共发放金额4 378.215万元。

策划、开展了教育活动月等教育系列活动。5—6月，为进一步加强家庭经济困难学生的教育工作，整合校内外资源，充分发挥学生的主体作用，资助中心策划了以“关爱、诚信、感恩、自强”为主题的教育活动月，活动期间资助中心组织策划了激励行动、自强之星评选、向身边的榜样学习等活动。邀请了全国自强不息优秀大学生、身残志坚的三峡大学侯海燕同学到我校作报告，教育部全国资助中心马文华副主任出席了大会。召开两次家庭经济困难学生诚信教育大会。启动了第二届征文活动。召开新生、毕业生、新疆学生、西藏学生、专项助学金获得者等12次座谈会。

以“平等、优惠、无特权”的原则，做好少数民族学生工作。定期召开西藏、新疆少数民族学生座谈会，对少数民族学生的爱好、特长、尤其是家庭经济情况进行了全面登记。特别是新疆“七·五”事件后，中心积极了解少数民族学生的家庭情况，关注他们的思想情况。组织少数民族学生进行参观、游览等活动，并组织了开斋节、古尔邦节、藏历新年等少数民族节日活动。指导班级建立了“一帮一”结对互助小组。

开展“六一关爱”活动，为地震灾区筹集捐款17万余元。被中国扶贫基金会评为“爱心包裹项目突出贡献奖”。编辑发放《助学报》4期。“西部助学工程”减免学费15名，共计减免学费6.025万元。收集发放近5 000件捐助物品。

表4　2009年度学校资助情况统计表

项　目　类　别	资助金额/万元
国家奖学金	108
国家励志奖学金	218
社会专项奖学金	90.3
学校各类奖学金	286.13
国家助学金	551.8
社会专项助学金	93.8
学校专项助学金	261.36
勤工助学	470
各类补助	1 080
学费减免	6.025
绿色通道	190.8
国家助学贷款发放情况	1 925
全校资助总金额	5 281.215

工会工作

【综述】

2009 年，学校工会坚持建言献策推动学校科学发展、建功立业提升教职工素质、营造氛围建设良好育人环境、关爱不同群体创建和谐校园的思路，围绕学校主业发挥作用，力争单项工作出精品，整体工作上水平，较好地完成了全年的任务目标。

【教代会工作】

3 月 13 日，学校第六届教代会常设主席团第一次会议召开，会议讨论通过了第六届教代会专门委员会工作职责，通过了民主管理委员会、教学科研委员会、“三育人”工作委员会、文化建设委员会、青年教师工作委员会等 5 个专门委员会主任人选，分别是民主管理委员会主任赵成刚、教学科研委员会主任邵春福、“三育人”工作委员会主任刘云、文化建设委员会主任荣朝和、青年教师工作委员会主任赵耀。

3 月 13 日，学校召开教代会、工会工作研讨会，会议由校党委副书记兼工会主席高福廷主持，校第六届教代会常设主席团成员、校工会第十一届委员会委员及经审委员出席。与会人员听取了工会常务副主席殷快对 2009 年学校教代会、工会工作要点的说明，认真研讨了教代会、工会工作内涵、发展等问题，对教代会、工会工作提出了意见和建议。会议讨论通过了 2009 年教代会、工会工作要点。

12 月 29 日，学校召开第六届二次教代会。校长宁滨作了题为《深入贯彻落实科学发展观，不断开创研究型大学新局面》的工作报告，回顾了 2009 年以来学校的主要工作，提出了今后继续重点推进的工作，并针对本次教代会代表提案集中的住宅建设问题作了说明。校教代会民主管理委员会主任赵成刚作了本次教代会提案征集情况报告。大会由校党委副书记、教代会主席、工会主席高福廷主持。本次大会共收到代表提案、建议、意见 46 件，已汇总报呈全体校领导审阅，并按教代会工作规程规定的提案处理程序处理。

【教职工之家建设】

3 月 17 日，由北京市教育工会副主席原浩为组长的专家组来校验收申报北京市模范教职工小家的电信学院工会的建家工作，校党委副书记兼工会主席高福廷、工会常务副主席殷快、副主席董敬祝出席会议。电信学院党委书记蒋大明、院长陈后金，工会主席李志斌、副主席养雪琴参加汇报。北京航空航天大学、首都体育大学、对外经济贸易大学等高校的工会领导担任评委。高福廷副书记汇报了学校工会工作和开展教职工建家工作情况，学院院长陈后金汇报了学院的基本情况，学院工会主席李志斌汇报了建设教职工之家的情况。专家组查看了教职工活动室，查阅了院工会有关资料，并召开了教职工座谈会。北京市教育工会主席张青山到会指导。

7 月 7 日，学校第十一届三次工会委员会扩大会议举行，党委副书记兼工会主席高福廷主持会议。会议讨论并原则通过了《北京交通大学党政工共建教职工之家活动实施意见》、《北京交通大学教职工爱心帮困基金管理办法》、《北京交通大学社团协会章程》、《北京交通

大学工会委员会工作规程》等文件征求意见稿。

7月14日，北京交通大学党政工共建教职工之家会议举行。北京市教育工会主席张青山、校长宁滨、党委副书记颜吾佴、党委副书记兼工会主席高福廷出席会议。学校各二级单位的党政负责人、工会主席，校、院两级工会委员，校工会经费审查委员会委员，以及教职工代表近200人参加大会。会议由校工会常务副主席殷快主持。宁滨校长作了题为《加强和改进工会工作 建设和谐教职工之家》的讲话，提出了3点指导意见：一要正确把握好工会工作的政治方向，健全工会工作领导机制；二要进一步发挥工会组织贴近基层、贴近教职工的优势，围绕中心做好工作；三要以改革创新精神加强工会自身建设。他希望党政工各级干部树立“以教职工为本”的理念，把竭诚为广大教职工服务作为一切工作的出发点和落脚点，把北京交大建设成为蓬勃向上、和谐温馨、充满生机和活力的教职工之家。高福廷副书记介绍了学校制定的《党政工共建教职工之家活动实施意见》，就加强党政工共建教职工之家活动的重要性、建家活动的原则、组织领导、目标和基本要求及考核验收等做了详细解说，并强调建家是一个长期的过程，验收评比不是目的，重要的是“以评促建”，通过各二级单位或工会小组的建设、互相观摩学习，使学校的三级工会组织真正成为教职工满意和信赖的职工之家，促进和谐校园建设。张青山主席传达了《中共北京市委关于加强和改进工会工作的意见》有关精神，通报了北京市总工会的重点工作，还就工会的含义、产生和发展、地位、中国工会与国外工会的区别、工会在学校全局中的位置等问题进行了辅导介绍。北京市模范职工小家获得单位电信学院工会、土建学院工会、后勤集团工会做了经验交流。殷快副主席就全面启动学校教职工爱心帮困基金及《北京交通大学教职工爱心帮困基金管理办法》作了说明。

在北京市教育工会开展的“首都教育先锋”创建活动中，学校动车组教学科研一体化创新团队、大学英语教学团队荣获“首都教育先锋”先进集体称号，郜春海荣获“首都教育先锋科技创新标兵”荣誉称号，马忠、李长春荣获“首都教育先锋教学创新个人”荣誉称号，赵耀荣获“首都教育先锋科技创新个人”荣誉称号，郝生跃、王雪松荣获“首都教育先锋管理创新个人”荣誉称号。

【教学基本功比赛】

为了促进学校整体教学水平的提高，推动青年教师“建功‘十一五’，练好教学基本功”活动的开展，结合北京市教育工会2009年工作安排，教务处、校工会、人事处联合举办了校第七届青年教师教学基本功比赛。此次教学基本功比赛分三个阶段进行：学院初赛、学校复赛和决赛。参赛选手为学校40岁（含）以下的青年教师。1月15日，三部门联合下发了《关于举办北京交通大学第七届青年教师教学基本功比赛的通知》，3月22日前由学院组织初赛。各学院在比赛观摩、选拔提高、改进完善、精心准备的基础上，共推荐了31名优秀教师参加学校第七届青年教师教学基本功比赛。3月29日学校组织了复赛，11名优胜者参加了4月8日的决赛。由王金华教授担任组长的专家组评议结果如下。

一等奖：

闫志刚　黄　辉　唐天巧

二等奖：

赵红敏　张　华　王建荣　张严心　刘　菁　王方石　张　琦　鲁凌云

三等奖：

黄　清　熊　磊　孙昌爱　刘　强　戴春爱　张欣欣　夏明超　叶晶晶　郭薇薇

黄海明　佘高红　乐逸祥　孙会君　刘　恩　何　琳　乔澄澈　吴　琼　汪维家
李红昌

最佳教案奖：

张　华　王建荣　刘　菁　王方石

优秀指导教师：

于桂兰　张小青　房海蓉

5 月 13—18 日，北京市第六届青年教师教学基本功比赛举行，黄辉获得理工 A 组一等奖和最佳演示奖，闫志刚获得理工 A 组二等奖，唐天巧获得文科 A 组二等奖，学校获得最佳组织奖。

10 月 20 日，学校举行第七届青年教师教学基本功比赛及北京市第六届青年教师教学基本功比赛总结表彰会。北京市教育工会常务副主席刘欢、学校党委副书记高福廷、副校长王永生出席了会议并为获奖教师颁奖。黄辉、张思东分别代表获奖选手和学校评委发言。高福廷副书记和刘欢常务副主席分别讲话，对学校的青年教师教学基本功比赛给予高度评价，希望各单位多组织此类活动，为青年教师的进步"搭台子"，希望青年教师苦练内功，更快更好地进步。

【送温暖工作】

建立了教职工爱心帮困基金，制定了《北京交通大学教职工爱心帮困基金管理办法》，并向癌症患者提供帮助。修订了《北京交通大学教职工困难补助规定》，提高了补助标准，并在每季度由工会生活福利委员会研究确定补助对象的同时，提出登门慰问的特殊困难教职工名单，专门探望了解需求。

5—6 月，协助校医院，为全校教职工（含离退休教职工）近 4 000 人进行了体检。注重源头参与，与校医院等共同研究检查项目、将体检结果密封、为验血教职工提供早餐等细节上更加体现了人文关怀。7 月 25—30 日，组织 40 余名获得各种奖励的优秀教职工社会实践团赴贵州考察。暑期组织 4 批 120 人的教职工自费旅游，分赴台湾、张家界、五大连池、庐山。10 月，慰问我校的全国劳动模范、全国"五一"劳动奖章获得者、北京市劳动模范 25 人。11 月 12 日，校党委副书记、工会主席高福廷及校工会的同志看望了为保证学校正常供暖而辛勤工作的后勤职工，并表示深深的敬意和诚挚的感谢。高福廷副书记仔细询问了供暖情况，鼓励大家努力工作，为学校发展作贡献。11 月 13 日，学校党委副书记、工会主席高福廷及校工会的同志到校医院慰问奋战在抗击甲型 H1N1 流感一线的医务工作者。高福廷副书记代表全校师生员工感谢广大医务工作者为做好学校甲流防控工作所作的贡献。

【文体活动】

普及推广健身系列活动，推动我校"全民健身日"活动，营造全民健身氛围。3 月 23—27 日聘请北京体育协会孔令顺老师以及校体育部王金连老师教授红绸健身舞。

4 月 15 日，学校举行 2009 年教职工体育健身节开幕式。党委副书记、工会主席高福廷出席开幕式并讲话。工会副主席董敬祝主持开幕式。北京市毽绳运动协会的 20 位会员做了精彩的花毽表演。二级工会的 17 个代表队进行了红绸健身操舞比赛，校医院、图书馆和远程学院获得一等奖；土建学院、机电学院、经管学院、后勤集团、计算机学院、电信学院获得二等奖；电气学院、资产经营公司、校机关、理学院、建筑艺术系、软件学院、运输学院、人文学院获得三等奖。4 月 25 日，在八达岭森林公园组织教职工春季远足活动，近 400

人参加。

5月8—9日，教职工第二十六届田径运动会举行，开幕式上300余名教职工表演了红绸健身操舞。获得男子团体总分前8名的单位是后勤集团、计算机学院、机电学院、校机关、电气学院、土建学院、电信学院、远程学院；获得女子团体总分前8名的单位是后勤集团、计算机学院、校机关、机电学院、经管学院、资产公司、理学院、土建学院；获得男女团体总分前8名的单位是后勤集团、机电学院、计算机学院、校机关、土建学院、理学院、资产公司、电气学院。

7月2日，由校工会主办的北京交通大学教职工“祖国万岁”合唱比赛隆重举行。由全体校领导合唱的“我和我的祖国”拉开了演出的序幕，全校18个二级工会代表队的近800位教职工登台。比赛结果，建筑与艺术系代表队获得一等奖，校机关、机电学院、电气学院代表队获得二等奖，计算机学院、理学院、电信学院、经管学院、土建学院、人文学院代表队获得三等奖，后勤集团、软件学院、资产经营公司、图书馆、远程学院、运输学院、校医院、体育部代表队获得优秀奖。图书馆、软件学院、体育部、校医院、远程学院和电气学院获得优秀组织奖。老年大学歌咏队应邀参加演出。本次比赛特邀市教育工会副主席刘欢担任评委组长。7月9日，组织了第九届教职工游泳比赛。全校共有15个单位的200余人次参加比赛。土建学院、经管学院、校机关、机电学院、资产经营公司、后勤集团分别获得比赛的团体前六名。

8月29日，承办了北下关地区运动会，近20个单位的代表队参赛。学校90余名教职工参加，获得团体总分第一名以及最佳组织奖。

9月20日，由校工会主办，建筑与艺术系承办，离退休工作处、研究生工作部、校团委协办的“爱祖国、爱学校、爱生活”师生书画摄影展开幕，校党委副书记高福廷致辞。此次活动共收到包括教师、离退休教职工、本科生及研究生在内的246幅作品。经过评委会评选，选定51幅书画作品、81幅摄影作品展出。校党委副书记高福廷、高艳，副校长张星臣，原校党委书记陈箓生为书画摄影展剪彩，并为获奖代表颁奖。

10月15—23日，全校教职工排球联赛举行，校党委副书记颜吾佴为比赛开球。二级工会男、女各15支排球队参赛。获得女子团体前8名的是土建学院、经管学院、电信学院、校机关、机电学院、理学院、校医院、建筑与艺术系。获得男子团体前8名的是校机关、电信学院、机电学院、经管学院、计算机学院、后勤集团、图书馆、资产公司。

11月26日—12月3日，校工会组织了教职工环校园健步健身周活动。在6天的时间里，每天1小时教职工自愿参加的健步走，步行路线为天佑会堂—家属区东门—西门体育馆—天佑会堂。活动吸引了众多的教职工，共有6 500多人次参加，在校园内掀起了健身热潮。

【女教职工工作】

2月25日，校工会举办女教职工工作研讨会暨女工委员培训班。校工会常务副主席殷快主持会议，校教代会女代表团长、各二级工会女主席、女副主席及校院两级女工委员20余人出席了会议。与会同志从维护女教职工的合法权益出发，就如何更好地开展女工工作做了充分讨论，对提高女教工师德水平、关心女教职工心理健康、关心单身女教工等问题提出了很好的意见和建议。会上，就“红果园之春”女教职工系列活动包括开展“亲近自然，快乐健康”春季踏青活动、为全校女教职工办理特殊疾病保险、举办专题讲座、看望困难女教职工、举办“三八”节招待舞会等作出具体安排。

3月12日，由校工会主办的“红果园之春”女教职工系列活动之“时代女性形象设计”讲座开讲，170余名女教职工参加。讲座由校工会女教职工委员会主任、电气学院副院长和敬涵教授主持。北京服装学院服装系王羿副教授，根据女教师的职业特点，从不同肤色的色彩搭配、不同体型的款式选择、不同场合的着装要点等多方面，向大家展示了服装设计的魅力，受到了与会者的欢迎。

5月11日，校工会与校医院共同举办了国际护士节庆祝活动，组织近20名校医院的护士参加了拓展活动。

【工会组织建设】

1月14日，2008年度工会表彰暨新年联欢会举行，评选出的近200名优秀工会干部、工会积极分子及校院两级工会委员出席。会上表彰了2008年度先进工会、优秀工会主席、优秀教代会团长、优秀工会干部和工会积极分子。高福廷副书记总结了2008年工会工作，对2009年的工作提出了要求。

2008年度先进工会、优秀工会主席、优秀教代会团长、优秀工会干部、工会积极分子表彰名单

先进工会：土木建筑工程学院、机械与电子控制工程学院、交通运输学院、电子信息工程学院、资产经营有限公司、校机关

优秀工会主席：马　强　杨　飞　赵映奎　李志斌　王景昕　王绪厚

优秀教代会团长：吴　萱　路加栓　孙全欣　张思东　王景昕　李银萍

优秀工会干部：李志斌　养雪琴　徐爱国　隆　青　张延平　杜紫梅　赵斯安
韩延慧　赵世瑛　陈国宏　国　红　赵　强　杜秀霞　赵雪梅　刘国忠　马　泰
彭　琳　董乐贤　刘茂辉　关惠峰　刘大山　王爱平　何忠诚　王绪厚　李银萍
周　阳　崔秋云　王　欣　白宝强　戈树栋　赵银发　冯宝玺

工会积极分子：郑宏云　裴　丽　何建军　宋光农　郑　伟　黄　清　董海荣
刘　寞　邵小桃　李晓光　陶　丹　李　斌　李秋莎　刘美琴　徐　薇　娄　群
何映雪　董　岚　任虹宇　王建新　王　颖　邱之静　万里霜　邵丽萍　刘玉明
文映春　周建勤　任　英　林玳玳　王学峰　陈　新　杨小宝　孙会君　佟　路
孙慧张　孙　越　彭宏勤　刘志硕　马敏书　董利剑　王爱军　祝　瑛　战家旺
孙　静　于晓华　张德华　张忠超　胡吉平　丁洲祥　董庆峰　孙淑媛　杨　飞
何　涛　彭俊斌　孙卫青　常惠玲　郭玉明　徐双满　张若达　何庆复　丁金凤
李继红　邱瑞昌　沈茂盛　王　浩　张维戈　卢跃华　何大伟　徐　征　陈玉婷
王波波　蒋　明　姚志刚　丁克俭　冯丽荣　高建学　张春雨　孔　飞　聂　侨
方宇鹏　杨　蔚　郝潞霞　翟媛丽　杨　军　高　芸　蒋　涛　许桂琴　武京生
史正群　丁锡云　孟春梅　刘丽侠　张　彦　宏　宇　王秀英　王　齐　屈群英
时伯发　王计跃　王栋生　郭九峰　曲立艳　刘伟杰　孙　娜　侯惠昌　刘　洵
王璟伦　蓝　宏　刘万生　朱永德　孙蓝烽　侯晓辉　王铁江　杨　利　曹宝忠
王建峰　李臻颖　陈　尘　何　凌　何　洁　黄　红　卢保军　张　弛　李根起
秦　莹　孙文博　李德升　闫立新　徐建胜　冯玉田　邸京凤　潘玉萍　张　红

何金良　张绍茹　李玉和　王京虎　杨胜强　付国亮　胡树梅　初汉明　陈　刚
刘天驭　许白桦　孙亚慧

2 月 25 日，校工会组织工会干部第一批培训活动，各二级工会女工委员参加培训。

4 月 1 日，校工会组织了工会干部第二批培训活动，各二级工会生活委员、文体委员参加了培训及研讨。校工会常务副主席殷快带领与会同志认真学习了中国工会十五大和北京市工会工作会议等相关文件。与会同志就如何动员广大教职员工在学校发展中建言献策、建功立业等专题展开热烈的讨论，并对工会组织在民主管理、师德建设（“三育人”）、文体活动、送温暖、青年教职工、女教职工、自身建设等方面工作提出了建设性意见。校工会副主席董敬祝对校工会上半年工作做了具体安排。会后，与会同志参加了以考验意志和智慧、挖掘潜能、培养团队协作精神为目标的拓展训练。

6 月 16 日，校党委副书记兼工会主席高福廷、校工会常务副主席殷快、校工会副主席董敬祝赴吉林大学参加第三届中国高校工会论坛暨教育部部分直属高校第十五次工会工作研讨会。

10 月 22 日，学校举行纪念北京交通大学工会建会 60 周年座谈会，历届校工会的主席、副主席及主管校领导，现任的校工会委员、二级工会主席等 30 余人出席会议。校党委副书记、校工会主席高福廷致辞，北京市教育工会主席张青山、中华全国铁路总工会原副主席孙忠玲莅会并讲话。

10 月 28 日，校党委副书记兼工会主席高福廷、校工会副主席董敬祝以及二级工会主席等 6 人赴西南交通大学参加交通大学工会工作研讨会。

12 月 22 日，组织 2009 年工会特色工作总结交流会，校工会委员、二级工会主席出席。各二级工会作了汇报，评比结果为：

一等奖：计算机学院　电信学院　运输学院　土建学院

二等奖：图书馆　电气学院　校医院　机电学院　校机关　后勤集团

三等奖：经管学院　理学院　资产公司　体育部　远程学院　人文学院　语言学院
软件学院　建筑与艺术系

老干部与离退休工作

【综述】

2009年，学校老干部与离退休工作以科学发展观为指导，围绕学校中心工作，坚持以加强班子自身建设与党建工作为保证，优化管理队伍、提高服务质量；以落实“两项待遇”与加强老干部工作为重点，做好思想工作、化解矛盾；以让离退休人员满意与让学校党委放心为目标，为老同志办实事、做好事、解难事；以庆祝建党88周年暨建国60周年为契机，开展系列文体活动，调动老同志们爱校荣校的积极性，将对老同志的关心与尊重落到实处。截至12月31日，离退休工作处有在职人员6人，离退休教职工1 622人，其中离休人员107人（平均80高龄），老战士10人；70岁以上老人885人，空巢家庭43个，身患癌症病人58人。离退休党委下设17个党支部和1个临时党支部，有783名党员（其中在职党员6名）。人员分布状况如表5、表6、表7所示。

表5　离退休人员按行政级别分类一览表

类别	正局	副局	正处	副处	正科	其他	合计
离休	2	25	8	48	5	19	107
退休	4	8	65	62	51	1 325	1 515
合计	6	33	73	110	56	1 344	1 622

表6　离退休人员按技术职称分类一览表

类别	正高	副高	中级	初级	其他	合计
离休	17	25	31	6	28	107
退休	224	459	285	333	214	1 515
合计	241	484	316	339	242	1 622
百分比%	14.86	29.84	19.48	20.9	14.92	100

表7　离退休人员按年龄段分类一览表

类　别	90岁及以上	89～80岁	79～70岁	69～60岁	59～50岁	49岁以下	合计
全部人员	7	149	729	429	298	10	1 622
百分比/%	0.43	9.19	44.94	26.45	18.37	0.62	100
其中党员	3	74	428	183	88	1	777
百分比/%	0.39	9.52	55.08	23.55	11.33	0.13	100

【党建工作】

2009年离退休党建工作重点是贯彻落实中组部和校党委学习实践科学发展观活动实施方案，按照“党员干部受教育、科学发展上水平、人民群众得实惠”的总体要求，以充分

发挥离退休老干部优势、激发他们为学校实现科学发展献计献策的积极性为实践载体，以引导离退休老党员了解学习实践活动的重要意义，深刻领会科学发展观的内涵和实质为学习目的，组织离退休党员开展了深入学习实践科学发展观活动。

1. 开展离退休党员深入学习实践科学发展观活动

学习科学发展观，结合实际开展调查研究。严格按照校党委部署，认真制订了开展离退休党员学习实践活动实施方案，提出“坚持解放思想”要在离退休干部政治、生活待遇上突出科学发展观的时代要求；“坚持实践特色”要做到与组织庆祝建党88周年暨建国60周年系列活动相结合，与改进和加强离退休党支部建设相结合，与学习离退休干部工作方针政策相结合；“坚持群众路线”要尊重并听取群众意见和建议，真诚接受群众监督，开好民主生活会；“坚持正面教育”要每个党员严格要求自己，实事求是查找问题；“边学边改”要以学习实践活动为契机，以老同志关注学校发展问题为切入点，以为老同志办实事、做好事、解难事为出发点和落脚点。对老同志关心的热点与难点问题、党员干部和党员群众分层学习的要求、改进体制机制与工作人员结构和进一步加强领导班子建设、加强工作队伍建设、加强党支部建设等进行了专题调研与讨论。

运用科学发展观，分析检查形成整改方案。通过设立征求意见箱、座谈会、专访、深入各活动站等形式，广泛听取并征集意见与建议58条，经分析、梳理，归纳为解放思想、改革创新意识还需加强，分层次、有针对性地开展工作的力度不够，离退休工作队伍建设、离退休党支部建设应进一步加强，离退休活动站阵地建设有待改进等；召开了“以科学发展观为指导，全面做好离退休工作”主题民主生活会，提出了改进思路与措施，制订了《学习实践科学发展观活动整改方案》，明确了工作主导思想——深怀感情主动服务是以人为本工作理念的具体体现；强化深怀感情、主动服务是破解难题的重要条件和切入点。

贯彻落实科学发展观，提出新举措并取得成效。将科学发展观贯彻落实在执行党和国家离退休工作方针政策之始终，注重研究新形势下离退休工作的新情况、新问题，坚持开拓进取、创新工作理念。第一，深化“两个认识”有新提高，充分认识到离退休干部是党和国家的宝贵财富，离退休工作是党的组织、老干部工作与建设和谐社会的重要组成。第二，建设“两支队伍”有新进展，重点抓好离退休工作人员和离退休干部两支队伍的建设。第三，实现“服务到位、管理到位”有新举措，积极开展个性化服务，建立健全了健康体检与疗养、家庭联系与走访慰问和特困补助等工作制度。第四，加强党支部建设有新成效，通过组织以纪念建党88周年、建国60周年为契机的“颂祖国促发展　倡和谐乐晚年”主题系列活动，包括“祖国在我心中”庆“七一”文艺汇演、“我和我的祖国”主题党日活动、“我与新中国同行”纪念建国60周年征文活动、为学校科学发展献计献策活动、“迎七一”老党员座谈会和纪念建国60周年座谈会、“祖国颂”离退休人员书画摄影展等。提出了离退休干部工作科学发展的新思路与新举措：一是加强领导班子建设，应以科学发展观为指导，带头讲党性、重品行、作表率，在真学真懂真信真用上下功夫；以改革创新精神破解工作难题，抓重点进行专项调研，提高“科学决策、组织协调、运用政策、管理队伍和工作创新”五种能力。二是加强离退休工作队伍建设，应以“政治强、业务精、作风正、形象好”为目标，完善各种考核制度，强化尊重、关心和照顾老同志的思想基础，提高掌握政策、运用政策的能力。三是加强离退休党支部建设，以“支部班子好、党员队伍好、组织设置好、活动开展好、群众反映好”和“政治坚定、思想常新、理想永存”为目标，坚持党支部书

记培训制度，规范支部工作和党员教育活动，发挥支部在推动发展、服务群众、凝聚人心、促进和谐中的作用，使老同志在思想教育上有实效，在身心健康上得实惠。四是强化服务意识，体现国家和学校对老同志在政策上和组织上的关怀，加大对关工委、老教协、老年大学等平台的支持力度，做好特困人员和慰问生病住院及孤寡老人等服务工作。

2. 认真贯彻党的十七届四中全会精神，将科学发展观融入党员教育活动中

在党员思想教育活动中，坚持以贯彻党的十七大和十七届四中全会精神、加深理解科学发展观内涵为重点学习内容，结合离退休党员思想实际，有针对性地确定党员教育主题和活动内容，在学习方式上采取了集中学习与自学相结合、定期辅导与培训骨干相结合、座谈讨论与参观学习相结合；在教育形式上主要是培训骨干、专题解读、送学上门和新老党员共话。全年召开党支部委员以上会议 8 次；组织 2 期党员干部培训，邀请人文学院教授围绕《政府工作报告》、十七届四中全会精神和落实科学发展观等内容，就国内外经济形势等方面问题作了解读和辅导，并展开专题讨论。17 个党支部分别召开了纪念建国 60 周年座谈会和迎新春茶话会；组织老党员与学生新党员共话“十七大”座谈会 3 次；组织党员参观了“纪念中华人民共和国成立 60 周年成就展”和中国科技馆新馆；组织 80 多名老战士及党员骨干参加“白洋淀红色之旅”活动；组织 88 位离退休老同志在“我看新北京”活动中参观了北京南站新貌并乘坐“和谐号”动车组前往天津，感受我国 60 年来在政治、文化、科技等方面科学发展的巨大变化。全年结合学习内容印发了学习材料近 2 500 份。

3. 加强离退休党委宣传阵地建设，办好内部刊物《心声》

全年发刊 20—23 期共 5 600 份，结合学习实践科学发展观活动，突出宣传了党的十七届四中全会精神、学习实践科学发展观活动情况、学校改革发展成就和各种纪念活动，刊登了纪念建国 60 周年征文，反映了老同志的文化生活；结合学校中心工作和党员活动内容，分别以“深入学习实践科学发展观”、“纪念中华人民共和国成立 60 周年”和“离退休老年生活”为主题更换了 3 期宣传橱窗。

【落实两项待遇】

学校老干部工作多年来始终坚持以管理为基础，以服务为宗旨，以满意为目标，坚持不懈地抓好离退休老干部的政治待遇和生活待遇的落实工作。

1. 在政治上关爱老同志

坚持贯彻《北京市老干部工作领导责任制》实施细则，遵照学校老干部工作精神和要求，注重加强离退休老干部思想政治工作和自身建设，落实老干部政治待遇和领导干部与老干部联系制度，以谈话方式积极疏导沟通思想，以关注焦点问题化解主要矛盾，将老干部工作做到实处；坚持以学校中心任务为主导、以科学发展为方向、以学习实践活动为动力，调动老同志爱校荣校的积极性，在重大问题上重视老同志的意见和建议，继续探讨推进老干部工作新途径。2009 年定期组织学校情况通告会 2 次，离退休工作处情况通报会 2 次；各种座谈会 3 次；元旦、“七一”及国庆节，协同校领导慰问老战士、老专家、老干部和特困人员 109 人次；全年接待、走访近 300 人次，针对历年遗留问题进行大量耐心细致的思想工作，基本稳定了老同志的情绪，同时继续与学校相关部门共同探讨解决办法；重新修订了工作人员联系离退休人员制度，明确了掌握思想动态与加强服务的要求；全年订报刊杂志等 70 多种，保证了老同志的阅读需要。

2. 在生活上关心老同志

将做好特困人员的服务作为重点工作之一，努力创造条件为老同志提供周到的服务和宽心的环境。在特困户服务和空巢家庭联系上，坚持每半个月电话联系 1 次，每学期家访 1 次，主动帮助他们解决生活实际困难。全年慰问生病住院和孤寡老人 375 人次；每月 2 次为享受医疗待遇的老同志派专车到合同医院就医；每月指派专人配合校医院为 178 位享受 102 待遇人员报销 1 次药费；组织 1 200 位老同志参加体检并针对检查结果组织 2 次健康讲座，在《心声》上刊登体检分析报告。全年代表学校和相关部门处理丧事 28 起。

【老年大学】

2009 年，老年大学发挥了老有所学、老有所乐的积极作用，坚持社团活动日，定期组织开展了丰富多彩、适合老年人特点的文体活动，相继开设了摄影、工艺、书法、绘画等课程，新组建了门球队，参加了校内外各种演出等活动。木兰队参加了北京市教工委组织的“颂祖国促发展　唱和谐乐晚年”主题演出，表演的木兰双环操荣获了最佳演出奖；摄影协会有 10 人 30 幅作品参加了市委教育工委、市教委和市教育系统活动中心主办的“北京教育系统老同志‘我的社区生活’摄影展”，分获一、二、三等奖和优秀组织奖；舞蹈队在“教育部在京老同志迎国庆暨建国 60 周年文艺汇演”上表演的“掀起你的盖头来”受到了业内人士好评；9 月份组织 40 多位老同志提供的 48 幅摄影作品参加了市委教育工委举办的高校庆祝建国 60 周年摄影展，充分展示了近年来国家、学校发生的巨大变化和老同志的晚年幸福生活。

【老教授协会】

老教授协会全年发展会员 94 名。老教授协会作为老有所为又一平台，在教学科研等方面发挥了积极作用：加强了与教务处等部门的联系和对新聘教师的督导与检查；帮助聘请了 10 位有教学经验的老年教师；研讨并指导青年教师课堂教学；参与中国老教授协会《中国国情与青年的历史责任》精品课程研讨工作等。

【老龄活动】

坚持逐步发展原则，合理利用现有条件按计划、有步骤地开展适宜老同志身心健康的各项文体活动。5 月 11—24 日，组织 1 200 多位老同志参加春游活动，游览中华民族园、北宫森林公园和潭柘寺 3 个旅游景点。10 月初，组织 1 150 位老同志参加秋游活动，游览顺义花卉博览会、中华民族园和北宫森林公园 3 个旅游景点。9 月 18 日，举行离退休人员秋季运动会，副校长张星臣同志出席。运动会共设立 11 个比赛项目，有 1 200 余位老同志参加。10 月 26 日，组织近 200 名老同志进行“登高庆重阳”活动。10 月 28 日，组织参观北京教育系统老同志“我的社区生活”摄影展，其中我校作品 30 幅。12 月 26 日，组织 90 余位离休老干部参观国家大剧院。组织了麻将、象棋等比赛。

【关工委工作】

北京交通大学关心下一代工作委员会（简称关工委），2009 年倍加重视发挥老有所为平台作用，通过组织、引导离退休人员在学校改革发展中发挥余热和优势，采取多种方式让老同志自愿、量力参加大学生思想政治教育工作。一年来，在开展“班级之友”、“社团之友”活动中，坚持以科学发展观为指导、以大型纪念活动为契机，积极配合学校做好大学生的思想政治教育工作，以自己的亲身经历帮助他们树立正确的人生观、世界观和价值观。

共青团工作

【综述】

2009年，学校共青团工作以服务学校中心工作为着力点，以服务广大同学成长成才为出发点，以培养“四个新一代”为根本点，以“两个全体”作为工作目标，不断增强团组织在广大团员中的凝聚力和感召力，圆满完成国庆60周年庆典相关工作。

【组织建设】

1. 重视共青团基础建设，发挥基层团组织作用

4月，号召全校团支部开展了以“履行青年使命，传承五四精神”为主题的团日活动，评选“十佳主题团日活动”。4月22日，组织“十佳团支部书记”评选答辩会，产生了北京交通大学2008—2009学年“十佳团支部书记”。5月4日，隆重召开纪念五四运动90周年暨学生会成立90周年庆祝表彰大会，团市委领导、学校党委书记王建国、校长宁滨等出席，2008—2009学年涌现出来的251名优秀共青团干部、705名优秀共青团员、51个甲级团支部、127个乙级团支部、16个优秀研究生团支部、13名“五四奖章”获得者、9名个人和1支团队“特殊贡献奖”获得者、10名“十佳团支部书记”等先进个人和优秀集体受到表彰。9月，开展团员统计工作。10月，进行“先锋杯”团支部评选活动。

2. 举办第19期团校暨第3期精英训练营

2009年，学校团委举办了第19期团校暨第3期精英训练营，党委副书记高艳担任名誉校长，面向2007级本科生和2008级硕士研究生团干部招收学员50名。同时，依托校院两级团校培养团干部骨干1 500余人。团校邀请团中央、团市委、中国青年政治学院、清华大学的专家学者做青年责任、职业生涯规划、社交礼仪风范等主题讲座，开办以国家政策、时事要闻为主题的论坛，组织学员进行素质拓展训练、赴国家大剧院参观实践、辩论赛等。

3. 开展团中央分类引导青年试点工作

2009年，学校成为共青团中央分类引导青年工作全国50多个试点单位之一，也是北京高校4个试点单位之一。为贯彻团十六大和十六届二中全会精神，按照共青团中央《分类引导青年试点工作方案》要求，学校团委专门成立了分类引导青年工作小组，制订了北京交通大学引导青年试点工作推进方案，就如何引导青年召开了14次座谈会、进行一对一访谈人数达2 000余人，形成了调查报告，形成典型经验上报团中央，为全面实行分类引导青年工作积累了经验，作好了准备。

【主题教育】

1. 庆祝新中国成立60周年，深入开展“我与祖国共奋进”主题教育

6月，在全校范围内组织开展以“唱红色歌曲，庆祖国华诞”、“讲革命故事”和“树爱国信念，品红色经典，忆峥嵘岁月”为主题的庆祝新中国成立60周年系列活动，组织全校400多个本科生团支部和200多个研究生团支部开展了“祖国万岁　青春放歌”合唱比赛，全校师生都受到了一次生动的爱国主义教育。9月，组织近千名团员青年参观《辉煌六

十年——中华人民共和国成立60周年成就展》，组织部分师生赴人民大会堂观看大型音乐舞蹈史诗《复兴之路》。9月14日，承办团中央“我与祖国共奋进——百场宣讲交流会”，中国社会科学院学部委员、原经济研究所所长、《经济研究》主编刘树成研究员作了“国际金融危机背景下的中国经济发展”主题报告，中央电视台《新闻联播》栏目进行了采访报道。10月1日，国旗仪仗队参加学校组织的国庆60周年升旗仪式。10月，隆重举行国庆庆典活动总结表彰系列报告会，全面总结全校团员青年在国庆庆典活动中表现出的责任意识、使命意识和奉献精神。

2. 纪念五四运动90周年暨北京交通大学学生会成立90周年、纪念“一二·九”学生爱国运动74周年，深入开展理想信念教育

2009年恰逢“五四”运动90周年暨北京交通大学学生会成立90周年，在“爱国、进步、民主、科学”的主旋律中，学校团委组织丰富多彩的活动，以多元的视角和方式传承五四精神。5月4日早上，举行了北京交通大学纪念五四运动90周年暨学生会成立90周年升旗仪式。团市委副书记沈千帆、全体校领导、学院和相关部处领导及全校35个甲级团支部、研究生优秀团支部的1 000余名共青团员参加了升旗仪式。仪式上，发布了《交大青年宣言》，并将其与2008年以来学校共青团在奥运会等重大历史活动中留存的珍贵物品移交学校档案馆。当天上午，学生“三个代表”重要思想学习研究会举办了“红潮澎湃”学生党员系列论坛第九期第二次主题为“传承五四薪火，争做交大先锋”的红潮澎湃党员系列论坛，采取视频学习与讨论相结合方式。下午，举行北京交通大学学生会老主席访谈会暨《北京交通大学学生会简史》发刊仪式。晚上，举行了“青春　祖国　使命”的主题晚会，校长宁滨参演朗诵《我是少年》。

12月9日，学校举行纪念“一二·九”学生爱国运动74周年升旗仪式，并将国庆60周年群众游行“交通运输”方阵代表的服装、道具、文件、获奖证书等捐赠给校史馆；举行了纪念“一二·九”运动74周年火炬接力比赛暨学生阳光体育冬季长跑活动启动仪式；举办了纪念“一二·九”运动74周年“祖国颂”主题诵读晚会。

【社会实践】

积极组织开展寒暑假社会实践活动，引导青年学生体会新中国成立60年来的伟大成就。在2008—2009学年的寒假和暑假期间，学校团委分别组织了主题为“迎接国庆60年·我与祖国共奋进”和“我爱我的祖国”的社会实践活动。1—2月，7 000多名学生利用寒假开展了返乡社会调查并形成了调查报告，联合学校人文学院从中评选出“寒假社会实践优秀论文”和“寒假社会实践优秀个人”。7—8月，全校共组建了本科生61支、研究生29支暑期社会实践团队。同学们从“青春风貌·献礼华诞”、“时代责任·科技强国”和“务实奋进·创业先锋”三个方面，面向不同地区、不同阶层、不同行业开展了主题实践、理论宣讲、社会调查、文化宣传等多种形式的实践活动，足迹遍及北京、山西、内蒙古、辽宁、新疆、甘肃、江西、四川等多个省市自治区，万余大学生不仅发挥自身专业特长，帮助基层和群众解决实际困难，更充分体会到祖国60年来取得的伟大成就，坚定了“永远跟党走”的信念。暑期社会实践共评选出了本科生一等奖团队7支、二等奖团队8支、三等奖团队6支，研究生一等奖团队8支、二等奖团队5支、三等奖团队9支。学校团委荣获由团市委、市委宣传部、市委教育工委、市教委、首都文明办、市学联颁发的“2009年首都高校社会实践先进单位”。

【志愿服务】

学校志愿者服务工作以“服务校园，回报社会”为原则，注重发挥学校自身特色优势，提升服务水平，完善青年志愿者服务团努力构建长期重要项目、短期重大项目、小型日常项目相结合的“三级”服务体系，取得良好效果。

1月，举办“信怀大爱情思蜀——与汶川小朋友通信”活动。2月，开展“瓷娃娃”义卖活动，款项捐赠给“瓷娃娃——脆骨症儿童基金会”。2—11月，组织无偿献血活动。2—12月，组织“朝阳门医院临终关怀”活动。4—12月，开展“有声图书——给盲人讲电影”活动。5月，推出《北京交通大学志愿服务项目星计划》，13个工作开展较好、服务时间较长的志愿服务项目被评定为第一批准三星级项目；举办纪念汶川地震一周年签名及画展活动。5月12日，与海淀区邮局共同举办“爱心包裹”活动。5—12月，与海淀街道办事处联系开展关爱社区“空巢老人”活动。9—10月，举办“图映华诞，心系四川”图片征集活动。9—12月，全面推广周末“清洁校园，擦亮交大”活动。10月，开展“‘红丹丹’触觉——建筑艺术赏析活动”；举行彩虹“一帮一”志愿者招募活动；举办预防甲型H1N1流感知识宣传与有奖问答活动。11月，举办“预防甲流系列活动之口罩展”。12月，联合北京大学人民医院，面向全校师生招募门诊服务志愿者；举办“心目影院”活动。

【科技创新与创业】

重点依托校院两级学生科学技术协会开展学生科技创新教育活动。秉承“营造科技氛围，提高科技素质，造就科技人才”的宗旨，围绕全国“挑战杯”课外科技作品大赛和创业计划大赛，结合全团促进青年就业创业工作，组织了一系列活动，建立了一批见习基地。

2009年，学校“挑战杯”竞赛立项作品464项，有2 000余名本科生和300余名研究生参与其中，经过初审确定参加校级决赛的作品233项，其中制作类110项，自然科学类论文作品60项，哲学社会科学类63项。4月，经过最终评审，共评出一等奖22项，二等奖43项，三等奖99项。6月，在第五届“挑战杯”首都大学生课外学术科技作品竞赛中，学校共有12件作品获奖，其中特等奖作品1件，一等奖作品5件，二等奖作品1件，三等奖作品5件，并以总分第七的成绩荣获第五届“挑战杯”首都大学生课外学术科技作品竞赛“首都优胜杯”。11月，在第十一届“挑战杯”全国大学生课外学术科技作品竞赛中，学校共有5项作品进入全国决赛，《基于不完全信息博弈的棉花流通环节质量管理研究》获得二等奖，4项作品荣获三等奖，在432所高校中学校累计获得130分，积分排名第23位，荣获第十一届“挑战杯”全国大学生课外学术科技作品竞赛“校级优秀组织奖”。

积极整合各方资源，采取多种措施推进“共青团青年就业创业见习基地”工作，为学生提供各种就业见习岗位，目前已建立起6家见习基地。3月，成立北京交通大学共青团创业青年夜校（简称“红果园”夜校），同时共青团中央下设的全国青年就业创业培训服务中心在学校设立分部，举办专题培训、讲座28场，这些举措提高了大学生就业创业能力，拓宽了就业创业渠道。

1—3月，派队参加浙江省杭州市第一届大学生创业大赛。3—5月，组队参加北京市昌平区首届青年创业大赛。3—6月，校团委联合招生就业处、资产经营公司共同举办北京交通大学首届创业大赛，分初赛、复赛、总决赛三个阶段，共有70余组创业项目团队报名参加。大赛内容丰富，包括参观中关村丰台创业园、邀请创业校友讲座、工商局专题指导等。大赛最终有5个创业团队取得营业执照，进驻北京市首家大学生创业园区北京交通大学大学

生创业园，获得大学生创业扶持基金，聘请了创业导师。5月，举行学校第十一届五四科技文化节，分为“挑战人生”、“创新人生”、“精彩人生”、“实践人生”和“科普人生”五大板块，包括2009年度学校“挑战杯”课外学术科技作品大赛颁奖式、“2008大学生创新性实验计划项目”优秀成果展示与交流、科技创新和创业系列讲座、重点实验室参观、科普电影展播等。10月，举办以“科技无处不在”为主题的科普讲座。11月14日，举行北京交通大学首届大学生创业大赛颁奖典礼暨北京交通大学大学生创业园揭牌仪式。11月26—29日，学校《自平衡机器人》等6件学生科技作品代表北京市参加第四届中国北京国际文化创意产业博览会“大学生文化创意作品展示”。

【文化艺术教育】

学校团委依靠学生艺术团、文艺协会、宣传文体部门，着力普及文化艺术教育，浓厚校园文化艺术氛围，繁荣校园文化。

1. 以庆祝北京交通大学艺术教育中心成立10周年为契机，开展丰富多彩的艺术普及活动

12月，学校举办“艺术点亮青春”艺术文化节暨庆祝艺术教育中心成立10周年系列活动，主要包括学生艺术团汇报演出、艺术名家讲座、艺术教育示范课、文艺专家座谈会、艺术作品展等。在开幕晚会上，学生艺术团的同学们用精湛的表演展示了学校学生艺术团的高超水平；文化节期间，中国交响乐团联盟首任主席卞祖善、中国人民解放军军乐团国家一级指挥于建芳、著名歌唱家刘秉义等艺术名家为全校师生奉上了7场精彩讲座，普及艺术知识，提高大学生艺术鉴赏力；舞蹈形体训练和小提琴演奏示范课体现了学校对热爱文艺的零起点同学的培养。

2. 通过参加全国大赛、巡回演出，全面提升学生艺术团品牌，拓展大学生艺术实践舞台

学校学生艺术团定期进行汇报演出。毕业生文艺晚会、迎新生交响音乐会、新年音乐会、话剧团专场、舞蹈团专场等精品活动为艺术团团员提供广泛的艺术实践舞台。

2月，北京交通大学学生艺术团交响乐团、管乐团赴江苏南京参加第二届全国大学生艺术展演，双双荣获一等奖，学校荣获“优秀组织奖”。10月，学生艺术团交响乐团赴台湾巡回义演，这是大陆大学生交响乐团第一次、也是规模最大的一次赴台演出，票务所得全数捐给8.8水灾受灾同胞。此次文化交流活动受到了台湾民众的热烈欢迎和支持，中央电视台、人民日报、新华社、中央人民广播电台、中国教育报等十多家媒体进行了报道。10月，学生艺术团舞蹈团参加北京电视台献礼国庆60周年系列活动——《花样年华》歌舞大赛，获得“最佳人气奖”。10月，学生艺术团话剧团选送的剧目《在掩埋下站起》荣获第二届北京大学生戏剧节唯一最高奖——最佳剧目奖，同时荣获“优秀组织奖”、“优秀导演奖”、“最佳女演员奖”、“优秀女演员奖”，成为在本次比赛中获奖最多的学校。11月24日—12月8日，学生艺术团民乐团赴比利时、丹麦、荷兰三国进行了为期两周的文化交流演出。这是学校学生艺术团演出历史上的一次创举，通过师生们的精彩演出，展现中华文化精髓，促进了多元文化的交流和融合。同时，通过与各国孔子学院的文化交流互动，为学校间进一步交流创造新的平台和机会。

3. 依托其他各类艺术活动，普及高雅艺术

学校举办“高雅艺术进校园”、“民族艺术进校园”系列活动，以“走近大师，感受经

典，陶冶情操，提高修养”为主题，坚持面向全体学生，坚持先进文化导向，坚持育人为本。3 月北京军区政治部战友文工团专场演出、4 月中国评剧院二团专场演出、10 月台湾南华大学雅乐团专场演出等活动为学校大学生提高文化素养、陶冶艺术情操提供了良好的平台。

学校举办“红果园名人讲堂”，谭晶、蒋雯丽、刘媛媛、闫妮等艺术家先后做客交大，让同学们在近距离感受艺术家风范的同时收获人生的感悟。

全年各类社团在校内举办各种文艺技能培训累计 300 多次，参加校内外文艺演出 100 多场，举办各种文艺类活动 70 多场，参加了 30 多次北京市各类高校文艺比赛，屡创佳绩。

【学生组织与社团】

学校团委依托学生会、研究生会、学生社团、团委职能部门搭建各类活动、实践平台，从学习、生活、文艺、体育、权益、兴趣爱好等角度，全面提高大学生的综合素质。

学生会：召开北京交通大学学生会 2009—2010 学年干部理事大会，党委副书记高艳出席并作重要讲话。举办“红果园名人讲堂”，全国政协委员、中国人民解放军军乐团团长于海作“飘扬在国旗上的旋律”的主题讲座，学校李剑军教授作“我所了解的美国能源部部长朱棣文”讲座，著名作家曹文轩作“混乱时代的文学选择”讲座，标准化进校园——中国科协会员日主题活动。举办三期“校友心声”：校友李河君、高强、高磊，与母校学子畅谈人生经历。举办“百名将帅书画展”，原国防科工委副政委中将葛焕标、空军司令部顾问彭正莫将军等出席。举办两次四六级模拟考试，全校累计 12 000 余人次参加。校院两级学生会举行 2008—2009 学年学风建设总结交流会。承办学校国庆慰问电影《建国大业》放映工作，开展暑期方阵队员补习活动。举办“阳光心理论坛”，开展饮食文化节，对“3・15”消费者权益保护日进行宣传，为全校同学办理或补办学生公交一卡通，举办第九届校领导阳光接待日——共建标准化文明公寓座谈会和食堂经理座谈会。举办“天之交女”大型风采展示大赛。组织“院际杯”排球赛和篮球赛，协办第 12 届 CUBA 中国大学生篮球联赛北京赛区一二名决赛。承办“两岸学历认证与大陆就业政策”论坛，与台湾高校领袖访问团成员和中国人民大学、北京航空航天大学、北京邮电大学、北京交通大学学生会主席一同交流。下属辩论队参加首都高校环境文化周环保主题辩论赛和首都高校全球化与青年责任主题辩论赛。

研究生会：举办以“轨道交通论坛”、“应用领域数学方法论坛”为主题的博闻论坛，开展“就业创业论坛”活动。举办第三届研究生“知行杯”体育节、首届研究生辩论赛、第十九届“慧光杯”研究生学术文化节、国家公派留学归国研究生经验交流会；承办“我声唱我心，悠悠中华情”研究生校园歌手大赛和“师生情”2009 年研究生毕业晚会。开展“喜迎建国六十周年”爱国主义电影展播活动。

团委宣传部：承办共青团北京市委员会、北京市学联、中共北京市西城区委主办的“人文北京　文化西城　魅力交大”讲坛活动。刊出《东升》2 期、《共青团工作简报》4 期、《团员青年舆情调查报告》24 期、《交大共青团一周时讯》25 期、《特思论坛动态参考》28 期，上报团中央、团市委新闻 952 篇。

团委社团部：举行以“传承五四精神，激扬青春旋律，打造精彩人生”为主题的第十一届五四社团文化月。举办 2008—2009 学年优秀社团答辩会。承办“我的公益梦想”全国大学生公益梦想大赛的启动仪式。北京市妇联、北京妇女儿童基金会授予我校社团部“爱心驿站”荣誉称号。

团委文体部：举办第十三届金秋“团结杯”拔河比赛。

学生“三个代表”重要思想学习研究会：举办“华彩思源”名家讲坛，邀请李克农上将之孙李凯城大校作报告。举办“红潮澎湃”学生党员系列论坛，分别以“传承五四薪火，争做交大先锋”、“看今朝世界，思青年责任”为主题。组织“科学发展，规划精彩人生”学生党员演讲比赛。

学生社团：板球协会代表北京市参加全国板球锦标赛决赛，板球女队取得第一名，板球男队取得第三名。四叶草剧场举行民间文艺展示活动。绿色之家协会举办以“警惕与预防电子垃圾”为主题的活动。棋牌协会在第二届“景山杯”大学生围棋团体赛中获得亚军。国防教育协会在北京市第五届“华山论剑”军事知识竞赛中获得冠军。跆拳道协会在北京市大学生脚斗士比赛中取得个人奖第二名、第三名各一名，女子团体奖第六名的成绩。DC街舞社获评“北京高校优秀社团”、“北京高校百佳社团”。和道会获得北京市传统空手道大赛第一名和第二名的好成绩。广播站获评“北京高校广播节目联盟十强校台”。T. O. P. 台球社在北京市高校台球联赛中获得亚军。飞翎舞社和学校舞版在北京市体育协会组织的“第一届体育舞蹈大赛”中获得团体二等奖，个人一等奖 5 个、二等奖 6 个、三等奖 3 个。魔术协会在首届“新星杯”CMUC 魔术比赛中荣获“最佳手法奖”。

【国庆 60 周年庆典活动】

学校共青团积极组织全校团员青年参与国庆 60 周年庆典工作，圆满完成了独立组建 2 323 人群众游行第 19“交通运输”方阵、出演大型音乐舞蹈史诗《复兴之路》、参与新中国成立 60 周年群众联欢晚会等庆典任务。

1. 组建群众游行方阵

6 月，按照首都国庆 60 周年群众游行总体工作安排，学校作为主责单位，单独承担群众游行第 19“交通运输”方阵的任务。根据北京市筹备委员会群众游行总指挥部要求，第 19 方阵总队隶属第三分指挥部，党委书记王建国任方阵总队长，党委副书记高艳任常务副总队长，团委书记韩继华任副总队长。总队完全依托校院两级团组织的 24 名专职团干部组成了包括综合协调处、组织训练处、保障联络处、彩车工作处、安保工作处、集结疏散处、宣传激励处等 7 个职能机构。总队下设中队、分队、小队，相应成立临时团总支、团支部、团小组。7 月 1—16 日，第 19 方阵 2 323 名师生在大兴军训基地展开了为期 15 天的基础强化训练。7 月 15 日，三分指对方阵训练情况进行了验收，学校顺利通过验收并获“组织训练流动红旗”。8 月 1 日开始，方阵队员返校复训，成功完成了一次三分指合练、两次总指合练和三次长安街合练。在 100 余天的训练中，第 19 总队 2 323 名师生始终牢记“祖国荣誉高于一切”的崇高使命，坚决贯彻“安全为先、激励为辅、严格管理、科学训练、有力保障”的原则，圆满完成了各项训练任务。10 月 1 日，第 19 方阵以整齐的步伐、昂扬的姿态在天安门前接受了祖国和人民的检阅。学校荣获“首都国庆 60 周年群众游行优秀组织单位”。

2. 出演《复兴之路》

7 月 24 日—10 月 5 日，以北京交通大学学生艺术团合唱团为主体的 74 名师生参加了在人民大会堂进行的大型音乐舞蹈史诗《复兴之路》的排练、演出。《复兴之路》是 2009 年国庆重点宣传活动之一，中宣部、文化部等单位的领导同志组成领导小组，张继钢担任总导

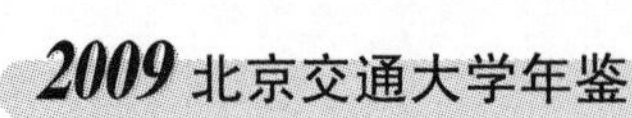
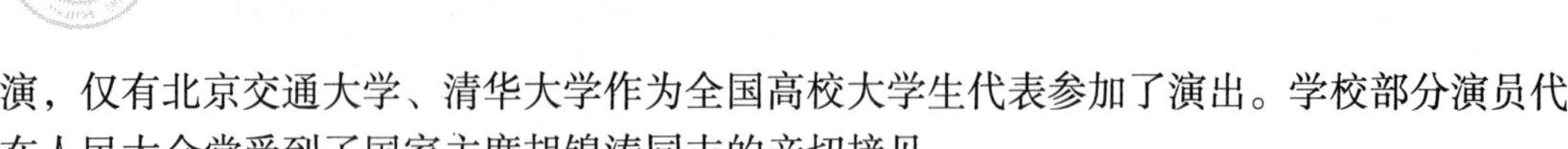

演，仅有北京交通大学、清华大学作为全国高校大学生代表参加了演出。学校部分演员代表在人民大会堂受到了国家主席胡锦涛同志的亲切接见。

3. 参加广场群众联欢

7 月，按照首都国庆 60 周年联欢晚会指挥部的统一部署，学校共派出 45 名师生参加了首都国庆 60 周年联欢晚会群众联欢大学生联欢板块的集体舞和联欢节目创作、示范片拍摄、表演等工作。学校荣获“首都国庆 60 周年联欢晚会群众联欢大学生联欢板块突出贡献单位”和“首都国庆 60 周年联欢晚会群众联欢大学生联欢板块优秀组织奖”。

2009

人才培养

研究生教育

【综述】

2009 年，学校研究生教育以学科建设为龙头，以培养机制改革为抓手，以提高研究生的创新能力和培养质量为重点，围绕学校折子工程和研究生院工作要点，着力推动学校学科建设和研究生教育科学发展。11 月 26—28 日学校召开了以“优化结构、注重创新、提高质量”为主题的学位与研究生教育工作会议，深入总结了学校研究生教育五年来取得的成绩与不足，并提出了未来五年学校研究生教育事业发展的奋斗目标。

【招生工作】

2009 年，北京交通大学硕士研究生计划招收 2 500 人，其中国家计划内 1 750 人。实际招收 2 789 人，国家计划内 1 441 人。博士研究生计划招收 380 人，其中国家计划内 310 人。实际招收 394 人，国家计划内 250 人。在职人员攻读工程硕士专业学位招收 628 人。在职人员攻读会计硕士专业学位招收 93 人。

【培养工作】

2009 年，北京交通大学毕业研究生 2 417 人，其中博士 240 人，硕士 2 177 人。截至年底，在校研究生 7 484 人（不含非学历教育研究生），其中博士生 2 088 人，硕士生 5 396 人。2009 年春季，共开设硕士生课程 400 门，博士生课程 70 门。2009 年秋季，共开设硕士生课程 644 门，博士生课程 101 门。

提前攻博及硕博连读选拔工作。3 月启动提前攻博及硕博连读选拔工作。重点考查创新能力，最终确定 55 名硕士生提前攻博，84 名硕士生硕博连读。

研究生教材出版资助情况。7 月，根据《关于 2009 年度教材出版基金资助教材公布的通知》（教通［2009］57 号、研通［2009］3 号），2 本研究生教材获校出版基金资助，如表 8 所示。

表 8　2009 年度教材出版基金资助研究生教材名单

序号	单位	作者	教　　材	适用范围
1	电信学院	钟章队	铁路数字移动通信系统（GSM－R）应用基础理论	研究生
2	运输学院	朗茂祥	预测理论与方法	研究生

加强国际交流，研究生公派出国项目取得新突破。10 月，学校与国家留学基金委员会正式签约，成为“国家建设高水平大学公派研究生项目”签约院校。以此为契机，与国际合作处密切配合，认真制订学校工作实施方案，11 月启动 2010 年“国家建设高水平大学公派研究生项目”申报工作，组织召开了项目说明会及 4 个博士生项目宣讲会。经国家留学基金委评审，42 位研究生获得“国家公派研究生项目”资助，其中联合培养博士生 26 人，攻读博士学位 15 人，进修生 1 人。

深化改革，完善培养机制改革方案。2009 年研究生录取工作继续按照培养机制改革方

案组织实施，在2009级博士研究生招收中，根据博士生导师科研情况，获得学校专项基金资助的占2.3%，对基础学科给予扶持的占1%，依托国家级科研课题招收的占72%，依托省部级科研课题招收的占13%，依托其他科研课题招收的占10%。2009级全日制硕士（不含专业学位）中获得各等级奖学金的比例分别为：Ⅱ等40%、Ⅲ等20%、Ⅳ等20%、未获奖20%。

为平稳落实硕士研究生第二学年奖助学金评定工作，本学期研究生院先后组织两次由各学院主管院长参加的专题研讨会，交流思想、介绍经验、分析问题，5月，在充分讨论的基础上各学院结合学院学科特点，制定了硕士研究生奖助学金实施细则，7月进行了首次奖助学金动态评定。6—7月，组织完成2008级硕士研究生第二学年奖助金的评定和系统录入工作，其中一等奖助金占15%，二等奖助金占30%，三等奖助金占20%，四等奖助金占20%，未获得奖助金者15%；此次参评硕士生2 355人，57%的学生奖助学金等级发生变化，其中奖学金等级提高的占36%，下降的占21%。

不断加强创新人才培养。为完善研究生激励机制，通过对我校“研究生教育创新工程”中“博士研究生教育创新基金”和“专项研究员基金”实施情况的总结，修订了《北京交通大学博士研究生教育创新基金实施方案》，在基金设置、资助比例、申报条件等方面进行了修订，强化执行过程中的激励作用。2009年，在优秀博士生科技创新基金方面，组织完成2008年度优秀博士生科技创新基金立项工作，共立项10项；组织进行2007年度项目中期检查及2006年度项目结题工作；在创新工程原有出国访学和学术交流计划的基础上，依托“211工程”三期建设，实施创新人才培养建设计划，2009年完成出国访学2项、出国学术交流11名的项目申报审查工作。

构建全日制专业学位硕士研究生培养质量保障体系。2009年国家学位与研究生教育类型进行结构调整，为完善全日制专业学位质量保障体系，规范学校全日制专业学位硕士研究生的培养，保障培养质量，学校认真研究学术型和应用型研究生分类、分层次培养模式的改革，积极探索人才培养的新机制，5月组织召开了研究生工作研讨会，专题研讨全日制专业学位培养。在全面调研的基础上起草了《北京交通大学关于全日制专业学位硕士研究生培养工作的若干规定》和《北京交通大学关于专业学位硕士研究生培养基地建设的指导意见》2个文件，并出台《关于制订全日制专业学位硕士研究生培养方案的通知》，组织完成了全校16个全日制专业学位硕士研究生培养方案制订工作，为全日制专业学位硕士研究生培养工作打下基础。

大力开展教育教学研究。立项改变以往自由申报形式，由研究生提出立项选题，学院组织申报，立项更具针对性和实效性。2009年研究生教育专项基金立项21项。

【学位工作】

2009年博士、硕士学位授予情况。1月8日，北京交通大学第十一届学位评定委员会第一次全体会议讨论了学位授予工作，同意授予博士学位117人、硕士学位515人；7月11日，北京交通大学第十一届学位评定委员会第三次全体会议讨论了学位授予工作，同意授予博士学位122人、硕士学位2 285人。

2009年优秀博士论文的评选取得新进展。2009年着重做好优秀博士论文的选拔和培育工作。通过全面实施研究生教育创新工程，重点推荐优秀博士科技创新基金获得者、出国访学基金获得者、专项研究基金获得者参加优秀博士论文的评选，加强调研和有关信息跟踪服务工作。3月启动了校级优秀博士学位论文评选工作，共评选出校级优秀博士论文18篇，推荐北京市优秀博士论文6篇。经北京市教委聘请同行专家评审，简水生院士指导的张帆博士的学位论文《大功率光纤激光器的关键单元技术研究》、刘延平教授指导的任旭博士的学位论文《基于社会交易理论的企业战略联盟演变机理研究》等2篇博士学位论文入选2009年北京市优秀博士学位论文。9月17日，2009年全国优秀博士学位论文评选结果揭晓，李孟刚博士的学位论文《产业安全理论的研究》、柯燎亮博士的学位论文《功能梯度材料的二维接触力学及微动分析》、孙运达博士的学位论文《多视点非接触式人体运动捕捉的研究》等3篇博士学位论文入选2009年“全国优秀博士学位论文提名论文”。

指导导师遴选情况。1月组织开展博士、硕士生指导教师遴选工作。各学院学位分委会推荐了59人参加博士生导师遴选，其中副教授申请博士生导师7人，兼职教授参加博导遴选16人。经初审，共有53人进行了外送评审，经过校外专家评审和校学位委员会全体会议投票表决，共有27名校内教授和4名具有博士学位的副教授通过博导遴选，此外，还增加兼职博士生导师10人，已经是外单位博导且符合我校资格认定条件的6人。新增硕士生导师18人。3月首次进行了具有博士学位的讲师遴选硕士生指导教师的工作，经过各学院学位分委会讨论推荐和校学位办审核，最终有89位具有博士学位的讲师遴选为硕士指导教师。

加强产学研联合研究生培养基地管理与制度建设。3月，根据北京市教育委员会对“北京市产学研联合研究生培养基地建设项目”的要求，2009年的工作重点转变为面向北京市建立产学研联合博士研究生培养基地，在运行模式上也尝试“校内立项，项目负责人制度”，在立项申报审批环节中采取学院推荐和集中会审的方式，最终批准立项9项，涉及10个学院。近一年运行情况证明，“校内立项，项目负责人制度”运行模式切实可行，整个项目运行良好，达到预期目标，为进一步做好产学研联合培养研究生培养基地建设以及2010年产学研联合博士研究生培养基地建设工作积累了宝贵经验。

【管理工作】

有效整合形势政策教育、学术道德教育、职业发展、就业创业、心理健康、安全稳定等教育资源，完善研究生“学期教育计划”。根据《北京交通大学深入学习实践科学发展观活动实施方案》，对研究生思想政治效果及存在问题进行了深入调研，同时，对学校人才培养状况进行了深入调研，完成了《北京交通大学人才培养创新与发展》调查报告。在此基础上，制订学习实践方案，组织研究生党员开展学习实践活动。组织开展“学习科学发展观　党员实践在知行”研究生主题党日活动，建立了研究生党员与普通群众“心连心手拉手”党群结对服务活动制度，组织研究生党员参加“中国国际节能减排与社会责任高峰论坛”。邀请西柏坡纪念馆李庆安馆长作“新中国从这里走来”西柏坡精神与科学发展报告。组织开展了“研究生安全教育周”和“研究生心理健康培训周”等活动，在对宿舍用电和防火安全隐患进行排查的基础上，组织研究生学习宿舍管理规定，签订《安全责任书》，切实提高研究生处置突发事件和自救自护的能力。积极开展研究生新生心理普查工作，邀请专家做主题为“积极心态，为学业与生活续航”的培训。

扎实开展研究生“唱红歌　颂祖国　展青春”唱响主旋律歌咏活动。把“唱响主旋律”歌咏活动作为学习实践科学发展观和庆祝新中国成立60周年的一项重要任务，组织各学院研究生以党支部为基本单位组建合唱队伍，运用多种形式广泛普及100首爱国歌曲，按照贴

近实际、贴近生活、贴近群众的要求，吸引研究生参与到“唱响主旋律”活动中来。在各院系组织的初赛和复赛基础上，组织全校研究生参加了“唱红歌颂祖国展青春”的合唱比赛，取得了爱国主义教育的良好效果。2009 年还组织举办了首届研究生毕业晚会，晚会上毕业研究生代表给母校献上了亲手设计制作的感恩献礼，增强了母校和毕业研究生之间的感情，使毕业生铭记“饮水思源，爱国荣校”的光荣传统。

积极开展“我爱我的祖国”研究生主题暑期社会实践活动，弘扬时代精神。2009 年的研究生暑期社会实践活动以“我爱我的祖国”为主题，经过申请、答辩、审批等项目管理程序，共组织 29 个研究生社会实践团，根据地方和企业需求，为经济社会发展献技献智。社会实践结束后，组织召开了社会实践项目总结报告会及成果图片展，并编印了《2009 年暑期研究生社会实践项目报告文集》。

深入开展名师讲坛和院士校园行系列活动，推进校园学术文化的建设。2009 年，学校共组织了 12 场“院士校园行”活动和 138 场“大师面对面”名师讲坛活动，既在校园营造了浓厚的学术文化氛围，也作为开展“我爱我的祖国”系列主题教育活动的重要环节，引导研究生树立正确的世界观、人生观、价值观，鼓励研究生积极投身于建设中国特色社会主义伟大事业。

组织开展“研究生学术论坛”，成功举办“2009 年交通运输工程全国博士生学术会议”。研工部与学院研究生工作组共组织研究生学术论坛 150 次，组织 15 名博士研究生分别参加了哈尔滨工业大学、浙江大学等举办的全国博士生学术论坛、学术会议和暑期学校，促进了与兄弟院校研究生的交流。举办了第十九届“慧光杯”研究生学术文化节，组织 12 场学术沙龙、3 期优秀校友面对面活动和 2 期博闻论坛活动，收到研究生学术论文 462 篇，收录优秀论文 176 篇形成《慧光杯优秀论文集》。7 月 20—23 日，成功举办教育部研究生教育创新计划项目“2009 年交通运输工程全国博士生学术会议”，共有来自全国 11 所高校的 66 名博士生代表参加。

做好研究生“三助”的组织管理工作，组织博士生参加北京市挂职锻炼活动。2009 年全校近 2 000 人次研究生申报“三助”岗位，为了使研究生“三助”工作更加规范化、系统化，研工部在自主开发的“三助”工作管理信息系统中新增了中期考核功能，把研究生助教、助管工作与育人紧密结合起来，使得上岗研究生得到充分的能力锻炼。积极组织博士生参加北京市挂职锻炼活动，经过校院两级公开选拔，共选派 24 名博士生到北京市党政机关和国有企事业单位进行为期半年的挂职锻炼，并在其挂职期间组织召开 3 次挂职博士生交流会，通过挂职博士生博客及《交大研究生》专栏，建立挂职博士生的沟通交流机制，实现了学校和挂职单位全过程的规范管理。

加强研究生专兼职辅导员队伍及研究生骨干队伍建设。在加强对研究生专职辅导员工作指导的基础上，继续完善研究生专兼职辅导员队伍建设。落实辅导员深度辅导工作，确保每名学生每年都能得到至少一次有针对性的深度辅导，为研究生健康成长成才提供良好服务。今年在聘任 69 名研究生兼职辅导员的同时，加强对研究生会、网络通讯员、公寓文化建设委员会、伙食建设委员会等研究生骨干队伍的建设，充分发挥了研究生自我教育、自我管理、自我服务的作用。

认真落实国庆平安行动工作总体部署，加强研究生思想教育，确保校园平安稳定。为全面贯彻北京市教育工委“国庆平安行动”工作总体部署，落实学校“国庆平安行动”

实施方案，组织开展了一系列的研究生国庆平安活动：主要包括坚持执行专、兼辅导员值班制度；完善并落实突发事件应急预案；组建“国庆平安信息员”队伍；制定《在研究生中开展民族团结教育系列活动方案》，组织研究生参观“内蒙古广西宁夏新疆西藏成就展”和“平息乌鲁木齐‘7·5’打砸抢烧严重暴力犯罪事件纪实图片展”等。加强对公寓文化自律委员会、伙食建设工作委员会和网络宣传员三支德育工作队伍的指导，每月 2 次与饮食中心和公寓中心沟通协调。主办了研究生文明离校等系列活动。以上系列活动的开展对维护研究生群体的安全稳定和服务学校“国庆平安行动”发挥了十分重要的作用。

加强研究生思想政治教育工作平台建设，完成研究生思想教育日常工作。2009 年继续以自办刊物为载体，加强研究生政治思想教育工作交流平台建设。刊印了 4 期《交大研究生》杂志，出版了 4 期德育工作简报。充分开放 22 号学生公寓和学苑公寓研究生创新活动中心，举办研究生学术、文化等交流活动，为研究生从事学术交流、创新实践、就业创业培训提供了开放性的平台。除开展活动时间外，作为自习室对学生开放，同时也为学校其他部门提供了开展活动的场所。研工部还利用学位授予仪式、研究生迎新工作、研究生新生入学教育、重大节日以及研究生评优评先等工作平台，加强对研究生的日常思想政治教育工作，取得了良好的工作效果。

北京交通大学 2008—2009 学年研究生先进集体、先进个人情况：

① 北京交通大学优良学风班（22 个）；

② 北京交通大学优秀研究生（27 名）；

③ 北京交通大学三好研究生（490 名）；

④ 北京交通大学优秀研究生干部（340 名）；

⑤ 北京交通大学道德建设先进个人（10 名）；

⑥ 北京交通大学优秀毕业研究生（253 名）；

⑦ 北京交通大学优秀毕业研究生干部（130 名）；

⑧ 北京交通大学社会实践优秀团队（22 个）、北京交通大学社会实践优秀个人（59 名）、北京交通大学社会实践优秀带队教师（8 名）；

⑨ 北京交通大学研究生优秀奖学金（54 名）；

⑩ 北京交通大学智瑾奖学金（21 名）；

⑪ 北京交通大学奋飞奖（75 名）；

⑫ 京东方奖学金获得者（20 名）、京东方奖教金获得者（教师 4 名）、京东方管理贡献奖（教师 1 名）；

⑬ 西门子铁路奖学金（5 名）；

⑭ 校友奖学金（1 名）；

⑮ 宝钢奖学金（4 名）；

⑯ 尖峰奖学金获得者（3 名）；

⑰ 中讯学生奖学金获得者（8 名）；

⑱ 新联铁奖学金（10 名）；

⑲ 光宝助研奖学金（15 名）；

⑳ 台达奖学金（10 名）；

㉑ 电力节能奖学金（5 名）；
㉒ 利德华福电气奖学金（6 名）；
㉓ 万桥奖学金（3 名）；
㉔ 唐车奖学金（7 名）；
㉕ 新誉奖学金（14 名）。

【附件4】

2009年北京交通大学专业学位设置、博士生指导教师及授予博士、硕士学位人员情况

1. 北京交通大学专业学位一览表

表9 北京交通大学专业学位一览表

序　　号	专业学位	领　　域
1	MBA	
2	会计硕士	
3	法律硕士	
4	工程硕士	机械工程
		光学工程
		材料工程
		动力工程
		电气工程
		电子与通信工程
		集成电路工程
		控制工程
		计算机技术
		软件工程
		建筑与土木工程
		测绘工程
		化学工程
		交通运输工程
		安全工程
		环境工程
		车辆工程
		工业工程
		项目管理
		物流工程

2. 北京交通大学博士生指导教师一览表

表10 北京交通大学博士生指导教师一览表（分专业统计）

专业名称	新增博士生导师	已有招生博导名单
产业经济学	谭克虎 李孟刚 吴彤彫（兼） 叶茂林（兼） 张国祚（兼）	荣朝和 李文兴 欧国立 赵 坚 袁伦渠 林玳玳 张瑞萍 石美遐 叶蜀君 曹玉书（兼） 张 雷（兼） 奚晓明（兼） 王稼琼（兼）
运筹学与控制论	王 军 王金亭	常彦勋 修乃华 冯衍全 商朋见
光学	滕 枫 刘 博	徐叙瑢 冯其波 王永生 黄世华 邓振波 何志群 侯延冰 张希清 徐 征 洪 涛 何大伟 吕燕伍 陈云琳 王淀佐（兼） 张书练（兼） 沈建中（兼） 马志明（兼） 衣宝廉（兼） 许祖彦（兼） 朱 红（兼）
系统分析与集成		高自友 徐维祥 贾 斌 孙会君
固体力学		石志飞 章梓茂 汪越胜 于桂兰 兑关锁 郭雅芳 刘金喜（兼）
机械设计及理论		查建中 方跃法 王小椿 李德才 姚燕安 张朝辉
车辆工程	张曙光（兼）	孙守光 谢基龙 李 强 张 鹏 刘志明 杜彦良（兼） 杨绍普（兼）
电力系统及其自动化	吴命利 吴俊勇 和敬涵	范 瑜 王 毅 金新民 刘明光 张小青 王 玮 张 黎（兼） 宋永华（兼） 胡兆光（兼） 叶柏洪（兼） 雷清泉（兼）
电力电子与电力传动		郑琼林 王立德 刘志刚 游小杰 姜久春 叶云岳（兼） 刘小河（兼） 阮新波（兼） 刘友梅（兼）
通信与信息系统	陈根祥 郭宇春 高德云 吕家国（兼）	简水生 吴重庆 陈常嘉 李 洵 张宏科 王均宏 延凤平 张思东 刘 云 钟章队 娄淑琴 朱 刚 李唐军 裴 丽 杨 维 宁提纲 秦雅娟 蒋林涛（兼） 黄卫平（特聘教授） 孙 玉（兼）
信号与信息处理	田 捷（兼）	裘正定 阮秋琦 肖 杨 赵 耀 梁满贵 杨义先（兼）
信息安全	张 斌（兼）	毕 颖 杜 虹（兼） 夏 勇（兼）
计算机应用技术	王志海 陈性元（兼） 李凡长（兼）	罗四维 韩 臻 于 剑 沈昌祥（兼） 孟洛明（兼） 林宙辰（兼） 石 勇（兼）
计算机软件与理论		须 德 田盛丰 吴尽昭（兼）
系统工程		张仲义 侯忠生 贾元华 申金升 吕永波 王喜富 关 伟 钱大琳 张 喜 吴建平（特聘教授） 张智文（兼） 石定寰（兼）
岩土工程		赵成刚 张鸿儒 乔春生 刘建坤 刘保国 张顶立 王 哲 何 平 项彦勇 白 冰
桥梁与隧道工程	季文玉 高 日 袁大军	王梦恕 夏 禾 刘维宁 施仲衡 朱尔玉 雷俊卿 谭忠盛 黄 卫（兼）
道路与铁道工程	白明洲	许兆义 魏庆朝 王连俊 杨成永 高 亮 陈 峰 杨松林 张鲁新（兼） 赵国堂（兼）

续表

专业名称	新增博士生导师	已有招生博导名单
结构工程	杨　娜	杨庆山　姚谦峰　朋改非　张　荫（兼）　王元丰（兼）
交通信息工程及控制	赵会兵　闻映红　宋永端（兼）	谈振辉　唐祯敏　唐　涛　魏学业　程荫杭　陈后金　宁　滨　侯建军　徐洪泽　李邓化（兼）
交通运输规划与管理	季常煦　聂　磊	杨　浩　杨肇夏　刘　凯　毛保华　周磊山　张星臣　林柏梁　邵春福　刘　军　何世伟　袁振州　韩宝明　董宝田　朱晓宁　马建军　贾利民　孙全欣　宋　瑞　郎茂祥　赵　鹏　于　雷（特聘教授）　傅志寰（兼）　董　焰（兼）
载运工具运用工程	余祖俊	朱衡君　翟洪祥　邢书明　徐宇工　贾　力　张　欣　宁　智　韩建民　李国岫　周　洋　何伯述　杨庆新（兼）　曾广商（兼）　刘　石（兼）
管理科学与工程		徐寿波　李学伟　刘伊生　张润彤　汝宜红　关忠良　鞠颂东　黄　磊　穆　东　张真继　姚　兵（兼）　王庆云（兼）　赖　明（兼）
企业管理	杨　华（兼）	张明玉　丁慧平　张秋生　刘延平　邬文兵　叶　龙　周守华（兼）　张　新（兼）　刘玉廷（兼）　葛新权（兼）
信息网络与安全		何德全（兼）
地下工程		贺少辉
安全管理与工程		宋守信
物流管理与工程	张菊亮	王耀球
电工理论与新技术		张晓冬　张和生
电机与电器		张奕黄　葛宝明　顾国彪（兼）
电气工程		杨庆新（兼）
机械制造及其自动化		李建勇
机械电子工程	李长春	李平康　王爽心
安全技术及工程	秦　勇	方卫宁　谭南林　肖贵平
光学工程		盛新志　王　智　郑　义　杨盛谊
技术经济及管理		林晓言
一般力学与力学基础		戈新生（兼）
城市轨道工程		梁青槐
防灾减灾工程及防护工程		齐梅兰　陈文化
市政工程		李　进
思想政治教育		颜吾佴　林建成　路日亮　陈树文　刘秀萍　张雷声（兼）　荆学民（兼）

续表

专业名称	新增博士生导师	已有招生博导名单
工程与项目管理		郝生跃　孙永福（兼）
旅游管理		张　辉
工程力学		金　明　王正道
供热、供燃气、通风及空调工程		李德英（兼）
会计学	郭雪萌　马　忠	
运输与物流	张长青	
系统理论	彭名书　邓红文（兼）	
管理科学	陈喜庆（兼）　王岳森（兼）	
土木工程	岳祖润（兼）	
信息管理	许立达（讲座教授）	
合计	47（兼职 15 人）	271 人（兼职 62 人）

3. 授予博士、硕士学位人员名单

（1）北京交通大学第十一届校学位委员会第一次全体会议授予博士学位人员名单（117 名）（1 月 8 日）

电子信息工程学院（17 名）

通信与信息系统

孙纪敏　郑宝辉　贾晋康　刘　琪　张振江　周华春　付　立　杨水根　薛小平
陈晓华　董　平　杨　冬

交通信息工程及控制

金尚泰　郭保青

电磁场与微波技术

陈美娥　张　卉

信息与通信工程　信息网络与安全

张长伦

计算机与信息技术学院（6 名）

计算机应用技术

许宏丽

信号与信息处理

付树军　刘　明　安高云　王艳霞

信息与通信工程　信息安全

王青龙

经济管理学院（29 名）

产业经济学（经济学）

李忠奎　李　玮　王卫华　杨　涛　匡旭娟　李志强　陈　和　李明慧　孙寿亮
李良斋　李晨阳　刘小丽

管理科学与工程（管理学）

韩　冰　蔡西阳　施先亮　谢　祥　尹　健　臧学运　郝　成　王　都　陆　超
朱翔华

管理科学与工程　安全管理与工程（管理学）

张　颖

管理科学与工程　物流管理与工程（管理学）

衣春光

企业管理（管理学）

崔永梅　龚玉荣　杨万华　李越川　秦耀林

交通运输学院（13 名）

交通运输规划与管理

陈　琨　牛学军　王伶俐　张进川　范振平　张　琦　岳　昊　陈晓明　宋国华
李海鹰

系统工程

胡　卉　刘志刚

系统分析与集成（理学）

王卫红

土木建筑工程学院（26 名）

道路与铁道工程

李小和　杨丽明　姚国伟　陈　鹏　韩利民　肖军华　刘升传　龙许友　米　隆

桥梁与隧道工程

王　霆　赵　曼　贾嘉陵　梁小燕

防灾减灾工程及防护工程

贾红梅

固体力学

庞　玉　陈阿丽

工程力学

陈　雷　刘铁军

岩土工程

李英勇　栗润德　董　亮　彭丽云

结构工程

张涛涛　张　溶　周　耀　王　彬

机械与电子控制工程学院（13 名）

车辆工程

潘存治　杨　月　王斌杰　刘晓东　杨智勇　李韶华

机械设计及理论

韩书葵　孙明礼

载运工具运用工程

肖燕彩　余祖俊　张　华　李坤全　虞育松

电气工程学院（6 名）

电力电子与电力传动

杨岳峰

电力系统及其自动化

褚海英　荆　龙　牛利勇　舒　泓　黄　辉

理学院（7 名）

光学工程

张志峰　李政勇

光学（理学）

李　伟

运筹学与控制论（理学）

杨　艳　刘晓鹏　邵泽玲　董广华

（2）北京交通大学第十一届校学位委员会第一次全体会议授予硕士学位人员名单（515 人）（1 月 8 日）

电子信息工程学院（5 人）

通信与信息系统

李　欣

控制理论与控制工程

陈德光　高强周

交通信息工程及控制

王耀东

信息网络与安全

刘颖君

计算机与信息技术学院（13 人）

计算机系统结构

王亚东

计算机软件与理论

刘俊彬　张贵贤　邓万昌　薄　辉　孙培业　王嘉树

计算机应用技术

韩洪光　尹　盛　李　旭　郭维维　王　琪　张芝礼

经济管理学院（12 人）

区域经济学

王　君

产业经济学

宁　璟　李学慧　雷　蕾

企业管理

孙匡文　冯书春　崔迎春　李　静　连　丽

社会保障

任彩霞

信息管理

王　博　于晓璞

交通运输学院（21 人）

系统理论

冯建雷

系统分析与集成

孙凌燕　王远回

系统工程

沈　楠　丛　颖　赵秀颖　解天荣　韩　雪　牛立军

安全技术及工程

李　伟　李　甜

交通运输规划与管理

张滢滢　王　勇　刘　扬　万云晖　李　娜　王金霞

环境工程

张志峰

智能交通工程

张　静

运输与物流

杨香兰

城市交通工程

杨　红

土木建筑工程学院（28 人）

工程力学

赵　继

岩土工程

段　苒　史世波　丁曼曼　崔　浩

结构工程

段旭杰

市政工程

张　倩

桥梁与隧道工程

惠小荣　郭　栋　王振强　郭　剑

摄影测量与遥感

向一鸣　沈　伟

地质工程

陈　菲　魏朝霞　李宛霓

道路与铁道工程

刘景军　李　扬　张燕燕

环境科学

田　晶　刘　滢　于梦婕　王　莹

环境工程

高　明　王娉娉　石晓庆　刁晓华

城市轨道工程

张　鹏

机械与电子控制工程学院（24 人）

机械制造及其自动化

周正浩　魏　强　余海亮

机械电子工程

许凤良　扈炳涛

机械设计及理论

董国强　寇莎莎

车辆工程

赵晓亮　钱科烽

材料加工工程

李　斌　王　尚　肖　潇

工程热物理

同少莉　殷　龙

动力机械及工程

安存春　杜　微

安全技术及工程

廖　彬　喻文冲

载运工具运用工程

薛维杰

环境工程

白银环　李　燕　王　蕾　冯　戈　武海涛

电气工程学院（7 人）

电机与电器

董　亮　王　强　胡敬之　金　鑫

电力电子与电力传动

容旭巍　胡荣强

电工理论与新技术

李　翠

理学院（21 人）

基础数学

韩欢欢

概率论与数理统计

张　朋　颜建江

运筹学与控制论

张　健

光学

赵　娜　张　北　于　丹　王　岩　王　雪　冯　玺　张人元

光学工程

芦　毅　宋　超　蔡文亮　翟璐瑶　孙广娜　姜明宵

材料物理与化学

郭　佳　唐　伟　陈列优

物理电子学

方恒楚

人文社会科学学院（8 人）

马克思主义哲学

刘洪春　赵　进　王玉霞

马克思主义理论与思想政治教育

徐　宁

外国语言学及应用语言学

张　波　冯娇娇　赵　丹　许　杰

专业学位硕士（366 名）

电子与通信工程

张　瑾　连春亭　杨连沁　卢守信　张瑞萍　尹晓辉　郝　昶　郭智星　张修红
戚卫锋　李羽军　沈瑞卿　熊彦年　石宗川　杭　可　聂　菡　张　玲　侯　娟
王　健　宋文欣　张　鹏　张　雷　张　涛　齐洪峰　王　禹　张雁强　唐　超
刘凯峰　淡林鸿　赵冬梅　郄少雄　吴景普　王　骞　刘奎江　韩　圣　方　嫣
刁蓬芝　刘红阳　王　尧　吴　友　魏学凯　刘迎伟　彭　斌　夏　旭　张海峰
刘　健　刁　昕　黄　凤　任　虹　孟庆雨　刘利锋　蔡永泉　张胡筋　张　鑫
周志刚　刘　巍　谢　红　马　利　李　平　陈志伟　蓝茜英　李正涛　迟　政

计算机技术

吕俊亚　张　琳　何　江

软件工程

肖险峰　李晓东　袁征峰　郑　重

物流工程

郎世峰　杨丁一　马学海　王秋红　王新平　耿　刚　何宝生　谭洪涛　吴　琨
封正超　柴姝珊　陈丽雄　杨雪光　赵春磊　张福旺　梁　才　苏志娟　孙立波
秦润洁　李旭东　姬秀春　肖建辉　唐洪涛　郑翔宇

项目管理

徐新利　陈　刚　朱晓婷　邵方强　刘　寅　张　博　尹　罡　张俊青　赵　刚
谭琳琳　秦媛媛　郝宏兰　王　凯　郭东方　陶　婧　刘景霞　柏　岩　张艳明
王伟文　翟　松　匡伟明　漆国良　米子德　魏　敏　贾玉国　董殿福　李晓玲
刘开棘　汤学军　刘廷辉　陶建国　牛志军　张奇伟　赵俐娟　刘彦杜　胡忠国
王志伦　陈慧勇　滕　菁　王广弛　李秋林　宋　欣　王湘萍　崔淑艳　吴艳玲
胡耀国　帅志军　常　燕　郭润桥　赵同辉　罗　佳　江殿云　何小军　陈竹杰
代炳涛　段春伟　郭金武　李　杰　李志勇　罗　耀　欧阳浩　张俊峰　杨　杰
李　栋　夏红星　徐大立　林　新

交通运输工程

白云绪　王哲民　顾　民　信继东　张景利　郑玉停　薛　峰　金建超　赵树永
刘　杰　郑九方　杜　剑　安顺辉　王小明　刘　哲　马志强　常建军　张国信
王　涛　杜建杰　桑国印　王金国　张津明　孔祥先　孟　涛　郝晓明　刘寿山
范广进　徐成永

环境工程

陈大勇　李立山

车辆工程

贾瑞民　李晓丽　关成秀　李　昱　董　磊　曲晓阳　雷红宇　王国栋　殷　强

建筑与土木工程

宋学英　黄　波　徐爱民　张继菁　张德志　刘　佳　于海霞　曲淑玲　王　俊
曾　静　鲁卫东　崔维孝　卢　健　吴精义　刘建军　耿国明

电气工程

南　征　赵林涛　陈　海　卢彦国　张明长　杜玉芹　刘　军　魏富强　陈国锋
刘东辉　王　晶　朱良光　张坤涛　申　卫　乔为民

工商管理硕士

陈　坤　赵庆涛　席守华　杨　华　王侃如　熊　菲　刘景亮　王超锋　柳海军
李　化　李　海　邓跟献　陈谦林　赖华清　黄雪峰　廖醒春　张泽月　黄光亮
陈　蔚　李松卯　王浩林　朱毅红　贾顺起　闫福玉　王志全　王　路　高守明
黄炳山　王新红　古小璐　刘式吉　王健平　王　芳　曹国庆　刘胜元　李劲松
李远飞　王淑梅　郭小童　邹　放　林晓翔　徐少锋　江心中　刘　舰　王　东
马俊玲　杨权声　郭子丽　朱宛平　黄　涛　朱琬瑜　胡良彬　李铁民　刘志刚
雷建生　王洪雷　刘　东　陈　荣　李新忠　蒲　伟　于　强　刘文起　宫　健
魏长禹　刘陆军　邹宏坤　张秀军　胡建明　高焕毅　郑晓晨　郝文海　黄红蒲
王　阳　石恒柱　孟庆丰　马孟林　秦永伟　杜久新　王　俨　卢春江　吕胜杰
邓　凯　温春娟　杨　军　李学文　钟　辉　徐彦峰　曾景远　张　帆　荣　涛
平建军　柯胜洋　孙宝良　梁晓琳　张松涛　MUBARAK DANTATA
GAJOCARLA ANTONINSIOP　BOUBACAR THIAW

高级管理人员工商管理硕士

顾爱军　郭彩云　聂昌国　高基焕　豆保信　段学军　孙　亮　唐远游　郭维河
张　毅　陈德帅　王真奉　王国昌　郝　珈　王占铙　杨联合　刘建葆　薛志俊
丁献玲　臧卫东　毕研忠　陈国平　吕雪松　许　龙　余　澍　邵　亮　张　爽
王克杰　方院生　孙彩和　金树东　侯世宁　张文池　王继珍　汤顺仓　张潇君
高俊良　王宇帆　于顺德　范魏滈

高等学校教师在职攻读硕士学位（1名）

管理科学与工程

杨　锋

同等学力人员申请硕士学位（4名）

企业管理

高万英　刘　锐

会计学

赵英东

桥梁与隧道工程

仲新华

（3）北京交通大学第十一届校学位委员会第三次全体会议授予博士学位人员名单（122名）（7月7日）

电子信息工程学院（17名）

通信与信息系统

霍　炎　李绍龙　李　坚　王　琳　张　立　王　博　许　鸥　王燕花　鲁韶华
吕　博　李增瑞　朱国东

交通信息工程及控制

谢　涛　李居朋　王化深　张金宝　王　强

计算机与信息技术学院（19名）

信号与信息处理

张成元　仵冀颖　万成凯　赵玉凤　王安红　翁韶伟　张志远　潘　新

信息安全

刘巍伟

计算机软件与理论

武志峰　曾先华

计算机应用技术

陈　萍　冯松鹤　张　莹　邱桃荣　李　兵　杨　蓓　文　波　耿秀华

经济管理学院（30名）

管理科学与工程

耿识博　郭树东　郑　凯　荀娟琼　兰洪杰　蓝　天　侯汉平

产业经济学

邓新华　胡跃龙　徐桂民　程　楠　周明德　黄子恒　姚　影　王　超　李　放
田　原

企业管理

闫　涛　邱　奇　查剑秋　赵　杨　姜孔桥　吕　波　孔祥纬

工程与项目管理

刘玉明

管理科学

王思强　余吉安

信息管理

田志勇

物流管理与工程

崔晓迪

安全管理与工程

武淑平

交通运输学院（24 名）

交通运输规划与管理

李尔涛　邹志云　陈军华　葛喜俊　杨宇栋　高爱颖　刘梦涵　付印平　张瑞鹏
赵　航　王　莹　郭谨一　曹守华　陈雍君　刘　爽

系统工程

黄　辰　王新宇　唐一之　王大勇　刘　奕　崔现华

系统分析与集成

孙连菊　崔　迪　王振华

土木建筑工程学院（13 名）

固体力学

刘明惠

道路与铁道工程

于国新　段东明　徐明新　匡　星　廖　利　招　阳

结构工程

陈　盈　王晓峰

城市轨道工程

孔令洋

桥梁与隧道工程

原海燕　张彦玲

岩土工程

苏　洁

机械与电子控制工程学院（5 名）

载运工具运用工程

达　林

机械设计及理论

槐创锋

车辆工程

路智敏　谢云叶

载运工具运用工程

张密兰

电气工程学院（2 名）

电力电子与电力传动

王永翔

电力系统及其自动化

焦晓佑

理学院（12 名）

光学

袁广才 唐爱伟 程木 张春秀 师全民 康凯 段晓霞 张拦 李妍

光学工程

田昌勇 王拥军

运筹学与控制论

周金川

（4）北京交通大学第十一届校学位委员会第一次全体会议授予硕士学位人员名单（2 285 名）（7 月 7 日）

电子信息工程学院（354 名）

通信与信息系统

韩剑英 杨秋岩 周青青 张丽佳 薛琛璋 何震 朱旭 陈磊 董婷婷
邴大兰 金矾 年艳川 魏谦 邹菲菲 付玉洁 郑海涛 唐思源 乐团
马延妮 张巧 曲绍刚 严硕 刘艳兵 宋继勐 张哲玉 常彦玲 胡卓
李云强 王芳 夏州 尚云云 方君丽 牛相潮 田明星 魏瑗珍 张耀兰
关键 惠博 刘海霞 吕文祥 王志巍 井雅 李舒晨 李胤 柳青
宋磊 张珏 李雅慧 晋云功 李海峰 冯颖 谭寒烁 郑浩 史嫄嫄
吴树强 卓安生 索海艳 焦延杰 梁璐 孙超 吴荻 王春红 韩婧蕾
胡鑫 潘阅 肖念 敬慧峰 林桂荣 卢瑞峰 马越 彭湃 徐禄军
张树魁 乔夏君 王伟 吴怡梦 张秀宁 刘寅生 马中秀 陈浩 孟水仙
丁昱 钮任飞 孙静 谭康 程超 史晓华 杨义 刘锐 张贝贝
黄虎 林宇 龙小健 吕轩 王冬冬 王秋菊 刁凤娥 姚婧 赵岩磊
邹慧 崔丽芬 刘婷婷 钱蓓蓓 任志刚 田雨 王正生 冯威 龚颖莹
陆新元 孙照辉 谭蔚翔 王士博 肖伟思 付文强 梁昕 陆程遂 彭东
徐雪 张少伟 朱桂松 朱莹 李雪 余亲 赵曙光 李娟 张翠玲
钟承芳 杜泽民 韩蕾 刘克清 柳小舟 孟昊 汪浩 吴宇 杨帆
章鹏 刘晓波 魏海涛 种鑫 唐伟 刘文娟 宋志刚 王九九 王宇
烟翔 张敏 刘刚刚 冯国沾 黄永正

微电子学与固体电子学

孙涛 胡海峰 王文芳 方悦 林建军 龚永鑫 贺伟 李子扬 梁仁杰
朱振华 郭晓峰 洪姬铃 李雷 苏俊 耿立华 金腾 云杰 张义恒
关楠楠 刘金鹏 赵博 刘冬倩 张博 曹淑新 肖毅平 周倩

交通信息工程及控制

何文锋 陈锐 惠希云 李小琴 李莹莹 王艳 王欢 魏天磊 朱磊
杨紫薇 李翔 王剑秋 吴福刚 叶敬贤 曾鹏 孙萍 高冰 王磊
贺广宇 李凯 李伟 王观宁 李丽辉 刘晓奇 赵欢 廖丽军 周三奇
张金哲 高振江 陈通 刘丽娟 庞新胜 姚理 韦钟辉 张广伟 王洪涛

王艺燕 张 倩 单振宇 刘 辉 秦 玲 谢光玮 雷小玲 任 军 魏永真
杨 扬 耿 鹏 李 峰 郭文章 李晓艳 李 雁 魏国栋 夏夕盛 李 伟
梁 楠 陈存香 刘实秋 王 皓 郑 霄 高 云 刘 彬 张振华 高春霞
郭 荣 宋 岩 宿秀元 武 欢 郭凯永 王文明 刘艳芳 薛志勇 闫宇航
朱 韬 陈建球 矫亮亮 李 涛 薛丽萍 杨 韬 孙 伟 黄 迪 赵 斌
王 宏 袁春贵

信息网络与安全

张巍巍 赵 鹏 杜 鹏 袁钟晓 彭丽娟 王 建 王晓宁 关 哲 胡 俊
王 泼 李 浩 赵 磊 陈 星 秦乃曦 李 凯 孙 亮 许 涛 吕 杨
姚姜源 鄢金端 特里斯当

电路与系统

何克之 李文勇 李雅静 梁立中 刘晓彤 唐宇希 王贤辰 张晋芳 赵 琛
汤钟雷 肖春梅 张琳娟 王雪丽 白 帆 牛传莉 孙上鹏 崔若飞 梁 迪
吴 琼 朱世佳 韩运磊 李 博 王 强 徐 森 李 博 李 寅

电磁场与微波技术

冯彩霞 白宏伟 王 力 刘 鹏 徐立伟 刘永伟 郭 兰 刘俊杰 高 翔
王 嘉 朱文涛

光通信与移动通信

陈 骁 闫 夏 朱翀宇 汪磊石 安婷婷 段亚飞 王 晨 周小琴 张 鑫
赵 琳 戴 毅 刘 峰 柴 杰 刘祥超 王冠飞 嵇叶楠 王文杰 赵延强

控制理论与控制工程

付 强 边兴田 邓 鹏 刘 泉 卢 頔 谈 欣 崔庆权 彭海强 张悦铃

智能交通工程

刘慧超 于 磊 庞彦知 褚 伟 刘 毅 杨 斐 张 硕 邓紫阳

环境工程

张艳艳 刘 畅 王 冠

计算机与信息技术学院（219 名）

信号与信息处理

牛 军 刘景利 徐 薇 王 强 张国辉 刘 鹏 王承启 武文权 张利聪
方 颖 韩欣悦 康丹丹 肖 源 刘文佳 孙振斌 夏崇彦 高海娟 邱志方
杜鲁燕 高国栋 郝 菲 刘 冀 徐 展 张 如 章 洁 宾西川 邓 锐
胡晶晶 刘乐光 苗熹华 钮丽云 贾贝贝 曾祥媛 张 瑾 张诗嘉 朱克峰
查艳丽 黄 希 卫 婧 尹华镜 赵青芝 邹 涵 吕琼琼 刘 磊 马红霞

信息安全

李 磊 刘 觅 郭 臣 刘文晋 卢邦辉 乔晓宇 王 犇 王 亮 武 涛
邢 彬 王尚彪

人机交互工程

曾莉莉 张 皓 杜会军 伍燕萍 田文君 严宏君 龙 燕 尹 姗 朱晓凤

高　睿　倪　煜

计算机软件与理论

杨　迪　吴秀刚

计算机应用技术

吴金明　李志军　潘常春　林中南　鲍　炯　甘兴龙

教育技术学

李奕奕　吴　瑕　李　静　秦莹莹　周　筠　熊　超　史忠翠　付娜娜　张旭芳
张耀峰　何　雨　苏　瑛　王智勇

模式识别与智能系统

潘光玮　李　瑞　桑　珊　陈晓伟　杜永娜　刘广开　伍金莉　周佳佳　乔雅莉
王宝贵

计算机科学与技术

陈海龙　张　蕾　党晓杰　李海雁　刘　炼　武　颖　常胜南　蒋志伟　李　欣
卢晓露　孟庆祥　王　坤　马思宇　宋　超　何　帆　李明明　刘　博　粟　棣
赵伟楠　陈恒忍　陈思勇　高　芳　马　健　范　岩　李小雨　徐　欣　杨琳琳
赵君霞　王　玲　向　为　李　军　梁　伟　周　方　焦　健　乐可欣　刘　华
林义森　杨　光　赵文强　孙光明　王　阳　邢朝阳　张凯丽　陈　勇　陆　鹏
王天宇　陈晋鹏　李晓鸣　奚　翔　肖　俊　周　磊　邓瑞龙　高　宏　黄　倩
肖　潇　祝新玲　马　亮　于水晶　赵　麟　周晓宁　袁　玲　李金方　李　赟
秦　建　孙兴中　方　晓　夏燕妮　李　辛　曹萌萌　程新宇　牛晓菲　王东伟
薛喜平　冯　浩　付　彬　贺一航　邵进智　邵鲁杰　王世强　潘　榕　成友中
傅晓英　张　硕　赵春燕　谷　君　杨　涛　逯晓鹏　李　阳　常　江　李希国
王玉柱　刘东菊　刘　佳　王国栋　杨丽丽　庄　力　胡雨时　李书杰　田春子
马文琳　牛晗晖　张宇峰　赵　虹　张　娟　刘婷婷　刘合叶　许洪伟　王　雪
王均乔　马　楠　孙　奇　唐建强

生物医学工程

彭大静　薛　虎　曾　达　徐　敏　钟江宏　颜　罗　张　彬　林　洋　余　波

经济管理学院（280 名）

产业经济学

张峥嵘　曹秀玲　薄　乐　高小博　夏保强　梁风琳　张一帆　高良英　翁扬菲
李　洁　范　欣　王　昊　汤　浒

企业管理

李　敏　李　刚　董　颖　李静莲　方　娜　邢海恩　石颖颖　成添渊　张　琴
苑俊杰　刘江涛　宋建华　王通杰　李　宁　赵　玥　丁金凤　杜　玲　李文玲
吴　平　袁　博　陈　爽　刘　明　楚立松　文映春　张　莉　黎立博　牛　江
田　野　邹　博　王炳文　董　静　苑宝磊

统计学

陈剑峰　孟迎春　刘瑞枝　尤笑宇　刘雪艳

物流管理与工程

张　艳　许建晓　刘　琼　赵志荣　李　娟　卓海静　叶　菁　张道臣　孙明燕
黄锋权　段永理　刘　憋　胡　茜　陈　磊　倪　铮　崔　雯　刘　露　牟　政
祝　丽　孙明辉　罗　平　郭　雯　徐倩倩　赵云鹏　于　冰　李俊辉　李雁华
袁　博　高　翔　郭绍君　伍雨竹　邵自银　陈淑娴　杨文娟　丁　玙

信息管理

高　鹏　郭　勇　赵　元　陈永岚　周俞波　洪子元　吴　丹　蔡林希　王晓红
段丽娜　时卫静　顾　涛　孙慧环　肖　晓　张　艺　段文文　万　星　周裕杰
盖　芳　李　娜　黄　妍　蒋　蕾　王　璇　高　鹏　周吴尧　葛洵洵　徐进华
王　晶　王婧宇　孔垂云　李　杨　邹　萍

会计学

夏　曦　贺华溢　徐旭永　高　燕　裴　芳　沈　丹　王佳磊　谭丽娜　潘小苏
石秋燕　王　利　戴玲玲　李莎娜　于丽云　张　娟　周慧芳　张佳佳　李佳晋
刘　宇　齐　艳　朱　栗　袁　凌　沈　鲲　杨　番　杨晓鹿　刘雅涤　敖文豪
康勇攀　白　雪　韩爱婷　陈海丽　马志博　徐　淼　张　颖　张　慧　孙晓旭
卞　艳　姚茂云

区域经济学

赵　培　郑宏丹　刘　静　张　希　窦佐伟　刘文佳　武　超　程　健　高　榕
靳亚杰　石茗露

金融学

马卫凤　魏　帅　王佳莹　张　莉　莫国刚　赵宇新　李宝英　崔　露　樊泽雷
李　颖　王亚兰

劳动经济学

耿　元　李晓娟　焦自英　张　楠　李小佳　栾　娜　刘晶晶　田洪川　谢惠知
孟　睿　杨　思　孙军昌　刘丽莎

管理科学

黄　晨　温志奎　张　琳　刘艳艳　何如海　马基伟　杨艳成　马　丽　王鹏慧

物流管理与工程

邹　慧　王　云　俞　林　梁丽强　王墨涵　韩占飞　李汝仙　付　凯　陈　曦
任　杰　刘东圆　倪志伟　陈文佳　樊毓卿　冯晓琴　何国建　董　宇　龙　琪
朱宏意　曹　娟　卢　茜　王明阳　朱皓洁　王玉洁　朱　敏　张　轩　邱　实
李　乂　刘　婷　臧　婧　冯雪皓　胡跃雪　乔洪波

工程与项目管理

王丽君　杨雁娇　赵莹莹　张婧韬　边学迪　陈　思　张孝荣　刘家聪

安全管理与工程

桂　娜　马小军　焦　峰

旅游管理

方晓勤　郭雅琴　李　玥　柳晓霞　王　乐　曹　燕

技术经济及管理

李冬雪　陈宇虹　刘　欣　曾年初　郭　卉　何莉华　赵　嘉　陈　璐　谭毅新
董　婷　王晓荣　郎云峰　赵天阳　赵　岩　孙　霓　马天舒　王　仲　王　栋
李　原　孙　明　申海云　王　栋　庄　众　王　薇　王文姣　杨晓芸

安全技术及工程

韩文珺　李　清　陈梅芳　贾子若　杨慧娟

交通运输学院（180 名）

交通运输规划与管理

杨同庆　徐　鹏　阿图尔　戴国华　庞子魁　王　洋　景晓志　兰　鹏　王　莹
杨宏图　王金宝　邢建荣　陈　强　权磊磊　余朵苟　张　戬　汤荣臣　宇海龙
薛晶晶　曹劲劲　李晓刚　李　蓉　岳英焕　王　鹏　刘志萍　罗晓玲　黄远春
李中海　柴　茜　田照丰　张　政　刘　叶　杨东方　杜少娜　冯卫娜　陈静云
高跃文　余碧莹　张　娟　郭　钰　王会彬　王　炜　周怀慧　李彦陶　李学东
李　伟　郭　然　刘婷婷　柳　波　王　静　武　娟　靳雄焕　李聪攀　周　俊
张建鹏　蒋启文　马　莉　田　梦　王延超　高美洁　李晓英　陈　旭　徐勇丹
赵　虎　丁洁冰　石　博　史晨锦　唐保刚　王　琦　芦　宇　缪道平　张一梅
邹　晖　金基云

系统工程

陈　宇　魏丽丽　苟喜霞　李伟征　何　波　孙　旭　陈　石　付鹏威　刘　艳
王建波　郑德署　赵凌敏　黄静云　刘　洋　谢　芳　金　国　李　实　李小帅
宋惠娟　袁　涛　王翠华　许志芳　王和平　王晓华　李要娜　张　兴　郑友妍
张铁金　周　韬　谢海垚　刘　岩　吴文龙　许中容　于晓波　朱　诺　何建中
张生润　李明珠　杜　洁　邱　芳　高国飞　胡志嘉　马维君

安全技术及工程

王　雄　邓　文　肖雪梅　张乳燕　江　伟　郭晓妮　丁小兵　杨　翔　梁英慧
时　旭

系统理论

宋玉鲲　杨　康　陈柏谦

系统分析与集成

管立加　庄　倩　韦思明

智能交通工程

舒国辉　史元超　孙晓亮　林如铁　张　辉　张琳琪　龚　珊　梁媛媛　吴　华
李福双

运输与物流

梁丽梅　张　颖　刘文华　王　颖　刘　伟　张中伟　赵明佶　李　楠　武　弦
谢　平　万　涛　张　颖　马　跃

城市交通工程

刘衍希　朱连红　张国斌　秦雪梅　李　茜　叶婷婷　苏　娟　涂　钊

交通安全工程

张明春　胡　雪　段晓宇　葛大伟　胡风山　董晓婷　姜姗姗

环境工程

王　涛　张保丰　王　乾　李海花　臧程程

电子商务

田　雅　王雪冰　张　瑞　马　蕾

土木建筑工程学院（225 名）

结构工程

李　靖　赵媛媛　宋月箫　鹿少磊　杨学超　朱　渊　黄硕峰　景　丹　赵利强
梁国亮　邵方方　战　鹏　李　荻　张志亮　赵　帅　郝朝东　罗肇宁　王敦华
安小平　邓思溢　王　伟　许方强　周　峰　胡　杭　谌　伟　李　鹏　刘　伟
张晓腾　崔　娟　黄季阳　张　炜　顾赫巍　郝　杰　徐　健　曹凌霄　王博如
陈　峰　辛炯明　郑奉川　张　蝶

岩土工程

历永杰　任　鹏　胡晓勇　阙坤生　王运栋　姚　涛　汪　磊　王　建　李春生
张　勇　赵乐之　陈孟乔　刘宜平　粟　缤　于学敏　高　伟　张　宇　郭家奇
任　晔　王　路　柴文书　蒋英礼　刘　洋　王靖安　杨兆辉

市政工程

张　蕾　崔青松　侯春凤　水远敏　胡　琼　赵旭东

防灾减灾工程及防护工程

刘清华　张仕玉　马凌飞　翟延峰　李　林　李　明　贾高锋　彭　雄　杜　伟
刘国兴　强文涛　王　挺

地下工程

王　军　王明飞　黄　烨　肖　衡　苏　彦

地质工程

郭　蒙　张　宁　刘　强　刘　晅　邓兆俊　王　旭　王　超　王　东　高常亮

环境科学

崔国生　岳　峰

环境工程

张　波　吕泽瑜　魏小明　张　伟　李　娟　倪　帆　赵宏峥

固体力学

畅若妮

流体力学

何鸿涛　朱　升

工程力学

刘秦智　罗　聪　许雅玲

桥梁与隧道工程

孙美丽　徐　丽　郑帅泉　康景亮　王亚东　李兆国　张　铮　陈新栋　张耘获

徐冬健 范宏柱 吕海英 韩 冰 胡 静 贾 渊 张 帅 荣 峤 段 志
马少飞 张 坤 张云必 张彦龙 王永刚 冯芝茂 李 东 邵安东 王占奎
孔令峰 赵广敏 郑 辉 周 婷 申国奎 阎 亮 范 勇 王 亮 魏珍珍
甘 森 郭 靓 严竞雄 袁 慧 程志鹏 于清浩 安 毅 蔡超勋 冯 帆
王 超 韩大勇 李昊煜 潘春璠 刘继林 郭宏伟 吴介普 乔晓琳 吴 庆
杨 娟 张 俊 董 阁 蒋红根 兰 巍 刘 磊 于 轲 张洪涛 汪婕舒
周金录

环境岩土工程

宋 琪 秦小明

摄影测量与遥感

刘春影 蒋金雄 李晓芳 李 辉

道路与铁道工程

李三兵 刘 飞 王子甲 张慧慧 李 伟 沈增涛 曾 祥 李耐振 常卫华
郭积程 刘 玮 滕东宇 刘 峰 齐茂利 闫子权 邴桂斌 林海侠 王志军
玉俊杰 王香丽 张 晋 李 明 刘志涛 麻金伟 王汉民 纪雪艳 姜 良
王 婷 荆禄波 刘 昊 商丽娜 叶佩文

城市轨道工程

赵 亮 刘宗彬 李慧杰 刘新岗 吴 昊 崔立秋

土地资源管理 5

许婷婷 钟 华 毕志超 李瑶瑶 宋 鹏

机械与电子控制工程学院（137 名）

车辆工程

李丽丽 沈艳祥 易 权 毛 贺 于兆华 郑志宏 纪铅磊 闫 旭 张永贵
袁 锋 曹守彬 杨朝阳 张福全 高 攀 曾 亮 郭乃文 张 博 王 立
陈金钟 林伟健 韩亚楠 王亲敏 张 鹏

机械制造及其自动化

蒋道顺 凡增辉 孙 晶 辛 浩 宫明兴 徐金墀 陈彦飞 郭玉兵 孔德隆
张 钰 杨 涛

机械电子工程

崔言坤 闫 波 燕增伟 何 霁 刘伟奇 母东杰 王 鹏 赵立策 王晓宇
司 伟 张 俊 马 驰 卫研研 魏 强 舒 浩 赵志华

机械设计及理论

陈江红 刘荣星 岳 聪 钱 晨 张振宇 王 璐 田耀斌 王子成 张海峰

动力机械及工程

牛有城 余以正 黄加胜 刘 杨 杨文昊 王昆仑 甄旭东 刘 峰 毕海波
陈 婷 王 婷 郑士卓

安全技术及工程

王 浩 张新涛 扈园园 曾剑群 张洁浩 杨 强 叶怀胜 赵剑飞 杜 薇

李　培　刘　倩　李　颖

材料学

刘云云　孙春华　李茂欣　康建松　朱剑峰　李欢欢　陈树涛　刘翠枝

材料加工工程

蒙晓涓　王欣欣　王文娟　李青阳　王　勇　严　恺　邓福平　竺超今　孙红梅
吴　昊　余惠玲

工程热物理

陕芳芳　李书营　李鸣扬　范　奇　马　悦　权　力　季　双

检测技术与自动化装置

关　键　孙永超　蔡迪狄　韦　正　张　强　杨　敏　李　玮　郝佳龙　李　涵
王智琴　吴俊伟　赵佳萌　刘玉琳

载运工具运用工程

刘渊文　何　莹　李卫威　赵　岩　孙晶晶　元艳玲　张晓帆　陈文辉

环境工程

陈　亮　王　欣　姜玲玲　刘耀东　张　鼎　卢保玲　温　媚

电气工程学院（133 名）

电力电子与电力传动

罗荣娅　左　峰　秦春江　贾振宇　刘承宗　丁桂林　杨　斌　时智勇　万　磊
黎　林　李　明　盛大双　孙　璐　朱　峰　林　杰　王爱国　郑　飞　陈　宁
解　枫　王天亮　李凯旋　刘纯金　石　磊　殷振环　李明娟　杜永红　郝明亮
苏　劼　王少林　张玉杰　邱　晨　李　莎　王文军　张　晔　穆云丽　王秀清
薛旭恒　杨　宁　刘保杰　任　飞　徐丹旭　柏泽龙　马　力　王佳曦　马　珺
尹潮鸿　张子良　顾　赟　黄云鹏　邱晓露　冯　轲　王　丹　郑惠超　宗　波
胡海江　李欣媛　王宝归　朱春巧　揭志熹　王金东　韦　洁　叶　华　郑巨明
李　晶　张　杨　张中向　唐志军　岳玲玲　田石钟　汪卫军　黄泳均　盛彩飞
王颖超　吴学明　郑华熙

电力系统及其自动化

张珺菲　潘　睿　梁钟晖　伏松平　郝　帅　王晓明　乔凯庆　赵唯克　赵　文
韩　冰　洪秀丽　马永跃　杨少兵　刘　靖　谢添卉　袁志鹏　张纪伟　胡可峰
张学武　王　蕊　徐　玮　刘崇伟　张　浩　周兴韬　周　垚　汤　文　刘晓民
周东朋　迟美丹　龚廷志　麻建宗　张殿睿　吕锦柏　白晓磊　任志莲　顾洪凤
王玉梁　阿　地

电机与电器

秦　伟　陈盼盼　程　强　许智斌　杨艳芳　张　倩　李　杰　李　倬　王　云
郑立纹　梅业伟　王凌云　陈东雷　陈新红　刘北阳

高电压与绝缘技术

严　伟　范小科　陈一民　陈占富　王钦冰

理学院（97 名）

物理电子学

胡　涛　阚鹏志　何　桢　李　婧　王　涛　贾　佳　王　俏　张　迪　解凤贤　哈　谦　陈　凯

光学

周鑫荣　雷德生　唐占军　李　哲　杨　磊　毛雅亚　熊文超　雷和平　许　磊　朱琳爱义

凝聚态物理

张寅宁　樊　炀　施　园　孟韦唯　厉军明

理论物理

黄　殷　蒋景华

光学工程

祁少杰　尹冬冬　陆运章　宋　昕　胡　峰　刘海涛　王智斌　高晓婧　赵　曦　邹　业　岳鹏远　史增辉　林国栋　李德刚　疏　达　史晓军　岳　欣

生物物理学

张　强

生物化学与分子生物学

韩鸿雅　王　鑫　谭现伟　刘延风　华　颖

材料物理与化学

陈小川　宋　渊　吴洪鹏

化学工程

孙　琨　左言飞

应用化学

魏晓岗　沈敏

基础数学

明玉瑞　任颖颖　胡美林

运筹学与控制论

闫绍彬　王桂艳　魏庆举　王　晓　张彦芳　付学东　封二强　张　娜

应用数学

景柳青　孙　倩　王　霄　王华颖　李　慧　姚锦桃　万伟娜　丁小文

概率论与数理统计

冯　娴　王　艳　于恒松　陈海霞　王天送　陶　芸　高　瑜　申晓斌　廖　哲　闻　国　武晓利

计算数学

田　玮　安徽燕　郭丽霞　李彩云　李小璐　肖　波　顾兴勇　胡文锦　杨艳芳

人文社会科学学院（78 名）

外国语言学及应用语言学

董昉昭　张　菡　王小娟　李栩薏　张婧超　王梦娅　朱媛媛　董肖肖　金　晶
王建军　左晓丹　张丹清　董　瑞

国际法学

万　琳　李子健　范怡倩　焦晓娇　谭　灵　王梦雅　郑　锐

英语语言文学

陈佳铭　郝运慧　王　佳　赵媛媛　陈阳佳　闻　健　袁　姝　张惠锋　梁　萌
王立坤　李　菲　刘　怡　钱　炜　杨红全

马克思主义哲学

耿慧娟　谢一菡　程卫军　董　黎　张志刚　郝东升　王灵伦　徐一心　王雪蕊
叶宇桑　王　琳

经济法学

李晨华　李　煜　刘海亭　苗　怡　马　敬　韩乐田　王娟芳　侯建伟　聂志霞
牛玉然　李楠楠　师　艺　田一杰　王利丹　郭　倬　刘龙飞　徐　硕　胡敏敏
吴锦雯　徐小飞

马克思主义基本原理

李　莉　陈　梅　张　俊　王　静　高　鹏

思想政治教育

乔黎黎　谭　爽　徐彩华　黄佳芳　于滨滨　李　昂　刘慧敏　陈　颖

建筑与艺术系（8 名）

设计艺术学

徐　进　郑利伟　潘茜茜　刘　璐　吴　丹

建筑设计及其理论

鲍　宁　安渊慧　陈　康

专业学位硕士（563 名）

电子信息工程学院

电子与通信工程领域

胡　新　黄文彦　刘　敏　段启箭　高　刚　刘盛尧　田利民　徐　博　尚伶羚
吴　辰　宗树迎　刘　洋　王子原　潘　盾　谷晓鹏　庞广乾　王晨煜　韩　军
康　士　张朋浩　孙盘军　张得胜　田　锐　王宇锋　李　华　郑予君　童　海
赵永建　操太利　任启军　孙　倩　张武义　陈　峰　任　鹏　赵颖斯　张　雷
高　飞　赵振宇

计算机与信息技术学院

计算机技术

冯　岩　黄禹钦　万宝琦　曹　磊　陈艳冬　黄　晶　刘　泉　刘学军　秦秀芳

孙丹 孙志华 万少松 王东 王羽 张玺 章红 周琰 左志军
冯晶 王祥 于双 张学勇 闫筑峰 刘燕川 张强 赵巍 刘万山
霍建东 黄浩 刘礼辉 周大伟 赵丽 李巍 王辉 肖娟 郭韶斌
李怀舒 魏琼 孙永兴 樊康 李杰 霍江 王鹏 李园 刘建兵
张震霄

经济管理学院

项目管理领域

余雷 张岩 何明亮

物流管理领域

魏静

工商管理硕士

刘志坚 王玉生 倪卉 孙绍强 王子玉 隋秀丽 段雅敏 柴军锋 段艳强
范燕茹 姜岩玲 徐桂茏 辛颖 郑鸣佳 彭磊 彭庆华 黄天兴 付广斌
魏新法 刘大平 任惠英 战蓉 尹成群 马海君 贺喜 邓玉纯 仇昭贞
黄艳 王庆民 焦杨 南文洪 曾文辉 陈朝晖 叶小庆 高瑞德 刘岩
张广磊 常华斌 杜珺 冯焕超 高俊梅 崔青涛 丁毅 焦战红 田晓赫
吴军 刘全明 王嘉琳 梁耀智 郑志峰 黄剑锋 李强 孙百贺 周文平
何培钢 杨志威 张玉刚 范东 刘玮 李颖俊 刘志强 孙庆军 吴昀凌
徐晖 史方清 陶晓冬 王佳 崔旭辉 涂怀刚 郭克岳 钮军 尚立贤
孙永强 杜绍斌 毛海东 史静 郭文静 李凌 曲宁 张燕平 戴天
田华 安巍 刘宁 贾伟艳 马少君 王凯 周春华 李晓冬 滕永锋
黄杰 陈克俭 胡冰 赵飞 林灿 郑博文 林杉 王秀峰 曾卫林
刘旭 陈元法 刘德旺 叶英华 刘智勇 石海洋 巴君鸿 姚建来 迟纪峰
崔小楠 陆佳 杨克才 陈葆华 夏文青 薛翠梧 宗旭辉 程惠云 韦鹏华
武欣慰 卢莹 李振宁 王立公 韩沂树 王亮 任潇 孙凯 窦志强
钟淑芬 邱慧青 任旭 郭效东 孙毅 房树森 梅泽钧 杨照军 代德民
李明 汪秋林 王华玉 翟春霞 马炳茹 赵玉成 唐珣 朱文涛 付瑶
张清岭 傅彤 李铭军 王风明 杨晓伟 范政 王新民 王雅丽 官雪梅
宋振斌 潘立炜 郭悦 马剑 马立荣 姜佳男 王艳云 褚姞 黎杰
刘林 史欣鑫 李娟 于海静 邓婧 陈建军 董媚娟 姜松俊 李利
李荣国 王京 陶毅 许仕君 高双文 李统升 祁国平 马欣 游潮平
段清亮 卢小青 范继斌 李楠 姚达平 刘剑 刘静华 沈祎颂 陶邵武
王石平 张光远 王新丽 赵坤 李桂萍 刘攀 宋鹏 郝鲁华 康才品
刁原萌 吴国燕 王海燕 赵瑾 韩志华 王琳 国劭 王庆声 解溦
李少先 韦方亮 伍小波 张天海 陈自祥 陈修俭 于一军 杜建清 郭勇
霍晶 刘鸣 刘恒 张怡 黄蕙 祁玉楠 谢忠贵 冯颖乾 陈辉雪
马雁来 王云柯 孙延辉 张玥 邓颖 张衍真 费照伟 刘娜芹 杨春怡
赵钢 曹传平 李腾 李源 王江 雷伟峰 李睿 蔡博润 文奇
关智华 于振 郗玉平 宁中梁 王琪 黄中坡 宋冰 王玉光 苑凌

张　昕　姜晓庆　李定环　殷书波　李　让　宋志国　王　霞　杨　帆　朱晏煜
冯如娟　马兴辰　王立柱　赵　璐　汪玲娟　邢智超　段志锋　杨凌云　龚　辉
岳　蕾　范旭东　贾贤威　孙　杨　张长达　牛其峰　曲　蕾　徐立华　黎金银
陈　好　Ndeye Khady Ndiaye　Babacar Drame　Ndiawar Diagne　Mamadou Seck
Mouhamadou Gabriel Ndoye　Sokhna maimouna Faye　Tegesh Menkore
Maniphone Nonthaxay　Wang Ola　Ayenyo Kokou Klassou　Emile Rwagasana

高级管理人员工商管理硕士

赵　俊　刘春彦　张丽云　李建卫　王俊元　刘建生　庆国祝　胥俊峰　章　强
王建明　王宝申　贾存琰　赵　力　张学军　王大勇　王金生　金卫东　岳增才
崔　莉　周彦军　付洪岭　魏　民　王晓江　张　炜　李新中　宿　宁　邵　伟
朱家春　赵建奇　杜士波　魏广民　崔绍宇　杨印朝　刘　浩　田　欣　刘彦忻
甄连雨　高焕民　董雨善　杨桂清　韩莉莎　赵丽树　张　捷　吴永华　爱　伦
黄　莺　张宏亮　杨宝华　何松林　李智光　郭大勇　张　华　张　寻　潘建才
党宇博　尹晓洁　杨祺雄　沈智慧　阎　岩　耿建华　王业成　顾士彬　毕彦春

交通运输学院

交通运输工程领域

郭尽朝　陈　军　葛湘丽　李雪东　李　忠　刘　皓　庞鸣雷　史铁法　舒晓霞
王文斌　薛战军　周铁军　李乐明　孙　辉　张　琢　许振华　刘亚南　蒙君亮
周董文

物流工程领域

孟凡栋　郝玲花　孙志刚　王福海　吴　林　朱新宇　佟云飞　董玉东　许　峰

土木建筑工程学院

建筑与土木工程领域

段剑峰　安益进　杜景明　霍君娣　刘　晖　翟云明　张　军　刘青英　申腾飞
王　健　吴建忠　谢校亭　杨冬梅　赵梦晨　周长兴

交通运输工程领域

黄先国

机械与电子控制工程学院

机械工程领域

张文涛　卢必昌

车辆工程领域

叶顶康　杜建伟　张　旭　陈树福　胡　昊　邱桂永

电气工程学院

电气工程领域

顾翼南　郭　艳　兰慧峰　刘　强　颜　睿　陈　校　刘　甲　牛雪梅　田　芳
王建宇　姜宇平　李　军　李世建

软件学院

软件工程领域

廖述魁　张永强　王彦芳　段勇涛　顾成杰　姜文广　张宏智　刘　鹏　马　冰

郝米琪　李丹丹　杨　杰　周飞宇　杜　渐　陈岗山　任怀德　贺丽红　王绍科
史笛扬　王　昆　马志强　方少华　常贺勇　李　媛　王宥萱　肖栋哲　邱振生
苏　宁　王正韬　魏　佳　张　羽　左　超　李周全　戚　岩　苏巧运　摆卿卿
王　雷　葛　扬　张建伟　孔　勤　李涵适　李　爽　王齐跃　刘　爽　朱　杉
石怀万　王博远　白　洋　王　东　林　可　王　超　单　鹏　李思齐　李　铁
刘　洋　包尔固德

同等学力申请硕士学位人员（5 名）

计算机与信息技术学院

计算机应用技术

董建鑫

经济管理学院

管理科学与工程

刘云华

企业管理

隋小东

交通运输学院

交通运输规划与管理

徐　迪　张景宏

高校教师申请硕士学位人员（6 名）

经济管理学院

企业管理

刘　舜　宋晓黎　丁晓艳　宋雅楠　仝若贝

土木建筑工程学院

结构工程

李金娜

本、专科教育

【综述】

2009年，学校确定了深化人才培养模式改革的主要思路及预期目标，在继续开展“一个制定、四个推进和两个落实”的基础上，进一步强化了拔尖人才培养。在质量工程项目的建设上和四年一度的国家教学成果的评选中取得了新的突破，其中申报成功国家级实验教学示范中心建设单位1个、特色专业建设点1个、精品课程6门（3门网络）、双语教学示范课程1门、教学名师1名、教学团队3个、精品教材3种、大学生创新计划项目50个。获得第六届国家级教学成果一等奖2项、二等奖4项。获得北京市教学成果一等奖9项，二等奖9项。

【质量工程】

2009年是教育部实施“质量工程”的第三年，按照学校“质量工程”实施方案的部署，本科教学的重点工作是以提高教育质量和教学水平为目标，全面实施2008本科人才培养方案，加快推进学校本科人才培养模式改革的步伐，构建适应研究型大学建设的本科创新人才培养体系，强化学生的实践能力与创新精神。

5月21日，学校召开了2009年本科教学工作会议，宁滨校长作了题为《深化人才培养模式改革　开创全员育人新局面》的报告，全校围绕如何以提高学生创新能力为核心，进一步深化改革与强化建设，破解人才培养模式改革中的重点与难点工作等开展了相关文件学习和教育思想大讨论。学校层面针对2009年工作要点组织了教学大纲制定、人才培养模式创新实验区和特色专业建设、大学生科研训练体系实施3个专题研讨会；学院层面结合学院实际，组织了9次不同规模研讨和学院本科教学工作会议，形成了推进改革和建设工作的具体措施和办法。通过校长报告、校院两个层面的交流研讨，进一步梳理了目标和任务，形成了共识，明确了工作方向。

3月，学校全面启动了本科教学大纲的修订工作，以《北京交通大学关于制定本科教学大纲的指导性意见》为指导，全面落实2008培养计划对人才培养模式与教学模式的整体设计，大力推进人才培养模式改革，培养学生自主学习能力、创新精神和实践能力，构建有利于学生自主学习、主动研究和探索的创新人才培养体系。本次教学大纲修订内容涉及学校主要基础课程、各专业主干课程、创新实践教学类课程在内的近600门课程的教学大纲或实施方案。与以往相比，重点实现了以下三个方面的突破：一是主干课程的教学大纲突出研究性教学模式，引入研究性教学的载体设计、模式设计和考核方式设计；二是大学生创新性实验计划项目和学科竞赛指导纳入课程化管理，建立以学生为主体、以问题和课题为核心的教师指导模式和学生学习模式；三是双语教学课程大纲规范化管理。对新教学大纲进行的整体设计，保障了培养方案的教育理念、培养模式与教学模式的设计思想切实落实在课堂与实践教学的各个要素与环节中。针对三个突破的要求，组织开展优秀教学大纲评选工作，共评出优秀研究性课程大纲、双语课程大纲、大学生创新性实验计划项目和学科竞赛项目实施方案

40 份；组织召开教学大纲制定交流研讨，互相学习借鉴；完成近 600 门教学大纲的制定工作，对重点推进的主干课程研究性教学、大学生创新性实验计划项目、学科竞赛、文化素质类课程大纲共 498 门统一汇编成册。

7 月 7 日，为进一步推进人才培养模式改革，学校发布了《本科人才培养模式改革相关指导性文件的通知》，印发了《北京交通大学关于制订本科教学大纲的指导性意见》、《北京交通大学关于人才培养模式创新实验区建设的指导性意见》、《北京交通大学关于拔尖创新人才培养实施导师制的指导性意见》、《北京交通大学关于实验室开放的指导性意见》、《北京交通大学关于优秀本科生提前选修研究生课程的管理办法》等 7 个文件，通过指导性意见和管理办法，进一步推进 3 类拔尖创新人才培养，为拔尖人才的成长创造更加有利的条件和环境。

11 月 13 日，“轨道交通人才培养模式创新实验区”获批北京市人才培养模式创新实验区建设项目。

【专业建设】

学校积极开展特色专业点的建设，根据国家经济、科技、社会发展对高素质人才的需求和学校定位，突出办学特色，着力培养 3 类创新人才。

强化数理基础，培养具有学术研究潜质的创新人才。以多学科复合型创新人才培养模式实验区为载体，研究与探索了拔尖创新人才培养模式，实施了“三位一体”的导师制、“科学思维训练—研究性教与学—科研创新实践”的培养方法、“多次选择”的管理机制，制定了《科研训练一体化方案》、《导师组管理与指导流程》，重点进行了 10 门主干课程建设，完善了网站，丰富了资源；一批优秀学生脱颖而出，实验区毕业生 85% 继续深造；10 名学生被保送到北大、清华和中科院；学生在挑战杯——全国大学生课外学术科技作品竞赛决赛中获二等奖；“厚数博理、学科复合、践实笃行、自主发展—探索创新人才培养新模式”获国家级教学成果二等奖。

依托优势特色学科，培养工程型创新人才。瞄准国家对轨道交通工程型拔尖人才的迫切需求，加强 7 个行业相关专业建设，建立轨道交通人才培养模式创新实验区，围绕轨道交通前沿理论与技术整合了专业主干课程体系，构建了 7 门轨道交通综合性课程，制定了培养方案，实施了“3 + 1 + 2”培养模式；规划建设了涵盖铁道交通、运行控制工程等 7 个方向的 60 余种特色教材体系；市级“城市轨道交通校外人才培养基地”探索了北京地铁订单式培养“3 + 1”模式班；轨道交通人才培养模式创新实验区进入北京市级人才培养模式创新实验区建设行列；“面向国家重大需求，培育具有轨道交通特色的创新型工程人才”获国家级教学成果一等奖。启动了“轨道交通卓越工程师计划”，组织 6 个相关学院和轨道交通特色专业进行研究，制定了《轨道交通卓越工程师计划工作实施方案》、《轨道交通卓越工程师计划培养方案》以及 7 个专业轨道交通卓越工程师计划的培养标准、培养方案和企业学习方案。

推进国际工程教育，培养复合型创新人才。“国际化创业型工程与管理复合型人才培养模式创新实验区”构建了“工程 + 管理”的课程体系，探索了 CDIO - 以产品或服务的全寿命期为过程导向的教学模式，“面向经济全球化的工程教育改革战略研究”获北京市教学成果一等奖。“精英型国际化软件工程师人才培养模式创新实验区”与企业共建教学指导委员会和多元化师资队伍，引入了卡内基梅隆大学软件工程专业系列课程，构建了面向市场、面向领域的“厚基础、重应用、精方向”的课程体系；探索了基于项目学习的“做中学”自主研究性学习模式，实施了“专职—兼职—专兼结合”的2+1+1教学模式，探索了“学习—实训—再学习—再实训”的能力培养方法；连续三年一次就业率100%，成为6家大型软件企业的精英型软件工程师人才培养基地。2009年“精英型国家化软件工程师人才培养模式的探索与实践”获国家级教学成果一等奖。

9月，交通工程专业获批国家级特色专业建设点，光信息科学与技术专业获批北京市特色专业建设点。学校国家级特色专业建设点总数达到11个，即通信工程、物流管理、软件工程（设3个专业方向）、交通运输、机械工程及自动化、经济学、计算机科学与技术和土木工程、交通工程。

12月，学校对2007年以来批准建设的国家级和市级特色专业建设点项目进行检查评估。学院各专业点以书面年度进展报告形式进行年度建设工作总结，学校汇总各专业点建设情况，形成学校2009年特色专业建设点建设进展情况报告。通过年度进展报告检查形式促进了各特色专业建设点的建设和改革工作。

2009年学校投入特色专业相关实验室建设经费总计954.2万元，重点强化了交通运输、土木工程、机械工程、通信工程等专业实验中心的硬件建设，进行设备更新、升级和实验室环境建设等，重点推动了交通运输、土木工程、机械工程等实验中心的学科专业与实验室的一体化建设。专业主干课程教授上课率提升为72%；重点推进了专业主干课程研究性教学，近百门课程实施了研究性教学，200余门课程将研究性教学模式固化到了教学大纲等教学基本文件中。重点推进了专业研究方法课程群建设，经济学、管理学、物流管理、交通运输等开设了专业研究方法论课程；采取项目拉动，促进专业研究方法课程建设的研究与实践，设立了“机电大类专业研究方法论课程建设的研究与实践”、“光信息科学与技术研究方法课程建设”、“通信工程专业研究方法论课程建设与实践”、“自动化专业研究方法论与铁道信号专业研究方法论课程建设与实践”4个校级课题开展研究。积极推动特色专业建设，提出了特色专业建设点网站建设的指导性意见，组织开展了特色专业建设点优秀网站评选，2009年评出4个优秀特色专业网站。

【课程教学】

学校按照本科人才培养模式改革的整体要求，全面落实2008年培养方案，在课程教学方面，重点采取了如下改革措施。

1. 推进重要基础课程分级教学

进一步完善和实施了大学数学、物理、英语、计算机等基础课程分级教学方案，加大了课外学习要求，加强了习题、答疑和平时考核，突出了对学生的思维和方法训练。

2. 推进专业主干课程研究性教学

主干课程全面实行小班授课，排课中优先满足专业主干课程需要，同时加大主干课程的排课周学时，以开展研究性教学活动，将知识传授和研究能力的培养有机结合，建立有利于学生自主学习与科学研究的教学模式。制定主干课程与重要基础课程研究性教学大纲共286份，评出优秀主干课程教学大纲33份，全面指导和规范教师在课堂教学中落实创新人才培养目标要求，调动学生主动学习的积极性，培育学生研究性学习能力。开展优秀研究性教学方案设计和优秀研究性教学训练载体评选，评出优秀研究性教学方案14份，评出优秀研究性教学载体13项，拉动了全校主干课程研究性教学水平的提高；积极开展教学研究，2009

年全校 7 862 人次参与了 416 次各个层面的教学研究和研讨活动，发表相关论文百余篇。根据日常监控、各项检查交流活动以及学生问卷调查情况，大部分主干课程已初步实现研究性教学模式的转换。

3. 推进科学研究方法论系列课程建设

顶层设计公共类、专业基础类和专业类 3 个层次的研究方法课程群，设立了 8 个校级教改课题，以项目拉动方式促进专业研究方法课程群建设研究与实践，使该类课程真正成为学生步入专业学习和科学研究的“引领课”、“桥梁课”、“研训课”，共设置专业导论、科研技能训练、研究方法论等课程 92 门，现已开课的为 48 门，共计 100 个课堂。方法论课程的开设受到了学生的欢迎，学生反馈意见表明，很多学生提高了科学研究的兴趣，增强了自信；初步掌握了科学研究的思维方式、基本技能和基本方法。

《软件系统分析与设计技术》、《道路交通管理与控制》、《桥梁工程》、《大学英语（网络)》、《计算机安全（网络)》、《企业物流管理（网络)》6 门课程获批国家级精品课程建设项目，如表 11 所示；《ERP 理论与实践》、《电子商务系统的分析与设计》、《工程力学实验》、《工程训练》、《软件系统分析与设计技术》、《电气工程专业综合设计》、《马克思主义基本原理概论》7 门课程获批北京市精品课程建设项目，如表 12 所示；《数据库系统》课程获批国家级双语教学示范课程建设项目。

表 11　北京交通大学 2009 年国家级精品课程清单

序号	学院	课程名称	负责人	职称	批次	批文号
1	软件学院	软件系统分析与设计技术	卢　苇	教授	七	教高函［2009］21 号
2	运输学院	道路交通管理与控制	袁振洲	教授	七	教高函［2009］21 号
3	土建学院	桥梁工程	夏　禾	教授	七	教高函［2009］21 号
4	远程学院	大学英语（网络）	宫玉波	教授	七	教高函［2009］21 号
5	远程学院	计算机安全（网络）	韩　臻	教授	七	教高函［2009］21 号
6	远程学院	企业物流管理（网络）	赵启兰	教授	七	教高函［2009］21 号

表 12　北京交通大学 2009 年北京市级精品课程清单

序号	学院	课程名称	负责人	职称	批次	批文号
1	经管学院	ERP 理论与实践	张真继	教授	七	京教高办［2009］8 号
2	运输学院	电子商务系统的分析与设计	刘　军	教授	七	京教高办［2009］8 号
3	土建学院	工程力学实验	王正道	教授	七	京教高办［2009］8 号
4	机电学院	工程训练	邢书明	教授	七	京教高办［2009］8 号
5	软件学院	软件系统分析与设计技术	卢　苇	教授	七	京教高办［2009］8 号
6	电气学院	电气工程专业综合设计	王　玮	教授	七	京教高办［2009］8 号
7	人文学院	马克思主义基本原理概论	刁志萍	教授	七	京教高办［2009］8 号

【教材建设】

学校积极固化改革成果，支持精品教材和特色教材建设，不断加强教材建设的服务与管理，以进一步提高教材建设的水平与质量。

出版国家“十一五”规划教材 37 种；出版“铁路信息技术”特色教材 32 本。此外，为提高理论课程教材选用水平，学校组织了“学生最满意教材”的评选工作，在总计442种备选教材中，最终评选出各类“学生最满意教材”95种。

《数字信号处理（第二版）》、《电子商务系统的分析与设计（第二版）》、《西方运输经济学（第二版）》3种教材被评为普通高等教育精品教材书目，详见表13；《计算机应用基础》等29种教材获批北京高等教育精品教材建设立项项目，其中重大项目1项，重点项目7项，详见表14。

表13　北京交通大学2009年普通高等教育精品教材书目名单

序号	学院	教材名称	主编或作者	出版社
1	电信学院	数字信号处理（第二版）	陈后金	高等教育出版社
2	运输学院	电子商务系统的分析与设计（第二版）	刘　军　马敏书	高等教育出版社
3	经管学院	西方运输经济学（第二版）	荣朝和	经济科学出版社

表14　北京交通大学获2009年北京市精品教材立项项目名单

序号	学院	教材名称	主编姓名	教材类别	项目类别
1	计算机学院	计算机应用基础	王移芝	修订	重大
2	土建学院	工程力学模块教程	汪越胜	新编	重点
3	土建学院	工程力学实验教程	王正道	新编	重点
4	经管学院	服务科学概论	张润彤	新编	重点
5	经管学院	信息管理与信息系统研究方法论	刘世峰　秦秋莉	新编	重点
6	运输学院	交通流理论	邵春福	新编	重点
7	软件学院	C语言程序设计	赵　宏	新编	重点
8	电气学院	开关电源技术	郑琼林	新编	重点
9	电信学院	现代微机原理与应用	戴胜华	新编	一般
10	电信学院	超宽带（UWB）原理与干扰	朱　刚	新编	一般
11	机电学院	机械设计	李德才	新编	一般
12	机电学院	自动控制原理	李长春　李建勇	新编	一般
13	机电学院	微机检测与控制应用系统设计	余祖俊	修订	一般
14	土建学院	桥梁工程	夏　禾	新编	一般
15	土建学院	测量学	杨松林	修订	一般
16	土建学院	非线性连续介质力学教程	金　明	新编	一般
17	经管学院	经济学原理（双语）	王雅璨	新编	一般
18	经管学院	国际商务谈判	李雪梅	新编	一般
19	经管学院	电子商务管理	黄　磊	新编	一般
20	经管学院	公司财务管理：理论与案例	马　忠	修订	一般
21	经管学院	经济模型与应用	张真继　常　丹	新编	一般
22	经管学院	税收理论与实务（第二版）	王冬梅	修订	一般
23	运输学院	列车运行计算与设计	毛保华	修订	一般

续表

序号	学院	教 材 名 称	主编姓名	教材类别	项目类别
24	运输学院	铁路运输设备	宋　瑞	新编	一般
25	运输学院	高速铁路与重载运输	杨　浩	新编	一般
26	运输学院	预测理论与方法	郎茂祥	新编	一般
27	运输学院	电子商务研究方法论	刘红璐	新编	一般
28	计算机学院	操作系统实践教程	须　德	新编	一般
29	计算机学院	算法设计与问题求解——编程实践	李清勇	新编	一般

【教学改革】

学校以树立先进的教育教学理念为龙头，以全面提高学生实践和创新能力为目标，以人才培养模式改革为核心，以课程体系、教学内容、教学模式及方法改革为重点，以项目拉动为抓手，促进全校教育教学改革的开展。

2009 年新增主持和参加教育部项目 6 项、校级重点教改项目 15 项、校级一般教改项目 75 项，合计投入质量工程和教改项目经费 1 397. 3 万元（部级 643 万元，市级 296 万元，校级 458. 3 万元，其中学院统筹 98. 3 万元）。全校教师和教学管理人员发表教学研究和教学改革论文 195 篇。

进一步加强了对教改项目的过程管理，促进教改项目研究按期保质完成。对 2009 年新批准立项的教改项目，学校均组织召开开题报告；对往年已完成的教改项目学校组织了项目结题验收，通过材料审核、专家组评审等过程严格把关，最终确定有 15 个项目通过学校验收准予结题。另外，还有 7 个项目通过了北京市组织的专家验收，准予结题。如表 15 所示。

表 15　2009 年通过结题验收教改项目名单

序号	学院	项 目 名 称	类别	项目负责人	执行负责人	立项时间
1	机电学院	工程训练教学体系改革与教学效果评价系统研究	市级	邢书明		2005
2	机电学院	机械类专业创新性实践教学体系研究	市级	李长春		2007
3	经管学院	经济管理类实验教学体系的建设与研究	市级	张真继		2005
4	运输学院	城市轨道交通专业方向创新型教学方法的研究与实践	市级	毛保华		2006
5	教务处	基于自主性学习和研究性教学的本科教学模式的研究与实践	市级	屈　波		2005
6	教务处	基于做学融合的科研训练体系研究与实践	市级	侯永峰		2008
7	教务处	工科实验教学方法与手段改革研究	市级	张　樱		2006
8	机电学院	运用研究性教学模式全面提高机械类人才培养质量	校重点	李长春	李长春	2005
9	机电学院	专业实验室开放模式及其组织管理机制的研究与实践	校重点	李长春	徐宇工	2004
10	经管学院	信息管理专业实验环节教学资源建设	校重点	张真继	张真继	2004

续表

序号	学院	项目名称	类别	项目负责人	执行负责人	立项时间
11	经管学院	工程管理实践课程体系及教学内容改革研究	校重点	张真继	刘伊生	2004
12	经管学院	经济管理学院本科毕业论文（设计）培养模式研究与实践	校重点	张真继	马　忠	2005
13	经管学院	物流管理专业系列实践课程建设	校重点	张真继	林自葵	2005
14	运输学院	交通运输大类专业就业留学生培养的研究与实践	校重点	朱晓宁	朱晓宁	2004
15	人文学院	思想政治理论课新课程教学模式、教学方法和评价体系的创新研究	校重点	孔　琳	颜吾佴	2007
16	理学院	大学数学教学改革的研究和实践	校重点	衣立新	江中豪	2004
17	理学院	大学数学探究式教学模式的研究与实践	校重点	衣立新	江中豪	2005
18	理学院	提高微积分课程教学质量的方法与研究	校重点	衣立新	刘迎东	2007
19	计算机学院	计算机教学综合实验室整体化管理体系建设	校重点	于双元	于双元	2004
20	计算机学院	提升计算机专业本科创新能力的综合教学实践平台建设	校重点	杨晓晖	杨晓晖	2005
21	语言学院	大学英语教学基地建设	校重点	杨若东	蒋学清	2004
22	语言学院	大学英语网络自主学习系统建设	校重点	杨若东	蒋学清	2007

2009 年在第六届国家级、北京市教育教学成果奖（高等教育）评选中，学校共获得国家级一等奖 2 项、二等奖 4 项，北京市一等奖 9 项、二等奖 9 项。在获得部、市级教学成果奖的 18 项成果中，涉及人才培养模式的有 3 项，专业建设 4 项，课程建设 5 项，实践教学 2 项，教学管理 1 项，研究生教学 1 项，其他 2 项。如表 16 所示。

表 16　北京交通大学第六届国家级、北京市教育教学成果奖（高等教育）获奖名单

序号	成果名称	主要完成人	主要完成单位	获奖等级
1	面向国家重大需求，培养具有轨道交通特色的创新型工程人才	宁　滨　李长春　朱晓宁　张鸿儒　房海蓉	北京交通大学	国家级一等奖 北京市一等奖
2	精英型软件工程师人才培养模式的探索与实践	卢　苇　张红延　赵　宏　李红梅　孙海善　唐振明	北京交通大学 北京中软国际信息技术有限公司	国家级一等奖 北京市一等奖
3	开创交互式大学英语教学新模式	蒋学清　李京平　邵钦瑜　辛　丁　谷季春	北京交通大学	国家级二等奖 北京市一等奖
4	厚数博理、学科复合、践实笃行、自主发展——探索创新人才培养新模式	王永生　刘　拓　衣立新　陈后金　张真继	北京交通大学	国家级二等奖 北京市一等奖
5	深化电工电子课程改革　提高电工电子教学质量	陈后金　侯建军　阮秋琦　张晓冬　杜普选	北京交通大学	国家级二等奖 北京市一等奖

续表

序号	成果名称	主要完成人	主要完成单位	获奖等级
6	创新理念，构建“探究型”经济管理实践教学体系	刘延平　张真继　刘世峰　林自葵　常　丹	北京交通大学	国家级二等奖 北京市一等奖
7	建一流物理基础教学平台　促创新人才培养	成正维　吴　柳　滕小瑛　牛　原　王玉凤	北京交通大学	北京市一等奖
8	面向经济全球化的工程教育改革战略研究	查建中　韩德华（Johan De Graeve）　顾学雍　王伯庆　何永汕　陆一平　鄂明成　洪建平	北京交通大学　比利时GroupT鲁汶工程大学　清华大学　麦可思人力资源信息管理咨询有限公司	北京市一等奖
9	工科基础数学课程引入建模思想的理论研究与实践	李　琦　李尚志　孙洪祥　姜广峰　杨万利　钟德寿　周竞学　修乃华	北京交通大学　北京航空航天大学　北京邮电大学　北京化工大学　装甲兵工程学院　中国青年政治学院　北京工业大学	北京市一等奖
10	国家级重点学科引领的经济学特色专业人才培养模式	欧国立　荣朝和　赵　坚　佟　琼　周耀东	北京交通大学	北京市二等奖
11	创新“国际化、研究型”人才培养模式，引领物流管理专业发展	汝宜红　鞠颂东　施先亮　王耀球　李伊松	北京交通大学	北京市二等奖
12	适应铁路建设发展需求，培养具有行业特色的机械类创新型人才	刘志明　张家栋　方跃法　李德才　史红梅	北京交通大学	北京市二等奖
13	潜心打造通信工程品牌专业　着力培养通信工程创新人才	张宏科　张思东　刘云　刘　颖　张有根	北京交通大学	北京市二等奖
14	改革教学机制　建设高水平计算机基础教学实践基地	王移芝　裘正定　陈连坤　周洪利　魏慧琴	北京交通大学	北京市二等奖
15	融通交通运输共性基础理论，创建交通运输大类专业平台系列课程	杨　浩　邵春福　肖贵平　宋　瑞　李海鹰	北京交通大学	北京市二等奖
16	严谨求实坚持自主创新培养高素质博士生	简水生　娄淑琴　延凤平　裴　丽　宁提纲	北京交通大学	北京市二等奖
17	强化执行力建设，创新本科教学管理体系	屈　波　张　樱　侯永峰　魏旺强　谷季春	北京交通大学	北京市二等奖
18	课堂教学与文化、实践活动紧密结合的工科大学生文化素质教育培养模式	颜吾佴　颜吾芟　韩继华　田卫平　王玉萍	北京交通大学	北京市二等奖

【实践教学】

学校从人才培养的全局出发，研究和分析大学生创新教育的基本理论和学生创新实践过程中的问题，提出了“做学融合，研学融合”的实践创新理念，以建设实践创新平台为基础，构筑学生创新兴趣的桥梁。

2009 年组织制定了《北京交通大学关于实验室开放的指导性意见》，以机制与制度建设为保障，进一步落实科研和基础实验室对本科生开放，规范实验室开放时间与开放模式，明确建设内容和要求，形成开放机制，提供创新平台，营造创新环境；2009 年 18 个实验室开设“主要实验室功能介绍”开放性课程，接纳学生 800 余人次；24 位教授开设了 6 组课堂“主要实验室学术前沿讲座”受益学生达到 1 000 余人次；13 个科研实验室和实验中心新开发“主要实验室科技专题案例”，5 组课程试点中约有 100 余名学生受益。各级实验中心“创新天地”设立大学生创新性实验计划项目 200 余项，吸引学生参加科学研究，GSM－R－轨道交通控制与安全国家重点实验室等 12 个科研实验室承担了 378 名本科生毕业设计指导工作。

全年共投入 1 184 万元深入建设全校基础性和特色专业实验室，积极探索科研、学科、实验室一体化建设模式，使实验室成为学生实践和科学研究训练重要场所。于春季和秋季两个学期分别组织开展了“优秀实验项目”评选，共评出优秀实验项目 28 个，进一步完善了实践教学体系、内容，提高了综合型、设计型和自主研究性实验项目水平。

2009 年交通运输实验中心获批国家级和北京市实验教学示范中心建设单位。经过 5 年持续建设，全校形成了以大学物理、电工电子、土木工程和交通运输 4 个国家级、7 个北京市级以及 10 个校级实验教学示范中心为核心的高水平实践创新教学平台。

2009 年与北京铁路局合作建立铁路交通校外人才培养基地校外实践基地，获批为北京高等学校市级校外人才培养基地建设项目。这是继 2008 年城市轨道交通校外人才培养基地获北京市级校外人才培养基地后申报成功的第二个北京市级校外人才培养基地。

【科研训练与学科竞赛】

学校全面实施本科生科研训练一体化方案，推动人才培养模式创新。主要措施除了大力建设实验平台、为学生实践和科研搭建桥梁，专业主干课程开展研究性教学、培养学生研究性学习能力和以研究方法课程群为载体、系统训练学生掌握科学研究方法外，重点以实施科研训练体系为抓手，不断提高学生实践与创新能力。科研活动和竞赛实施课程管理，制定了相应的教学大纲，完善了《北京交通大学创新性实验计划项目管理办法》和《北京交通大学本科生参加大学生创新性实验计划项目的管理与激励办法》，以更加合理的激励和评价机制，为学生科研创新活动提供政策支持。

组织了 285 项大学生创新性实验计划项目结题验收，191 项通过了结题；新增校级 293 项、国家级 50 项，新增参与学生 1 247 人；举办首届大学生创新性实验计划项目优秀成果展示与交流系列活动，以展板、实物展示、优秀作品专集和报告会等多种形式推广和宣传项目成果，营造了浓郁的创新教育氛围，2 个大学生创新性实验计划项目还入选参加了“第二届全国大学生创新论坛”成果展示交流。

进一步完善了国家、市、校三级学科竞赛平台，设置覆盖各学科 3 大类 40 多项重要学科竞赛，形成了所有学生都有机会参与、分层选拔的运作模式；制定《北京交通大学本科生第二课堂一体化建设方案》，促进了第二课堂和第一课堂有机融合、优势互补；承办 2 项全国竞赛和 1 项北京市学科竞赛，共 9 020 人次参加各级学科竞赛 60 项，获省部级以上奖 395 项。在第 33 届 ACM/ICPC 国际大学生程序设计竞赛全球总决赛中，排名第 34 位；在第 34 届 ACM/ICPC 大赛中，再次晋级全球总决赛。6 名学生荣获 2009 年“全国大学生英语竞赛”特等奖。学生参加学科竞赛获奖情况如表 17 所示。

表 17　2009 学生参加学科竞赛获奖统计表

竞赛级别	获奖情况									
	特等奖		一等奖		二等奖		三等奖		单项奖	
	项数	人数	项数	人数	项数	人数	项数	人数	项数	人数
国际级			2	6	7	21			2	6
国家级	7	10	22	37	66	98	119	164	16	81
部市级	2	8	25	64	52	103	72	124	3	3

【毕业设计】

学校对毕业设计（论文）的初期工作进行了抽查，教师提供任务书的整体质量较高，优良率达 78.8%，学生开题报告的优良率达到 79.8%。对毕业设计（论文）工作进行中期检查的结果反映，学生选题大部分能体现专业特色，理论联系实际，体现工程背景，真题真做。根据统计，毕业设计（论文）的选题属于工程设计的为 36.46%，软件开发的为 12.64%，理论研究的为 34.31%，其他为 16.59%，如表 18 所示。从毕业设计（论文）题目的来源看，属于导师科研项目的占 35.03%，导师自拟的占 53.52%，其他为 11.45%，如表 19 所示。检查也反映绝大部分学生能按要求查阅所需的资料，大部分指导老师能与学生定期见面，按时检查学生毕业设计的进度，把握其整体进行情况，保证了毕业设计的质量。经过毕业设计（论文）答辩考核，最终成绩优秀的为 13.62%，良好的 41.09%，中等为 32.65%，及格为 11.60%，不及格为 1.04%，如表 20 所示。

表 18　2009 年毕业设计（论文）题目类型统计表

理论研究		工程设计		软件开发		其　他		总　计	
数量	百分比%	数量	百分比%	数量	百分比%	数量	百分比%	数量	百分比%
1 154	34.31	1 226	36.46	425	12.64	558	16.59	3 363	100

表 19　2009 年毕业设计（论文）题目来源统计表

导师科研项目		导师自拟		其　他		总　计	
数量	百分比%	数量	百分比%	数量	百分比%	数量	百分比%
1 178	35.03	1 800	53.52	385	11.45	3 363	100

表 20　2009 年毕业设计（论文）成绩统计表

项目	优	良	中	及格	不及格	合计
人数	458	1 382	1 098	390	35	3 363
百分比%	13.62	41.09	32.65	11.60	1.04	100

【团队建设】

学校设立并实施了红果园团队培育计划，强化教学团队建设。着力建设一支集国家级、北京市级和校级教学名师于一体的高素质的教学队伍。

2009 年王移芝教授荣获国家第五届高等学校教学名师奖；汝宜红、邵春福 2 位教授荣获第五届北京市高等学校教学名师奖。

2009年运输经济学系列课程（带头人：荣朝和）、交通工程专业系列课程（带头人：邵春福）和计算机基础系列课程（带头人：王移芝）3个教学团队均获批北京市第三届和国家第三届优秀教学团队建设项目。

【质量监控】

学校教学督导组由在教学管理、教学实践方面有突出成绩的离退休教授和专家组成，对教学过程全程随机监控，及时收集、汇总、反馈教学一线信息并提出改进措施，为教学管理提供参考。学校督导组成员为：李振、朱金荣、池宪武、纪嘉伦、任国臣、王庆贵、张凡、王凤至、朱莉莉、梅贻凯。

对教学日历和教案、试卷命题与阅卷等进行常规检查，通过学院普查和学校抽查，掌握了试卷重复率等教育教学质量的第一手资料，为正确决策以及建立和改进教学管理规章与措施提供了必要的信息保证。

学校每个学期均对所有理论课、实验课和体育课进行学生网上评教，并将学生评教数据和督导教师听课情况与学院进行充分交流，作为学校优秀主讲教师和优秀实验指导教师评选的主要依据。新评优秀主讲教师42名，优秀实验指导教师1名。

为促进学校整体教学水平的提高，教务处、校工会、人事处联合开展了学校第七届青年教师教学基本功比赛，比赛内容分为教学方案设计与教学演示（教学内容、组织、语言与教态、板书、思想性等）两部分。经过学院选拔，学校初赛、复赛和决赛，共评选出一等奖3人，二等奖8人，三等奖20人以及最佳教案奖4人。获得校一等奖的3位老师参加了北京市第六届青年教师教学基本功比赛，最终黄辉获得理工组一等奖，闫志刚获得理工组二等奖，唐天巧获得文科组二等奖。

【教学管理】

学校进一步加强教学管理执行力体系建设，积极创新管理模式，强化重点工作推进力度。主要完成了如下工作。

1. 完善政策制度，保障创新人才培养模式改革顺利推进

建立健全教学管理制度，规范人才培养模式改革指导性意见、本科生科研创新实践管理、学生个性化发展管理、质量工程建设、教学改革与教学建设管理、实践教学建设与管理、教学基本规范、教学质量管理、教务管理等9类配套相关政策和管理办法共计78个。

2. 实施教改项目拉动，建立重点、难点工作“联合公关”式运作机制

对重点推进工作以项目拉动和树立样板的方式进行推进，对人才培养中难点工作实施多学院“联合公关”方式进行推进。

3. 强化整体设计，构建“计划—控制—考核”教学管理执行力体系

一是做好三类计划，包括学校年度工作计划，学院年度工作实施计划和重点专项工作实施计划。二是规范过程管理，切实抓好关键节点的控制。设计了规范化的工作表单和数据采集标准，新增工作流程和工作标准15项，确保关键环节和关键节点“不掉棒”。三是推进校院两级管理，完善评价体系。确定年度评价指标体系，设置了日常教学工作、重点推进工作和质量工程项目3个部分共20项指标，对学生创新能力培养相关指标加大了权重导向力度，组织了学期和年终2次教学工作质量评价。

4. 强化服务理念，不断提高教学运行管理水平

一是强化管理信息化建设，积极推进与学院、教师和学生乃至社会的沟通和交流。完善

了本科教学状态数据信息系统构架与信息收集方法，建立了本科教学网站、校主页网站、北京市质量工程简报、教育部网站和教育部简报等多方位、多渠道的信息沟通渠道。“北京交通大学积极构建本科生科研训练与创新实践长效机制，推进人才培养模式改革”单篇信息刊发于《教育部简报》，“北京交通大学新一轮培养计划实现拔尖创新人才培养新突破”等3个单篇刊登于教育部网站，4篇质量工程专题信息发表于北京市质量工程简报。二是搭建优质教学资源交流平台，网站新增专题10余项，完善教学各项业务工作流程和标准38项，强化了网站的数据性、资料性、权威性，为学生学习、教师教学、管理者服务提供支持。三是教务管理更加人性化。更新了排课优先级别设置方案，重要基础课程、专业主干课程优先排课；新生基础课程主校区排课，为人才培养质量落到实处提供条件保障；及时调整教学安排，确保2 800余名同学参加国庆60周年方队演练；启动新版教务管理系统建设，实现学生培养更具个性化、提高选课几率和公平性等功能；实行教学管理首问负责制，及时解决教学与管理中存在的问题；对不同进展的毕业生分类别完成学历和学位电子注册和证书颁发工作；缩短成绩单制作周期，满足学生需求；进一步落实对主考和监考的工作要求，建立由教务处、学生处、各学院教学副院长、副书记组成的校级考试巡视小组，强化校院两级巡视工作，考前通过邮箱、网站、橱窗张贴等方式将考试期间的联系方式公布给学生，方便学生反映情况。

【高职教育】

2009年共有458名新生（其中清河178人，燕郊280人）进入学校高职学院学习。北京交通大学职业技术学院现有两个分院：清河职业技术学院、燕郊职业技术学院，是学校分别与北京公共交通控股（集团）有限公司党校和交通部管理干部学院合办的高等职业教育。

高职学生在校学习期间，由学校负责审定专业培养计划、教学大纲及专业课程设置，负责审定实训计划和实践教学安排。负责对高职教学过程和教育质量的检查、评估和指导，部分专业基础课、专业课及实践环节的指导教师由学校选派有经验的教师担当。

为满足科学技术与社会经济发展的需要，适应市场需求，学校在教育部专业设置的框架内自行调整职业技术学院的专业设置。2009年高职学院设有：法律事务、计算机网络技术、公路运输与管理、高等级公路维护管理、道路桥梁工程技术、城市公共交通管理、旅游英语、计算机应用技术8个专业，在校生共计1 284人。

学校职业技术教育特别注重实际动手能力的培养。两个高职分院分别与相关企业或与企业有直接联系的管理单位联合办学，给实践教学和学生就业提供了有利的条件。在实践教学中，学生与用人单位可以相互了解，双向选择。2009年两个高职分院就业率达到了90%。

根据北京市教委文件有关专升本的精神，2009年学校高职学院按文件规定推荐15%参加北京市和交大本校的专升本考试，达到录取分数线后录取比例控制在8%，共录取了30名学生，分别进入北京信息科技大学的行政管理、工商管理、英语及计算机科学与技术专业本科三年级继续学习，成为正式的本科生。

根据上级有关文件精神及《在校学生应征入伍优抚待遇规定》，清河学院2006级退伍学生尤金锋、王孟基以及燕郊学院2006级退伍学生赵红霞回学院继续完成高职专业的学习。

为全面推进北京市高等职业教育改革发展，迎接北京市教委对北京普通本科院校举办的高等职业教育的调研考察，高职学院积极安排部署准备专家组进校考察方案，及时报送了“北京普通本科院校举办高等职业教育情况报告”、“高等职业教育院校人才培养工作状态数据采集平台”光盘等资料。6月26日，专家组前往燕郊学院、清河学院调研考察，实地听取了汇报，考察了实践教学基地（公路实验室、中交华通汽车检测基地、清河小营公交调度实习基地等），并与专业教师、企业兼职教师及毕业生代表等座谈。专家组一致肯定了学校高职学院与北京公共交通控股（集团）有限公司党校和交通部管理干部学院合办的高等职业教育，显现出合作办学，优势互补；校企合作，工学结合；立足北京、面向全国的以城市公共交通管理和道路施工、维护与管理为特色，协调其他专业发展等特点，并希望学校充分发挥行业优势、以就业为导向，在稳定规模的前提下，使高职教育走内涵发展之路。

【附件5】

2009年北京交通大学本、专科专业目录及本、专科在校生人数

1. 北京交通大学本科专业目录

表21　北京交通大学本科专业目录

学　院	专　业	年级（招生）
电信学院	通信工程（本硕连续）	2006　2007　2008　2009
	通信工程	2006　2007　2008　2009
	自动化	2006　2007　2008　2009
	自动化（铁道信号）	2006　2007　2008　2009
	电子科学与技术	2006　2007　2008　2009
计算机学院	计算机科学与技术	2006　2007　2008　2009
	生物医学工程	2006　2007　2008　2009
	信息安全	2008　2009
经管学院	工商管理类	2006　2007　2008　2009
	会计学	
	财务管理	
	工商管理	
	市场营销	
	信息管理与信息系统	2006　2007　2008　2009
	旅游管理	2006
	经济学类	2006　2007　2008　2009
	经济学	
	金融学	
	国际经济学	
	国际贸易	
	工程管理	2006　2007　2008　2009
	物流管理	2006　2007　2008　2009
运输学院	交通运输	
	交通工程	
	交通运输类	2006　2007　2008　2009
	交通运输类（铁路运输）	2006　2007　2008　2009
	交通运输类（城市轨道交通）	2008　2009
	电子商务	2006　2007　2008　2009
土建学院	土木工程	2006　2007　2008　2009
	土木工程（铁道工程）	2006　2007　2008　2009
	环境工程	2006　2007　2008　2009

续表

学　院	专　　业	年级（招生）
机电学院	机电类	2006　2007　2008
	机械工程及自动化	2009
	机械工程及自动化（铁路机车车辆）	2006　2009
	测控技术与仪器	2009
	热能与动力工程	
	热能与动力工程（汽车工程）	2009
	工业工程	2009
电气学院	电气工程自动化	
	电气信息工程	
	电气信息类	2006　2007　2008　2009
	电气信息类（轨道牵引电气化）	2006　2007　2008　2009
理学院	光信息科学与技术	2006　2007　2008　2009
	信息与计算科学	2006　2007　2008　2009
	理科试验班类	2006　2007　2008　2009
	材料化学	2006　2007　2008　2009
人文学院	英　语	2006　2007　2008　2009
语言学院	法　学	2006　2007　2008　2009
	传播学	2006　2007　2008　2009
软件学院	软件工程	2006　2007　2008　2009
建筑艺术系	建筑学	2005　2006　2007　2008　2009
	艺术设计	2006　2007　2008　2009
	数字媒体艺术	2009

说明：2009 年在校留学生 242 人，本科生 13 910 人。

2. 北京交通大学高职学院专业目录

表 22　高职学院专业目录

学　院	专　　业	年级（招生）
燕郊职业技术学院	法律事务专业	2007　2008　2009
	计算机应用技术	
	计算机网络技术	2007　2008　2009
	公路运输与管理	2007　2008　2009
	高等级公路维护与管理	2007　2008　2009
	道路桥梁工程技术	2007　2008　2009
清河职业技术学院	城市交通运输	2008　2009
	计算机应用技术	2007　2009
	旅游英语	2007　2008　2009

3. 北京交通大学2009年本科各专业在校生人数

表23　北京交通大学2009年本科各专业在校生人数

学　院	专　业	延期	2005	2006	2007	2008	2009	合计
电信学院	通信工程（本硕连读）	2	0	89	69	53	50	263
	通信工程	8	0	179	205	197	162	751
	自动化	5	0	124	119	127	115	490
	自动化（铁道信号）	0	0	63	58	57	59	237
	电子科学与技术	1	0	92	86	87	78	344
	小　计	16	0	547	537	521	464	2 085
计算机学院	计算机科学技术	17	0	176	164	165	163	685
	生物医学工程	2	0	55	52	44	54	207
	信息安全	0	0	0	0	25	54	79
	小　计	19	0	231	216	234	271	971
经管学院	工商管理类	0	0	0	0	151	124	275
	会计学	1	0	88	85	0	0	174
	财务管理	2	0	20	32	0	0	54
	工商管理	3	0	0	23	0	0	26
	市场营销	0	0	21	0	0	0	21
	信息管理与信息系统	0	0	62	54	56	29	201
	旅游管理	2	0	47	0	0	0	49
	经济学类	0	0	0	0	132	93	225
	经济学	2	0	32	31	0	0	65
	金融学	2	0	71	82	0	0	155
	工程管理	3	0	20	30	28	30	111
	物流管理	3	0	64	67	71	88	293
	小　计	18	0	425	404	438	364	1 649
运输学院	交通运输	7	0	0	0	0	0	7
	交通运输类（城市轨道交通）	0	0	0	0	29	62	91
	交通运输类	0	0	209	207	196	145	757
	交通运输类（铁路运输）	0	0	57	63	61	91	272
	电子商务	0	0	53	50	43	30	176
	小　计	7	0	319	320	329	328	1 303
土建学院	土木工程	26	0	272	262	284	284	1 128
	土木工程（铁道工程）	1	0	57	61	60	62	241
	环境工程	1	0	54	52	48	33	188
	小　计	28	0	383	375	392	379	1 557
机电学院	机电类	0	0	0	0	384	410	794
	机械工程及自动化	10	0	121	147	0	0	278

续表

学院	专业	延期	2005	2006	2007	2008	2009	合计
机电学院	机械工程及自动化（铁路机车车辆）	0	0	55	45	0	0	100
	测控技术与仪器	5	0	81	83	0	0	169
	热能动力工程	12	0	77	80	0	0	169
	工业工程	4	0	28	19	0	0	51
	小　计	31	0	362	374	384	410	1 561
电气学院	电气工程自动化	12	0	0	0	0	0	12
	电气信息工程	1	0	0	0	0	0	1
	电气信息类	1	0	258	322	315	324	1 220
	电气信息类（轨道牵引电气化）	0	0	57	0	0	0	57
	小　计	14	0	315	322	315	324	1 290
理学院	光信息科学技术	6	0	140	136	140	117	539
	信息与计算机科学	0	0	106	143	133	121	503
	理科试验班	1	0	54	55	63	105	278
	材料化学	0	0	55	51	46	59	211
	小　计	7	0	355	385	382	402	1 531
人文学院	英　语	2	0	72	57	56	70	257
语言学院	法　学	6	0	89	100	97	102	394
	传播学	0	0	21	45	42	47	155
	小　计	8	0	182	202	195	219	806
软件学院	软件工程	9	0	177	169	178	179	712
	小　计	9	0	177	169	178	179	712
建筑与艺术系	建筑学	2	44	44	41	45	46	222
	艺术设计	0	0	50	48	46	49	193
	数字媒体艺术	0	0	0	0	0	30	30
	小　计	2	44	94	89	91	125	445
	合　计	159	44	3 390	3 393	3 459	3 465	13 910

4. 北京交通大学2009年高职学院各专业在校生人数

表24　北京交通大学2009年高职学院专科各专业在校生人数

学院	专业	2007	2008	2009	合计
燕郊学院	法律事务	88	78	47	213
	计算机网络技术	34	38	44	116
	公路运输与管理	42	41	47	130
	高等级公路维护与管理	53	40	47	140

续表

学　院	专　业	2007	2008	2009	合　计
燕郊学院	道路桥梁工程技术	58	51	95	204
	小　计	275	248	280	803
清河学院	城市交通运输		81	58	139
	计算机应用技术	64		59	123
	旅游英语	77	81	61	219
	小　计	141	162	178	481
	合　计	416	410	458	1 284

远程与继续教育

【综述】

2009 年，学校成人招生录取本专科学生 2 819 人，毕业学生 2 109 人，在籍学生 8 767 人；网络教育招生录取本专科学生 23 219 人，毕业学生 12 312 人，在籍学生 59 474 人；2009 年成人、网络总计招生 26 038 人，毕业 14 421 人，在籍学生达 68 241 人。高等教育自学考试在考 12 138 人，毕业学生 6 868 人。

【成人学历教育】

截至 12 月底，学校在全国各地区建立函授站共计 24 个，即：上海局函授站、呼和局函授站、河北能源函授站、天津函授站、柳州铁路函授站、西铁职大函授站、沈阳局函授站、济南局函授站、北京局函授站、郑州局函授站、南昌局函授站、兰州局函授站、乌鲁木齐局函授站、深圳函授站、哈尔滨局函授站、牡丹江函授站、石家庄运校函授站、中铁四局函授站、北京地区夜大学、北京崇文区职工大学、宣武红旗业余大学、北京市农业机械总公司党校、顺义区社区教育中心、京煤集团党校，在学校成人教育发展中发挥着积极作用。成人教育专业设置如表 25 所示。

表 25　成人教育专业设置

层次名称	专　业　名　称	层次名称	专　业　名　称
本科	电气工程及其自动化（牵引与供电）	专升本	工程造价
本科	会计学	专升本	人力资源
本科	计算机科学与技术	专升本	市场营销
本科	交通运输	专升本	工程管理
本科	土木工程	专科	公共事务管理
本科	英语	专科	内燃机车修理及应用
本科	艺术设计	专科	汽车运用技术
本科	人力资源管理	专科	市场营销
本科	自动化（交通信号与控制）	专科	电力热能动力设置
专升本	电气工程及其自动化	专科	发电厂及电力系统
专升本	自动化	专科	铁道车辆
专升本	自动化（交通信号与控制）	专科	铁道工程技术
专升本	机械设计制造及其自动化	专科	铁道机车车辆
专升本	工商管理	专科	铁道交通运营管理
专升本	国际经济与贸易	专科	通信工程
专升本	会计学	专科	铁道工程技术
专升本	计算机科学与技术	专科	建筑工程技术

续表

层次名称	专 业 名 称	层次名称	专 业 名 称
专升本	交通运输	专科	工商管理
专升本	土木工程	专科	公路与城市道路
专升本	土木工程（工业与民用建筑）	专科	环境景观设计
专升本	土木工程（铁道工程）	专科	机电一体化技术
专升本	物流管理	专科	计算机信息管理
专升本	信息管理与信息系统	专科	计算机应用技术
专升本	艺术设计	专科	人力资源管理
专升本	英语	专科	物流管理
专升本	电子商务	专科	电气化铁道技术

【远程网络教育】

学校坚守服务合作伙伴、服务考生、服务相关部门的工作理念，不断增强责任意识，注重提高自身素质，强化内部各环节管理，积极主动为相关部门和合作伙伴提供全方位的服务，营造宽松、和谐的招生环境。截至 12 月底，学校在全国各地区建立有 59 个网络教学中心，为学校网络教育不断发展发挥着非常重要的作用。网络教育专业设置如表 26 所示。

表 26　网络教育专业设置

层次名称	专 业 名 称	层次名称	专 业 名 称
本科	电子商务	专科	国际经济与贸易
本科	法学	专科	金融学
本科	工商管理	专科	法律事务
本科	汽车服务工程	专科	英语教育
本科	金融学	专科	电脑艺术设计
本科	计算机科学与技术	专科	多媒体设计与制作
本科	交通运输	专科	汽车服务工程
本科	土木工程	专科	汽车电子技术
本科	物流管理	专科	汽车技术服务与营销
本科	艺术设计	专科	电厂热能动力装置
本科	会计学	专科	通信技术
本科	自动化	专科	计算机应用技术
本科	机械工程及其自动化	专科	发电厂及电力系统
本科	电气工程及其自动化	专科	供用电技术
本科	机械设计制造及其自动化	专科	电厂化学
本科	热能与动力工程	专科	机电一体化技术
本科	通信工程	专科	电力系统自动化技术
本科	房地产经营管理	专科	建筑工程技术
本科	市场营销	专科	汽车运用技术

续表

层次名称	专　业　名　称	层次名称	专　业　名　称
本科	旅游管理	专科	道路桥梁工程技术
本科	英语	专科	工程机械运用与维护
专升本	车辆工程	专科	公路工程管理
专升本	自动化	专科	电气化铁道技术
专升本	机械工程及其自动化	专科	铁道车辆
专升本	电气工程及其自动化	专科	铁道机车车辆
专升本	电子商务	专科	铁道通信
专升本	法学	专科	铁道交通运营管理
专升本	工商管理	专科	铁道工程技术
专升本	机械设计制造及其自动化	专科	城市轨道交通运营管理
专升本	房地产经营管理	专科	交通运输管理
专升本	环境工程	专科	园林技术
专升本	会计学	专科	工商企业管理
专升本	计算机科学与技术	专科	会计
专升本	市场营销	专科	人力资源管理
专升本	交通运输	专科	旅游管理
专升本	热能动力工程	专科	电子商务
专升本	人力资源管理	专科	物流管理
专升本	通信工程	专科	物业管理
专升本	土木工程	专科	公共事业管理
专升本	物流管理		
专升本	汽车服务工程		

【高等教育自学考试】

学校高等教育自学考试在黑龙江、吉林、河北、内蒙古、新疆、江苏和北京7个省、市、自治区开考。2009年设有独立本科8个专业（新增3个专业），专科13个专业（新增1个专业）。自学考试专业设置如表27所示。

表27　自学考试专业设置

层次	专　业	层次	专　业
独立本科	人力资源管理	专科	地铁运输与管理
独立本科	交通（铁道）运输	专科	物流管理
独立本科	物流管理	专科	人力资源管理
独立本科	铁道财务会计	专科	交通（铁道）运输
独立本科	运输工程	专科	机车车辆
独立本科	旅游管理	专科	铁道财务会计
独立本科	采购与供应管理	专科	劳动社会保障

续表

层次	专　　业	层次	专　　业
独立本科	劳动社会保障	专科	铁道工程
专科	地铁供用电技术	专科	通信信号
专科	地铁电动客车技术	专科	采购与供应管理
专科	地铁通信系统		

【培训工作】

全年共举办各类培训和考试 83 期，平均每月 7 期，培训 9 612 人次。全年共举办各类考试 44 次，10 378 人次参加考试。如表 28 所示。

2009 年新开发的培训项目有 4 个，分别是北京市轨道交通培训班、动车组新技术培训班、铁路系统职教干部培训班、铁路系统团干部培训班。这些培训班成为培训中心新的增长点，为培训工作的发展打下了基础。

表 28　2009 年培训情况统计表

序号	项　目　名　称	期次	在职培训人数	取证考试人数
1	中级会计继续教育	20	3 484	
2	高级会计继续教育	5	1 703	
3	国网系统会计职称培训	3	165	
4	统计人员继续教育	3	349	
5	大唐国际会计继续教育	3	360	
6	大唐国际财务调考	3	240	
7	第三期阿尔及利亚培训班	1	34	
8	南车财经管理培训班	1	49	
9	地铁信号基础班	1	65	
10	神华班组长培训	5	186	
11	神朔铁路公司调度班	4	57	
12	中铁六局英语	1	30	
13	广铁信号培训班	1	52	
14	广铁客运专线师资培训班	1	60	
15	武广铁路局信号培训班	1	35	
16	广铁中层干部培训班	3	153	
17	昆明铁路局师资培训班	1	36	
18	动车组新技术师资培训	1	69	
19	西安铁路局职教干部培训班	1	50	
20	哈尔滨铁路局团干部培训班	1	55	
21	成都铁路局职教干部培训班	1	36	
22	哈尔滨铁路局运输干部培训班	2	132	
23	哈尔滨铁路局优秀班组长培训班	1	52	

续表

序号	项 目 名 称	期次	在职培训人数	取证考试人数
24	华北电力班组长培训	1	24	
25	山东莱芜电业局	1	150	
26	山东聊城电业局	1	200	
27	轨道交通施工人员培训班	6	455	
28	北京铁路局专升本辅导班	1	159	
29	建造师培训	4	479	
30	函授中专	2	460	
31	环境与质量管理体系培训班	1	50	
32	造价员培训班	1	30	
33	在校生会计证取证培训	1	153	
34	在校生会计证取证考试	1		153
35	托业考试报名	1		80
36	物流师考试	2		728
37	其他考试	5		6 750
38	托福考试	33		2 197
39	国管局会计从业资格考试	2		470
	合 计	83/44	9 612	10 378

【留学服务工作】

完成2009级共计5个班级107名学生的预科入学教育和分班教学；完成2008级西班牙班26名学生，7门非西班牙语课程教学；完成两期瓦大项目共18名学生教学任务；完成2007级、2008级澳洲、荷兰共计6个班级185名学生48门课程的教学安排任务；完成2007级、2008级物流班和国贸班共计3个班级168名学生36门课程的教学安排任务。2007级澳洲班41名学生全部顺利完成学业；2006级荷兰班（37人）32人毕业；2005级、2006级（共计51人）50人按期毕业，获得HND证书。2009年招收新生107人。留学中介服务工作进一步得到发展，新签约的各类留学人数为英国留学29人，澳洲留学45人，荷兰留学27人，比2008年翻了一番。

招生与毕业生就业工作

【综述】

2009 年，学校以科学发展观为统领，紧密围绕学校发展，圆满完成了 2009 年招生及录取的各项工作，录取考生生源质量有多项指标达到了近 5 年的最高峰。面对国际金融危机给毕业生就业工作带来的不利影响，认真分析形势，群策群力，实现了本年度就业工作的既定目标，本科毕业生就业率创历史最高水平，并被评为 2009 年北京地区高校就业工作先进集体。

【招生工作】

1. 招生计划与录取

2009 年招生计划总数为 4 000 人，其中本科 3 500 人，高职 500 人。实际录取本科新生 3 475 人，高职 500 人；录取台湾本科新生 3 人。

（1）本科

实际录取的 3 475 人本科新生中，有普通统招生 3 274 人，企业定向 34 人，民族班 34 人，国防生 71 人，预科升本 20 人，内地班西藏 21 人，内地班新疆 21 人。录取两年制民族预科学生 20 人。

普通统招生中有保送生 32 人（其中外语类保送 22 人），自主选拔考生 267 人，高水平运动员 31 人（其中免高考入学 8 人，国家退役高水平运动员 1 人），文艺特长生 40 人，艺术类艺术设计专业 80 人。

2009 年接收 2008 年休学学生 9 人（另有 2 人放弃入学）。本科新生于 9 月 1 日开学。开学后实际报到本科新生 3 457 人，未报到新生 17 人，占录取新生总数的 0.489%，同比下降 0.17%。

（2）高职

2009 年录取高职新生 500 人，其中清河职业技术学院 195 人，燕郊职业技术学院 305 人。高职计划地区分布为：北京、天津、河北、山西、内蒙、辽宁 6 个省区。高职新生于 9 月 2 日开学后，根据各地新生报到情况及当地招办的相关政策，在部分地区根据要求进行了适量补录。最终高职报到总人数为 458 人，其中清河学院 178 人，燕郊学院 280 人。

2. 录取专业与生源情况

2009 年新增数字媒体艺术专业，按艺术类招生，归属建筑与艺术系。

2009 年录取新生质量延续了 2008 年的好成绩，经初步统计，有 5 项指标创下新高，其中有 4 项达到了近 5 年来的最好成绩。第一，高分省区增多，除浙江、海南外，有河北、辽宁、吉林、安徽、福建、山东、河南、重庆 8 个市区的录取线达到 600 分以上。第二，录取线超过当地重点线的分值大幅提高，其中青海、西藏两地录取线超过当地重点线 110 分以上。全国有 21 个省区的录取分数线超过当地重点线 50 分以上，占 67.74%；

超过重点线30分的省区有27个，达到87.1%。青海、宁夏、广西、贵州、云南、吉林录取最低分在全省3 000名以内。第三，横向比较近5年录取线高于重点线的水平，有24个省区达到近5年来的最高峰。第四，断档或生源不足省区数量最少，理工类统招计划在全国各省的生源都非常充足，没有出现一志愿不足或断档情况；文史类计划仅在新疆、广东出现一志愿生源不足现象，其他省区一志愿均顺利完成计划。第五，拔尖考生成绩突出。从录取考生最高分看，有13个省区高于当地重点线100分以上；青海、新疆、云南、广西、天津等16个省区市的最高分水平达到近3年的最高峰。云南的理科和吉林的文科最高分都在全省前200名以内。

3. 主要工作及特点

（1）加强调研，适应社会需求，优化招生专业结构

分别与电信、计算机、运输、机电、土建及理学院的主要领导及相关负责人进行了深入交流，特别针对2009年的招生计划如何适应学校2008培养方案，如何与本学院的师资、科研现状及发展规划相匹配，如何使招生专业及规模既能适应未来铁路大发展的需求，又能被社会广泛接受，从而吸引更优质生源、提高升学就业比例等问题，进行了更加深入的研究与探讨，形成了一致意见。最终在2009年招生专业计划中，适度扩大社会需求大、考生报考热度高的理科试验班类、土木工程、信息安全、土木工程（铁道工程）、交通运输类（铁路运输）和交通运输类（城市轨道交通）专业的招生规模，相应减少了环境工程、电子商务、信息与计算科学和光信息科学与技术专业的招生规模。

（2）多重举措并举，加强招生宣传工作

校领导高度重视，10位校领导率队出行宣传。2009年学校领导继续对招生宣传工作给予了高度的重视和极大的支持，校党委书记王建国和校长宁滨等10位学校领导分别赴内蒙、四川、吉林、山东、江西、云南、甘肃等地区进行高考招生宣传活动，并分别以多种形式在当地主流媒体广泛宣传学校办学理念及2009年高招政策，对扩大学校在当地的知名度和影响力、吸引高分考生起到了极大的促进作用。

举办大型校园开放日。2009年招生宣传除了采用邀请各大媒体召开新闻发布会、延长电话咨询时间、开通网上咨询、参加广播网络等媒体专访外，于4月18日举办大型校园开放日活动，邀请了上海、西安、西南交通大学及天大、南开等京外10所著名大学，以及20所北京高校共同摆摊设点为考生家长提供咨询服务，成为北京市第二场大型咨询会。

邀请中学校长来校参观访问。联合实行自主联考的5校于10月30—31日举办了2009年全国重点中学校长论坛。中学校长们在学校各招生宣传联络组组长的陪同下参观了学校交通运输实验中心和校史博物馆，并在科学会堂与学校领导进行了深入交流，宁滨校长和陈峰副校长参加了本次活动。这次会议是高校与中学间一次直接深入的接触，与会代表们纷纷表示，会议举办得非常必要、非常成功，进一步加深了相互了解，增进了友谊，对今后做好各项招生工作，具有极大的推动作用。

首次建立百所生源基地中学。在全国100多所重点中学建立了首批生源基地，双方签署了《生源基地共建协议书》，同时对大多数生源基地中学进行了授牌，在高招宣传活动中，根据协议招生联络组对生源基地中学进行了重点宣传和考生志愿指导。

（3）继续探索自主选拔录取模式的改革

在简章中调整选拔条件及降分幅度，对能自然进入学校调档线的考生给予加 10 分选专业的政策，鼓励考生努力学习在高考中取得好成绩，进入自己心仪的专业学习。自主选拔面试中，调整了考官的结构，每个面试组设 5 名考官，5 名考官中分别含理学、工学、外语专业教师各 1 名，其他由管理学、法学等学科专家组成，以便于能够多角度地考察学生的知识结构和能力。增加了小组讨论模式的试点。

进一步严格规范考试组织程序，笔试从命题、试卷印刷到考试、阅卷、登分都严格参照高考的程序进行，与命题教师签订保密协议书；严格控制试卷印刷程序和数量，每份试卷都由考生在考场自行拆封，多余试卷回收销毁；阅卷则实行密封、流水阅卷，最大限度地做到公平公正。

面试实行随机分组，在面试开始前专门就考察要点、考察方式及评分原则等内容对面试考官进行集中培训。在面试正式开始前半小时才通知考官工作地点及各考场面试考生名单，从而最大限度地减少面试中的人为干扰。

（4）进一步规范艺术类招生程序

2009 年艺术类招生专业新增了数字媒体艺术，招生人数由 50 人增加到 80 人。2009 年是建筑与艺术系独立后首次招生。为规范招生程序，学校重新修订了《北京交通大学艺术类专业招生工作细则》，编写了《北京交通大学艺术类美术试卷阅卷工作程序》、《北京交通大学 2009 年艺术类专业美术试卷评分标准》等一系列文件。

在阅卷前专门召开由阅卷教师、工作人员、纪检监察部门人员参加的工作会，认真组织学习阅卷工作规程、试卷评分标准，特别强调工作纪律要求及阅卷的公平公正原则，并且每位阅卷教师和工作人员都签订了保密协议书。整个阅卷过程都有纪检部门的人员全程参与和监督。

为确保评卷的公平性，继续实行终审组复合制度。聘请校外校内专家共同组成终审组。全部阅卷完成后，根据考生成绩由高到低排序后，按照招生计划 5 倍比例的考生试卷进行了复审。最终按照招生计划 3 倍比例确定了入围考生名单，并将名单按要求报送各省级招办审核备案。

在艺术类招生过程中，学校努力做到了不断完善制度、规范管理，公平公正，对考生负责。建筑与艺术系从系领导到老师都给予了极大的关注和支持。

【就业工作】

1. 毕业生基本信息

（1）基本数字

2009 年学校共有毕业生 5 766 人，其中毕业研究生 2 076 人，本科毕业生 3 269 人，专科毕业生 421 人。毕业研究生就业率为 98. 41% ，本科毕业生就业率为 98. 10% ，专科生就业率为 88. 84% 。截至 12 月 31 日，总计有毕业生 5 914 人，其中毕业研究生 2 095 人，本科毕业生 3 398 人，专科毕业生 421 人。毕业研究生就业率为 99. 28% ，本科毕业生就业率为 96. 03% ，专科生就业率为 90. 74% 。

（2）本科生就业流向

2009 年本科生就业率 98. 10% ，创历史同期最高水平，高出 2008 年同期 0. 33% 。国有企业仍然是本科毕业生的主要去向，为 56. 11% ，高出 2008 年 2. 56 个百分点；党政机关就业比例为1.42%，比2008年低4.38个百分点，详见表29。

表29　本科毕业生就业去向一览表

本科生	毕业生数	考研	出国	签约	灵活就业	未就业	工作单位类型							
							机关	军队	国企	教育	科研	事业	三资	民营
人数	3 269	1 181	206	1 408	412	62	20	106	790	14	30	48	25	375
百分比%	100	36.13	6.30	43.07	12.60	1.90	1.42	7.53	56.11	0.99	2.13	3.41	1.78	26.63

与2008年相比，签约本科毕业生中，34.80%在北京就业，降低6.94%；西部地区就业比例为10.09%，下降3.52%；1.21%在上海就业，增加了1倍；在广东就业的比例为10.72%，略有增加。

（3）研究生就业流向

从单位性质上看，国有企业仍然是最主要流向，占到56.11%，而在科研单位、教育单位、事业单位则分布比较均衡，分别占到7.02%、8.86%和6.77%，详见表30。

表30　毕业研究生就业去向一览表

研究生	毕业生数	出国	深造	签约	灵活就业	未就业	工作单位类型							
							机关	军队	国企	教育	科研	事业	三资	其他
人数	2 076	47	132	1 582	282	33	54	5	715	140	111	107	64	386
百分比%	100	2.26	6.36	76.20	13.58	1.59	3.42	0.32	45.2	8.86	7.02	6.77	4.05	24.36

2009年毕业研究生就业地域主要在北京，其他主要分布在天津、广东以及西部地区。

（4）毕业生就业需求

2009年社会需求总数26 986，总体供需比1∶4.1，本科生供需比1∶4.32，研究生供需比1∶5.41。供需情况与2008年相比略有下降，另外，不解决户口和档案的用人单位所占比例有所上升。需求信息在专业之间存在不平衡，需求充足的传统专业供需比达到1∶7，而需求不足的新专业供需比仅为1∶0.48。在学历层次之间也存在不平衡，研究生的供需比明显高于本科生。

2. 主要工作及特点

（1）强化领导，落实责任，以完善的制度推进毕业生就业工作

校院两级毕业生就业工作领导小组全面贯彻落实就业工作“一把手”工程。面对严峻的就业形势，校党委提前召开专题毕业生就业工作会议，研究对策，部署工作，明确提出要把做好2009届毕业生就业工作作为深入学习实践科学发展观的重要体现。定期召集各学院党委书记和院长研讨就业工作，分析解决问题。

（2）群策群力，多方联动，为毕业生拓展就业渠道

紧紧抓住铁路大发展对人才需求的有利时机，全体校领导分别带领科研、培养、就业等有关部门负责人走访了10余个铁路行业单位，与用人单位充分沟通信息；抓住环渤海地区经济一体化发展的有利机遇，组织带领毕业生赴当地国家重点地区、重点行业、重点企业参

观学习，为毕业生求职、企业求才提供便利条件；广开途径不断拓展就业市场，举办用人单位专场招聘宣讲会 256 场，举办运输类、IT 类、通信信号类、机车车辆类、计算机及软件类等行业招聘会 8 场，筹办大型综合类招聘会 3 场，成功开展“校友企业进校园招聘活动”，近千条需求信息为毕业生拓展了就业空间。

（3）广泛宣传，注重以政策引导毕业生就业

为学好政策、用好政策，让毕业生真正得实惠，学校认真研究大力宣传国家政策，利用网络、邮件、海报、传单、政策宣讲会等多种形式向毕业生宣传就业政策，并就科研助理、士官招聘、预征入伍、到社区工作、大学生“村官”、学费代偿等毕业生关心的热点问题进行现场答疑。多方联动，认真落实科研助理及预征兵工作，充分挖掘校内资源，鼓励各部门开发岗位聘用毕业生从事科研、管理和服务工作。加强对国家各项引导毕业生到基层就业的政策宣传，组织主题报告会，邀请在国家重点工程项目建设中、扎根西部和自主创业做出突出成绩的校友回校做事迹报告。2009 年为毕业生提供科研助理需求岗位 110 个，最终签约 39 人，预征兵人数达 11 人。四年来，学校共有 104 名毕业生到京郊农村担任村支书、村长助理工作，17 名毕业生参加了支教计划，25 名毕业生参加西部计划。

（4）培育意识，重点扶持，为学生创业开辟绿色通道

制定了《北京交通大学促进大学生创业工作暂行办法》。4 月，学校与北京市工商管理局海淀分局共建大学生自主创业指导中心，这是北京市工商系统与高校第一个建设的大学生创业指导与服务中心，工商局的相关领导和专家为学校学生现场作了讲座和咨询、发放了创业指导服务手册，并承诺为学校学生企业注册等提供一条龙绿色通道服务。与相关部门联合成功举办了学校首届大学生创业项目选拔大赛。10 月，正式成立“北京交通大学大学生创业园”，帮助成熟的项目注册企业，给予专项资金支持，帮助协调办公场地，给予一对一创业指导教师服务。有 5 家学生企业完成注册，入驻创业园。此外，学生创业社团相继开展创业论坛、创业知识系列指导讲座、创业大讲堂、成功创业校友座谈会和参观创业基地等活动，邀请了九阳股份有限公司董事长、87 级校友王旭宁及北京超明光电子技术有限公司总经理宫晓光来校做创业专题报告，为毕业生营造良好的创业氛围。

（5）转变观念，深化服务，为学生构建全方位全程化就业指导体系

加强就业信息化平台建设。实现就业资讯网改版，开通了就业信息短信平台，并为毕业生按需开通手机邮箱服务，第一时间向毕业生发布招聘信息、就业政策和就业提示，确保重要信息 20 分钟内通知到学生。为毕业生提供个性化就业指导服务，定期组织“职业发展与就业指导咨询”开放日活动，为学生提供现场职业测评、求职技巧指导、就业法律咨询等 6 项内容的咨询服务。组织就业工作人员定期参加专业培训，投入十余万元选派 37 位教师参加全球职业规划师培训，1 名老师参加大学生 KAB 创业讲师培训，不断提升就业指导、创业指导教师的理论水平和教学水平。

（6）大局为先，重点帮扶，为困难学生就业搭建桥梁

继续落实就业困难毕业生帮扶实施方案，对于家庭经济困难、交流与协作能力较弱、实践动手能力较差、学习综合排名后 10% 的学生，实行分类指导，积极帮助其就业。此外，学校还特别重视做好零就业家庭毕业生、残疾毕业生、少数民族毕业生以及地震灾区毕业生

的就业工作，掌握他们的求职动态，了解他们的困难和需求，并帮助他们联系行业单位和地区单位推荐就业。

学校 2009 届共有家庭经济困难毕业生 930 人，917 人落实就业，就业率达 98.60%；登记零就业家庭毕业生 8 人，全部落实就业；残疾毕业生 2 人，全部落实就业；来自地震灾区的 41 人，全部落实就业。特殊群体就业比率高于学校毕业生就业总体水平。

【附件6】

2009年本、专科招生录取状况

1. 2009年本科招生专业

通信工程、自动化、自动化（铁道信号）、电子科学与技术、计算机科学与技术、生物医学工程、信息安全、经济学类、工商管理类、信息管理与信息系统、物流管理、工程管理、交通运输类、交通运输类（铁路运输）、交通运输类（城市轨道交通）、电子商务、土木工程、土木工程（铁道工程）、环境工程、机械工程及自动化、机械工程及自动化（铁路机车车辆）、测控技术与仪器、热能与动力工程（汽车工程）、工业工程、电气信息类、电气信息类（轨道牵引电气化）、信息与计算科学、光信息科学与技术、理科试验班类、材料化学、法学、英语、传播学、软件工程、建筑学、艺术设计

新增数字媒体艺术，按艺术类招生

2. 2009年高职招生专业

燕郊学院：公路运输与管理、高等级公路维护与管理、道路桥梁工程技术、计算机网络技术、法律事务（文理兼招）

清河学院：城市交通运输、计算机应用技术、旅游英语（文理兼招）

3. 2009年各省本科及高职录取分数线

表31　2009年各省区录取情况统计表——本科

地区	理工类								文史类						
	提档线	录取最低	录取最高	一批	二批	三批	高职	艺术	提档线	录取最低	录取最高	一批	二批	三批	艺术
北京市	575	575	642	501	459	432	300	275	575	575	604	532	489	458	293
天津市	571	571	636	502	435		280		526	526	591	511	462		
河北省	626	626	650	569	524	432	319		577	577	584	539	502	435	
山西省	591	591	634	547	505				572	572	585	548	507		
内蒙古	567	567	615	501	444				549	549	568	497	452		
辽宁省	600	600	643	520	439	365	312	220	597	597	612	559	495	435	220
吉林省	600	600	633	539	466	406		280	567	567	604	530	466	386	280
黑龙江	562	569	643	538	464				546	554	599	531	467		
上海市	466	466	482	455	389							471	429		
江苏省	374	374	384	348	326				352	352	352	348	326		
浙江省	663	663	676	605								606			
安徽省	633	633	648	579	520							543	501		
福建省	618	618	643	569	500	451	309					582	518	481	

续表

地区	理工类								文史类						
	提档线	录取最低	录取最高	一批	二批	三批	高职	艺术	提档线	录取最低	录取最高	一批	二批	三批	艺术
江西省	571	571	591	518	466			183	549	549	563	515	482		
山东省	640	640	660	586	557			290	625	625	639	596	576		300
河南省	603	603	644	567	520	476	407	312	573	573	598	552	510	476	312
湖北省	574	574	609	540	506	406			541	541	546	518	491	410	
湖南省	586	586	606	534	471	411	230		587	587	594	554	507	447	
广东省	614	614	637	585	530/507	450		342	588	588	588	587	540/507	448/360	240
广　西	575	575	616	507	443	406	262		557	557	557	523	467	432	
海南省	731	731	761	632	573							670	600		
重庆市	615	616	653	557	502	471			578	578	596	546	480	438	
四川省	547	547	578	498	436	412				573	580	540	480	451	
贵州省	556	556	582	477	422							532	471		
云南省	567	567	634	500	442	415						520	478	445	
西藏汉/民	584/271	584/271	584/360	450/260	315/205		290/190					450/290	315/240		
陕西省	551	551	627	537	495				571	571	618	540	495		
甘肃省	575	575	627	521	470				526	526	526	516	466		
青海省	510	510	555	400	365							443	405		
宁　夏	528	528	556	468	428							501	467		
新　疆	539	553	623	480	426	380	290			505	568	499	445	385	
新疆预科	409	414	489												
港澳台		545	475	400											

说明：实际录取数含保送、自主、文艺、体育特长生等各类招生。西藏、新疆实际录取中分别含内地西藏班和新疆高中班。

表32　2009年各省区录取情况统计表——高职

地区	理工							文史						
	提档线	录取最低	录取最高	一批	二批	三批	高职线	提档线	录取最低	录取最高	一批	二批	三批	高职线
北京市	404	404	472	501	459	432	300	408	409	491	532	489	458	350
天津市	309	309	447	502	435		280				511	462		
河北省	530	530	560	569	524	432	319	501	501	539	539	502	435	338
山西省	492	493	537	547	505	410	425	497	497	520	548	507	440	461
内蒙古	415	415	478	501	444		200	421	421	463	497	452		234
辽宁省	439	439	491	520	439	365	312				559	495	435	368

4. 2009年本科新生基本信息

表33　2009年本科录取新生基本信息

项　目	内　　容
新生总数	普通本科新生3 475人；此外有台湾新生3人
性　　别	男生2 151人，占61.90%，比2008年降低2.41%； 女生1 324人，占38.10%
培养方式	统招生3 321人，占95.57%； 定向生154人，占4.43%；其中：国防生71人，企业定向34人，民族班34人，预科升本20人； 此外内地西藏班21人，内地新疆班20人
科　　类	理工类考生3 206人，占92.26%； 文史类考生188人，占5.41%，比2008年增长0.40%； 艺术类考生80人，占2.3%；其他1人
政治面目	党员9人，占0.26%（新生党员人数报到后统计为163）； 团员3 375人，占97.12%； 群众91人，占2.62%（比2008年增长0.1%）
民　　族	汉族2 986人，占85.93%； 少数民族分布在28个民族共计489人，占14.07%；仅次于汉族的是满族99人，蒙族76人，回族69人，土家族33人，苗族27人，朝鲜族23人，维族23人，藏族20人
来　　源	城镇应届2 170人，占62.45%；城镇往届364人，占10.47%； 农村应届697人，占20.06%；农村往届244人，占7.02%； 应届考生2 867人，占82.50%，比2008年增加0.8%；往届考生608人占17.50%； 城镇考生2 534人，占72.92%，比2008年增加0.51%；农村考生941人占27.08%
外语语种	英语3 470人，占99.86%； 俄语1人、德语1人、日语3人，占0.14%
年龄分布	13岁1人，14岁2人，15岁13人，16岁91人，17岁473人，18岁1 668人，19岁1 000人，20岁180人，21岁38人，22岁6人，23岁1人，24岁2人 考生平均年龄约为18.23岁，比2008年降低0.01%。低年龄段新生比2008年有所增加，16岁及以下年龄占3.08%，比2008年减少0.53%；22岁及以上年龄段占0.26%，比2008年减少0.03%
录取志愿	一志愿3 411人，占新生总数的98.16%； 二志愿32人，其他志愿32人
表彰情况	科技创新、奥赛获奖、省级以上竞赛获奖有22人、单科优胜的有19人；体育竞赛优胜、二级及以上运动员60人；省级三好和优干114人；省级优秀学生6人；总计221人次，占6.36%
特 长 生	经学校认定的文艺特长生40人，占1.15%；体育特长生31人，占0.89%； 特长生总计共占新生的2.04%，比2008年减少0.084%
西部地区	西部新生818人，占录取新生总数的23.56%。虽然2009年西部计划同比略有增加，但由于其他省区生源更好，因此实际录取结果西部新生比2008年下降3.28%
高分考生	高考成绩达到600分的考生占52.17%（不含浙江省）
港澳台	男生1人，女生2人；3人均来自台湾

（本表仅统计普通本科新生3 475人情况）

体育工作

【综述】

2009 年，学校体育工作认真学习贯彻胡锦涛总书记在北京奥运会、残奥会总结表彰大会上的讲话，贯彻“健康第一”的思想，以组织开展“全民健身日”活动为主线，广泛开展“全国亿万学生阳光体育运动”，提高师生员工的身体素质和健康水平，提高了学校体育竞争实力。

【条件建设】

学校重视体育工作的科学发展，召开校长办公会听取学校体育工作情况汇报，确定 2009 年学校体育工作计划。增加了对体育基础设施的投入，全年落实经费 600 多万元，主校区东运动场改造一新并投入使用，深受师生欢迎。对田径场、篮球场、网球场进行了维护，方便日常锻炼。新增攀岩设施一处，丰富了学校体育教学和锻炼的内容。

【体育教学】

研究落实“全国亿万学生阳光体育运动”和《国家学生体质健康标准》实施工作。全面落实教师岗位聘任工作，加强体育课程建设，立足学校实际，根据教育部和学校对课程的要求，调整教学大纲结构，充实体育课程内容。根据现有师资条件（教授 1 人、副教授 13 人、讲师 20 人、助教 1 人、聘用 2 人）安排教学计划，全年共计安排 490 个班级、14 800 人左右的教学工作量。受甲流影响，对 2009 级学生第一学期的教学要求进行适当调整。结合学校岗位聘任工作，从制度上完善了体育师资队伍的设置与管理，尝试实行了岗位工作任务每月报告制度，促进工作透明度。继续保持了体育课的整体评价水平，羽毛球课程被评为 2009 年学校精品课，为不断提高体育课教学质量，创建北京市体育精品课打下了基础。开展教师岗位培训，有 5 位教师参加了相关技能培训，组织健美操教师进行技术学习。安排 6 名教师外出参观学习，组织说课活动，安排 8 名教师结合自己从事的运动专项介绍教学情况。

结合科学发展观学习，邀请北京师范大学毛振明教授作讲座，探讨高校体育的科学发展。邀请清华大学体育部主任陈伟强来校作报告，帮助教师们了解高校体育发展形势。

采取措施鼓励教师进行学术研究，协调有关部门申请校基金 2 项，结题 1 项，参与横向研究 2 项，获得学校教材出版基金支持 1 项。全面实施《国家学生体质健康标准》，完善日常测试，加强指导，95% 以上的学生达到及格等级以上标准，并按时上报数据。

【群众体育】

认真学习落实《全民健身条例》，以开展“全民健身日”活动为主线，精心布局、合理安排校内外群众性体育赛事，活跃校园体育文化。全年安排 30 多项校级赛事，扩大了学生参与率。5 月 8—9 日，学校召开教职工第 26 届、学生第 46 届田径运动会，共设 147 项集体及个人项目，其中包括 39 项教师、学生和师生混合非田径竞赛项目，共有 8 191 人次参加本届运动会的比赛，近 1 500 名师生参加了开幕式表演。2009 年体育节设置 14 大项和 63 小

项，有1万多名学生参与活动。学生群众性体育协会的建设得到加强，有10多个协会组队参加北京市高校的业余比赛交流，学校社交舞代表队参加了北京高校第一届体育舞蹈比赛，获得了团体二等奖以及交谊舞、拉丁舞、摩登舞等单项舞种中的7个一等奖、5个二等奖、2个三等奖。参加“2009年首都大学生阳光体育体能挑战赛”，获二等奖。在北京市大学生篮球冠军争霸赛中荣获亚军。

承办北京高校棒垒球联赛，组织橄榄球校园推广活动。加强了组织和激励，吸引更多学生参与，不断提高每天锻炼1小时的经常性运动人口比率，荣获“北京市高校阳光体育联赛优胜奖”。以“达标争优，强健体魄”为目标的学生体育“学院杯”进行了第二次评比，电信学院、计算机学院、人文学院获得“学院杯”。在此基础上，2009年对评比办法进行了完善。首次评选北京交通大学学院优秀体育部部长，计算机学院、电信学院、机电学院、建筑与艺术系4位体育部部长当选本年度优秀体育部部长。

加强了对教职工体育活动的组织，积极创新活动内容与形式，引导教职工积极参加强身健体活动。通过举办比赛、培训、组建教职工各类体育协会等工作，促进了教职工参与健身活动的积极性。

【竞技体育】

经过运动队教练员、运动员的努力拼搏，学校高水平运动队在北京高校中继续保持较强的实力。学校坚持把竞技体育工作作为促进沟通、增强团结、激发活力、建设和谐校园的重要手段，积极培育体育特色和品牌，激发全校师生参与体育运动锻炼的热情，通过竞技体育的发展带动群众体育的普及与推广。加强了高水平运动队的建设，制定并完善优秀运动员保送研究生、物质奖励等激励政策，调动了教练员、运动员训练的积极性，创造了更好的成绩。

2009年运动队的竞技水平和比赛成绩继续保持优势，参加全国和北京市各级各类体育竞赛20多项次，取得全国冠军7项，第三名以上名次5项；北京市冠军12项，第三以上名次14项。受教育部委派，学校羽毛球队代表中国参加在澳大利亚举行的泛印度洋亚洲大学生运动会，包揽羽毛球所有项目金牌，再次为国家、为学校争得荣誉。羽毛球代表队2009年获得北京市大学生羽毛球锦标赛6项第一，3项第二，3项第三；在全国大学生羽毛球锦标赛中取得5项第一，3项第三。篮球队的水平稳固提升，获得2009年北京高校联赛第二名，并再次进军CUBA东北分区赛。田径队员公健在链球项目上保持优势，获得2009年全国田径冠军赛暨田径大奖赛总决赛第一名，参加第十一届全国运动会获得第七名；田径队员赵宽松获得2009年全国田径（室内）锦标赛跳高第一名，参加第十一届全国运动会获得第八名，代表中国参加东亚运动会获得跳高亚军。跆拳道队在全国大学生比赛中获得了1项第一，2项第三名；在北京高校跆拳道锦标赛上获得了4个第一，详见表34。

表34　2009年运动队比赛成绩一览表

竞　赛　名　称	时间	组别	项目	名次	获奖队员
2009年北京市大学生羽毛球锦标赛	5月	甲组	男子团体	第一名	曹子龙　钱　景　袁　亮　孙思远　杨斯森　张昌龙　刘龙飞
2009年北京市大学生羽毛球锦标赛	5月	甲组	女子团体	第二名	王文筱　罗　彩　刘芳晓　方思敏　李　智

续表

竞　赛　名　称	时间	组别	项目	名次	获奖队员
2009 年北京市大学生羽毛球锦标赛	5 月	甲组	男子单打	第一名	曹子龙
2009 年北京市大学生羽毛球锦标赛	5 月	甲组	女子单打	第一名	刘芳晓
2009 年北京市大学生羽毛球锦标赛	5 月	甲组	男子双打	第一名	曹子龙　钱景
2009 年北京市大学生羽毛球锦标赛	5 月	甲组	女子双打	第一名	刘芳晓　王文筱
2009 年北京市大学生羽毛球锦标赛	5 月	乙组	女子单打	第一名	陈钰璐
第十三届全国大学生羽毛球锦标赛	7 月	甲组	女子单打	第一名	刘芳晓
第十三届全国大学生羽毛球锦标赛	7 月	甲组	男子团体	第三名	曹子龙　钱　景　袁　亮　孙思远　杨斯淼　张昌龙　刘龙飞
第十三届全国大学生羽毛球锦标赛	7 月	甲组	女子团体	第一名	王文筱　罗　彩　刘芳晓　方思敏　李　智
第十三届全国大学生羽毛球锦标赛	7 月	甲组	男子双打	第一名	曹子龙　钱　景
第十三届全国大学生羽毛球锦标赛	7 月	甲组	男子双打	第二名	刘龙飞　袁　亮
第十三届全国大学生羽毛球锦标赛	7 月	甲组	女子双打	第一名	刘芳晓　王文筱
第十三届全国大学生羽毛球锦标赛	7 月	甲组	混合双打	第三名	袁　亮　李　智
第十三届全国大学生羽毛球锦标赛	7 月	乙组	男子单打	第一名	杜鹏宇
第十三届全国大学生羽毛球锦标赛	7 月	乙组	男子单打	第三名	陈天宇
泛印度洋亚洲大学生运动会	12 月		男子团体	第一名	曹子龙　钱　景　袁　亮　孙思远　杨斯淼　张昌龙
泛印度洋亚洲大学生运动会	12 月		女子团体	第一名	王文筱　简　悦　刘芳晓　方思敏　李　智　陈钰璐
泛印度洋亚洲大学生运动会	12 月		男子单打	第一名	曹子龙
泛印度洋亚洲大学生运动会	12 月		女子单打	第一名	简　悦
泛印度洋亚洲大学生运动会	12 月		男子双打	第一名	曹子龙　钱　景
泛印度洋亚洲大学生运动会	12 月		女子双打	第一名	简　悦　陈钰璐
2009 年北京市大学生排球超级联赛	5 月		女子排球	第三名	张　硕　高　雅　刘　瑜　秦　远　赵　莎　李孔祎　高特席　陈颖曦
2009 年北京市大学生排球超级联赛	5 月		男子排球	第二名	郭　鹏　高　全　刘　杰　王　明　孙玉博　王又冬　郭　嘉　徐　君　曾根生
2008—2009 赛季全国大学生排球联赛（北方赛区）	3 月		女子排球	第六名	张　硕　高　雅　刘　瑜　秦　远　赵　莎　李孔祎　高特席　陈颖曦

续表

竞 赛 名 称	时间	组别	项目	名次	获奖队员
2009 年北京市大学生篮球联赛	10 月		男子篮球	第二名	田 根 赵天宇 赵天明 李昂迪 唐玺添 卢 垚 宋 睿 程 烁 王 政 王 想 邹大龙 魏上淳 高 远
2009 年北京市大学生田径运动会	5 月		男子跳高	第一名	赵宽松
2009 年北京市大学生田径运动会	5 月		男子链球	第一名	公 健
2009 年全国田径大奖赛运动会	6 月		男子链球	第一名	公 健
2009 年第十一届全国运动会	10 月		男子链球	第七名	公 健
2009 年全国室内田径锦标赛	5 月		男子跳高	第一名	赵宽松
2009 年第十一届全国运动会	10 月		男子跳高	第八名	赵宽松
2009 年全国大学生跆拳道锦标赛	8 月		男 58 kg	第一名	史 硕
2009 年全国大学生跆拳道锦标赛	8 月		女 51 kg	第三名	史佳希
2009 年全国大学生跆拳道锦标赛	8 月		品势	第三名	贾 露 高 雅
2009 年北京大学生跆拳道锦标赛	12 月		男 72 kg	第一名	倪铭泽
2009 年北京大学生跆拳道锦标赛	12 月		男 62 kg	第一名	史 硕
2009 年北京大学生跆拳道锦标赛	12 月		男 84 kg	第一名	曹全聚
2009 年北京大学生跆拳道锦标赛	12 月		女 55 kg	第一名	韩晶晶

加强体育工作深层次交流。接待丹麦大学生羽毛球队一行 15 人来中国访问交流，接待香港理工大学羽毛球队、排球队来校交流比赛；学校女子排球队赴台同台湾师范大学、新竹交通大学、新竹清华大学、台中教育学院 4 所大学进行交流比赛。承办了北京市高校排球联赛、CUBA 北京预选赛。支持教练员积极参加各类培训，提高专项业务能力，有多名教练发表专业论文，2 名教练被评为北京高校优秀教练员，1 名教练被评为第十三届全国大学生羽毛球锦标赛优秀教练员，1 人被学校授予“五四奖章”。

完成体育特长生的招生工作，招收体育特长生 31 名。2009 年毕业生中有 5 名优秀运动员被保送研究生。

2009 年度体育部优秀个人：王金连、李强、周艳茹、吴惠、陈健文、别春香。田径教练蒋涛被学校授予“五四奖章”。学校被授予 2009 年北京高校阳光体育联赛优胜奖、2009 年北京高校高水平运动队建设检查评估二等奖。

2009 学科、科研与校办产业

学科建设与“211工程”建设

【综述】

2009年是“211工程”三期建设的第二年，随着国家“211工程”建设经费到位，“211工程”三期重点学科建设进入实质性实施阶段。

【学科建设】

截至年底，学校有2个一级学科国家重点学科，2个二级学科国家级重点学科。有信息与通信工程、交通运输工程、应用经济学、土木工程、机械工程、控制科学与工程、电气工程、力学、计算机科学与技术、工商管理、系统科学等11个博士后科研流动站和一级学科博士学位授权点，60个二级学科博士点（自主设置17个）、120个硕士学位授权点（自主设置18个），15个省部级重点学科，有MBA、工程硕士、会计硕士和法律硕士4类专业学位授权。

【“211工程”建设】

3月初，研究生院、科技处、人事处、计财处与设备处联合召开“211工程”三期重点学科建设项目工作总结与计划落实工作会议。会上，8个国家重点学科负责人汇报交流了上一年度“211工程”三期建设与重点学科建设进展情况与经验；通报了“211工程”三期重点学科建设项目2009年度建设计划和工作安排；并就“211工程”三期实施过程中需注意的问题作了说明。李学伟副校长在会上作重要指示。会后，各项目组及承建学院分头组织实施，主要任务是落实学科自筹经费进行设备论证。6月，第一批2个项目的设备购置计划完成论证及审批进入设备招标采购程序；7月，第二批3个项目的设备计划完成论证及审批进入设备招标采购程序；11个项目均完成2009年度设备计划的设备论证及审批进入设备招标采购阶段。

2009年共审批11个“211工程”三期重点学科建设项目的设备购置计划，批准经费总金额5 700万元，其中国拨经费3 200万元，学科自筹经费（包括学院经费）2 460万元，其他经费40万元。

【附件 7】

2009 年北京交通大学重点学科情况

表 35　北京交通大学重点学科列表

<table>
<tr><th>重点学科分类</th><th>一级学科名称</th><th>二级学科名称</th></tr>
<tr><td rowspan="6">一级学科国家重点学科</td><td rowspan="4">交通运输工程</td><td>道路与铁道工程</td></tr>
<tr><td>交通信息工程及控制</td></tr>
<tr><td>交通运输规划与管理</td></tr>
<tr><td>载运工具运用工程</td></tr>
<tr><td rowspan="2">信息与通信工程</td><td>通信与信息系统</td></tr>
<tr><td>信号与信息处理</td></tr>
<tr><td rowspan="2">二级学科国家重点学科</td><td rowspan="2"></td><td>产业经济学</td></tr>
<tr><td>桥梁与隧道工程</td></tr>
<tr><td rowspan="8">一级学科北京市重点学科</td><td rowspan="6">土木工程</td><td>岩土工程</td></tr>
<tr><td>结构工程</td></tr>
<tr><td>市政工程</td></tr>
<tr><td>供热、供燃气、通风及空调工程</td></tr>
<tr><td>防灾减灾工程及防护工程</td></tr>
<tr><td>桥梁与隧道工程</td></tr>
<tr><td>管理科学与工程</td><td></td></tr>
<tr><td>光学工程</td><td></td></tr>
<tr><td rowspan="5">二级学科北京市重点学科</td><td rowspan="5"></td><td>计算机应用技术</td></tr>
<tr><td>固体力学</td></tr>
<tr><td>电力电子与电力传动</td></tr>
<tr><td>系统分析与集成</td></tr>
<tr><td>思想政治教育</td></tr>
<tr><td>交叉学科北京市重点学科</td><td></td><td>信息安全学</td></tr>
<tr><td rowspan="4">二级学科铁道部重点学科</td><td rowspan="4"></td><td>电力系统及其自动化</td></tr>
<tr><td>电磁场与微波技术</td></tr>
<tr><td>车辆工程</td></tr>
<tr><td>系统工程</td></tr>
<tr><td rowspan="6">校级重点学科</td><td rowspan="6"></td><td>机械设计及理论</td></tr>
<tr><td>企业管理</td></tr>
<tr><td>会计学</td></tr>
<tr><td>运筹学与控制论</td></tr>
<tr><td>计算机软件与理论</td></tr>
<tr><td>高电压与绝缘技术</td></tr>
</table>

自然科学研究

【综述】

2009 年，学校科研经费、专利指标持续增长；国家级科技奖励取得历史性突破，省部级科技奖励又创佳绩；面向国家需求，高水平重大项目取得新突破；论文数量增幅变缓，高水平引用增加；深化创新平台建设，加强基层组织管理；加强团队建设，培育创新人才；强化军工基地建设和项目管理，实现军工科研基地的里程碑式跨越；积极争取资源，完善科技政策，促进学术交流，优化科技服务水平。

【科研基地建设】

学校拥有自然科学省部级及以上科研基地 24 个，其中国家重点实验室 1 个、国家工程研究中心 1 个、国家工程实验室 2 个（其中一个与铁道科学研究院合作）、国家认可实验室 3 个、国家工程技术研究中心（分中心）1 个、教育部重点实验室 5 个（包括教育部军工重点实验室 1 个）、教育部工程研究中心 4 个、教育部基础数据平台 1 个、教育部行业特色研究型大学发展战略研究中心 1 个、北京市重点实验室 4 个、北京市高等学校工程研究中心 1 个。如表 36 所示。

表 36　2009 年北京交通大学自然科学研究基地统计表

序号	实验室名称	类　型	批准时间	依托单位	负责人
1	轨道交通控制与安全	国家重点实验室	2006 年	国家重点实验室	唐　涛
2	轨道交通运行控制系统	国家工程研究中心	2008 年	电信学院	李学伟
3	下一代互联网互联设备	国家工程实验室	2008 年	电信学院	张宏科
4	电磁兼容实验室	国家认可实验室	2006 年	电信学院	闻映红
5	结构强度检测实验室	国家认可实验室	2006 年	机电学院	孙守光
6	网络管理实验室	国家认可实验室	2008 年	计算机学院	刘　峰
7	国家风力发电工程技术研究中心北京检测站	国家工程技术研究中心（分中心）	2006 年	电气学院	姜久春
8	高速铁路系统试验	国家工程实验室	2007 年	铁科院、北交大	参　与
9	全光网络与现代通信网	教育部重点实验室	2002 年	电信学院	娄淑琴
10	发光与光信息技术	教育部重点实验室	2006 年	理学院	王永生
11	城市交通复杂系统理论与技术	教育部重点实验室	2008 年	运输学院	邵春福
12	城市地下工程	教育部重点实验室	2009 年	土建学院	张顶立
13	载运工具先进制造与测控技术	教育部重点实验室（B）	2009 年	机电学院	李建勇
14	隧道及地下工程	教育部工程研究中心	2006 年	土建学院	张顶立
15	电力牵引	教育部工程研究中心	2006 年	电气学院	郑琼林
16	高速铁路网络管理	教育部工程研究中心	2007 年	计算机学院	刘　峰

续表

序号	实验室名称	类型	批准时间	依托单位	负责人
17	轨道车辆结构可靠性与运用检测技术	教育部工程研究中心	2007 年	机电学院	孙守光
18	铁路基础数据库	教育部　铁道部基础数据平台	2007 年	经管学院	黄　磊
19	教育部行业特色研究型大学发展战略研究中心	教育部战略研究中心	2009 年	科技处	宁　滨
20	城市轨道交通自动化与控制	北京市重点实验室	2001 年	电信学院	唐　涛
21	通信与信息系统	北京市重点实验室	2001 年	电信学院	刘　云
22	现代信息科学与网络技术	北京市重点实验室	2001 年	计算机学院	赵　耀
23	物流管理与技术	北京市重点实验室	2008 年	经管学院	叶　龙
24	城市轨道交通 CBTC 系统	北京市高等学校工程研究中心	2009 年	电信学院	郜春海

北京交通大学隧道及地下工程教育部工程研究中心、电力牵引教育部工程研究中心及城市轨道交通自动化与控制北京市重点实验室、通信与信息系统北京市重点实验室、现代信息科学与网络技术北京市重点实验室分别通过了教育部、北京市教委验收。

学校组织申报了城市地下工程教育部重点实验室、载运工具先进制造与测控技术教育部重点实验室（B）、教育部行业特色研究型大学发展战略研究中心、城市轨道交通 CBTC 系统北京市高等学校工程研究中心，都已通过论证，并获得上级主管部门正式批复；电磁兼容实验室独立获国家认可（CNAS）和国家计量认证（CMA）资质；“985”优势学科创新平台进入第二期建设阶段；与北京市交通信息中心共建的北京 CBTC 研发中心，工作进展顺利。

【科研项目与科研经费】

学校全年共签订科研合同 921 项，总经费 6.16 亿元，与 2008 年相比增长了 6.0%，其中纵向科研合同项目 505 项，合同经费 3.31 亿元，横向项目 393 项，合同经费 2.83 亿元，纵向经费占总经费的 53.7%。实到经费 5.18 亿元。100 万元（含 100 万）以上的项目 69 项（见表 37），合同经费 44 400.43 万元，其中纵向 44 项，经费 22 906.37 万元，横向 25 项，经费 21 494.06 万元。

承担国家“973”计划项目取得突破。由张顶立教授作为首席科学家申报的“973”项目“城市地下工程安全性的基础理论研究”获批立项，签订合同经费 2 900 万元。娄淑琴、修乃华、滕枫分别与其他单位联合申报的“973”项目，也获得批准。与 2008 年相比，增长了 3 100 余万元。

新增国家自然科学基金各类项目 101 项，总经费 2 883.20 万元，与 2008 年同期相比，批准项目增加 11 项，在全国高校中排名 41 名，经费总数排名第 37。

学校第一个超亿元（1.53 亿）具有自主知识产权的亦庄线工程系统产业化项目，正在顺利实施。全面参与京沪高速等铁路重大工程建设项目的科研工作，共签订铁道部科技项目合同 4 000 余万元。

表 37　2009 年纵横向 100 万元以上项目统计表

序号	项 目 名 称	合同金额/万元	负责人	主持/参加	项 目 来 源	承担部门
1	北京市轨道交通亦庄线工程信号系统采购项目	15 358.81	郜春海	主持	卡斯柯信号有限公司	国家重点实验室 电信学院
2	高速列车运行组织方案优化设计关键技术	4 858	贾利民	主持	科技部“科技支撑”	国家重点实验室
3	城市地下工程安全性的基础理论研究	2 900	张顶立	主持	科技部“973”	土建学院
4	中国产业安全指数研究	1 853.4	李孟刚	主持	教育部“专项任务”	经管学院
5	CTCS－3 级列控系统测试评估认证平台及评估测试（系统规范）	1 271.15	李开成	主持	科技部“科技支撑”	电信学院
6	CTCS－3 级列控系统测试评估认证平台及评估测试（测试评估平台）	1 271.15	唐　涛	主持	科技部“科技支撑”	国家重点实验室
7	高速列车关键材料及部件可靠性	967.4	孙守光	主持	科技部“科技支撑”	机电学院
8	1.5km 试验线双分区升级分区运行控制和车载运行控制子系统设备研制（任务一）	800	徐洪泽	主持	科技部“科技支撑”	电信学院
9	CTCS－3 级列控系统测试评估认证平台及评估测试（GSM－R 信道仿真及系统测试技术）	685.17	钟章队	主持	科技部“科技支撑”	国家重点实验室
10	隧道围岩稳定性及其控制技术研究——隧道支护与围岩作用体系研究及其应用	600	张顶立	主持	铁道部科技司	土建学院
11	2 取 2 乘 2 安全计算机的联锁系统设计	600	徐洪泽	主持	浙江浙大网新众合轨道交通工程有限公司	电信学院
12	2 取 2 乘 2 安全计算机平台设计	600	徐洪泽	主持	浙大网新众合轨道交通工程有限公司	电信学院
13	1.5km 试验线双分区升级分区运行控制和车载运行控制子系统设备研制（任务二）	596	宁　滨	主持	科技部“科技支撑”	电信学院
14	新型直线电机运输系统运输组织保障与运行控制关键技术及装备研制	594	秦　勇	主持	科技部“科技支撑”	国家重点实验室
15	玉溪大红山矿业有限公司井巷采空区地压，地应力分析与监测	549	陈文化	主持	玉溪大红山矿业有限公司	土建学院
16	郑西客运专线 GSM－R 系统联调联试技术服务	498	钟章队	主持	中铁建电气化局集团有限公司（联合体）郑西客专四电集成工程指挥部	电信学院
17	北京轨道交通信号系统核心技术研发及工程示范	490	宁　滨	主持	北京轨道交通建设管理有限公司	国家重点实验室

续表

序号	项目名称	合同金额/万元	负责人	主持/参加	项目来源	承担部门
18	面向全光网络的光纤器件关键研究	480	娄淑琴	主持	“973”计划	电信学院
19	高速铁路长大桥梁、高架站及无砟轨道无缝线路技术试验研究	462	高　亮	主持	铁道部科技司	土建学院
20	高速铁路列车运行控制系统互联互通测试与评估技术	355	李开成	主持	“863”计划	电信学院
21	柴油机燃烧设计	350	李国岫	主持	红果园	机电学院
22	京沪高速铁路跨越或并行既有铁路施工侵界报警技术试验研究	300	余祖俊	主持	铁道部科技司	机电学院
23	CTCS－3 级列控系统测试评估认证平台及评估测试（电磁兼容技术）	293.34	沙　斐	主持	科技部“科技支撑”	电信学院
24	CTCS－3 级列控系统测试评估认证平台及评估测试（基于开放传输系统的安全数据虚拟专网技术）	292.97	丁建文	主持	科技部“科技支撑”	电信学院
25	CTCS－3 级列控系统标准规范编制分包合同书	290	唐　涛	主持	中国铁路通信信号集团公司	国家重点实验室
26	北京轨道交通大兴线工程特级、一级风险源现状安全评估	286.70	何　平	主持	北京市轨道交通建设管理有限公司	土建学院
27	北京交通大学服务奥运科研专项	270	余祖俊	主持	北京市教委	机电学院
28	锡林浩特至乌兰浩特铁路修建关键技术	240	杨成永	主持	北京方达工程管理有限公司	土建学院
29	北京市地铁运营有限公司桥隧涵养护信息管理系统（一期）	234.88	张振江	主持	北京市地铁运营有限公司线路公司	电信学院
30	石家庄信息工程职业学院校园一卡通系统及专网建设	220	林友芳	主持	石家庄信息工程职业学院	计算机学院
31	列车运行控制系统的仿真理论与方法	220	蔡伯根	主持	国家自然基金“重点”	电信学院
32	京沪高速铁路浅埋及软岩隧道关键技术研究	200	陈铁林	主持	铁道部科技司	土建学院
33	京沪高速铁路岩溶地质实时监测及注浆效果评估技术试验研究	200	许兆义	主持	铁道部科技司	土建学院
34	二取二乘二安全计算机平台设计方案研究	200	刘湘黔	主持	浙大网新众合轨道交通工程有限公司	计算机学院
35	曹妃甸工业区综合物流园区可行性研究及详细规划	200	刘　凯	主持	唐山曹妃甸港口有限公司	运输学院
36	CO2 深部地质封存的长期稳定性预测与控制研究	198	王永红	主持	科技部“其他项目”	土建学院

续表

序号	项目名称	合同金额/万元	负责人	主持/参加	项目来源	承担部门
37	喀和铁路建设项目管理信息系统	196.97	刘仍奎	主持	乌鲁木齐铁路局喀什和田铁路建设指挥部	运输学院
38	CTCS－3级列控系统测试评估认证平台及评估测试（GSM－R专用模块与安全数据传输关键技术及设备）	195.31	蒋文怡	主持	科技部“科技支撑”	电信学院
39	药品安全追溯管理射频识别技术研究	194	林自葵	主持	科技部“国家攻关”	经管学院
40	提高轻油类危险货物罐车容积充装利用率可行性研究	190	孙全欣	主持	中国石油天然气股份有限公司东北销售分公司	运输学院
41	农村住宅建设投融资与土地利用政策研究	183.43	张明玉	主持	科技部“国家攻关”	经管学院
42	先验统计模型的建立与非线性优化理论	170	修乃华	主持	“973”计划	理学院
43	新型微量学和场发射平板显示高品质化及应用的基础研究	170	滕　枫	主持	“973”计划	理学院
44	石家庄至太原铁路客运专线通信设备（GRIS扩容）	162.20	钟章队	主持	石太铁路客运专线有限责任公司	电信学院
45	150kW无刷双馈变速原理样机及系统的研发与设计	160	刘慧娟	主持	湘潭电机股份有限公司	电气学院
46	铁路桥梁抗震设计理论和方法研究	157	钟铁毅	参加	铁道部科技司	土建学院
47	泡沫熟料加工	156.8	房海蓉	主持	红果园	机电学院
48	桂林市城北现代物流配送中心项目可行性研究和资金申请报告	150	王树祥	主持	灵川县神龙物流有限公司	经管学院
49	科技成果转化与产业化项目——交通技术转移中心（2009年度）	150	刘　军	主持	北京市教委	运输学院
50	密集建筑下富水风化花岗岩地层浅埋大跨隧道修建技术	148.5	黄明利	主持	中铁隧道集团有限公司厦门成功大道J3标段项目经理部	土建学院
51	建立北京市机动车排放动态信息数据库	145	于　雷	主持	北京市科委	运输学院
52	青藏铁路公司西宁—格尔木段增建二线工程物资采购	142	钟章队	主持	青藏铁路公司西格二线建设指挥部	电信学院
53	北京深埋城市地下隧道建造关键技术研究	138.25	张成平	主持	北京市科委	土建学院
54	交通运输节能问题研究	136	傅志寰	主持	国际合作	运输学院
55	郑西铁路客运专线四电集成通信子系统专用物资设备采购	134	钟章队	主持	中铁建电气化局集团有限公司（联合体）郑西客专四电集成工程指挥部	电信学院

续表

序号	项目名称	合同金额/万元	负责人	主持/参加	项目来源	承担部门
56	富水软弱粉细沙地层盾构施工及微扰动控制技术研究	133	袁大军	主持	其他部市	土建学院
57	客运专线 CTCS－3 级列控系统综合试验一	120	张　勇	参加	铁道部科技司	电信学院
58	乌兰察布物流园区详细规划	120	施先亮	主持	其他部市	经管学院
59	天津经济技术开发区交通运输发展规划和规范研究	120	南玉霞	主持	天津经济技术开发区交通运输管理处	人文学院
60	6K 型电力机车机车牵引座补强改造	120	刘志明	主持	郑州铁路局洛阳机务段	机电学院
61	京沪高速铁路深厚软土、松软土地段复合地基关键技术试验研究	114	王连俊	主持	铁道部科技司	土建学院
62	泾河高墩多跨连续刚构桥的安全性和稳定性研究	106	杜进生	主持	其他部市	土建学院
63	北京交通发展研究中心交通拥堵调研与缓堵措施研究	103	贾顺平	主持	北京交通发展研究中心	运输学院
64	抗心脑血管凝血，抗炎及抗病毒感染单抗	100	何金生	参加	科技部“863”	理学院
65	高仿废弃物处理 1	100	李　涛	主持	红果园	土建学院
66	2009 年铁路旅客列车服务的用户满意度测评	100	杨　浩	主持	横向合同	运输学院
67	列车运行控制系统的建模与控制方法研究	100	李克平	主持	国家重点实验室	国家重点实验室
68	科学研究与研究生教育——科学研究与科研基地建设项目	100	李孟刚	主持	北京市教委	经管学院
69	北京城轨运行控制系统安全设计平台的研究	100	宁　滨	主持	北京市教委	电信学院
合　计		44 400.43				

【科技成果及奖励】

学校主持和参加完成成果获得国家级科技奖励 4 项，其中一等奖 1 项、二等奖 3 项；获省部级科技奖励 16 项（详见表 38）。学校为第一完成单位和第一完成人完成的成果获奖实现了 10 多年来的首次突破：1 项主持完成成果获得国家科技奖二等奖，2 项主持完成成果获得高等学校科学研究优秀成果奖（科学技术）自然奖一等奖。2009 年北京市正式公布了 2008 年北京市科学技术奖获奖项目，学校共获得北京市科学技术奖 3 项，其中二等奖 1 项、三等奖 2 项（详见表 39）。2009 年北京交通大学共获得鉴定（评审）成果 6 项（详见表 40）。学校专利工作呈现良好势头，申请专利数 329 项，授权专利 209 项，获批准计算机软

件著作权登记237项，分别比2008年同期增长34%、97.2%、75.6%。发明专利申请占专利申请总量的86.8%，与2008年基本持平；发明专利授权占专利授权总量的80.8%，比2008年同期上涨10个百分点。申请国防专利3项，美国专利3项，并且有一项通过PCT途径申报的国际专利申请已进入美国国家阶段（详见表41、表42）。“低温大直径磁性液体密封装置”项目荣获北京市首届发明专利奖二等奖，并获第十一届中国专利奖优秀奖。

表38　2009年度北京交通大学获科学技术奖成果统计一览表

序号	获奖成果名称	奖励名称	奖励	颁奖单位	获奖单位名称	学校获奖人（个人证书排序）
1	复杂与高速条件下车载信号安全控制系统关键技术及应用	国家科技进步奖	二等奖	国务院	北京交通大学（1）	邱宽民、宁滨、徐迅、赵明、赵胜凯、赵林海、张民、赵会兵、王永和、张勇
2	时速250公里动车组高速转向架及应用	国家科技进步奖	一等奖	国务院	北京交通大学（4）	孙守光（9）
3	列车过桥动力相互作用理论、安全评估技术及工程应用	国家科技进步奖	二等奖	国务院	北京交通大学（2）	夏禾（3）、张楠（8）
4	（保密项目）	国家科技进步奖	二等奖	国务院	北京交通大学（3）	袁泉（4）、贾英杰（12）
5	时速350公里高速动车组	中国铁道学会科学技术奖	特等奖	铁道部	北京交通大学（12）	孙守光（18）
6	北京南站建设综合技术	中国铁道学会科学技术奖	特等奖	铁道部	北京交通大学（4）	魏庆朝（14）
7	大秦线重载列车可控列尾装置	中国铁道学会科学技术奖	一等奖	铁道部	北京交通大学（1）	蒋文怡（3）、钟章队（6）、何建军（12）、朱刚（15）
8	大型现代化综合交通枢纽运营管理方案研究	中国铁道学会科学技术奖	二等奖	铁道部	北京交通大学（2）	刘军（2）、孙全欣（6）、贾元华（9）、张喜（10）
9	PJ型165t架桥机	中国铁道学会科学技术奖	二等奖	铁道部	北京交通大学（3）	谢基龙（13）
10	转K6型转向架	中国铁道学会科学技术奖	二等奖	铁道部	北京交通大学（3）	邢书明（13）、李强（14）
11	客运专线桥梁抗震设计关键问题的研究	中国铁道学会科学技术奖	二等奖	铁道部	北京交通大学（2）	赵冠远
12	青藏铁路应急救援体系及应急救援指挥信息系统的研发	中国铁道学会科学技术奖	二等奖	铁道部	北京交通大学（2）	秦勇（2）、贾利民（3）、王艳辉（5）、程晓卿（12）、周慧娟（15）
13	铁路节约土地技术经济综合研究	中国铁道学会科学技术奖	二等奖	铁道部	北京交通大学（1）	张梅青、梁青槐、陈峰、高宏伟、阚叔愚、魏庆朝、程霄楠

续表

序号	获奖成果名称	奖励名称	奖励	颁奖单位	获奖单位名称	学校获奖人（个人证书排序）
14	可视化的路网货流图、车流图、列流图和编组站负荷分布图研究	中国铁道学会科学技术奖	二等奖	铁道部	北京交通大学（1）	林柏梁、南敬林、周磊山、张秀媛、聂英杰、胡吉平、纪丽君、田亚明、邵琳、王志美、范振平、梁栋、乐逸祥、李俊卫、丁杰
15	编组站智能调度系统的研究与开发	中国铁道学会科学技术奖	三等奖	铁道部	北京交通大学（2）	何世伟（2）、宋瑞（4）、丁雷（10）
16	太原铁路局列车编组计划图形化管理信息系统	中国铁道学会科学技术奖	三等奖	铁道部	北京交通大学（2）	林柏梁（2）
17	面向交通运输系统的复杂网络理论与方法	高等学校科学研究优秀成果奖（科学技术）自然科学奖	一等奖	教育部	北京交通大学	高自友、吴建军、李克平、黄海军、孙会君、赵小梅、郑建风、赵晖、李新刚
18	固态阴极射线发光及相关发光材料	高等学校科学研究优秀成果奖（科学技术）自然科学奖	一等奖	教育部	北京交通大学	王永生、徐征、赵谡玲、徐叙瑢、张福俊、许秀来、杨晓辉、钱磊
19	产业安全理论研究	高等学校科学研究优秀成果奖（人文社会科学）	二等奖	教育部	北京交通大学	李孟刚
20	金字塔结构下终结所有权与控制权研究	高等学校科学研究优秀成果奖（人文社会科学）	三等奖	教育部	北京交通大学	马忠等
21	铁矿软弱破碎地段巷道安全快速施工关键技术研究	河南省科学技术进步奖	二等奖	河南省人民政府	北京交通大学（2）	王永红（2）、傅洪贤（4）、王磊（8）
22	双洞八车道高速公路隧道关键技术研究	广东省科学技术奖励	一等奖	广东省人民政府	北京交通大学（3）	谭忠盛（3）、朋改非（14）、黄明利（29）、王秀英（30）

表39　2008年度北京交通大学获北京市科学技术奖成果统计一览表

序号	获奖成果名称	奖励名称	奖励	颁奖单位	获奖单位名称	学校获奖人（个人证书排序）
1	国家体育场大跨度钢结构设计成套技术	北京市科学技术奖	二等奖	北京市人民政府	中国建筑设计研究院、国家体育场有限责任公司、清华大学、同济大学、北京工业大学、北京交通大学（6）、中国建筑科学研究院、北京城建集团有限责任公司	杨庆山（8）

续表

序号	获奖成果名称	奖励名称	奖励	颁奖单位	获奖单位名称	学校获奖人（个人证书排序）
2	基于时空信息集成的交通运输综合监控系统 CMS－T 技术及应用	北京市科学技术奖	三等奖	北京市人民政府	北京交通大学（1）	贾利民 秦 勇 蔡国强 王艳辉 潘 盾 唐 堃
3	纳米复合破乳剂研究与应用	北京市科学技术奖	三等奖	北京市人民政府	北京交通大学（1）	朱 红 孙正贵 张 建 刘慧英 赵 磊 申闫春

表 40 2009 年北京交通大学鉴定（评审）成果统计

序号	成果名称	单 位	鉴定年	组织鉴定单位	鉴定证书号	项目负责人
1	一体化标示网络系统	电信学院	2009 年	教育部科技发展中心	［教 NP2009］第 005 号	张宏科（主持）
2	铁路创建学习型组织的研究	运输学院	2009 年	铁道部科学技术司	铁道部软评字［2009］第 002 号	黎 群（主持）
3	主动知识辅助系统及其在人机协作智能设计中的应用	河北科技大学 北京交通大学	2009 年	河北省科技成果转化服务中心	冀科成转鉴字［2009］第 7－037 号	陆一平
4	光华路（金台夕照）站双层分离式地铁车站综合施工技术	中建国际建设有限公司 北京交通大学	2009 年	中国建筑工程总公司	中建科鉴字［2009］第 237 号	张德华
5	大型现代化综合交通枢纽运营管理方案研究	北京局 北京交通大学 西南交通大学 铁科院	2009 年	铁道部科学技术司	科技运［2009］25 号	刘 军
6	客运专线路基沉降控制措施及变形观测技术研究	中铁六局 中铁十七局 铁三院 北京交通大学 京津城际公司	2009 年	铁道部科学技术司	科技基［2009］10 号	王连俊

表 41 2009 年北京交通大学专利授权目录

序号	发明创造名称	发 明 人	专利号	登记日	类型	所属部门
1	分布式电感	郑琼林、游小杰、胡广艳、孙湖、杨中平、黄先进、郝瑞祥、张利伟、林飞	2006 1 0164947. 1	09 05 13	发明	电气学院
2	基于波形正弦度原理的变压器励磁涌流识别方法	和敬涵、李静正、欧灶军	2006 1 0113761. 3	09 05 27	发明	电气学院

续表

序号	发明创造名称	发 明 人	专利号	登记日	类型	所属部门
3	一种矿井电力机车驱动控制系统	葛宝明	2006 1 0114573. 2	09 05 27	发明	电气学院
4	一种基于导纳原理实现输电线路保护的方法	和敬涵、李静正、张浩	2007 1 0119032. 3	09 05 27	发明	电气学院
5	一种用于轨道交通的直线电机性能检测装置	郑琼林、游小杰、杨中平、胡广艳、孙湖、郝瑞祥、黄先进、张立伟、林飞	2007 1 0064357. 6	09 06 03	发明	电气学院
6	一种逆变器能流循环试验装置	郑琼林、黄先进、孙湖、郝瑞祥、胡广艳、游小杰、林飞、张立伟、杨中平、訾振宁	2007 1 0119483. 7	09 07 29	发明	电气学院
7	一种基于电流差动原理的集成保护系统	和敬涵、薄志谦	2006 1 0089582. 0	09 07 29	发明	电气学院
8	低电感门控晶闸管及其功率半导体组件	童亦斌、张婵	2006 1 0165091. X	09 08 19	发明	电气学院
9	伸缩组合式动铁芯永磁操动机构	朱学贵、王毅	2007 1 0063600. 2	09 08 19	发明	电气学院
10	单稳态自锁式变气隙永磁操作机构	朱学贵、王毅	2007 1 0120485. 8	09 08 19	发明	电气学院
11	一种基于导纳原理实现变压器保护的方法	和敬涵、李静正、张浩	2007 1 0119033. 8	09 09 02	发明	电气学院
12	一种内燃机车疲劳寿命估算方法	狄威、刘军、刘志刚、沈茂盛、苏劼、王磊、全恒立、牟富强	2008 1 0117045. 1	09 10 21	发明	电气学院
13	道路交通信息采集的多传感器接入装置及其数据融合方法	张和生、国彬、王强	2008 1 0057549. 9	09 12 09	发明	电气学院
14	电动车载全密闭内液冷、外风冷式开关磁阻电机	王艳、殷天明	2007 1 0119644. 2	09 12 16	发明	电气学院
15	高阶黄金分割汉明函数切趾版	刘艳、谭中伟、李彬、姚磊、鲁韶华	2. 0061E + 11	09 01 28	发明	电信学院
16	光纤轴向磨抛厚度精确控制方法及装置	裴丽、董小伟、宁提纲、任文华、汪滢莹	2006 1 0169810. 5	09 01 28	发明	电信学院
17	大长度光纤光栅的涂覆装置及方法	谭中伟、刘艳、苏晓星、张建勇、秦曦	2006 1 0169896. 1	09 01 28	发明	电信学院

续表

序号	发明创造名称	发明人	专利号	登记日	类型	所属部门
18	一种基于 OFDM 的移动通信系统及切换信道分配方法	陈霞、姚冬萍、熊磊	2007 1 0064654.0	09 01 28	发明	电信学院
19	一种移动路由器的移动网络组播方法	周华春、关建峰、秦雅娟、张宏科、陈晓华、刘颖	2007 1 0065025.X	09 01 28	发明	电信学院
20	实际信道结合计算机仿真测试信道传输性能的系统及方法	步兵、郜春海、赵红礼	2007 1 0098864.1	09 02 11	发明	电信学院
21	利用相干性光纤光栅组实现列车定位和实时追踪的方法	简水生、延凤平、谭中伟、任文华、郑晶晶	2006 1 0169813.9	09 02 11	发明	电信学院
22	写有光栅的光子晶体光纤的横向应力传感系统及实现方法	王智、王拥军	2006 1 0081527.7	09 03 11	发明	电信学院
23	一种便携式串行数据记录仪及实现方法	蔡伯根、唐一哲、罗鑫、安毅	2007 1 0099531.0	09 03 11	发明	电信学院
24	单偏振双波长光纤光栅激光器的实现方法	宁提纲、裴丽、阮乂、胡旭东、郑晶晶、祁春慧、戴毅、董小伟	2007 1 0176168.8	09 03 11	发明	电信学院
25	线型腔单偏振双波长光纤光栅激光器的实现方法	宁提纲、刘艳、胡旭东	2007 1 0176169.2	09 04 22	发明	电信学院
26	一种双包层光纤侧面泵浦耦合体光栅及其实现方法	娄淑琴、张帆、王春灿、耿蕊、陆玉春	2006 1 0169808.8	09 04 22	发明	电信学院
27	一种基于 IP/MPLS/BGP 的多域组播一体化数据分发结构及方法	张宏科、秦雅娟、周华春、董平、杨冬、王博、杨水根、郜帅、刘颖、张思东、张冰怡	2006 1 0001829.9	09 04 22	发明	电信学院
28	OFDM 系统时频混合差分调制方法	秦雅娟、刘元安	2005 1 0134239.9	09 04 22	发明	电信学院
29	一种电磁层析成像系统的并行激励装置及方法	刘泽	2004 1 0047941.7	09 04 22	发明	电信学院
30	CMOS 自适应偏置电路	杜春山 、刘章发	2007 1 0175913.7	09 05 13	发明	电信学院
31	一种混响室天线搅拌调谐和对称模发射技术和装置	丁坚进、沙裴、王化深、周克生、闻映红、王凤兰、朱云、王国栋、吕飞燕	2005 1 0011246.X	09 05 27	发明	电信学院
32	正交分组 MC－CDMA 下行链路结合频偏补偿的信号检测方法	杨维、刘俊英、颜永庆、尤肖虎	2005 1 0011823.5	09 05 27	发明	电信学院

续表

序号	发明创造名称	发明人	专利号	登记日	类型	所属部门
33	一种应用于 ad hoc 网络的合作增强机制的方法	吴昊、李承恕、李旭、李翠然	2005 1 0086497. 4	09 05 27	发明	电信学院
34	一种基于网络的远程电子电路实验方法及系统	刘元盛、李哲英、李维敏、骆丽	2005 1 0134240. 1	09 05 27	发明	电信学院
35	一种空时分组码 MT－CDMA 系统上行链路发射与接收方法	杨维、王新生、颜永庆、尤肖虎	2005 1 0086691. 2	09 05 27	发明	电信学院
36	具有双钢丝加强内导体的漏泄同轴光缆及制作方法	简伟、延凤平、方宏、秦曦、吕博	2006 1 0169893. 8	09 05 27	发明	电信学院
37	扩展 UDDI 实现语义及个性化查询的方法及系统	张宏科、王建超、秦雅娟、罗洪斌、杨冬、王博、申王睿、梁露露	2007 1 0175416. 7	09 05 27	发明	电信学院
38	独立线型腔波长间隔可调单偏振双波长光纤光栅激光器	宁提纲、郑晶晶、胡旭东、祈春慧、阮乂、裴丽、董小伟、郑凯、简伟	2007 1 0178045. 8	09 06 03	发明	电信学院
39	站内音频轨道电路阻抗匹配电路	杨世武、费锡康、吴运熙、马宏杰	2007 1 0098775. 7	09 06 03	发明	电信学院
40	共保偏光纤光栅可调谐单偏振双波长光纤激光器	宁提纲、祈春慧、裴丽、阮乂、胡旭东、许欧、鲁韶华、陈明、戴毅	2007 1 0178044. 3	09 06 10	发明	电信学院
41	一种用于信息加密的公钥加密方法	宁红宙、刘云	2005 1 0011374. 4	09 07 08	发明	电信学院
42	一种阵列天线 MT－CDMA 系统上行链路接收方法	杨维、陈俊仕、刘俊英、程时昕	2005 1 0012214. 1	09 07 08	发明	电信学院
43	阵列天线 MC－CDMA 系统用户信号波达方向估计方法	杨维、张德珍	2006 1 0113848. 0	09 07 08	发明	电信学院
44	基于无线机车信号的虚拟闭塞系统	王俊峰、邱宽民、汪希时	2006 1 0114777. 6	09 07 08	发明	电信学院
45	一种覆盖网络组播协议技术	刘云、王铮、李永昊	2005 1 0011933. 1	09 07 08	发明	电信学院
46	单偏振多波长保偏取样光纤光栅激光器	宁提纲、裴丽、童治、刘艳、谭中伟、阮乂、胡旭东、祁春慧、李坚、戴毅、史嫄嫄	2007 1 0303818. 0	09 07 15	发明	电信学院
47	使用锯齿型金属长周期光栅测试保偏光纤参数方法和装置	裴丽、赵瑞峰、祁春慧、宁提纲、童治、刘艳、谭中伟、延凤平	2007 1 0098760. 0	09 07 29	发明	电信学院

续表

序号	发明创造名称	发 明 人	专利号	登记日	类型	所属部门
48	一种测量切换时间的方法和设备	宁滨、朱力、唐涛、步兵	2007 1 0119596. 7	09 07 29	发明	电信学院
49	一种一体化网络移动切换管理的实现方法	张宏科、王上、孙照辉、秦雅娟、罗洪斌、董平、杨水根、王义	2007 1 0121746. 8	09 07 29	发明	电信学院
50	无线机车信号双机热备控制方法	王俊峰、陈炜、熊坤	2005 1 0134577. 2	09 07 29	发明	电信学院
51	基于资源再分配原则的分布智能呼叫接纳控制方法及装置	朱刚、张岱鹏	2006 1 0012206. 1	09 07 29	发明	电信学院
52	利用线型腔双波长光纤激光产生微波、毫米波发的装置	宁提纲、戴毅、阮乂、童治、谭中伟、裴丽、张帆、王春灿、耿蕊、史嫄嫄	2007 1 0176999. 5	09 08 05	发明	电信学院
53	单偏振双波长光纤光栅激光器产生微波、毫米波的装置	宁提纲、胡旭东、郑晶晶、祈春慧、阮乂、董小伟、谭中伟、刘艳、童治、裴丽	2007 1 0177000. 9	09 09 02	发明	电信学院
54	一种 MC - CDMA 系统发射与接收方法	杨维、李航、颜永庆、尤肖虎	2005 1 0086925. 3	09 09 02	发明	电信学院
55	一种家乡代理信令消息有效保护方法	周华春、曹宏亮、张宏科、秦雅娟、任兰芳	2006 1 0076115. 4	09 09 02	发明	电信学院
56	一种 IP DSLAM 中基于 QOS 要求的自适应高度方法	苏伟、冯伟、吴层、张宏科、秦雅娟、周华春	2006 1 0165599. X	09 09 02	发明	电信学院
57	非对称结构栅格速度补偿方法及速度补偿型弯曲共面波导	王均宏	2006 1 0169603. X	09 09 02	发明	电信学院
58	具有双钢丝加强内导体的漏泄同轴及制作方法	简伟、卫延、方宏、苏晓星、王琳	2006 1 0169894. 2	09 09 02	发明	电信学院
59	基于通信的互联网互通 I - CBTC 列车运行控制系统	郜春海、唐涛、宁滨、刘波、张建明、黄友能	2007 1 0063144. 1	09 09 02	发明	电信学院
60	基于层次的嵌套移动网络路由优化方案	张宏科、陈晓华、周华春、秦雅娟、关建峰、苏伟	2007 1 0065114. 4	09 09 02	发明	电信学院
61	一种基于电流环的异步串行通信方法	袁磊、张建明、李开成	2007 1 0098909. 5	09 09 02	发明	电信学院
62	一种对等网搜索方法	刘云、李永昊、张振江、穆晓堃	2006 1 0165092. 4	09 09 09	发明	电信学院

续表

序号	发明创造名称	发明人	专利号	登记日	类型	所属部门
63	基于三角形光纤光栅的一体化色散补偿和可调衰减器	宁提纲、李晶、胡旭东、曹东亚、孙倩、刘洋、王清华、雷飞鹏	2008 1 0224238.7	09 10 21	发明	电信学院
64	一种基于Ipv6网络中实现动态域名更新的方法	张宏科、沈剑、郜帅、秦雅娟	2005 1 0011562.7	09 10 28	发明	电信学院
65	包含光敏性单芯的多芯光纤及制备方法	裴丽、赵瑞峰、延风平、董小伟、刘艳、谭中伟、宁提纲	2007 1 0065338.5	09 10 28	发明	电信学院
66	单模有源光纤伴生耦合多模有源光纤超亮度单模激光器	宁提纲、胡旭东、裴丽、祁春慧、陈青艳、阮乂、董小伟	2008 1 0111817.0	09 11 11	发明	电信学院
67	温度不敏感光纤光栅应力传感器	裴丽、宁提纲、童治、刘艳、谭中伟、董小伟、赵瑞峰、祁春慧、郭兰、卓安生	2008 1 0057474.4	09 11 18	发明	电信学院
68	温度不敏感的光纤光栅应力传感列车定位和实时追踪系统	裴丽、宁提纲、董小伟、延风平、祁春慧、赵瑞峰、阮乂、吴树强、刘俊杰	2008 1 0115274.X	09 12 09	发明	电信学院
69	全光纤可调谐微波、毫米波发生装置	裴丽、宁提纲、祁春慧、赵瑞峰、魏环、高爽、万沙沙、韩许东、董小伟	2007 1 0178936.3	09 12 09	发明	电信学院
70	IPv4IPv6 双栈 IP – DSLAM 系统及实现方法	张宏科、秦雅娟、郝丽、苏伟、郭华明、吴层	2006 1 0169728.2	09 12 16	发明	电信学院
71	三模冗余安全计算机中输出的安全关断方法及装置	马连川、李开成、袁磊	2007 1 0064305.9	09 12 16	发明	电信学院
72	层移动协议的双栈支持扩展方法	周华春、秦雅娟、张宏科、陈晓华、关建峰、乔鹏、瞿玮、任兰芳、钱铁群	2007 1 0065024.5	09 12 16	发明	电信学院
73	频域传输函数形状动态调谐光谱滤波器的制作方法	裴丽、赵瑞峰、祁春慧、宁提纲、阮乂、董小伟、刘俊杰、卓安生	2008 1 0116776.4	09 12 30	发明	电信学院
74	马赫–曾德光纤干涉仪偏振衰落和相位衰落控制系统	赵瑞峰、裴丽、祁春慧、阮乂、马中秀、宁提纲、董小伟、郭兰、吴树强	2008 1 0117204.8	09 12 30	发明	电信学院
75	高纯度碳化铝钛陶瓷粉体的常压合成方法	李世波、向卫华、贝国平、翟洪祥、周洋	2006 1 0114335.1	09 01 14	发明	机电学院
76	一种铝20锡半固态浆料的电磁机械复合制备方法	张鹏、杜云慧、刘汉武	2006 1 0165044.5	09 01 28	发明	机电学院

续表

序号	发明创造名称	发 明 人	专利号	登记日	类型	所属部门
77	一种冷凝型蓄热式燃料天然气锅炉系统	贾力	2007 1 0118107.6	09 01 28	发明	机电学院
78	具有动力分流结构的主减速器	姜虹、王小椿	2007 1 0063193.5	09 02 18	发明	机电学院
79	一种钛硅铝碳层间固溶体粉料及其制备方法	翟洪祥、李翠伟、黄振莺	2007 1 0064547.8	09 03 11	发明	机电学院
80	具有非对称结构的限滑差速器	姜虹、王小椿	2007 1 0064044.0	09 04 15	发明	机电学院
81	一种钢铝28铅复合板半固态铸轧复合方法	张鹏、杜云慧、刘汉武、张君、韩海东	2007 1 0121418.8	09 04 22	发明	机电学院
82	一种钢铝复合板半固态铸轧复合方法	张鹏、杜云慧、刘汉武	2007 1 0121417.3	09 04 22	发明	机电学院
83	一种钢铝－4石墨复合板铸轧复合方法	张鹏、杜云慧、刘汉武、张君、韩海东	2007 1 0121415.4	09 04 22	发明	机电学院
84	一种钢铝－5石墨复合板铸轧复合方法	张鹏、杜云慧、刘汉武、张君、张新	2007 1 0121414.X	09 04 22	发明	机电学院
85	一种钢铝－7石墨复合板铸轧复合方法	张鹏、杜云慧、刘汉武、张君、梁金娥	2007 1 0121413.5	09 04 22	发明	机电学院
86	一种钢铝－9石墨复合板铸轧复合方法	张鹏、杜云慧、刘汉武、张君、张新	2007 1 0121412.0	09 04 22	发明	机电学院
87	磁性液体密封装置中密封组件的装配方法	李德才、王淑珍	2007 1 0099490.5	09 05 06	发明	机电学院
88	一种铜石墨半固态浆料的电磁机械复合制备方法	张鹏、杜云慧、刘汉武	2006 1 0165043.0	09 05 13	发明	机电学院
89	一种在镁合金表面制备透明膜的方法	韩建民、崔世海、李卫京、陈怀军、徐向阳、祝晓文、李荣华、刘元富、王金华	2007 1 0063631.8	09 07 15	发明	机电学院
90	以 CaF_2 为助熔剂烧结合成铌酸钇微波介电陶瓷的方法	张志力、刘秋平、许春	2007 1 0177902.2	09 07 22	发明	机电学院
91	齿轮齿条副非过约束四自由度并联机器人机构	郭盛、方跃法、房海蓉	2007 1 0119598.6	09 07 29	发明	机电学院
92	转动副非过约束四自由度并联机器人机构	郭盛、方跃法、房海蓉	2007 1 0119597.1	09 07 29	发明	机电学院
93	电控天然气发动机标定系统和控制方法	张欣、郭林福、刘建华、芦畅	2004 1 0009690.3	09 07 29	发明	机电学院
94	可用于微波介电陶瓷的铌酸钇固相反应合成烧结方法	张志力、刘秋平、许春	2007 1 0177476.2	09 09 02	发明	机电学院

续表

序号	发明创造名称	发明人	专利号	登记日	类型	所属部门
95	一种钢背铝基半固态复合板的后处理方法	张鹏、杜云慧、刘汉武、张君、姚莎莎	2007 1 0121419. 2	09 09 02	发明	机电学院
96	利用反平行四边形的空间伸缩机构	姚燕安、俞笔奇、查建中	2008 1 0106378. 4	09 10 14	发明	机电学院
97	自举式液力驱动限滑差速器	程云建、王小椿	2008 1 0106165. 1	09 10 21	发明	机电学院
98	立屏式水泵串并联综合实验台	宋泾舸	2008 1 0101256. 6	09 10 21	发明	机电学院
99	一种碳化硅钛陶瓷粉体的常压合成方法	李世波、向卫华、陈新华、翟洪祥、周洋	2007 1 0118230. 8	09 10 28	发明	机电学院
100	一种 MB8 镁合金表面处理方法	张鹏、杜云慧、刘汉武	2006 1 0089596. 2	09 10 28	发明	机电学院
101	具有自锁功能的变传动比限滑差速器	王小椿、黄泽华	2008 1 0104696. 7	09 12 09	发明	机电学院
102	一种 AZ91 镁合金表面处理方法	张鹏、杜云慧、刘汉武	2006 1 0089597. 7	09 12 16	发明	机电学院
103	手指延长增力机构	姚燕安、孙永海	2006 1 0164857. 2	09 12 16	发明	机电学院
104	一种无同步器不中断动力换挡的自动变速箱	陈宏伟、宋健	2007 1 0098863. 7	09 12 16	发明	机电学院
105	一种 Ti3C2/Cu - Al 金属陶瓷材料的电弧焊接方法	翟洪祥、张华、黄振莺	2007 1 0178334. 8	09 12 16	发明	机电学院
106	一种凝固区间小金属半固态浆料制备方法及装置	张鹏、杜云慧、刘汉武	2007 1 0062605. 3	09 12 30	发明	机电学院
107	追踪太阳感光器	郭一竹、徐征、王玉凤	2008 1 0116919. 1	09 12 30	发明	机电学院
108	一种远程高强度聚焦超声治疗系统	胡秉谊、吕维迪、艾江山、唐颖军、薛恩	2005 1 0086302. 6	09 02 11	发明	计算机学院
109	一种基于多视角的交互式视频搜索方法	赵耀、韦世奎、朱振峰	2007 1 2299532. 5	09 02 11	发明	计算机学院
110	基于反馈混沌系统和邻域辅助的图像认证方法	倪蓉蓉、阮秋琦	2007 1 0119599. 0	09 02 11	发明	计算机学院
111	一种基于掌纹特征的门禁系统	刘陆陆、丁晓明	2005 1 0115190. 2	09 05 27	发明	计算机学院
112	应用多模 TURBO 码的码分多址通信系统和方法	肖扬	2. 0041E + 11	09 07 08	发明	计算机学院
113	CDMA 系统空时扩谱方法及相应的移动台接收电路	肖扬	2. 0041E + 11	09 07 08	发明	计算机学院

续表

序号	发明创造名称	发明人	专利号	登记日	类型	所属部门
114	一种基于自适应时域亚采样的多描述视频编解码方法	赵耀、白慧慧	2007 1 0119031. 9	09 07 08	发明	计算机学院
115	基于自适应合什和格型矢量量化的分布式视频编码方法	赵耀、王安红	2007 1 0062615. 7	09 07 08	发明	计算机学院
116	一种限制用户同时收看频道数目的方法	何永忠、韩臻、李晓勇	2007 1 0118640. 2	09 07 29	发明	计算机学院
117	基于多尺度总体变分商图像的独立分量分析人脸识别方法	阮秋琦、安高云、仵颖	2007 1 0304466. 0	09 07 29	发明	计算机学院
118	一种基于分层匹配的快速音频广告识别方法	朱振峰、刘楠、赵耀	2007 1 0177517. 8	09 08 19	发明	计算机学院
119	一种抗模拟域攻击的文本数字水印方法	裘正定、罗斌、尹树田、张云明、梁源松、高鹏	2005 1 0060488. 8	09 08 26	发明	计算机学院
120	基于 Turbo 码和图像载体的抗干扰信息隐藏方法	肖扬、谢玉明	2004 1 0009795. 9	09 09 02	发明	计算机学院
121	采用广义互补匹配滤波器的空时扩谱方法及电路	肖扬、赵莹	2005 1 0011298. 7	09 09 02	发明	计算机学院
122	一种向量网络地址编码方法	梁满贵	2006 1 0089302. 6	09 09 02	发明	计算机学院
123	融合伪相关反馈与检索技术的自动图像标注方法	赵耀、赵玉凤、朱振峰	2007 1 0118106. 1	09 09 02	发明	计算机学院
124	基于报文采样和应用签名的互联网应用流量识别方法	郭振滨、孙研彦、裘正定	2007 1 0179536. 4	09 10 21	发明	计算机学院
125	一种向量数据通信网上建立向量连接的方法	梁满贵	2007 1 0064804. 8	09 10 28	发明	计算机学院
126	利用光线扫描的干涉型纳米表面三维在线测量系统及方法	谢芳	2007 1 0099709. 1	09 01 28	发明	理学院
127	利用合成波干涉全场纳米表面三维在线测量方法和系统	谢芳、张琳	2007 1 0120661. 8	09 01 28	发明	理学院
128	白光有机电致发光显示器件	邓振波、徐登辉、李秀芳、陈征	2006 1 0113669. 7	09 02 04	发明	理学院
129	带有复合加速层的单发光材料的白光器件	李远、徐征、赵谡玲、张福俊、宋林、黄金昭、欧阳平、徐叙瑢	2007 1 0062952. 6	09 02 11	发明	理学院
130	一种提高直线度测量灵敏度的方法与装置	匡翠方、冯其波、陈士谦、张志峰	2006 1 0088886. 5	09 02 11	发明	理学院

续表

序号	发明创造名称	发 明 人	专利号	登记日	类型	所属部门
131	利用激光自动监测钢轨参数的装置系统及方法	冯其波、高瞻	2006 1 0113287.4	09 02 11	发明	理学院
132	一种抗降解燃料电池用多层阻醇复合膜及其制备方法	朱红、杨武斌、王明	2007 1 0098551.6	09 03 11	发明	理学院
133	在 SiO_2 衬底上生长 ZnO 薄膜的方法	张希清、刘凤娟、孙建、黄海琴、姚志刚、王永生	2007 1 0099110.8	09 03 11	发明	理学院
134	一种电致发光矩阵器件的制备方法邓振波	邓振波、陈征、徐登辉、肖静、李秀芳	2006 1 0011861.5	09 03 11	发明	理学院
135	基于并五苯为空穴传输层的电致发光器件	张福俊、徐征、赵谡玲、李远、徐叙瑢	2007 1 0177321.9	09 03 11	发明	理学院
136	利用合成波干涉全场纳米表面三维在线测量方法及系统	谢芳、张琳	2007 1 0120662.2	09 04 22	发明	理学院
137	一种显示原理演示仪	张明庆、滕枫、梁春军	2006 1 0001827.X	09 05 27	发明	理学院
138	一种制备聚噻吩或其衍生物－多壁碳纳米管复合材料的方法	朱红、郭洪范	2006 1 0113394.7	09 05 27	发明	理学院
139	合成波干涉纳米表面三维在线测量方法及系统	谢芳	2007 1 0120081.9	09 05 27	发明	理学院
140	合成波干涉纳米表面三维在线测量系统及方法	谢芳	2007 1 0120079.1	09 05 27	发明	理学院
141	利用光子晶体异质结提高有机电致发光器件色纯度的方法	王东栋、王永生、邓立儿、张春秀、韩笑	2006 1 0011204.0	09 06 17	发明	理学院
142	生态型煤表面固化剂及其制备方法	朱红、周长胜、李伟、崔波、申闫春、王芳辉	2006 1 0113187.1	09 06 17	发明	理学院
143	一种由周期性任意波形激发测量荧光寿命的方法及装置	冯颖、黄世华、梁春军	2005 1 0131854.4	09 07 08	发明	理学院
144	一种智能交通控制方法及装置	郭彦杰、李志鹏、罗文、蔡天芳、王玉凤、陈征	2007 1 0065440.5	09 07 08	发明	理学院
145	双面透光的全有机场效应光电晶体管及其制备方法	杨盛谊、娄志东、邓振波、侯延冰	2007 1 0118279.3	09 07 08	发明	理学院
146	真空阴极射线和注入混合激发的纳米材料平板显示屏	赵谡玲、徐征、张福俊、徐叙荣	2007 1 0178092.2	09 07 08	发明	理学院
147	有机薄膜晶体管的制造方法	徐征、田雪雁、赵谡玲、张福俊、袁广才	2007 1 0179959.6	09 07 15	发明	理学院
148	在 ITO 衬底上生长 ZnMgO 合金薄膜的方法	张希清、孙建、黄海琴、刘凤娟、胡佐富、赵建伟	2008 1 0222662.8	09 09 02	发明	理学院

续表

序号	发明创造名称	发 明 人	专利号	登记日	类型	所属部门
149	一种用于电镀液中纳米微粒的分散方法	杨玉国、刘为霞、许韵华、程志明、铁军、余明详	2005 1 0012042. 8	09 09 02	发明	理学院
150	一种夏用型汽车挡风玻璃清洗剂	朱红、张连存、于学清	2007 1 0098605. 9	09 09 02	发明	理学院
151	一种基于光纤缓存器的多点光纤瓦斯传感系统	吴重庆、王智、余晛禄、郭伟青	2007 1 0176033. 1	09 09 02	发明	理学院
152	纳米 $Al(OH)_3$ 球准气相法连续制备方法及装置	张辉、刘莲云、王耀、黄峰、张绪瑞	2008 1 0056817. 5	09 10 14	发明	理学院
153	一种有序碳载质子交换膜燃料电池催化剂及制备方法	康晓红、朱红、梁光临	2007 1 0119224. 4	09 10 28	发明	理学院
154	利用光纤光栅及波分复用技术的台阶高度在线测量系统	谢芳、张琳	2007 1 0122404. 8	09 10 28	发明	理学院
155	一种快速制备层状钛酸钾盐的方法	颜鲁婷、王鹏、吴洪鹏	2008 1 0055803. 1	09 11 11	发明	理学院
156	一种纳米改性木质素磺酸盐混凝土减水剂及制备方法	朱红、申闫春、王芳辉	2007 1 0122094. X	09 12 16	发明	理学院
157	一种煤炭表层固化剂及其制备方法	朱红、周长胜、李伟、申闫春、崔波、王芳辉、刘凤月	2007 1 0063294. 2	09 12 30	发明	理学院
158	力、电、磁耦合试验测量装置	王正道、郭雅芳、黄海明	2005 1 0011775. X	09 05 27	发明	土建学院
159	复合式水解酸化污水预处理设备	姚宏、孙明东、田盛	2006 1 0144377. X	09 06 03	发明	土建学院
160	利用瑞雷表面波测量材料声学非线性系数的方法	税国双、汪越胜、曲建民、王正道、祝瑛	2007 1 0119126. 0	09 07 08	发明	土建学院
161	一种 W 火焰锅炉一次风乏气置换的方法和装置	周岩梅、蒋宏利、蒋淑艳	2007 1 0177816. 1	09 07 22	发明	土建学院
162	一种水葫芦的资源化处理方法	周岩梅	2008 1 0056816. 0	09 09 02	发明	土建学院
163	预应力孔道灌浆密实装置	朱尔玉、董德禄、蒋红根	2007 1 0178301. 3	09 09 02	发明	土建学院
164	一种水葫芦的焚烧处理方法	周岩梅	2008 1 0056819. 4	09 10 14	发明	土建学院
165	盾构法与浅埋暗挖法结合建造地铁车站的施工方法	刘维宁、罗富荣、李兆平、路美丽、张新金、贺少辉、袁大军、郭婷、李晓霖、李海锋、许世伟	2007 1 0119377. 9	09 10 28	发明	土建学院
166	用热缩材料对预应力锚具保护的方法	朱尔玉、董德禄、蒋红根	2007 1 0304303. 2	09 11 11	发明	土建学院

续表

序号	发明创造名称	发 明 人	专利号	登记日	类型	所属部门
167	轨道交通移动闭塞信号模拟控制方法	李克平、高自友、宁滨、唐涛	2005 1 0012220.7	09 03 11	发明	运输学院
168	一种实现计算机故障报警的方法	贾利民、秦勇、蔡国强、李熙	2007 1 0119768.0	09 06 10	发明	运输学院
169	基于数据融合模式识别的嵌入式故障智能诊断装置及方法	贾利民、蔡国强、秦勇、王艳辉、张烨、周慧娟	2007 1 0120829.5	09 09 09	发明	运输学院
170	一种基于 PWM 整流器的牵引供电装置	刘志刚、沈茂盛、张钢、赵明花、卢西伟、狄威、贾利民、牟富强、王磊、刁利军、李哲峰、林文立、梅樱、罗荣娅	2008 2 0079799.8	09 01 28	实用新型	电气学院
171	一种车辆辅助变流器	刘志刚、林文立、刁利军、李哲峰、赵明花、卢西伟、狄威、贾利民、牟富强、沈茂盛、张钢、王磊、梅樱、罗荣娅	2008 2 0079668.X	09 02 04	实用新型	电气学院
172	100% 低地板车独立轮牵引传动装置	刘志刚、李哲峰、刁利军、林文立、赵明花、卢西伟、狄威、贾利民、牟富强、沈茂盛、张钢、王磊、梅樱、罗荣娅	2008 2 0080102.9	09 03 18	实用新型	电气学院
173	一种轻轨车辅助逆变电源并联装置	刘志刚、刁利军、李哲峰、林文立、赵明花、卢西伟、狄威、贾利民、牟富强、沈茂盛、张钢、王磊、梅樱、罗荣娅	2008 2 0080141.9	09 03 25	实用新型	电气学院
174	大功率模块化直流供电装置	刘志刚、贾利民、卢西伟、赵明花、张钢、刁利军、沈茂盛、狄威、牟富强、李哲峰、林文立、梅樱、罗荣娅	2008 2 0108597.1	09 04 01	实用新型	电气学院
175	一种模块化的能量回馈式牵引供电装置	刘志刚、贾利民、赵明花、卢西伟、沈茂盛、张钢、狄威、刁利军、牟富强、王磊、李哲峰、林文立、梅樱、罗荣娅	2008 2 0079919.4	09 04 15	实用新型	电气学院
176	一种混合式牵引供电装置	刘志刚、张钢、沈茂盛、赵明花、卢西伟、狄威、贾利民、牟富强、王磊、刁利军、李哲峰、林文立、梅樱、罗荣娅	2008 2 0079983.2	09 04 15	实用新型	电气学院

续表

序号	发明创造名称	发 明 人	专利号	登记日	类型	所属部门
177	多功能电脑无线遥控装置	卢远宏、尚进、刘晓海	2008 2 0080142. 3	09 05 13	实用新型	电气学院
178	弹簧垫缩胀式易拆卸强力膨胀螺栓	刘平竹	2008 2 0109383. 6	09 06 03	实用新型	电气学院
179	高压输电线路杆塔安全运行检测器	王玮、倪平浩、徐丽杰、刘海燕、花丰涛	2008 2 0110118. X	09 06 03	实用新型	电气学院
180	具有自动除垢的电热管	刘平竹	2008 2 0123393. 5	09 09 02	实用新型	电气学院
181	一种模块化 DC1500V 混合式牵引供电装置	刘志刚、王立天、张钢、沈茂盛、王磊 、全恒立、牟富强	2008 2 0124261. 4	09 09 09	实用新型	电气学院
182	线性腔多波长双路输出光纤激光器	宁提纲、冯素春、裴丽、阮乂、胡旭东、祁春慧、郑晶晶、谭中伟、许鸥、鲁韶华	2008 2 0108295. 4	09 03 25	实用新型	电信学院
183	可调谐光纤微波/毫米波发生器	宁提纲、李晶、胡旭东、裴丽、祁春慧、阮乂、郑晶晶、谭中伟	2008 2 0109043. 3	09 03 25	实用新型	电信学院
184	基于拉曼放大的分布式应力传感列车定位和实时追踪系统	裴丽、宁提纲、李卓轩、董小伟、延凤平、祁春慧、赵瑞峰、阮乂	2008 2 0108739. 4	09 04 22	实用新型	电信学院
185	萨格纳克光纤环双路微波/毫米波发生器	宁提纲、裴丽、董小伟、胡旭东、阮乂、李晶、祁春慧	2008 2 0109224. 6	09 05 06	实用新型	电信学院
186	有源光纤束大功率激光器	宁提纲、胡旭东、李晶、阮乂	2008 2 0110100. X	09 05 27	实用新型	电信学院
187	基于光纤耦合器和光纤光栅的微波/毫米波发生器	裴丽、祁春慧、宁提纲、赵瑞峰、阮乂、董小伟、吴树强、郭兰	2008 2 0109223. 1	09 06 03	实用新型	电信学院
188	掺稀土光纤棒超亮度单模激光器	宁提纲、胡旭东、阮乂、马中秀、白宏伟、朱翀宇	2008 2 0109940. 4	09 06 17	实用新型	电信学院
189	基于 AWG 和光纤光栅的多波长和多路单波长激光器	裴丽、宁提纲、董小伟、祁春慧、赵瑞峰、阮乂、延凤平、谭中伟、刘艳	2008 2 0108479. 0	09 06 24	实用新型	电信学院
190	多根多模光纤组束超大功率单模激光器	宁提纲、胡旭东、陈青艳、谭中伟、刘艳、裴丽、阮乂、张帆、王春灿	2008 2 0108432. 4	09 07 29	实用新型	电信学院
191	感温变色水龙头	王冠、王晋中	2008 2 0124543. 4	09 11 11	实用新型	电信学院

续表

序号	发明创造名称	发明人	专利号	登记日	类型	所属部门
192	基于单片机的室内日光灯节能控制系统	陶斐、王琼、王颖、吴宵、国鑫	2009 2 0105113.2	09 12 16	实用新型	电信学院
193	坦克周视镜密封结构	李德才、董国强、蔡玉强、黄彦、李强	2008 2 0123308.5	09 07 22	实用新型	机电学院
194	太阳能聚光镜清洁装置	郭一竹、薛广进	2008 2 0110321.7	09 08 19	实用新型	机电学院
195	雕铣磨削电主轴密封结构	李德才、董国强、蔡玉强、黄彦、李强	2008 2 0124323.1	09 09 16	实用新型	机电学院
196	一种三杆两足步行机构	姚燕安、王曦鸣、郝艳玲、黄铁球、郭建娟	2009 2 0105112.8	09 10 21	实用新型	机电学院
197	一种滚动三角形机器人	孔德隆、刘伟、徐文胜、姚燕安	2009 2 0104977.2	09 10 21	实用新型	机电学院
198	一种两足步行的三角形机器人	姚燕安、刘长焕、郝艳玲、黄铁球、郭建娟	2009 2 0106373.1	09 12 16	实用新型	机电学院
199	用于高强度聚焦超声声场测量的水听器调整装置	胡秉谊、童奥、彭大静	2008 2 0124576.9	09 10 14	实用新型	计算机学院
200	相机镜头后截距调整装置	胡秉谊、董欣媛、任燕敏	2009 2 0104890.5	09 10 21	实用新型	计算机学院
201	多功能升降床桌	常工、郑利伟	2008 2 0109070.0	09 07 15	实用新型	建筑与艺术系
202	一种重力加速度测定仪	孙璐	2008 2 0123489.1	09 07 22	实用新型	建筑与艺术系
203	一种基于电致发光的羽毛球	徐征、宋晶路、张福俊、薛单、郭馨嶷、王鹤、邓彦、宋丁、毛乌孟元	2009 2 0105716.2	09 12 09	实用新型	理学院
204	一种防水发光超薄的键盘	刘旭东、徐征	2009 2 0105503.X	09 12 16	实用新型	理学院
205	减 振 箱	黄海明、苏芳、冯琦	2008 2 0108738.X	09 05 20	实用新型	土建学院
206	光纤光栅温度补偿传感器	王元丰、万里冰、韩冰、周耀	2009 2 0105236.6	09 10 21	实用新型	土建学院
207	直接空冷枝状排气管道系统内导流装置	石磊、王锦、吴萱	2009 2 0105235.1	09 10 21	实用新型	土建学院
208	铁路有砟轨道道床横向阻力测试设备	高亮、尹辉、蔡小培、曲村	2009 2 0105871.4	09 12 16	实用新型	土建学院
209	高压输电线路杆塔安全运行检测器	王玮、倪平浩、徐丽杰、花丰涛、刘海燕	2008 3 0132538.3	09 09 16	外观设计	电气学院

表 42　2009 年北京交通大学申请专利、授权专利和计算机软件著作权登记统计

序号	单位	申请专利				授权专利				软件登记
		发明	实用新型	外观设计	合计	发明	实用新型	外观设计	合计	
1	电信学院	109	11		120	60	11		71	92
2	理学院	34	5		39	32	2		34	1
3	经管学院									2
4	机电学院	15	5		20	33	6		39	6
5	电气学院	23	5		28	14	12	1	27	21
6	计算机学院	47	2	1	50	18	2		20	5
7	土建学院	17	6		23	9	4		13	14
8	运输学院	23	6		29	3			3	42
9	建筑与艺术系			1	1		2		2	
10	国家重点实验室	19			19					54
合计		287	40	2	329	169	39	1	209	237

【科研论文】

11 月，中国科学技术信息研究所公布了 2008 年科技论文统计数据，学校被国际三大检索系统收录论文共 1 614 篇，其中 SCIE 检索系统收录论文 348 篇，全国高校排名第 56 位；EI 检索系统收录论文 645 篇，全国高校排名第 34 位；ISTP 检索系统收录论文 834 篇，全国高校排名第 14 位。科学引文索引（SCI）论文被引用 302 篇，611 次，全国高校排名 52 位，引用篇数和次数较上一年度均有增加，全国高校排名稳步提升。

2009 年学校教师、研究生共发表学术论文 2 089 篇，出版著作 174 部，如表 43 所示。

表 43　教师、研究生发表科技论文著作情况

年	国内（篇）	国际（篇）	合计（篇）	著作（部）
2009 年	475	1 614	2 089	174

2009 年公布 2008 年国内检索系统收录学校论文 1 111 篇，全国高校排名第 73 位，如表 44 所示。

表 44　2008 年学校被国际三大检索/国内检索系统收录论文数、SCI 引用情况及全国高校排名

年	SCIE/排名	EI/排名	ISTP/排名	国内检索/排名	SCI 被引篇数/次数/排名
2008 年	348/56	645/34	834/14	1 111/73	302/611/52

【学术交流】

6 月 18 日，学校召开第 11 届学术委员会第四次全体会议审议《北京交通大学学术道德行为规范》（初定稿）。7 月 22 日，《北京交通大学处理学术不端行为的办法》经第 4 次校长办公会审议通过并印发全校。

12 月，教育部科技委进行了换届遴选，宁滨校长任第六届教育部科学技术委员会委员、

第六届教育部科学技术委员会学风建设委员会委员、能源与土木建筑水利学部常务副主任，同时该学部挂靠单位为北京交通大学科技处；李学伟任信息学部委员；余祖俊任国防科技学部委员。

学校于10月22日恢复开展学术沙龙活动，举行了北京交通大学学术沙龙揭牌仪式暨首次活动青年教师座谈会。

全年共举办大型学术讲座活动214次，其中邀请院士讲座11次，邀请国外专家学者讲座55次，邀请国内专家学者讲座148次。

【学术会议】

2009年学校共举办国际性学术会议5次，全国性学术会议5次。

1. 主办（承办）国际性学术会议

第1届云计算国际会议（CloudCom 2009）于12月1—3日在京召开，会议由北京交通大学、中国电子学会、武汉大学联合举办，华中科技大学和中山大学协办。第4届环境振动国际学术研讨会（the 4th International Symposium on Environmental Vibrations）于10月28—30日在京召开，会议由北京交通大学主办。第5届中国交通高层论坛于10月17日在学校举行，会议由北京交通大学和中国系统工程学会主办。第8届光通信与网络国际会议（International Conference on Optical Communications and Networks 2009，ICOCN 2009）于9月15—17日在学校召开，会议由北京交通大学、国际激光与光电学会新加坡分会（IEEE LEOS HONG KONG）联合北京邮电大学、中央民族大学共同举办。第25届电磁学研究进展国际学术研讨会（Progress in Electromagnetics Research Symposium，简称为PIERS 2009）于3月23—27日在京举行，会议由北京交通大学以及浙江大学、国际电磁科学院浙江大学分院、麻省理工学院（MIT）电磁波理论与应用研究中心等单位共同主办。

2. 主办（承办）全国性学术会议

第16届信息论全国学术会议于9月18—20日在京召开，会议由中国电子学会信息论分会主办，北京交通大学承办。第3届中国产业安全论坛于11月28日在人民大会堂举行，会议由北京交通大学主办、中国博士后科学基金和中国产业安全投资基金协办。土建类国家级实验教学示范中心建设研讨会于12月11—12日在学校召开，会议由北京交通大学和北京工业大学联合主办。北京热物理与能源工程学会暨京津地区高校“燃料电池与微尺度传热研究”学术交流研讨会于4月7日在学校召开，会议由北京热物理与能源工程学会的传热传质学以及能源与环境两个专业委员会主办、北京交通大学承办。2009交通运输工程全国博士生学术会议于7月20日在学校开幕。此次会议由教育部学位管理与研究生教育司、国务院学位委员会办公室主办，北京交通大学承办。

人文社会科学研究

【综述】

2009年，学校人文社会科学科学研究取得了长足的进展，项目申报和过程管理进一步科学化和信息化，高水平项目的申报力度逐步加大，合同经费突破6 000万元，1项国家社科基金重大项目获批立项，取得历史性突破，12项教育部人文社科规划项目及专项任务项目获批立项，2项全国教育科学“十一五”规划项目（教育部重点）获批立项，是获批教育部项目最多的一年；2项成果获得第五届高等学校科学研究优秀成果奖（人文社会科学）著作奖；逐步完善了平台的制度建设，进一步凝练团队的研究方向，努力构建一支规模适度、结构合理、素质全面、富有朝气的哲学社会科学师资队伍。

学校人文社会科学领域涉及的部门主要包括了经济管理学院、人文社会科学学院、语言与传播学院、建筑与艺术系及心理素质教育中心等。截至年底，全校从事人文社会科学教学和研究工作的教师387人，其中教授62人，副教授152人，具有博士学位的教师159人。

【科研项目】

人文社会科学项目数量及经费与2008年同期相比大幅增长。截至年底，人文社会科学新增科研项目222项，项目合同经费突破6 000万元，比2008年同期增长62%。李孟刚教授作为项目主持人的“应对重大自然灾害与构建我国粮食安全保障体系对策研究”课题中标国家社科基金重大招标项目；教育部人文社科一般项目8项获批立项，其中专项委托任务高校教育廉政项目1项、马克思主义大众化项目1项、思想政治工作项目1项、重大专项任务项目1项（合同金额1 853.4万元），全国教育科学“十一五”规划项目2项（教育部重点）。获批北京市教育科学“十一五”规划项目1项、北京市哲学社会科学增补规划项目获批5项。广电总局部级社科研究项目获批1项、商务部项目获批1项、国家发改委项目获批1项。

【科研成果】

学校师生发表人文社会科学学术论文554篇，比2008年同期增长26%，其中SCI2篇、EI10篇、ISTP165篇；著作147部，比2008年同期增长17%。

李孟刚副教授完成的专著《产业安全理论研究》和马忠教授等人完成的专著《金字塔结构下终极所有权与控制权研究》分别获得第五届高等学校科学研究优秀成果奖（人文社会科学）二等奖和三等奖，学校首次获得该奖项，实现了零的突破。卢明玉撰写的《林乐知译述与西学传播》获得北京市社会科学理论著作出版基金2009年下半年出版资助。

《学报》（社科版）再次入选中文社会科学引文索引（CSSCI）来源刊（2010—2011）；首次入选“RCCSE中国核心学术期刊”（2009—2010）；同类院校排名由第16位上升至第7位。

【科研基地建设】

截至年底，学校人文社会科学共有省部级平台3个。人文社会科学科研基地建设进一步发展，学校进一步加强了北京市交通发展研究基地、物流与技术实验室、首都大学生思想政治教育研究中心等人文社科基地的建设和管理，北京交通发展研究基地在北京市哲社办组织的评估中被评为优秀。学校发挥学科优势，寻求广泛国际合作，与奥地利大学联盟合作，成立中奥物流创新研究中心，为物流学科的科学研究搭建国际合作交流平台。学校积极筹备教育部人文社会科学重点研究基地、北京市哲学社会科学研究基地申报工作。

科技平台建设

【综述】

学校现有省部级及以上科研平台 28 个，其中国家重点实验室 1 个、国家工程研究中心 1 个、国家工程实验室 2 个（其中一个与铁道科学研究院合作）、国家认可实验室 3 个、国家工程技术研究中心（分中心）1 个、国家大学科技园 1 个、教育部重点实验室 5 个（包括教育部军工重点实验室 1 个）、教育部工程研究中心 4 个、教育部基础数据平台 1 个、教育部行业特色研究型大学发展战略研究中心 1 个、北京市重点实验室 4 个、北京市高等学校工程研究中心 1 个、北京市人文社科基地 2 个、城市交通北京技术转移中心 1 个。

【轨道交通控制与安全国家重点实验室】

轨道交通控制与安全国家重点实验室于 2 月正式以实体化方式独立运行。2009 年，实验室新增主持承担的国家任务 49 项，合同经费 13 918.62 万元，实到经费共计 5 974.221 万元。其中包括国家支撑计划课题 4 项，国家自然科学基金项目 4 项，国家重大工程项目 6 项，国际合作项目 1 项。启动自主研究课题 16 项，开放课题 8 项。实验室承担了国家科技支撑计划“中国高速列车关键技术及设备研制”重大项目“中国高速列车运行组织方案优化设计关键技术”、“高速列车运行控制系统技术及装备研究”课题及“北京亦庄线城市轨道交通 CBTC 示范工程”等重大课题，参加了武广客运专线、郑西客运专线 CTCS－3 级列车运行控制系统及 GSM－R 移动通信网络调试和测试工作。

2009 年，实验室在国内外各种学术刊物上发表论文共 184 篇，其中 SCI 收录论文数 25 篇，EI 收录论文数 26 篇，ISTP 收录论文 4 篇，著作 1 部，译著 1 部。授权发明专利 13 项，申请国家发明专利 57 项，取得软件著作权 50 项。

主持完成的“复杂与高速条件下车载信号安全控制系统关键技术及应用”获 2009 年度国家科学技术进步奖二等奖，主持完成的“面向交通运输系统的复杂网络理论与方法”获 2009 年度教育部自然科学奖一等奖，获得省部级科学技术奖 1 项。2009 年以实验室方向首席教授钟章队负责的“面向高速铁路控制的无线移动通信系统研究”创新团队通过了教育部组织的专家评审。

4 月 29 日，轨道交通控制与安全国家重点实验室召开学术委员会会议，针对实验室建设的总体目标、发展方向、研究重点、人才队伍以及开放课题等方面提出切实可行的意见。

【下一代互联网互联设备国家工程实验室】

国家工程实验室设在机械工程楼 B 座 7、8 层，完成改造，面积为 853.6 平方米。

12 月 21 日，“一体化标识网络系统”通过教育部组织的专家鉴定。在提出“普适服务层”和“基础设施层”两层总体系结构的基础上，创建并设计了“四种标识”和“三种映射”的一体化标识网络新体系机理与架构；2009 年获得授权专利 8 项；2 名教师晋升为教授，2 名教师出国进修。

仪器设备方面，利用国家拨款购置综合数据测试仪器，集成测试应用、普适服务设备、安全设备3个平台的3个仪器功能；利用配套资金“985”优势学科创新平台项目，建设完成无线移动互联网互联设备平台；利用配套资金“211三期”项目进行配套建设的采购计划(包括中高端路由器开发平台)，设备已安装到工程实验室；利用国家拨款购置无线传感器平台已完成招标工作；利用国家拨款购置数据网络测试设备，利用国家拨款采购部分设备、材料，进行必要的设计、加工，集成实验室研发的软件，进行设备调试、测试，自制成各个平台所需设备，其中机器64台，传感器节点40个，完成工程实验室各个平台自制任务。

12月28日，国家工程实验召开年度工作会议。提出实验室下一步的定位和努力方向，探讨如何发展学科，进而支持产业；明确实验室建设考核目标，与同类实验室开展竞争；与合作共建单位开展密切合作，突出技术优势，抓住重点项目市场，切实推进技术成果产业化，扩大技术研究领域；增强、扩大技术团队建设，积极利用国家人才政策，引进和培养长江学者、杰出青年等。

【轨道交通运行控制系统国家工程研究中心】

轨道交通运行控制系统国家工程研究中心完成了科研团队的组建，中心现有职工70人，其中学术带头人5人，研发人员50人。具有研究生以上学历的人员占75%，具有本科以上学历的人员占95%。学校特批的20名研究人员在中心研发队伍中发挥着骨干作用。

中心已完成近2 000平方米研究开发环境的改造，配备了必要的办公与研发基础设备与设施，已具备开展轨道交通运行控制系统核心技术研发条件及综合平台的建设条件。

工程中心设立了由国内轨道交通行业资深专家与领导组成的技术委员会，为工程中心的发展与平台建设把握技术方向。设立了10个开放课题开展轨道交通运行控制系统核心技术研究，已获得了8个软件著作权。

通过工程中心内部的开放课题，以及承担的财政部和北京市CBTC专项平台建设，建立了CBTC集成、仿真与测试平台，为中心后期五大平台建设奠定了基础；搭建了北京轨道交通亦庄线CBTC系统集成平台，主体平台已完成，联调测试项目正在进行中，预计2010年底交付使用；通过“985”优势学科创新平台，搭建列车运行控制系统产业化平台——硬件试验测试子平台，2009年底已完成交付使用。

9月3日，中心召开了第一届技术委员会第一次会议，经认真讨论，与会专家提出了中心下一步建设意见。专家建议，按照技术委员会意见和相关建设程序规定，进一步完善可研报告内容；筹建期建设工期紧、任务重，要尽快开展项目建设。

【部、市级重点实验室建设】

1. 城市地下工程教育部重点实验室

由北京交通大学土建学院牵头申报的“城市地下工程教育部重点实验室”通过了教育部组织的专家评审，12月14日获得教育部正式批复立项建设。

实验室将针对城市地下工程建设和运营/服役中的关键科学问题进行系统研究，包括城市地下工程岩土力学基本理论，浅埋暗挖技术体系、城市环境下的盾构隧道设计与施工理论、城市地下工程安全性控制理论与方法、城市轨道交通运营环境与安全等问题，从而形成城市地下空间开发和地下工程建设的系统理论和关键技术，为我国城市化建设提供有力的理论支撑和技术保障。

实验室的主要研究方向有：城市地下工程岩土力学基础理论、浅埋暗挖法技术体系、城市环境下盾构隧道设计与施工理论、城市地下工程安全性控制理论与方法、城市地下工程运

营环境与安全。

2. 载运工具先进制造与测控技术教育部重点实验室（军工基地）

依托北京交通大学机电学院申报的“载运工具先进制造与测控技术教育部重点实验室”（B 类）即教育部国防科技重点实验室，通过了教育部组织的专家评审，教育部已正式批复立项建设。这是继学校通过军工“三大证”、“三小证”认证之后，军工科研又一个里程碑式的工作，也是首次获得国防类重点实验室。这对学校今后争取重大军工项目，提升整体科研实力都将产生重大而深远的意义。

3. 3 个北京市重点实验室顺利通过验收

为充分发挥北京市高校科技教育优势，引导北京高校积极参与首都经济建设，共同促进社会发展，市教委、市科委自 2006 年起开始实施“北京市重点实验室”第二期建设计划。经过 3 年多的努力，各实验室的学术水平、研究水平和管理水平得到了进一步的提高，为学校学科建设和人才培养创造了有利条件。为全面检查“北京市重点实验室”第二期建设情况，总结经验、改进不足，促进发展，市教委、市科委对北京地区普通高等学校北京市重点实验室建设计划第二期建设项目进行验收。

2001 年获得批复建设的“城市轨道交通自动化与控制北京市重点实验室”、“通信与信息系统北京市重点实验室”、“现代信息科学与网络技术北京市重点实验室”，于 11 月 13 日参加了市教委、市科委组织的专家组验收评审。3 个实验室的相关负责人分别从实验室基本情况、研究方向与水平贡献、队伍建设与人才培养、开放交流及运行管理等方面做了汇报，听取了与会专家的意见和建议。3 个北京市重点实验室的建设情况及成果得到了与会专家的认可，均顺利通过验收。专家建议实验室要进一步规范内部管理，加强实验室建设。

【部、市级研究中心建设】

1. 城市轨道交通 CBTC 系统北京市高等学校工程研究中心

为充分发挥北京高校在创新型国家和创新型城市建设中的作用，进一步加强北京高等学校技术创新能力建设，加速科技成果的工程化和成熟度，提升科技成果转化和产业化步伐，根据市教委、市财政局、市科委《关于实施北京高等学校科学技术与研究生教育创新工程的意见》，市教委于 2009 年启动北京市高等学校工程研究中心建设工作。

北京交通大学申报的“城市轨道交通 CBTC 系统北京市高等学校工程研究中心”，于 11 月 25 日通过了北京市教委组织的专家评审。该研究中心的建设将紧密结合 CBTC 系统基础研究、自主核心技术研发、核心技术产业化以及测试验证平台的建立，为城市轨道交通 CBTC 系统提供技术开发及科技成果工程化的试验、验证、检测、定标等环境条件和必需的技术装备，最终形成城市轨道交通 CBTC 关键技术和核心技术的展示与研究开发平台。

工程研究中心的主要研究方向有：城轨基于通信的 CBTC 系统基础理论研究，城轨基于通信的 CBTC 系统集成与仿真平台研究，基于通信的 CBTC 系统核心技术研究，基于通信的 CBTC 系统型式试验测试及产业化研究，建立城市轨道交通 CBTC 系统的安全评估与认证平台。

2. 教育部行业特色研究型大学发展战略研究中心

7 月，北京交通大学行业特色研究型大学发展战略研究中心正式获得教育部批复建设，宁滨校长出任该中心主任，项海帆院士为学术委员会主任。研究中心将立足北京交通大学轨道交通学科优势，瞄准国家战略发展的重大需求，开展高层次的前瞻性研究，为国家相关政策的制定提供科学依据，并着力建设成为国家和教育部的思想库。

3. 2 个教育部工程研究中心顺利通过验收

7 月 10 日，教育部组织验收委员会对“隧道及地下工程教育部工程研究中心”建设项目进行了验收。验收专家委员会听取了中心主任张顶立教授做的中心建设总结报告，并审查了相关材料，现场考察了中心的研发条件和实验室。经认真讨论，验收专家认为：中心建立了健全的管理体制和组织机构、人员规模、结构合理，具有良好的学术和创新氛围。中心围绕“地铁及城市地下结构工程理论与应用”、“越江跨海隧道设计理论与施工技术”等 6 个研究方向，重点建设了“盾构隧道模拟”、“轨道振动测试及减振控制”和“隧道结构、围岩及地下水相互作用的三场耦合模拟”等 8 个实验平台，并已广泛服务于我国地下工程的建设，形成了高水平的研究开发能力。验收专家委员会认为该工程中心全面完成了项目建设任务，达到了预期建设目标。

12 月 10 日，教育部组织验收委员会对“电力牵引教育部工程研究中心”建设项目进行了验收。验收专家委员会认真听取了中心主任郑琼林教授做的中心建设总结报告，并审查了相关材料，现场考察了中心的研发条件和实验室。经认真讨论，验收专家组认为：中心建立了健全的管理体制和组织机构、人员规模、结构合理，具有良好的学术和创新氛围。中心围绕“牵引供电”、“变流系统”、“牵引电机”和“网络控制”等 4 个研究方向，重点建设了“电力牵引传动系统综合技术平台”等 6 个实验平台，形成了高水平的研究开发能力。同时，专家组对中心今后的发展提出了积极可行的建议。该工程研究中心于 2006 年获得教育部批复，经过 3 年多的建设，验收专家委员会认为该工程中心全面完成了项目建设任务，达到了预期建设目标。

校办产业

【综述】

2009 年，北京交大资产经营有限公司（下简称交大资产公司）直接投资企业 13 家，北京交通大学投资并委托交大资产公司管理的企业 12 家，共 25 家企业。注册资本金 16 390 万元。截至 12 月 31 日，25 家企业资产总额 95 251 万元，净资产 63 441 万元；年产值 80 875 万元，税后净利润 18 105 万元；实际缴纳各项税金 10 167 万元；上交及捐赠学校款 1 386 万元。由于国家扶持高新技术产业及软件产业政策而获得退税 5 369 万元，免税 79 万元。25 个企业中就业人员 1 088 人，其中：学校事业编制人员 104 人，代理非事业编制人员 2 人，企业编制人员 982 人，为社会提供就业岗位 984 人。学校事业编制人员中副高职称 27 人、中级职称 45 人、初级职称 10 人、高级工 1 人、中级工 11 人、技工 2 人、普通工 8 人。

【产业规范化建设】

2009 年交大资产公司根据教育部关于校办产业规范化建设的文件精神，在经营性资产划转、全民所有制企业改制、校级领导不合规兼职撤出、冠用校名全称企业清理等方面，结合校办产业的具体情况做了资产划转规划、制订了改制方案、进行了清查工作。

截至 12 月 31 日，学校经营性资产已划入资产公司 51.47%，未划转的经营性资产涉及 10 家企业，其中：全资企业 5 家，有限责任公司 5 家。学校投资的全民所有制企业共 12 家，已制订了全民所有制企业改制方案。对校级领导在校办企业兼职情况进行了全面的清查，除规定允许兼职的以外，校级领导无在校办企业不合规兼职情况；对校办企业冠用校名全称的情况进行了全面的清查，除规定允许使用校名全称的企业以外，无不符合规定冠用校名全称的企业。

【产业结构及经营】

2009 年，共有校办企业 25 家，其中，一级企业（学校直接投资的企业）12 家：

① 北京交大资产经营有限公司；

② 北京交大科技发展中心；

③ 北京交大创新科技中心；

④ 北京交大印刷厂；

⑤ 北京交大天佑科技集团；

⑥ 北京交大天则科技发展公司；

⑦ 北京交大铁科科技园有限公司；

⑧ 北京中北通信息技术有限公司；

⑨ 北京北交物业管理有限公司商泰葩分公司；

⑩ 北京交大网通信息技术有限公司；

⑪ 北京华电宇科技有限公司；

⑫ 北京交大迅通科技发展有限公司。

二级企业（由北京交大资产经营有限公司直接投资的企业）13 家：

① 北京方达工程管理有限公司；

② 北京交大科技孵化器有限公司；

③ 北京《都市快轨交通》杂志社有限公司；

④ 北京北交信通科技有限公司；

⑤ 北京交大微联科技有限公司；

⑥ 北京筑通建筑勘察设计院有限公司；

⑦ 北京中铁益安科技有限公司；

⑧ 北京交大思诺科技有限公司；

⑨ 北京交大思源科技有限公司；

⑩ 北京新远环球通信技术有限公司；

⑪ 北京北交致远发展有限公司；

⑫ 北京国铁源通科技有限公司；

⑬ 北京平和源机电设备有限公司。

2009 年全球经济危机，交大资产公司夯实技术基础，组织精英团队，凝聚股东资金，决定扩大 4 个企业经营规模，将未分配利润同股同比增加注册资本，2009 年比 2008 年注册资本金增加了 9 679 万元；努力寻找市场空间，积极培育新企业，2009 年孵化毕业 2 家企业。由于扩大了投资规模，企业在新产品开发、市场领域扩展等诸方面增强了竞争能力。2009 年度与 2008 年度同期比较，资产总额增加了 25 859 万元，增幅为 37. 27%；净资产增加了 27 942 万元，增幅为 78. 71%；年产值增加了 22 950 万元，增幅为 39. 62%；税后净利润增加了 5 617 万元，增幅为 45. 00%。

截至 12 月 31 日，资产总额 1 亿元以上（含 1 亿元）的企业 3 个：微联 53 036 万元、思诺 13 790 万元、创新科技 11 401 万元；资产总额 1 000 万元以上（含 1 000 万元）的企业 5 个：方达 3 640 万元、北交信通 3 045 万元、国铁源通 1 771 万元、思源 1 479 万元、科技发展 1 063 万元。年产值 1 亿元以上（含 1 亿元）的企业 3 个：微联 41 702 万元、创新科技 14 105 万元、思诺 11 445 万元；年产值 1 000 万元以上（含 1 000 万元）的企业 4 个：方达 4 311 万元、北交信通 2 673 万元、国铁源通 1 602 万元、设计院 1 911 万元；年产值 500 万元以上（含 500 万元）的企业 2 个：思源 672 万元、科技发展 531 万元。

主要产品有：微机联锁、一体主机板、远程监测、行包系统、集装箱安全系统、平面无线调车、海事卫星通信系统、复杂电磁环境下数据传输管理、轨道交通电力电信系统软件、光缆在线监控系统、远程视频会议室网络、房屋设计、铁路建设监理、城市综合交通规划、《都市快轨交通》杂志、书籍报刊印刷、物业管理等。

主要市场领域：铁路系统及地方铁路专线，交通、电力、电信、银行系统，矿山及军事系统等，杂志面向国内外公开发行。

【国家大学科技园建设】

北京交大国家大学科技园形成了一站、二园、三基地的规模，在培育青年创新人才、研发新产品项目、孵化科技企业等方面实践了科技创新的理念。一站：北京双高人才发展中心交大工作站；二园：留学人员创业园、大学生创业园；三基地：产学研合作示范基地、中关村轨道交通孵化基地、青年就业创业见习基地。

2009年获得大学科技园平台项目专项资金支持60万元。中关村科技园区留学人员创业扶持资金最高资助金额10万元。交大孵化器有限公司承接了北京市的三项科研项目，获得科研经费325万元。

10月29日，第14次校长办公会议研究决定，积极申报科技部大学生科技创业见习基地，设立300万元的大学生创业孵化基金，提供500平方米使用期限不少于2年的免费场地供大学生创业使用。青年就业创业见习基地允许创业毕业生将户、档保存学校2年；允许相关专业应届毕业生以创业项目作为毕业设计；每年定期组织一定数量的学生到科技园内企业进行毕业实习和社会实践活动；每年定期开展“大学生创业大赛”；选拔优秀创业团队进入创业基地创业；加大开设创业指导课的力度，将其作为选修课；聘请一批有经验的创业导师对创业团队进行“一对一”创业辅导等。该基地经过北京市科委的推荐审核，报至科技部火炬中心参加评审，被认定为“共青团青年就业创业见习基地”，11月12日团中央学校部杨松副部长为学校颁发了共青团“青年就业创业见习基地”牌匾。

2009 教职工队伍建设与管理

队伍建设

【综述】

2009年，学校逐步推进“红果园创新人才培育计划”，开展专业技术职务岗位评聘工作，着力构建优秀教师培养支持体系；加大海外人才引进力度，成功引进了“千人计划”首批人选宋永端教授来校全职工作，引进海外优秀青年教授5人；多渠道加大选派青年骨干教师赴国内外研修、深造力度；推进青年教师挂职锻炼取得成效；完善博士后管理制度，在站博士后规模大幅增长；成立了青年教师联谊会。

【教职工队伍概况】

截至年底，教职工总数2 724人。教师总数1 515人，教授306人，副教授591人，讲师及以下617人。技术人员及管理人员803人，正高职10人，副高职240人。

人员流动情况：本年度全校增员87人，减员90人。

增员情况：增员87人（国外归来18人，保留两年学籍9人），其中新进一线教师62人，非一线教师25人。新进教师62人，按人才结构划分：引进双跨院士1人、教授三级及以上4人、教授四级7人，副教授9人、讲师及以下41人；按学历结构划分：博士后27人、博士33人、硕士2人。非教师人员25人，按学历结构划分：博士1人、硕士11人、本科13人；按从事岗位划分：辅导员14人、管理人员5人、其他专业技术人员6人。

减员情况：减员90人，其中调出12人，退休58人，在职去世2人，保留学籍期满调出18人。调出12人按职称结构划分：正高级2人、副高级5人、中级5人。调出人员中一线教师8人，包括教授2人、副教授3人、讲师3人。退休58人按职称结构划分：正高级4人、副高级9人、中级及以下19人、工人26人。2009年因工作需要办理延长退休人员7人。

截至年底，专任教师中具有博士学位人员占55.3%，具有硕士以上学位人员占89.0%，30至40岁教师占专任教师总数的52.4%，具有副教授及以上高级职称的教师占专任教师总数59.3%。

【人才培养与引进】

学校不断拓宽思路，探索和完善人才引进机制，通过科学设岗，合理布局，严把进口关，有针对性地引进人才，确保人才引进质量，同时积极采取措施，着力构建优秀教师可持续发展的培养支持体系，严格晋升制度，大大提高了师资队伍的总体水平。

1. 加大力度，全方位推动人才引进与师资补充

依托国家高层次人才工程，加大高层次人才引进力度，取得显著成效：2009年，引进“千人计划”入选者1名（教授二级岗），教授二级岗1名，教授三级岗3名，教授四级岗5名。另达成协议尚未报到的教授三级岗1名，教授四级岗6名。

以双聘的方式从中科院引进1名院士，以兼职特聘教授方式引进了天津大学1位知名教授，聘请了27位社会知名人士作为学校兼职教授。

全年师资补充（含师资博士后）共 95 人，其中本校生源 31 人，严格掌握了“三分之一原则”；其中 28 人具有博士后研究经历，从美国、英国、法国、荷兰、瑞典、日本等海外留学归国人员 23 人，占师资补充总量的 24%，较往年有显著提高；师资博士后 42 人中进校外或海外流动站的有 15 人，占 35. 7%。

2. 在加大引进人才力度的同时，学校注重对现有教师的培养，通过多种手段和途径，全面提升教师队伍素质

出台了《北京交通大学“红果园创新人才培育计划”实施方案》，首批人选遴选工作于 3 月启动，遴选出首批“双百计划”及“创新团队计划”入选人（团队）：A 类人选 4 名，B 类人选 6 名，C 类人选 13 名，D 类人选 86 名，科研团队 3 个，教学团队 3 个。

鼓励学校教师在职攻读博士、硕士学位。2009 年学校共批准 75 人在职攻读学位，其中 64 人攻读博士学位，11 人进修单独考试硕士。在职考取博士学位的人员共 26 人（校外 3 人）。2009 年取得博士学位 17 人（7 人取得校外知名大学博士学位），取得同等学力硕士学位 1 人，取得单独考试硕士学位 12 人。

2009 年，学校三个月及以上公派教师出国研修项目共录取 86 人，其中获得国家留学基金资助 11 人，获得学校与国家留学基金委共同资助 22 人，获得学校资助 46 人，获得外方资助 7 人。学校短期公派出国（境）执行公务、参加国际会议等共 77 人次。学校共派出 78 名中青年骨干教师赴国外一流高校或研修机构。学校选派的 56 名中青年骨干教师学成回校服务。如表 45 所示。

表 45　2009 年选派出国研修人员名单（三个月及以上）

序号	单位	姓名	性别	派出渠道	国别或地区	出国日期	出国期限/月	出国任务
1	运输学院	郎茂祥	男	学校公派	美国	20090106	12	访问学者
2	电信学院	陈德旺	男	学校公派	美国	20090109	12	访问学者
3	理学院	纪丰民	男	学校公派	日本	20090110	12	访问学者
4	经管学院	施先亮	男	学校公派	美国	20090113	5	访问学者
5	经管学院	张文松	男	学校公派	美国	20090113	5	访问学者
6	人文学院	王宁西	女	学校公派	美国	20090117	12	访问学者
7	经管学院	王学峰	男	学校公派	美国	20090117	4	访问学者
8	理学院	高　瞻	男	自费公派	香港	20090119	9	访问学者
9	电信学院	张立军	男	学校公派	美国	20090131	12	访问学者
10	电气学院	吴命利	男	学校公派	英国	20090131	12	访问学者
11	机电学院	李世波	男	自费公派	荷兰	20090201	24	访问学者
12	电气学院	宁　涛	女	学校公派	美国	20090205	6	访问学者
13	经管学院	卜　伟	男	学校公派	英国	20090209	6	访问学者
14	土建学院	任福民	男	学校公派	美国	20090225	6	访问学者
15	机电学院	任尊松	男	国家公派	英国	20090306	11	访问学者
16	理学院	王立春	男	自费公派	韩国	20090308	7	博士后
17	运输学院	徐　猛	男	自费公派	新加坡	20090318	5	访问学者
18	经管学院	刘颖琦	女	国家公派	瑞典	20090329	12	访问学者

续表

序号	单位	姓名	性别	派出渠道	国别或地区	出国日期	出国期限/月	出国任务
19	土建学院	潘　雨	男	自费公派	荷兰	20090331	6	访问学者
20	学生处	刘　燕	女	国家公派	英国	20090401	3	访问学者
21	电气学院	姜学东	男	学校公派	荷兰	20090403	6	访问学者
22	电气学院	曾国宏	男	学校公派	丹麦	20090406	12	访问学者
23	计算机学院	王奇志	女	学校公派	美国	20090406	12	访问学者
24	人文学院	叶起昌	男	国家公派	美国	20090415	12	访问学者
25	国家重点实验室	张和生	男	学校公派	美国	20090425	4	访问学者
26	土建学院	杜进生	男	国家公派	美国	20090501	6	访问学者
27	国际合作处	刘彦青	女	学校公派	澳大利亚	20090511	3	短期研修生
28	土建学院	战家旺	男	学校公派	比利时	20090522	12	访问学者
29	土建学院	郭薇薇	女	自费公派	比利时	20090523	3	访问学者
30	计算机学院	何永忠	男	学校公派	美国	20090605	4	访问学者
31	土建学院	石志飞	男	国家公派	美国	20090625	3	访问学者
32	电气学院	林　飞	男	学校公派	美国	20090630	12	访问学者
33	计算机学院	诸　强	女	学校公派	美国	20090720	12	访问学者
34	经管学院	陈怡宁	女	学校公派	美国	20090729	6	访问学者
35	经管学院	易　华	女	学校公派	美国	20090729	6	访问学者
36	经管学院	史振磊	男	学校公派	美国	20090810	6	访问学者
37	计算机学院	刘渭滨	男	学校公派	美国	20090811	9	访问学者
38	经管学院	郭雪萌	女	学校公派	美国	20090815	4	访问学者
39	经管学院	郭婧娟	女	学校公派	美国	20090815	4	访问学者
40	人文学院	邵钦瑜	女	学校公派	美国	20090815	6	访问任务
41	经管学院	穆　东	女	学校公派	美国	20090817	12	访问学者
42	人文学院	唱　宇	女	学校公派	美国	20090819	12	访问学者
43	电信学院	吴　昊	女	学校公派	英国	20090821	12	访问学者
44	经管学院	高宏伟	男	学校公派	瑞典	20090823	2	访问学者
45	电信学院	郑宏云	女	学校公派	美国	20090827	12	访问学者
46	土建学院	李久义	男	国家公派	荷兰	20090830	12	访问学者
47	人文学院	王小娟	女	学校公派	美国	20090901	12	访问学者
48	理学院	周君灵	女	学校公派	美国	20090903	6	访问学者
49	理学院	颜鲁婷	女	国家公派	荷兰	20090903	10	访问学者
50	人文学院	陈力铭	女	学校公派	美国	20090903	6	访问学者
51	经管学院	童碧莎	女	学校公派	美国	20090904	4	访问学者
52	电信学院	罗洪斌	男	学校公派	美国	20090905	6	访问学者
53	机电学院	冯　超	女	学校公派	美国	20090905	4	访问学者
54	经管学院	周建勤	男	学校公派	美国	20090908	3	访问学者

续表

序号	单位	姓名	性别	派出渠道	国别或地区	出国日期	出国期限/月	出国任务
55	经管学院	杨　旭	男	学校公派	美国	20090908	4	访问学者
56	机电学院	邓　湘	男	学校公派	英国	20090908	6	访问学者
57	建筑与艺术系	蒙小英	女	国家公派	丹麦	20090909	10	访问学者
58	理学院	郑妍鹏	女	自费公派	美国	20090914	6	访问学者
59	经管学院	傅少川	男	学校公派	美国	20090915	6	访问学者
60	研工部	屈晓婷	女	国家公派	美国	20090918	3	访问学者
61	人文学院	林建成	男	学校公派	美国	20091017	6	访问学者
62	理学院	王　智	男	自费公派	美国	20091018	12	访问学者
63	电信学院	张建勇	男	学校公派	美国	20091018	12	访问学者
64	机电学院	刘阶萍	女	学校公派	美国	20091028	12	访问学者
65	电气学院	王　昕	女	学校公派	美国	20091101	12	访问学者
66	土建学院	谷爱军	女	学校公派	荷兰	20091101	6	访问学者
67	经管学院	万里霜	女	学校公派	美国	20091103	12	访问学者
68	电信学院	徐田华	男	学校公派	英国	20091105	6	访问学者
69	计算机学院	瞿有利	男	学校公派	美国	20091118	12	访问学者
70	机电学院	丁莉芬	女	学校公派	美国	20091122	12	访问学者
71	理学院	许韵华	女	学校公派	美国	20091122	6	访问学者
72	电气学院	周　晖	女	学校公派	加拿大	20091123	6	访问学者
73	土建学院	毛　军	男	学校公派	美国	20091126	6	访问学者
74	机电学院	杨立新	男	学校公派	美国	20091129	12	访问学者
75	理学院	王波波	男	学校公派	美国	20091205	12	访问学者
76	运输学院	丁　勇	男	学校公派	德国	20091216	12	访问学者
77	经管学院	郭丽华	女	学校公派	美国	20090804	12	访问学者

3. 组织青年教师岗前培训，加强入职培训工作

2009 年组织学校 2007 至 2008 年新入职的青年教师 111 人参加岗前培训。在安排教学名师介绍教学经验的基础上，还安排了校史介绍和人事、科技、教务、财务、学校办、图书馆等多个职能部处的讲座，以及心理素质中心的拓展训练等，着重提高青年教师的教书育人水平，加强其教学和科研能力的培养，使青年教师尽快熟悉学校各项政策，顺利开展教学科研工作。

根据北京市统一部署，学校于 2009 年秋季组织了教师资格认定工作。新认定高等学校教师资格 68 人。

【岗位设置与聘用】

2009 年，专业技术职务岗位评聘在岗位设置、同行专家评议、完善岗位评聘小组审核推荐程序、畅通反馈渠道等方面进一步完善，圆满完成 2009 年学校岗位评聘工作。

2009 年专业技术职务岗位评聘，职务晋升 89 人：教授四级岗 20 人，副教授三级岗 39 人，讲师三级岗 15 人；其他专技正高四级岗位 2 人，副高三级岗 4 人，中级三级岗 9 人。

委托代评教授2人，研究员1人。如表46所示。

表46　专业技术职务晋升人员名单

序号	单位	姓名	任职资格	系　列	所聘岗位	聘用时间
1	电信学院	孙　昕	教授	教师	教授四级岗	2009.10.29
2	电信学院	周华春	教授	教师	教授四级岗	2009.10.29
3	电信学院	秦雅娟	教授	教师	教授四级岗	2009.10.29
4	电信学院	王化深	教授	教师	教授四级岗	2009.10.29
5	计算机学院	孙冬梅	教授	教师	教授四级岗	2009.10.29
6	经管学院	肖　翔	教授	教师	教授四级岗	2009.10.29
7	经管学院	张菊亮	教授	教师	教授四级岗	2009.10.29
8	经管学院	王建国	教授	教师	教授四级岗	2009.10.29
9	运输学院	贾顺平	教授	教师	教授四级岗	2009.10.29
10	运输学院	刘红璐	教授	教师	教授四级岗	2009.10.29
11	土建学院	兑关锁	教授	教师	教授四级岗	2009.10.29
12	土建学院	袁大军	教授	教师	教授四级岗	2009.10.29
13	土建学院	赵伯明	教授	教师	教授四级岗	2009.10.29
14	机电学院	任尊松	教授	教师	教授四级岗	2009.10.29
15	电气学院	杨中平	教授	教师	教授四级岗	2009.10.29
16	理学院	娄志东	教授	教师	教授四级岗	2009.10.29
17	理学院	衣立新	教授	教师	教授四级岗	2009.10.29
18	理学院	渠刚荣	教授	教师	教授四级岗	2009.10.29
19	理学院	曹鸿钧	教授	教师	教授四级岗	2009.10.29
20	国家重点实验室	张和生	教授	教师	教授四级岗	2009.10.29
21	电信学院	沈　波	副教授	教师	副教授三级岗	2009.10.29
22	电信学院	郑东耀	副教授	教师	副教授三级岗	2009.10.29
23	电信学院	魏　杰	副教授	教师	副教授三级岗	2009.10.29
24	电信学院	刘　艳	副教授	教师	副教授三级岗	2009.10.29
25	计算机学院	何永忠	副教授	教师	副教授三级岗	2009.10.29
26	计算机学院	郎丛妍	副教授	教师	副教授三级岗	2009.10.29
27	计算机学院	李清勇	副教授	教师	副教授三级岗	2009.10.29
28	经管学院	吴　昊	副教授	教师	副教授三级岗	2009.10.29
29	经管学院	刘　菁	副教授	教师	副教授三级岗	2009.10.29
30	经管学院	阮　加	副教授	教师	副教授三级岗	2009.10.29
31	运输学院	张晓东	副教授	教师	副教授三级岗	2009.10.29
32	运输学院	武　旭	副教授	教师	副教授三级岗	2009.10.29
33	运输学院	秦　璐	副教授	教师	副教授三级岗	2009.10.29

续表

序号	单位	姓名	任职资格	系 列	所聘岗位	聘用时间
34	运输学院	任华玲	副教授	教师	副教授三级岗	2009. 10. 29
35	运输学院	孙熙安	副教授	教师	副教授三级岗	2009. 10. 29
36	土建学院	郭薇薇	副教授	教师	副教授三级岗	2009. 10. 29
37	土建学院	陈　波	副教授	教师	副教授三级岗	2009. 10. 29
38	土建学院	丁洲祥	副教授	教师	副教授三级岗	2009. 10. 29
39	机电学院	常秋英	副教授	教师	副教授三级岗	2009. 10. 29
40	机电学院	田　颖	副教授	教师	副教授三级岗	2009. 10. 29
41	机电学院	朱力强	副教授	教师	副教授三级岗	2009. 10. 29
42	机电学院	陈　琪	副教授	教师	副教授三级岗	2009. 10. 29
43	电气学院	王喜莲	副教授	教师	副教授三级岗	2009. 10. 29
44	电气学院	施洪生	副教授	教师	副教授三级岗	2009. 10. 29
45	电气学院	张立伟	副教授	教师	副教授三级岗	2009. 10. 29
46	理学院	余爱梅	副教授	教师	副教授三级岗	2009. 10. 29
47	理学院	赵红敏	副教授	教师	副教授三级岗	2009. 10. 29
48	理学院	胡红刚	副教授	教师	副教授三级岗	2009. 10. 29
49	理学院	张福俊	副教授	教师	副教授三级岗	2009. 10. 29
50	人文学院	王　霞	副教授	教师	副教授三级岗	2009. 10. 29
51	人文学院	吴文嫔	副教授	教师	副教授三级岗	2009. 10. 29
52	人文学院	邬晓燕	副教授	教师	副教授三级岗	2009. 10. 29
53	语言学院	朱岩岩	副教授	教师	副教授三级岗	2009. 10. 29
54	语言学院	束光辉	副教授	教师	副教授三级岗	2009. 10. 29
55	软件学院	邢薇薇	副教授	教师	副教授三级岗	2009. 10. 29
56	建筑与艺术系	张红卫	副教授	教师	副教授三级岗	2009. 10. 29
57	国家重点实验室	徐　杰	副教授	教师	副教授三级岗	2009. 10. 29
58	国家重点实验室	杨立兴	副教授	教师	副教授三级岗	2009. 10. 29
59	土建学院	马　强	副教授	大学生思想政治教育	副教授三级岗	2009. 10. 29
60	电信学院	王　悉	讲师	教师	讲师三级岗	2009. 10. 29
61	电信学院	杨　恒	讲师	教师	讲师三级岗	2009. 10. 29
62	计算机学院	关长林	讲师	教师	讲师三级岗	2009. 10. 29
63	计算机学院	韩　升	讲师	教师	讲师三级岗	2009. 10. 29
64	体育部	伍　嶺	讲师	教师	讲师三级岗	2009. 10. 29
65	学工部	张　驰	讲师	教师	讲师三级岗	2009. 10. 29
66	计算机学院	杨　玲	讲师	大学生思想政治教育	讲师三级岗	2009. 10. 29
67	理学院	张　丹	讲师	大学生思想政治教育	讲师三级岗	2009. 10. 29
68	理学院	薛洪峰	讲师	大学生思想政治教育	讲师三级岗	2009. 10. 29
69	人文学院	王　巍	讲师	大学生思想政治教育	讲师三级岗	2009. 10. 29

续表

序号	单位	姓名	任职资格	系　列	所聘岗位	聘用时间
70	学工部	蒋　明	讲师	大学生思想政治教育	讲师三级岗	2009. 10. 29
71	学工部	刘　颖	讲师	大学生思想政治教育	讲师三级岗	2009. 10. 29
72	团委	秦思阳	讲师	大学生思想政治教育	讲师三级岗	2009. 10. 29
73	研究生院	胡　滢	讲师	大学生思想政治教育	讲师三级岗	2009. 10. 29
74	研究生院	秦　莹	讲师	大学生思想政治教育	讲师三级岗	2009. 10. 29
75	国家重点实验室	李克平	研究员	专职研究	正高四级	2009. 10. 29
76	电信学院	周春月	高级实验师	实验技术	副高三级	2009. 10. 29
77	计财处	徐红宇	高级会计师	会计		2009. 10. 29
78	土建学院	李小红	工程师	工程技术	中级三级	2009. 10. 29
79	基建处	张永刚	工程师	工程技术		2009. 10. 29
80	基建处	刘云华	工程师	工程技术		2009. 10. 29
81	信息办	高　勃	工程师	工程技术		2009. 10. 29
82	信息办	李珊娜	工程师	工程技术		2009. 10. 29
83	档案馆	蔡　雪	馆员	图书档案		2009. 10. 29
84	出版社	刘　辉	编辑	新闻出版		2009. 10. 29
85	计财处	张　岚	会计师	会计		2009. 10. 29
86	计财处	晏　曦	会计师	会计		2009. 10. 29
87	组织部	文海涛	研究员	教育管理研究		2009. 10. 29
88	学校办	陈　颖	副研究员	教育管理研究		2009. 10. 29
89	招生就业处	梁　英	副研究员	教育管理研究		2009. 10. 29

【职员职级晋升】

2009 年开展了七级以下职员的职级晋升工作。通过单位推荐与学校审批等环节，最终有 56 人获得了职级晋升，并兑现了新岗级的待遇，如表 47 所示。

表 47　2009 年职员职级晋升名单

序号	姓名	工作单位	原岗位职级	新聘岗位职级	定级时间
1	邵　虎	保卫处	九级职员	八级职员	2008. 9
2	王会剑	保卫处	九级职员	八级职员	2008. 9
3	王　浩	电气学院	八级职员	七级职员	2009. 9
4	熊慧丽	电信学院	八级职员	七级职员	2008. 9
5	刘　寞	电信学院	九级职员	八级职员	2008. 9
6	贾宏树	电信学院	八级职员	七级职员	2009. 9
7	毕　斐	对外联络合作处	九级职员	八级职员	2008. 9
8	蓝　宏	对外联络合作处	九级职员	八级职员	2008. 9
9	周　倩	房地产处	九级职员	八级职员	2009. 9
10	吕　超	国际合作处	九级职员	八级职员	2009. 9

续表

序号	姓名	工作单位	原岗位职级	新聘岗位职级	定级时间
11	成　阳	计算机学院	八级职员	七级职员	2009. 9
12	王　勇	计算机学院	八级职员	七级职员	2009. 9
13	刘景利	计算机学院	九级职员	八级职员	2009. 9
14	李　斌	计算机学院	八级职员	七级职员	2009. 9
15	翁良殊	纪委监察处	九级职员	八级职员	2008. 9
16	刘　萍	建筑与艺术系	八级职员	七级职员	2009. 9
17	刘　静	运输学院	九级职员	八级职员	2008. 9
18	陈　磊	运输学院	九级职员	八级职员	2008. 9
19	王佳琦	教务处	九级职员	八级职员	2009. 9
20	王立东	教务处	九级职员	八级职员	2009. 9
21	李义明	经管学院	八级职员	七级职员	2009. 9
22	李　刚	经管学院	九级职员	八级职员	2009. 9
23	潘　金	经管学院	九级职员	八级职员	2009. 9
24	李晓争	科技处	九级职员	八级职员	2008. 9
25	尚　颖	理学院	九级职员	八级职员	2008. 9
26	薛洪峰	理学院	八级职员	七级职员	2008. 9
27	孙玉朋	理学院	八级职员	七级职员	2009. 9
28	程晓冬	人事处	八级职员	七级职员	2009. 9
29	于　洁	人事处	八级职员	七级职员	2009. 9
30	杨昭军	人事处	九级职员	八级职员	2009. 9
31	刘利强	人事处	九级职员	八级职员	2009. 9
32	王　巍	人文学院	八级职员	七级职员	2008. 9
33	方宇鹏	人文学院	九级职员	八级职员	2008. 9
34	陈　博	人文学院	八级职员	七级职员	2009. 9
35	耿梅芳	人文学院	八级职员	七级职员	2009. 9
36	周轶峰	软件学院	八级职员	七级职员	2009. 9
37	梁凤波	体育部	九级职员	八级职员	2008. 9
38	邱　丹	图书馆	九级职员	八级职员	2008. 9
39	徐　俊	土建学院	九级职员	八级职员	2009. 9
40	安志强	团委	九级职员	八级职员	2008. 9
41	何　洁	团委	八级职员	七级职员	2009. 9
42	刘　颖	学工部	八级职员	七级职员	2009. 9
43	王友双	学工部	八级职员	七级职员	2009. 9
44	魏　炜	资助中心	九级职员	八级职员	2009. 9
45	吴轶婷	学校办	八级职员	七级职员	2009. 9
46	李丽丽	学校办	九级职员	八级职员	2009. 9

续表

序号	姓名	工作单位	原岗位职级	新聘岗位职级	定级时间
47	信　心	学校办	八级职员	七级职员	2009. 9
48	申振明	学校办	九级职员	八级职员	2009. 9
49	梅　迪	远程学院	九级职员	八级职员	2008. 9
50	蒋广军	远程学院	八级职员	七级职员	2009. 9
51	张辉宇	远程学院	八级职员	七级职员	2009. 9
52	祁国梁	招生就业处	八级职员	七级职员	2008. 9
53	王　皓	招生就业处	九级职员	八级职员	2008. 9
54	王　刚	招生就业处	九级职员	八级职员	2009. 9
55	孟　盟	资产公司	九级职员	八级职员	2008. 9
56	张立学	组织部	八级职员	七级职员	2009. 9

【青年教师挂职锻炼】

学校出台政策鼓励青年教师赴重大工程现场、实践基地和大型企事业单位等进行挂职锻炼，丰富实践经验，增强理论联系实际的能力。学校对挂职锻炼的类型、选拔条件、政策待遇等作出详细规定，挂职期间保留所有工资待遇，并视挂职地点远近给予补助；同等条件下，有挂职经历人员在专业技术职务评聘时适当优先。

2009 年暑期组织全校 21 位青年骨干教师赴哈尔滨铁路局开展暑期社会实践，选拔了 3 位青年教师赴西安铁路局挂实职副处长，批准了 3 人到企业博士后工作站从事博士后研究，同时选拔了 20 余人赴铁道部机关、其他铁路局、京沪高铁等工程、管理现场挂职锻炼，选派了 10 余位优秀教师赴西部地区挂职。

【博士后工作】

2009 年出台相关文件加强博士后管理。新获批设立 2 个博士后科研流动站，6 个博士后流动站顺利通过评估；先后与 8 家企业博士后工作站建立合作关系；新入站博士后 86 人，其中师资博士后 22 人，学科博士后 25 人，企业博士后 39 人；博士后出站（含退站）29 人，其中 3 人作为引进人才留校工作。在站 129 人，较 2008 年增长了 87%；逐步优化博士后人员结构，超龄比例控制在 10% 以下，在职学科博士后所占比例从 2008 年的 64. 3% 降至 16. 7% 。在站博士后中有 20 人次获得中国博士后科学基金资助，其中 19 人次获得面上资助，1 人获得特别资助，获资助总人数较 2008 年（5 人次）增长了 300% 。资金资助人员名单见表 48。

表 48　2009 年获博士后基金资助人员名单

序号	类别	资助编号	姓名	学　科	资助等级	资助金额	备注
1	面上	20090460195	段伟常	控制科学与工程	二等	3 万	
2	面上	20090460196	李妍峰	系统科学	二等	3 万	
3	面上	20090460197	冯松鹤	信息与通信工程	二等	3 万	
4	面上	20090460198	曹学明	控制科学与工程	二等	3 万	
5	面上	20090460199	刁利军	交通运输工程	二等	3 万	
6	面上	20090460200	杜艳平	交通运输工程	二等	3 万	

续表

序号	类别	资助编号	姓名	学 科	资助等级	资助金额	备注
7	面上	20090460201	陈红梅	应用经济学	二等	3万	工作站
8	面上	20090460202	李 虹	应用经济学	二等	3万	工作站
9	面上	20090460203	马文军	应用经济学	二等	3万	工作站
10	面上	20090460204	孙启鹏	应用经济学	二等	3万	
11	面上	20090460205	魏 华	应用经济学	二等	3万	工作站
12	面上	20090460206	肖华茂	应用经济学	二等	3万	工作站
13	特别	200902046	李曙光	信息与通信工程	特别	10万	
14	面上	20090450012	董 平	计算机科学与技术	一等	5万	
15	面上	20090450013	陈芬菲	应用经济学	一等	5万	
16	面上	20090450287	张晓永	应用经济学	二等	3万	工作站
17	面上	20090450288	王旭科	应用经济学	二等	3万	
18	面上	20090450289	龙许友	交通运输工程	二等	3万	工作站
19	面上	20090450290	杨建伟	交通运输工程	二等	3万	
20	面上	20090450291	孙清华	应用经济学	二等	3万	工作站

教职工服务与管理

【综述】

2009 年，学校规范了教职工加班费管理，建立了校领导定期联系一线教师的制度。根据 2008 年绩效工资管理办法执行情况，进一步规范了各类人员经费核拨与发放的程序和要求，建立了经费发放审核制度。完成了运输学院和理学院人员经费和人才培养经费包干试点工作。加强信息化建设，完善了人事处网页、办公邮箱、MIS 系统等信息发布平台，改进了教师专业技术职务评聘申报系统和年度考核信息填报系统，为教职工查询政策和填报相关表格提供了极大的便利。

【薪酬工作】

全年共发放在职职工工资 20 893.5 万元，其中基本工资及政策性补贴 5 664 万元，基础绩效 6 996 万元，其他绩效（不含 2008 年年终绩效 2 776.5 万元）1 950.5 万元，住房补贴 1 767 万元，非事业编制人员工资 4 516 万元。

2009 年年终绩效 3 038 万元。其中增资 5% 部分 396 万元，弹性绩效 1 870 万元，弹性绩效浮动部分 44 万元，上水平项目奖励 80 万元（另项目建设费 105.2 万元），校机关平均奖励绩效 402 万元，检索论文集专利资助现金 181 万元，单位考核及处级考核奖励 65 万元。

1 月 1 日共为 2 486 名教职工正常增加薪级工资，人均月增资 29 元。7 月为 10 名转正定级人员兑现工资，人均月增国拨工资 56 元。9 月为 56 名职员晋级人员兑现工资，人均月增国拨工资 64 元。10 月为 86 名提职称人员兑现工资，人均月增国拨工资 183 元。

6 月共为 4 003 人发放防暑降温费，总金额为 318 760 元。

经与房地产处、计财处沟通，对部分符合条件的原电专职工恢复及补建了住房公积金；为夫妇工龄和满 65 年的 20 位在职职工恢复了住房公积金，夫妇工龄和不满 65 年的 42 位在职职工在补交房价款后恢复建立了住房公积金，夫妇工龄和满 65 年的 26 位退休职工补发了住房公积金。

8 月，根据中组部文件规定并向教育部请示，全校 7 名离休同志被批复同意提高享受副司局级医疗待遇。

根据国家相关法律法规，结合学校实际情况，11 月出台了《北京交通大学加班费管理的暂行规定》，规范了对加班及其费用的管理，提高了教职工加班费标准。

9 月发放国庆慰问金（含离退休人员）211 万元。

春节为生活困难的遗属及部分生病职工共 21 人开展送温暖活动，金额 17 100 元。

根据教育部部署，自 1 月 1 日起规范离休人员补贴，110 名离休干部人均月增资 1 175 元。全年共发放离休人员工资 748 万元，退休人员工资 5 243 万元。

全年共为 22 名遗属发放补助 5.02 万元，为 28 人发放抚恤金 82.23 万元、丧葬补助费 14 万元。

全年为教职工缴纳保险情况如表 49 所示。

表 49　全年为教职工缴纳保险情况表

保险种类	单位缴费比例	个人缴费比例	缴费金额（单位 + 个人）（单位：万元）		备注
			事业编制职工	非事业编制职工	
医疗保险	10%	农业户口：39.86 元（按社平工资的 60% 为缴费基数，2% 的缴费比例确定） 非农业户口：2% +3 元	不缴纳	83.4	
养老保险	20%	8%	41.1	281.2	事业编制职工中只有 30 名合同制工人缴纳养老保险
失业保险	1%	农业户口：不缴纳 非农业户口：0.2%	230.3	11.2	
工伤保险	0.4%	不缴纳	79.8	5.5	

校医院南树娴，计算机学院陈莹、朱维彬，电信学院王凤兰，档案馆张兵等职工因公负伤，经与有关部门研究，不认定为工伤，按 100% 的标准报销医药费。校医院王伟华在参加校运动会时受伤，出版社李运文在因公出差时受伤，学校为 2 位因公负伤职工成功申报了工伤。

【合同管理及考核】

2009 年度新签订聘用合同 85 份，合同变更 144 份。2009 年新入校共计 87 人：其中签订 A 类合同 67 人（实行人事代理制度）；签订 B 类合同 9 人，为学校高层次引进人才；签订 C 类合同 9 人，为保留学籍入校工作人员；另引进双跨院士 1 人，千人计划 1 人。

教职工考核：2009 年度全校纳入考核范围总数 2 666 人（包含处职考核结果），实际参加考核人员 2 629 人，因劳保、出国、待岗等原因未参加考核人员 37 人。另有 55 人因提前退休、长期出国等原因未纳入本次考核。2 629 名实际参加考核人员中，优秀 408 人，占 15.5%；合格 2 213 人，占 84.2%，基本合格 2 人，不合格 6 人。

【服务教职工工作】

全年解决了 4 位京外调干引进人才及家属的进京户口，解决了 25 名教职工两地分居的进京户口，为新接收的 36 名京外生源应届毕业生申办了北京市户口。与相关部处协作，为 12 位引进人才落实入校相关待遇。完成学校无房职工住房补贴和千余名有房职工差额补贴人事信息提供、审核、咨询工作。办理教职工探亲票报销 39 人，新办理家属医疗证 69 个，办理各种收入证明 322 份，为教职工办理出生公证、亲属关系公证和未受刑事制裁公证等各种证明 300 余份。

为符合 102 医疗照顾条件的 9 人办理医疗证，组织安排专人陪同 59 人参加了 102 体检，落实接送 4 位院士体检的车辆及安排专人全程陪同。精心组织高层次人才暑期疗养，认真组织在校院士及二、三级教授近 40 人赴秦皇岛昌黎黄金海岸疗养。

【非事业编制岗位聘用人员管理】

2009 年，为适应学校用人模式多样化要求，合理配置和有效开发人力资源，学校在非

教学科研岗位上大力推进非事业编制岗位聘用，并进一步加强了管理，逐步完善了有关聘用程序和离校手续，做到程序化、规范化和合理化，提供更加人性化的服务。

全年完成了与校内各单位新签订劳动合同102人的审批和入校报到程序；完成了28位新返聘人员的审批和45位返聘人员的续聘程序，完成了14位其他从业人员审批和协议的签订工作，为学校工作的深入开展注入了新鲜力量，同时为25名外聘人员办理了调出手续，保证了人员的流动有序。

为配合国家科研助理政策，进一步促进大学生就业，起草了《北京交通大学科研助理协议》，办理了38名硕士研究生科研助理和9名本科生科研助理入校工作手续。

截至年底，全校非事业编制岗位聘用人员共1 255名。按照人员类型分类，其中签订劳动合同人员936人，返聘人员233人，其他从业人员86人；按照资金来源分类，其中学校统筹资金岗位133人，单位自筹资金岗位1 122人。

【表彰与获奖】

2009年孙慧环被评为全国模范教师、高校优秀辅导员，理学院国家工科物理基地被评为“全国教育系统先进集体”，邵春福、荣朝和、张思东、夏禾、姜久春、吴重庆被评为北京市优秀教师，王移芝获宝钢优秀教师特等奖，邵春福、汪越胜获宝钢优秀教师奖，8人获北京交通大学优秀教师称号，3人获北京交通大学优秀教育工作者标兵称号，12人获“红果园”奖。

【附件8】2009年教师节表彰名单

北京交通大学2008—2009年度获奖奖项及名单

一、综合类奖励

2009年全国教育系统先进集体：工科物理教学基地
2008年度“千人计划”重点学科平台引进人才：宋永端
2008年度“长江学者奖励计划”特聘教授：高自友
2008年国家杰出青年科学基金获得者：王永生　王均宏
2009年全国模范教师、全国高校优秀辅导员：孙慧环
2008年政府特殊津贴：杨庆山　陈后金　韩　臻
2008年宝钢优秀教师奖特等奖：王玉凤
2008年宝钢优秀教师奖：侯建军　蒋学清
2009年北京市优秀教师：邵春福　荣朝和　张思东　夏　禾　姜久春　吴重庆
2008年北京市校务公开民主管理工作先进个人：宁　滨
2007—2008年北京高校十佳辅导员：连会仁
2008年北京市“三八”红旗奖章：刘　云
2009年首都教育先锋科技创新标兵：郜春海
2009年北京交通大学优秀教师
王连俊　张晓东　李清勇　邵钦瑜　林玳玳　侯忠生　赵　宏　黄　辉
2009年北京交通大学优秀教育工作者
连会仁　郭雪萌　常　玲
2009年北京交通大学智瑾奖教金“优秀青年教师奖”
冯凤娟　刘吉强　衣立新　张晓东　杨　娜
杨　蔚　秦雅娟　贾　力
2009年北京交通大学智瑾奖教金“优秀青年教育工作者奖”
连会仁　蓝晓霞
2009年北京交通大学“红果园”奖
于桂兰　王　勇　佟　琼　吴佐民　李国岫　陈力铭
周铁峰　侯永峰　郝志如　秦思阳　钱满义　蒋　明

二、人才培养类奖励

2009年国家教学名师奖：王移芝

2008 年国家级教学团队
电工电子基础课程教学团队　　　负责人：陈后金
大学英语课程教学团队　　　　　负责人：蒋学清
2009 年国家级教学成果一等奖 2 项
项目名称：面向国家重大需求，培养具有轨道交通特色的创新型工程人才
获 奖 人：宁　滨　李长春　朱晓宁　张鸿儒　房海蓉
项目名称：精英型软件工程师人才培养模式的探索与实践
获 奖 人：卢　苇　张红延　赵　宏　李红梅　孙海善
2009 年国家级教学成果二等奖 4 项
项目名称：开创交互式大学英语教学新模式
获 奖 人：蒋学清　李京平　邵钦瑜　辛　丁　谷季春
项目名称：创新理念，构建“探究型”经济管理实践教学体系
获 奖 人：刘延平　张真继　刘世峰　林自葵　常　丹
项目名称：深化电工电子课程改革，提高电工电子教学质量
获 奖 人：陈后金　侯建军　阮秋琦　张晓冬　杜普选
项目名称：厚数博理、学科复合、践实笃行、自主发展——探索创新人才培养新模式
获 奖 人：王永生　刘　拓　衣立新　陈后金　张真继
2008 年国家精品课程
大学物理　　　　　　　　　　　负责人：吴　柳
电气工程导论　　　　　　　　　负责人：范　瑜
交通安全工程　　　　　　　　　负责人：肖贵平
C 语言程序设计（网络）　　　　负责人：赵　宏
铁路行车组织（网络）　　　　　负责人：何世伟
2008 年国家级特色专业建设点
计算机科学与技术　　　　　　　土木工程
2008 年国家级双语教学示范课程
机械设计　　　　　　　　　　　负责人：李德才
2008 年国家级人才培养模式创新实验区
精英型国际化软件工程师培养模式创新实验区　　　负责人：卢　苇
国际化创业型工程与管理复合型人才培养模式创新实验区　负责人：查建中
2008 年国家级实验教学示范中心
土木工程实验中心　　　　　　　　　　　　　　　负责人：汪越胜
2009 年北京市教学名师奖：邵春福　汝宜红
2009 年北京市教学团队
运输经济学系列课程教学团队　　负责人：荣朝和
计算机基础系列课程教学团队　　负责人：王移芝
交通工程专业系列课程教学团队　负责人：邵春福
2008 年北京市优秀博士学位论文　指导教师：袁保宗

2009 年北京市教学成果一等奖 9 项
项目名称：面向国家重大需求，培养具有轨道交通特色的创新型工程人才
获 奖 人：宁 滨　李长春　朱晓宁　张鸿儒　房海蓉
项目名称：创新理念，构建“探究型”经济管理实践教学体系
获 奖 人：刘延平　张真继　刘世峰　林自葵　常 丹
项目名称：建一流物理基础教学平台，促创新人才培养
获 奖 人：成正维　吴 柳　滕小瑛　牛 原　王玉凤
项目名称：深化电工电子课程改革，提高电工电子教学质量
获 奖 人：陈后金　侯建军　阮秋琦　张晓冬　杜普选
项目名称：面向经济全球化的工程教育改革战略研究
获 奖 人：查建中　何永汕　陆一平　鄂明成　洪建平
项目名称：厚数博理、学科复合、践实笃行、自主发展——探索创新人才培养新模式
获 奖 人：王永生　刘 拓　衣立新　陈后金　张真继
项目名称：精英型软件工程师人才培养模式的探索与实践
获 奖 人：卢 苇　张红延　赵 宏　李红梅　孙海善
项目名称：开创交互式大学英语教学新模式
获 奖 人：蒋学清　李京平　邵钦瑜　辛 丁
项目名称：工科基础数学课程引入建模思想的理论研究与实践
获 奖 人：李 琦　修乃华
2009 年北京市教学成果二等奖 9 项
项目名称：国家级重点学科引领的经济学特色专业人才培养模式
获 奖 人：欧国立　荣朝和　赵 坚　佟 琼　周耀东
项目名称：创新“国际化、研究型”人才培养模式，引领物流管理专业发展
获 奖 人：汝宜红　鞠颂东　施先亮　王耀球　李伊松
项目名称：适应铁路建设发展需求，培养具有行业特色的机械类创新型人才
获 奖 人：刘志明　张家栋　方跃法　李德才　史红梅
项目名称：潜心打造通信工程品牌专业，着力培养通信工程创新人才
获 奖 人：张宏科　张思东　刘 云　刘 颖　张有根
项目名称：改革教学机制，建设高水平计算机基础教学实践基地
获 奖 人：王移芝　裘正定　陈连坤　周洪利　魏慧琴
项目名称：融通交通运输共性基础理论，创建交通运输大类专业平台系列课程
获 奖 人：杨 浩　邵春福　肖贵平　宋 瑞　李海鹰
项目名称：严谨求实坚持自主创新培养高素质博士生
获 奖 人：简水生　娄淑琴　延凤平　裴 丽　宁提纲
项目名称：强化执行力建设，创新本科教学管理体系
获 奖 人：屈 波　张 樱　侯永峰　魏旺强　谷季春
项目名称：课堂教学与文化、实践活动紧密结合的工科大学生文化素质教育培养模式
获 奖 人：颜吾佴　颜吾芟　韩继华　田卫平　王玉萍

2009 年北京市精品课程

电子商务系统的分析与设计　　负责人：刘　军
工程力学实验　　负责人：王正道
工程训练　　负责人：邢书明
软件系统分析与设计技术　　负责人：卢　苇
电气工程专业综合设计　　负责人：王　玮
马克思主义基本原理概论　　负责人：刁志萍
ERP 理论与实践　　负责人：张真继

2009 年北京市特色专业建设点

光信息科学与技术

2009 年北京市实验教学示范中心

交通运输实验中心　　负责人：周磊山

2009 年北京市校外人才培养基地

城市轨道交通校外人才培养基地　　负责人：王永生

北京高校第六届青年教师教学基本功比赛一等奖：黄　辉
北京高校第六届青年教师教学基本功比赛二等奖：闫志刚　唐天巧
北京高校第六届青年教师教学基本功比赛优秀指导老师：张小青
北京高校第六届青年教师教学基本功比赛最佳演示奖：黄　辉

2009 年北京交通大学教学名师奖

马　忠　方跃法　石志飞　成正维　江中豪　何世伟　裘正定

北京交通大学第七届青年教师教学基本功比赛一等奖

闫志刚　唐天巧　黄　辉

北京交通大学第七届青年教师教学基本功比赛二等奖

王方石　王建荣　刘　菁　张　华　张严心　张　琦　赵红敏　鲁凌云

北京交通大学第七届青年教师教学基本功比赛三等奖

乐逸祥　叶晶晶　乔澄澈　刘　恩　刘　强　孙会君　何　琳　佘高红
吴　琼　张欣欣　张福俊　李红昌　汪维家　夏明超　郭薇薇　黄海明
黄　清　熊　磊　戴春爱

北京交通大学第七届青年教师教学基本功比赛优秀指导教师奖

于桂兰　张小青　房海蓉

北京交通大学第七届青年教师教学基本功比赛最佳教案奖

张　华　王建荣　刘　菁　王方石

第 33 届 ACM－ICPC 国际大学生程序设计竞赛全球总决赛第 34 名

指导教师：李清勇

2009 年美国大学生数学建模竞赛一等奖 2 队，二等奖 6 队

指导教师：王兵团　张　超　范秉理　吴发恩

第六届“挑战杯”中国大学生创业计划大赛一等奖 1 队

指导教师：汝宜红

2009 年全国大学生英语竞赛特等奖 6 人，一等奖 17 人，二等奖 51 人，三等奖 101 人
指导教师：大学英语教学团队
第十三届“外研社杯”全国英语辩论赛三等奖
指导教师：王般若
第四届全国大学生嵌入式竞赛二等奖 1 队
指导教师：戴胜华
“邯运杯”第二届全国大学生物流设计大赛一等奖 1 队，二等奖 1 队
指导教师：宋伯慧　卞文良
第一届全国大学生节能减排社会实践和科技竞赛一等奖 1 队，三等奖 4 队
指导教师：周渝慧　王立德　姚　宏　房海蓉

三、科学研究类奖励

（注：标注“★”的科研项目主持单位为北京交通大学）
2009 年“973”项目首席科学家：张顶立
项目名称：城市地下工程安全性的基础理论研究 ★
2008 年国家科学技术进步奖特等奖
项目名称：青藏铁路工程
获 奖 人：李学伟　魏庆朝
2008 年国家科学技术进步奖一等奖
项目名称：大秦铁路重载运输成套技术与应用
获 奖 人：钟章队
2008 年国家科学技术进步奖二等奖 2 项
项目名称：高坝抗震分析时域显示整体分析法与场址地震动输入确定及工程应用
获 奖 人：赵成刚　崔江余
项目名称：纯电动客车关键技术及在科技奥运零排放工程中的应用
获 奖 人：姜久春
2008 年中国铁道学会科学技术奖特等奖 4 项
项目名称：高速列车成套技术与装备
获 奖 人：宁　滨　孙守光
项目名称：烟大铁路轮渡系统集成研究
获 奖 人：柯新生　倪永军　魏庆朝
项目名称：乌鞘岭隧道修建技术
项目名称：遂渝线无砟轨道综合试验段关键技术试验研究
2008 年中国铁道学会科学技术奖一等奖 4 项
项目名称：JT1－CZ2000 型机车信号车载系统 ★
获 奖 人：邱宽民　宁　滨　徐　迅　赵　明　赵胜凯　赵林海　张　民　赵会兵　王永和
项目名称：铁路现代物流中心发展规划、发展时机与发展模式问题研究 ★
获 奖 人：张晓东　邬文兵　李笑红　何世伟

项目名称：列控中心系统设备研究
获 奖 人：吴江娇
项目名称：京九铁路对经济社会发展重大作用研究
获 奖 人：荣朝和　吴　昊　林晓言
2008 年高等学校科学技术奖科技进步奖一等奖
项目名称：城市地下工程建设的安全风险控制技术及其应用 ★
获 奖 人：张顶立　张成平　高自友　骆建军
2008 年物流与采购联合会奖一等奖
项目名称：铁路现代物流中心发展问题研究 ★
获 奖 人：张晓东　秦四平　韩　梅
2008 年中国地震局优秀成果奖一等奖
项目名称：土体动力特性试验及场地地震反应分析理论研究
获 奖 人：赵成刚　李伟华　董　俊
2007 年北京市科学技术奖二等奖
项目名称：城市交通拥堵的形成机理与疏解方法研究 ★
获 奖 人：高自友　毛保华　邵春福　贾　斌　李克平　贾顺平
2006 年北京市科学技术奖二等奖 3 项
项目名称：中国农产品加工跨越式发展战略研究 ★
获 奖 人：张明玉　张文松　邬文兵　王树祥
项目名称：浅埋暗挖法近距离穿越既有地铁构筑物（区间与车站）关键技术研究
获 奖 人：张顶立　吕　勤
项目名称：北京市智能交通系统（ITS）规划与示范研究
获 奖 人：于　雷
2008 年北京市第十届哲学社会科学优秀成果奖二等奖
项目名称：产业安全理论研究 ★
获 奖 人：李孟刚
2008 年中国铁道学会科学技术奖二等奖 6 项
项目名称：青藏铁路地理信息系统平台技术 ★
获 奖 人：秦　勇　贾利民　王艳辉　蔡国强　程晓卿
项目名称：机车同步操控系统 Abis 接口监测系统
获 奖 人：钟章队　蒋文怡　武贵君
项目名称：C70 型敞车的研制与应用
获 奖 人：孙守光
项目名称：载重 100 t 矿石、钢材专用货车的研制
获 奖 人：谢基龙
项目名称：渝怀线圆梁山隧道关键技术的试验研究 – B
获 奖 人：白明洲　张顶立
项目名称：120 km/h 货车可靠性试验研究

2008 年高等学校科学技术奖自然科学奖二等奖
项目名称：梯度材料新的力学分析模型及应用 ★
获 奖 人：汪越胜
2008 年高等学校科学技术奖科技进步奖二等奖
项目名称：铁路列车运行安全全过程多元智能综合监控关键技术及系统 ★
获 奖 人：贾利民　秦　勇　王艳辉　蔡国强　徐　杰　程晓卿　王　卓　祝凌曦　董宏辉　王子洋
2008 年北京市发明专利奖二等奖
项目名称：低温大直径磁性液体密封装置 ★
获 奖 人：李德才
2008 陕西省科学技术奖二等奖 2 项
项目名称：生态节能复合墙结构抗震理论与应用关键技术
获 奖 人：姚谦峰　袁　泉
项目名称：体外预应力混凝土梁桥的延性和强度研究
获 奖 人：杜进生　卢文良　季文玉
2008 中国测绘学会测绘科技进步奖二等奖
项目名称：新型高分辨率遥感影像地物信息提取技术与应用
获 奖 人：谭衢霖
2008 年中国铁道学会科学技术奖三等奖 5 项
项目名称：牵引变电所在线监测与管理自动化系统 ★
获 奖 人：刘明光
项目名称：“新建铁路桥墩动力设计指标试验研究” 和
“提速线轻型桥墩刚度检定标准研究”★
获 奖 人：阎贵平　钟铁毅　季文玉　夏　禾
项目名称：铁路工务管理信息系统
获 奖 人：刘仍奎
项目名称：货车车轮辐板（孔）的疲劳行为及对策研究
获 奖 人：谢基龙　黄海明
项目名称：京九线粉土路基病害整治技术试验研究
获 奖 人：刘建坤
2006 年北京市科学技术奖三等奖 6 项
项目名称：车辆与结构动力相互作用理论与应用研究 ★
获 奖 人：夏　禾　张　楠　郭薇薇　阎贵平
项目名称：现代物流网络设计与评价方法研究 ★
获 奖 人：高自友　汪晓霞　吴建军　孙会君　穆　东
项目名称：数字集群调度系统的开发 ★
获 奖 人：孙　昕　黄　清
项目名称：国家重大建设项目动态监测与评价信息系统
获 奖 人：贾利民

项目名称：超浅埋单拱大跨双侧洞法暗挖地铁车站施工技术研究
获 奖 人：黄明利
项目名称：轻型房屋钢结构的设计理论与关键技术研究
获 奖 人：张　勇
2008 年天津市科学技术进步奖三等奖
项目名称：国贸站施工对国贸立交桥的影响研究
获 奖 人：刘维宁
2008 年河北省科学技术奖三等奖
项目名称：深基坑双排桩支护结构设计理论与应用研究
获 奖 人：白　冰
2008 年山东省科学技术奖三等奖
项目名称：路局列车编组计划管理信息系统和辅助决策系统的研制
获 奖 人：林柏梁
2008 年新增 2 个国家级平台
轨道交通运行控制系统国家工程研究中心
下一代互联网互联设备国家工程实验室
2008 年新增教育部级平台
城市交通复杂系统理论与技术教育部重点实验室
2009 年新增教育部战略研究基地
行业特色研究型大学发展战略研究中心
中国百篇最具影响国际学术论文
论文名称：Two-dimensional sliding frictional contact of functionally graded materials
获 奖 人：汪越胜
中国百篇最具影响国内学术论文
论文名称：海底隧道修建中的关键问题
获 奖 人：王梦恕
教育部“新世纪优秀人才支持计划”2008 年度入选人员名单
余祖俊　关　伟　秦　勇　张明玉　姜久春　滕　枫
第九届茅以升铁道科技奖
获 奖 人：李学伟　孙守光　董宝田
第九届詹天佑铁道科学技术奖贡献奖
获 奖 人：沙　斐
第九届詹天佑铁道科学技术奖青年奖
获 奖 人：吴命利　蒋文怡
第九届詹天佑铁道科技奖北京交通大学专项基金奖
科技奖：姜久春　徐　征　倪蓉蓉　朱力强　黄　磊　袁振洲　朱　红　张朝辉
娄淑琴
教学奖：汝宜红　林建成
管理奖：方跃法

四、党建及其他奖励

（一）党建类

北京市高等教育学会第七次优秀高等教育科研成果三等奖
成果名称：健全制度机制，不断提高领导班子治校能力
获 奖 人：王建国

（二）其他奖励

集体奖：
2009 年首都教育先锋先进集体：动车组教学科研一体化创新团队、大学英语教学团队
2008 年度北京市模范职工小家：电子信息工程学院
2008 年北京市抗震救灾重建家园“工人先锋号”：土木建筑工程学院
2008 年学校被评为科技奥运先进集体
2008 年学校获“首都文明单位”称号
学校被评为 2008 年度首都高校社会实践先进单位
学校被评为 2007 年度和 2008 年度北京高校党内统计报表优秀单位
学校被评为 2008 年度全国大中专学生志愿者暑期“三下乡”社会实践活动先进单位
2009 年学校获全国第二届大学生艺术展演优秀组织奖
2008 年学校获“全国高校节水示范校园”称号
2009 年学校获北京高校第六届青年教师教学基本功比赛优秀组织奖
学校被评为 2008 年度北京市消防安全先进单位
学校获“2008 年度北京市节约用水先进单位”称号
2008 年学校教务处获北京市“优秀教务处”称号

学校《北京交通大学学报》（社会科学版）、《北京交通大学学报》（自然科学版）被评为 2008 年“中国科技论文在线优秀期刊”

学校《北京交通大学学报》（社科版）被评为北京高校人文社科学报名刊

2007 年学校侨联获“北京市侨联工作先进集体”称号

2008 年学校研究生院被评为北京地区学位与研究生教育管理先进集体

学校宣传部创作的《感恩大自然——走进梭戛》被评为第五届中国纪录片国际选片会 DV 类银牌节目

学校宣传部创作的《鸟巢的时装顾问》、《燃情交大 30 年》被评为第五届中国纪录片国际选片会 DV 类铜牌节目

2009 年学校管乐团获全国第二届大学生艺术展演器乐类全国一等奖

2009 年学校交响乐团获全国第二届大学生艺术展演器乐类全国一等奖

学校《红果园中那永远的绿色》获得 2008 年高校校园文化建设优秀成果评选三等奖

学校川籍大学生心理支援志愿服务团队获“2008 年度首都高校社会实践优秀团队”称号

学校图书馆获“2007 年度全民阅读活动先进单位”称号

学校国家安全小组被评为 2008 年度国家安全工作先进集体
学校保卫处 2008 年荣立北京市公安局集体三等功
学校校医院获“2008 年度首都卫生系统文明单位”称号
学校红十字会获“2008 年度首都高校红十字会系统先进集体”称号
2009 年学校社区居委会被评为北京市社区工作先进集体
学校后勤集团被评为 2008 年全国高校后勤系统信息与宣传工作先进单位
学校后勤集团幼儿教育中心获“2008 年北京高校后勤先进幼儿园”称号
学校后勤集团公共服务中心被评为北京市爱国卫生先进单位
个人奖：
2009 年全国归侨侨眷先进个人：范　瑜
2009 年首都教育先锋教学创新个人：马　忠　李长春
2009 年首都教育先锋科技创新个人：赵　耀
2009 年首都教育先锋管理创新个人：郝生跃　王雪松
2008 年北京市优秀教学管理人员：屈　波
北京市第九届优秀思想政治工作者：屈晓婷
2008 年宁夏回族自治区抗震救灾工作先进个人：杨维国
2008 年第六届首都民族团结进步先进个人：王宏军
2008 年科技奥运先进个人
孙　昕　姜久春　关　伟　邵春福　张顶立　杨庆山
2008 年度首都高校社会实践先进工作者
田宝伟　张　弛　李国岫　李　涛　陈　博　易　晓　林玳玳　姚谦峰　郭祎华　崔迎春
2008 年北京地区学位与研究生教育管理先进个人：方跃法
2008 年北京市公安局个人三等功：裴劲松
2008 年北京市同法轮功及其他邪教组织斗争暨奥运安保先进个人：王绪厚
2009 年全国第二届大学生艺术展演优秀指导教师：郑　彬　关英馨　何　腾
2007—2008 年度北京市大学生田径十佳教练员：刘茂辉　蒋　涛
2007 年度中国高校校报好新闻评选通讯类三等奖
《蔡伯根教授的两种境界》作　者：王虹英　袁　芳
2007 年首都侨界先进个人：李振玉
2007 年北京市侨联工作先进个人：张辰红
2008 年北京市侨联维护侨益先进个人：张奕黄
2009 年中国图书馆学会优秀会员：韩宝明　郑　兰　李红梅
2008 年度高校国家安全工作先进个人：裴劲松　邓小凤
2008 年北京市公安局个人嘉奖：段计山　赵　谦
2008 年度向教育部办公厅报送日常信息先进个人：吴轶婷
2009 年第四届中国技术市场金桥奖先进个人：姜丽君
第 29 届北京奥运会、第 13 届北京残奥会医疗卫生保障工作杰出贡献奖：刘春梅
2008 年北京红十字服务奥运优秀志愿者：杨 琳

2008 年度北京市社区计划生育服务先进工作者：王晓俊

2008 年度北京市十大节水护水志愿者：吴国璜

2008 年度北京市节水系统先进个人：吴国璜

2008 年北京高校后勤商贸工作先进个人：郑广天

2008 年北京高校后勤幼儿园工作先进个人：沙振英

2008 年北京高校后勤接待工作先进个人：吴贵钱　郝永华

五、从事教育工作三十年表彰人员名单

（按姓氏笔画排序）

马玉玲　王　红　王　玫　王　钢　王子友　王凤兰　王开成　王兵团
王秀英　王爱军　王笑冰　王黎怡　王璟伦　白雪清　关睦南　刘　强
刘大山　刘火燕　刘京祥　刘依真　孙东刚　孙燕东　汤　斌　邬京瑞
吴北玲　张　杰　张　桦　张　铎　张　琪　张辰红　张树元　时庆国
李　洋　李　菊　李玉和　李思泽　李淑霞　李锦川　汪　凡　沙　斐
苏　红　邱之静　陆鹏飞　陈志杰　周连英　罗来珩　郑小秋　柯晓晴
洪建平　胡小刚　赵　强　赵　谦　赵广顺　赵中龄　赵俊慧　赵振华
赵惠平　徐寿波　徐晓涛　谈振辉　郭　洁　高国平　高雅亭　康爱健
章小丽　绳建军　黄绚晔　龚卓蓉　程　菲　董　梁　董学仁　薛　琳

2009 国际交流合作及港澳台工作

国际交流与合作

【综述】

2009年，学接待了包括苏格兰教育及终身教育大臣菲奥纳·希斯罗普女士率领的苏格兰高等教育代表团、朝鲜教育省指导局局长吴民率领的朝鲜教育代表团、西班牙大学校长团、奥地利科技部部长哈恩博士和奥地利驻华特命全权大使赛迪科博士等在内的代表团和个人总计1 191人次。共派出12个代表团赴瑞典、南非、埃及、日本、意大利、比利时、巴西、智利、澳大利亚等国及香港、台湾地区进行友好访问，其中北京交通大学学生交响乐团赴台义演广受关注，学生艺术团赴欧洲巡演圆满成功。全年校内人员出国（境）总人数达573人次。举办和承办国际学术会议9次。正式成为“国家建设高水平大学公派研究生项目”签约学校。与比利时鲁汶联合工程大学合办的鲁汶孔子学院荣获2009年度优秀孔子学院。

2009年，学校先后与美国海外学习基金会、丹麦奥尔堡大学、欧亚太平洋大学联盟、美国辛辛那提大学、伍斯特理工学院、挪威斯塔万格大学、英国阿伯丁大学、美国明尼苏达大学、澳大利亚新南威尔士大学等国外知名高校和机构签订校际合作协议和合作意向书31份，在学生交流和联合培养、教师互访讲学和科研合作等领域开展合作。其中学生国际交流规模日益扩大，层次不断提高，全年通过各种交流项目出国（境）学生人数为269人。

【外事及港澳台工作】

2009年，共有8个校级代表团出访国外，情况如下：

4月17—22日，高福廷副书记率学生团赴瑞典参加ACM - ICPC国际大学生程序设计竞赛；

6月1—12日，王永生副校长等赴南非、埃及参加中国教育展；

6月7—14日，张星臣副校长率团访问日本广岛大学；

10月17—21日，宁滨校长，陈峰副校长等5人赴比利时参加欧洲孔子学院大会；

11月5—14日，宁滨校长率5人赴巴西、智利进行学术交流及访问；

11月24日—12月7日，高艳副书记率校民乐团赴丹麦、比利时、荷兰演出；

11月30日—12月20日，陈峰副校长率校干部培训团赴澳大利亚进行学习培训；

12月5—13日，颜吾佴副书记等6人赴澳大利亚参加泛印度洋亚洲大学生运动会。

2009年，共有4个校级代表团出访港澳台地区，情况如下：

7月31日—8月9日，陈峰副校长率团21人赴台湾参加“两岸大学生夏令营暨青年论坛活动”；

9月11—20日，孙守光副校长率团随中国宋庆龄基金会赴台湾参加文化交流活动；

9月20—24日，李学伟副校长率代表团7人赴香港理工大学进行学术交流及访问；

10月30日—11月9日，颜吾佴副书记、高艳副书记等93人赴台湾进行交响乐演出及排球友谊赛。

共240人次赴港澳台地区进行考察、学习交流及科研合作等活动。成功举办了2009年两岸大学生青年论坛、校文化交流团赴台演出比赛等大型活动。7名港澳台侨学生获得奖学金。

【留学生工作】

全年留学生人数达到511名，其中学历生比例超过60%，达到313名。2009年学校正式成为“中国政府奖学金－高校研究生项目”院校，获得自主招收全额奖学金留学生的资格；北京市政府奖学金从2008年的25万，增加到50万；8名（全国共有200人）留学毕业生获得中国政府优秀外国留学生奖学金继续深造；成为中国高等教育学会外国留学生教育管理分会常务理事；交大留学生福克和曼娜儿在“北京外国留学生汉语之星大赛”中获得“十大汉语之星”称号；交大留学生受外交部邀请参加“非洲开放日”活动表演。成功举办第三届国际文化节，54个国家的留学生设立展位，6国驻华大使及20国外交使节参加，参加人员总数约4 000人。留学生积极参加各类活动，并取得好成绩。国内各类媒体涉及学校留学生的相关报道及访谈约30次。

2009年度在校学习的留学生分类情况见表50。

表50　2009年度在校学习的留学生分类情况

	年初数	本年增加	本年减少	年末数	本年平均数
外国留学生	317	195	154	358	337.5
自费生	217	166	135	248	232.5
国家奖学金生	100	29	19	110	105

【引智工作】

2009年学校共获得外国文教专家经费261万元，有10个项目获得教育部聘请外籍教师重点项目资助；获准加入国家外专局“高校师资外语培训项目”，首期为期4周的专业课教师英语授课培训项目圆满成功；2009年学校共聘请外籍名誉教授2人，海外兼职教授26人，接待富布赖特高级访问学者1人；授予名誉博士1人；邀请了包括诺贝尔奖获得者巴瑞·马歇尔教授，世界著名物理学家、台湾新竹交通大学教授、美国斯坦福大学教授施敏院士在内的411名海外专家、学者来校讲学，参加国际会议和合作研究。详见表51、表52。

表51　2009年在校工作的外籍教师和外国专家名单

序号	姓　名	国籍	性别	职称/职务	工作学院
1	MICHAEL DEAN KNAPP	美国	男	外籍教师	语言学院
2	JAMES DAVID BARNHART	美国	男	外籍教师	语言学院
3	NAOMI LENA SILSETH	美国	女	外籍教师	语言学院
4	KIP ONEAL ROUNTREE	美国	男	外籍教师	语言学院
5	DR HENN MARC IVO	德国	男	外籍教师	语言学院 土建学院
6	JOSEPH TYRALE KAPPEL	美国	男	外籍教师	语言学院
7	ELIZABETH DEAN LUTHER	美国	女	外籍教师	语言学院
8	SHEN TIEJUN	澳大利亚	男	院长助理	软件学院

续表

序号	姓　名	国籍	性别	职称/职务	工作学院
9	MARCUS JAMES BRADY	英国	男	外籍教师	软件学院
10	ROBERT JOHN GLEDHILL	英国	男	外籍教师	软件学院
11	PHILIP JAMES UREN	澳大利亚	男	外籍教师	软件学院
12	YU LEI	美国	男	特聘教授	运输学院
13	MIAO ZHENJIANG	加拿大	男	教授	计算机学院
14	SONG YONGDUAN	美国	男	国家千人计划特聘教授	电信学院
15	NANCY STREET	美国	女	富布莱特项目高级专家	语言学院

表 52　2009 年度聘请的海外名誉教授、兼职教授一览表

序号	姓名	单位	职称/职务	聘请职务	所在学院	专业领域
1	DAVID N. PAYNE	UNIVERSITY OF SOUTHAMPTON	教授/光电子中心主任，英国皇家学会会士，英国工程院院士	名誉教授	电信学院	光通信、光纤传感器、纳米光子学以及光器件
2	FRIEDER SEIBLE	UNIVERSITY OF CALIFORNIA, SAN DIEGO	教授/工程学院院长	名誉教授	土建学院	桥梁和结构的抗震设计、健康检测评估等
3	LIE-LIANG YANG	UNIVERSITY OF SOUTHAMPTON	READER	兼职教授	电信学院	宽带无线通信理论
4	WOLFGANG RÖSCH	RÖSCH 轨道车辆运用与保养维修咨询公司	董事长	兼职教授	机电学院	轨道车辆运用与保养维修、列车维修系统设计
5	RAMIRO MONTEALEGRE	UNIVERSITY OF COLORADO	副教授/商学院国际项目部主任	兼职教授	经管学院	信息技术与组织变革的相互影响
6	GEOFFREY YE LI	GEORGIA INSTITUTE OF TECHNOLOGY	教授/实验室主任	兼职教授	电信学院	信号处理与无线通信
7	HONBO ZHOU	同方股份有限公司应用信息系统本部同方软件股份	总工程师	兼职教授	计算机学院	高性能并行计算、软件中间件、M2M 技术及应用
8	JOHN A. MCDERMID	UNIVERSITY OF YORK	教授/计算机科学系主任	兼职教授	国家重点实验室	软件工程
9	LAWRENCE GALES	UNIVERSITY OF CINCINNATI	副教授/国际项目部主任	兼职教授	经管学院	组织行为理论研究
10	YI EDWARD ZHOU	URS CORPORATION	兼职教授/桥梁检测评定主管经理	兼职教授	土建学院	既有桥梁安全评定、健康检测、无损检测、疲劳评估、荷载测试、加固设计

续表

序号	姓名	单位	职称/职务	聘请职务	所在学院	专业领域
11	LIAN-XIANG YANG	OAKLAND UNIVERSITY	教授	兼职教授	机电学院 理学院	摩擦学、润滑研究、光学无损检测、数字全息技术与应用
12	GARY C. BARBER	OAKLAND UNIVERSITY	教授/机械系主任	兼职教授	机电学院	摩擦学、润滑研究
13	LONG-YA XU	OHIO STATE UNIVERSITY	OSU工学院汽车研究中心教授顾问委员会委员、IEEE工业应用协会董事会执行委员会委员	兼职教授	电气学院	电机及其控制、变速风力发电系统及其控制、电力电子等
14	HONG-TAN LIU	UNIVERSITY OF MIAMI	终身教授/燃料电池研究室主任	兼职教授	理学院	燃料电池、热能工程、多相流、传热传质、太阳能
15	JUN-LING SUN	瀚阳（国际）工程咨询有限公司	执行总裁	兼职教授	土建学院	桥梁设计理论、桥梁抗震设计、桥梁结构实验
16	LI-QUN XU	英国电信研究院（BT）	研究员	兼职教授	计算机学院	计算机视觉及应用、多媒体信号处理及检索、多模式接口及环境智能、人工神经网络、网络视听觉系统
17	YING-YONG QI	美国高通公司	首席科学家	兼职教授	电信学院	数字信号处理、语音与图像处理、模式识别、多媒体在移动通讯中的应用、嵌入式系统及无线通讯
18	YONG-YI YANG	ILLINOIS INSTITUTE OF TECHNOLOGY	教授	兼职教授	电信学院	信号与图像处理、医学成像、机器学习、模式识别和生物医学应用技术等
19	SHERMAN SHEN	UNIVERSITY OF WATERLOO	教授	兼职教授	电信学院	UWB无限通信、无线资源和流动性管理媒体接入控制
20	JULIAN GASPAR	TEXAS A&M UNIVERSITY	教授/国际商务研究中心主任	兼职教授	经管学院	国际金融
21	JIAN-YUN NIE	UNIVERSITY OF MONTREAL	教授	兼职教授	电信学院	信息检索、信息挖掘、人工智能

续表

序号	姓名	单位	职称/职务	聘请职务	所在学院	专业领域
22	JAMES C. MURDOCH	UNIVERSITY OF TEXAS AT DALLAS	教授	兼职教授	经管学院	经济学
23	GUANRONG CHEN	香港城市大学	讲座教授	兼职教授	电信学院	非线性动力系统与控制、复杂网络理论及应用
24	WILLIAM ROSS STONE	IEEE ANTENNAS AND PROPAGATION MAGAZINE	主编	兼职教授	电信学院	图像处理、通信系统、射频和微波系统工程和电磁兼容
25	SUBHASH JAIN	UNIVERSITY OF CONNECTICUT	教授/商学院国际商务项目执行主任	兼职教授	经管学院	市场营销策划和战略、全球市场营销
26	HANS RONALD KRIKKE	OPEN UNIVERSITY	教授/高级研究员，项目主管	兼职教授	经管学院	可持续供应链管理
27	KYUNG SUP KWAK	INHA UNIVERSITY	终身教授/韩国UWB 研究中心主任	兼职教授	电信学院	多址/多用户检测系统/MAC、WLAN/WPAN/WBAN、UBW 系统应用研究
28	YOGESH JALURIA	RUTGERS UNIVERSITY	教授/系主任	兼职教授	机电学院	传热传质、计算传热、能源系统

【附件9】

2009年国（境）外交流情况

表53　2009年学校短期临时因公出国（出境）情况一览表

出访国家/地区	参加会议	考察访问	合作交流	总　计
美　国	26	8	20	54
中国台湾	32	2	169	203
中国香港	14	9	10	33
中国澳门	4	—	—	4
加拿大	1	—	5	6
埃　及	1	3	2	6
奥地利	2	—	1	3
意大利	1	4	2	7
澳大利亚	6	11	19	36
巴　西	—	5	—	5
智　利	—	5	—	5
比利时	5	2	22	29
波　兰	1	—	—	1
荷　兰	1	8	31	40
丹　麦	1	—	20	21
德　国	3	3	14	20
葡萄牙	1	—	—	1
英　国	4	4	2	10
俄罗斯	—	2	3	5
法　国	2	—	2	4
希　腊	4	—	1	5
西班牙	1	—	1	2
韩　国	5	—	2	7
捷　克	2	1	1	4
马来西亚	—	2	—	2
日　本	5	6	3	14
南　非	—	3	—	3
瑞　典	—	4	11	15
塞尔维亚	—	—	1	1

续表

出访国家/地区	参加会议	考察访问	合作交流	总　计
斯洛文尼亚	—	—	1	1
泰　国	1	—	1	2
新加坡	5	2	3	10
新西兰	1	—	—	1
匈牙利	3	—	—	3
瑞　士	1	—	—	1
印度尼西亚	3	2	—	5
越　南	1	2	—	3
罗马尼亚	1	—	—	1
总　计	138	88	347	573

表 54　2009 年度接待来访专家、学者情况统计表

来访国家/地区	讲学	考察	合作科研	国际会议	其他	总计
美　国	39	17	15	14	12	97
韩　国	4	2	4	2	1	13
英　国	6	12	9	3	2	32
意大利	2	—	—	—	—	2
澳大利亚	24	1	9	10	3	47
俄罗斯	1	3	1	4	3	12
丹　麦	—	1	—	2	4	7
瑞　士	5	—	3	—	1	9
法　国	2	—	4	1	—	7
中国香港	8	1	—	12	—	21
荷　兰	1	4	1	1	4	11
瑞　典	2	3	—	5	—	10
西班牙	1	1	—	6	1	9
挪　威	1	—	1	1	—	3
加拿大	7	—	2	4	3	16
中国台湾	2	2	3	6	1	14
越　南	—	1	—	2	—	3
沙特阿拉伯	—	—	—	—	2	2
印　度	2	—	—	—	2	4
德　国	2	—	1	9	2	14
朝　鲜	—	10		—	—	10
日　本	3	2	1	10	—	16
奥地利	—	—	8	—	—	8

续表

来访国家/地区	讲学	考察	合作科研	国际会议	其他	总计
比利时	—	2	—	6	—	8
新加坡	5	1	—	6	—	12
捷　克	—	1	—	1	—	2
新西兰	—	—	—	1	—	1
泰　国	—	—	2	1	3	6
印度尼西亚	—	—	—	—	1	1
马来西亚	—	—	—	1	—	1
阿尔及利亚	—	—	—	1	—	1
巴基斯坦	—	—	—	1	—	1
伊　朗	—	—	—	3	—	3
以色列	—	—	—	1	—	1
土耳其	—	—	—	1	—	1
喀麦隆	—	—	—	4	—	4
斯洛伐克	1	—	—	—	—	1
蒙　古	—	—	—	—	1	1
总　计	118	64	64	119	46	411

2009

国有资产管理

财务工作

【综述】

2009 年，学校财务工作严格执行国家财经法规，多渠道争取资金和资源，进一步健全和完善科学有效的财务管理制度体系，努力加强财务管理和会计核算工作，不断提高学校财务会计人员队伍的综合素质与服务水平，合法、安全、高效地管理学校资源、运作学校资金，提高资金使用效益，促进和保障学校各项事业的高速发展，为广大师生员工提供满意的服务。

【财务收支状况】

综合财务收入：2009 年学校综合财务收入 139 846 万元，比上年 128 576 万元增收 11 270 万元，增长 9%。

综合财务支出：2009 年学校综合财务支出 131 646 万元，比上年（159 158 万元）减少 27 512 万元，减少 17%。学校进行绩效工资改革，工资福利性支出增加 18%；根据年度预算收入情况相应增加安排支出，全面推进各项事业改革，加速学校教育科研事业发展，商品和服务支出增长 12%。

年末财务状况：2009 年末，学校资产总额 334 694 万元，比上年（298 151 万元）增加 36 543 万元。净资产 309 034 万元，比上年（215 897 万元）增加 93 137 万元。

【财务管理】

按照学校统一部署，深入开展学习实践科学发展观活动，引导干部职工将学习实践活动与部门工作相结合，以学习实践活动推进部门工作作风的转变、管理水平的提高和服务能力的增强。

1. *着力加强财务内控制度建设，主动防范财务风险*

2009 年学校财务制度化建设的重点是内控制度建设。在 2008 年制定全部业务工作流程和全部岗位工作规范的基础上，2009 年根据国家政策的变化和学校发展的需求，修订和完善相关内控规则，编制了重要业务内控记录流程图，明确了重要业务的控制点、控制人和控制手段。内控制度的建立、完善和有效执行使学校财务的风险控制能力大大增强，为学校各项事业的高速发展创造了安全合法的财务环境。

为了加强收费基础工作的规范性，使学费收退工作有法可依，修订了《学生收费管理暂行规定》，对退学、休学、出国等学生的学费结算进行了严格的规定和详尽的解释。针对近年我校学生国际交流项目和人数增长较快的情况，制定了《关于规范本科生参加国际交流项目收费管理的通知》，规范和加强了本科生参加国际交流项目的收费管理。

2. *大力增收节支，加强预算管理，压缩行政管理支出*

2009 年，面临席卷全球的金融危机，学校将危机转化为机遇，根据“量入为出、收支平衡”的预算安排总原则及“保人员、保运转、保重点、保发展”的要求，艰苦奋斗、厉行节约，进一步严格财务预算，加强财务管理，努力增收节支，强调量入为出，有效平衡收支，集中并盘活校内存量资金，突出重点安排，提高资金使用效率和效益。

为增强学院办学自主性和能动性，在校领导的推动下，开始加大学院对院管资金控制力的尝试，选取运输学院、理学院进行试点。计财处、教务处、研究生院、科技处、人事处、国际合作处就试点工作进行研讨。听取试点学院预算方案汇报，并提出修改建议，使其更加切实可行。年底，在宁滨校长的主持下，相关部门召开专门会议，听取试点学院的预算执行情况汇报，为进一步推动学院全面预算总结经验。

3. 多渠道争取资金，为学校发展筹措更多资源

为保证学校改革、发展和稳定的大局，继续提升整体实力，学校积极争取政府部门和社会各界对学校办学资源的支持，多方面培植财源。在不断加大对贫困学生扶持帮助的基础上，努力清理欠缴学费。一是进一步提高学生交费的便利程度。继本科生、研究生全部实现学费统一划卡扣款后，2009 年学校首次实现了新生批量开卡和学费统一划扣，大幅降低了新生现场缴费的比例，既方便了学生，也大大提高了学费缴款成功率。二是进一步加强收费催缴工作，累计欠费率逐年减少。截至年底，本科生累计欠费 73 人，仅占在校本科生总数的 0.59%，欠费金额为 510 225 元。

4. 加强财务人员管理，培育学校财经工作队伍

加强财务管理队伍建设，通过组织财务人员学习、前往兄弟院校调研等多种形式，努力提高财务管理人员的职业道德、法律观念、风险意识和业务技能。坚持在学校财会工作实践中培养人才，充分合理地使用人才。在人才培养过程中，既注重对具体财务规定的把握和执行，又注重创新思路、拓展视野，努力提高财会人员职业道德和业务技能。这些培养教育工作为学校打造了一支素质过硬、业务精通、作风优良、清正廉洁的会计人才队伍，为推动学校事业持续健康发展打下良好的财务人力资源基础。6 月，组织全校各级会计人员进行继续教育。

5. 按照上级部门要求和安排，接受各类审计检查并推动整改

2009 年，接待教育部修购评估小组，组织教务处、基建处、后勤管理处、研究生院、信息中心、图书馆、档案馆等有关单位进行项目申报并参加评估，为检查组提供各项数据，顺利完成 2010 年修购计划的申报及增报任务。接待国家发改委和海淀区发改委票据检查、科研结题审计、离任审计、基建审计、税务检查等各项审计检查共计 30 余次。

6. 转变工作作风，提高服务水平和工作效率

为方便广大教师更好了解财务政策、办理财务业务，计财处对部门网站进行全面改版。新版网站功能更加全面、界面更加友好、使用更加方便。在服务指南中提供与师生密切相关的业务办理流程，提供支票领用单、原始单据报销粘贴单、差旅费报销单等单据下载服务，尽可能方便广大师生办事。学校与工商银行协作，将财务 POS 机引入学校现金报销流程，报销资金可以通过刷卡方式直接进入个人银行账户，既大大方便了师生，又提高了报销资金的安全性。这些创新型服务方式的设计和实施，充分考虑事业发展、师生利益的需求，得到有关校领导和师生员工的好评。

审计工作

【综述】

2009年，学校审计工作按照教育部《关于做好2009年教育审计工作的通知》及《北京交通大学2009年工作要点》要求，以“为规范财务会计工作服务、为提高学校资金使用效益服务、为学校改革和发展服务”为工作方针，较好地完成了审计任务。全年开展各类审计项目89项，审计资金总额达26.22亿元，为学校节约资金237.44万元，提出审计建议35条，咨询意见74份。审计工作在维护学校财经秩序、促进学校经济管理工作的规范化、加强干部监督、促进党风廉政建设等方面发挥了积极作用。

【工程审计】

工程审计全年为学校节约工程资金237.4万元。

本年度建设项目全过程跟踪审计4个，其中供热工程、学生活动服务中心工程是新开工程，机械工程楼是延续工程，体育馆奥运改造工程是结算收尾工作。

本年度完成基建修缮工程结算审计71项，工程审计提交审计报告71份，审计资金额为3 919.8万元，比2008年增加34.5%。完成工程预算审计1项，尝试在工程项目前期与工程管理部门对2项工程预算进行审核，控制工程造价。

【经济责任审计】

完成5位处级领导干部的经济责任审计工作，涉及审计资金4 963.6万元，提交审计报告5份，提出审计意见和建议7条。

【财经审计】

完成了2008年财务预算执行与财务决算审计、2008年基建财务决算审计及学校银行贷款管理情况、学校修购资金购买甲供材料设备管理情况的审计调查。开展了计财处会计电算化核算内部控制、学校往来款管理情况等专项审计调查，以及学校银行账户对账单审签、科研项目结题经费决算审签等审计工作，审计金额共计25.33亿元，提交审计报告6份，提出审计意见和整改建议28条。

房地产管理

【综述】

2009年，学校房地产管理工作根据学校工作重点和折子工程的安排，结合实际，关注热点，办好实事，抓住难点，规范管理，大力推进校园基本建设，进一步提高后勤管理和服务水平，着力解决事关师生员工切身利益的问题，竭力做好学校教学、科研和产业发展的后勤保障工作。

【房产管理】

1. 优化房产资源配置，做好公用房管理工作

根据《关于规范土地、房屋及构筑物上账、销账的细则（试行）》，对因学生活动中心建设而拆除的房产资源进行了销账处理，房屋销账建筑面积309 430m^2，卡片金额573 104.03元。

依据广泛调研的情况，全年对《北京交通大学公用房屋使用机制改革方案（试行）》以及相关测试数据进行修改、完善10余稿，12月28日，学校第九届党委常委会第102次会议通过了该方案，并对下一步的施行提出了完善和修改意见。

全年通过测算与沟通，调整公用房屋使用28次，涉及21个单位，总调整使用面积达12 814m^2。其中机械工程楼竣工使用后，大大扩大了学校教学、科研的办学空间，学校11个院（系）、国家级学科平台的用房都相应作了调整，用房情况得到了很大的改善。

为促进学校科研事业的进一步发展，充分利用现有房产资源更好地为科研工作服务，根据《北京交通大学科研周转房管理办法》，共与15个单位（含国家工程中心）签订科研周转房协议21份，应收取房屋资源占用费312万多元。

实现公用房屋分类管理，保证国有资产的保值增值，明确各类房屋的性质和管理职责，资产经营用房采取委托经营管理的方式，定额向学校缴纳房屋资源占用费。全年实现后勤集团上缴550多万元（未含红果园宾馆），资产经营有限公司上缴150多万元，出版社上缴245万余元，远程学院上缴280余万元。

2. 加强服务意识，做好教职工住房相关工作

为充分发挥现有周转房的作用，规范管理，使之更有效地为学校人才引进和师资队伍建设服务，调研了北京8所高校，起草了《北京交通大学周转房（床）管理暂行办法》、《北京交通大学周转房（床）管理实施细则》，为学校新的周转房（床）管理办法的出台和妥善处理超期占用周转房问题做好了前期准备。2009年安排引进人才（含博士后）入住周转房47人，单身教工床位36人，共收取周转房（床）房租费150多万元。同时，明确了周转房、集体宿舍的进入和退出机制，全年清理、清退周转用房36套（间）。

简化报销手续，规范审核程序，为教职工提供简捷服务，2009年共完成教职工2009—2010年度供暖费的审核、报销602笔，共支付费用121万元；完成了4个小区（包括产权房和使用权房）2009—2010年度供暖费、物业费的审核、支付工作，共支付费用89万元；

学校主校区的供暖形式由自主采暖改为市政统一供暖，在校内3 319套公有住宅中初步清理出公有住房中的校外人员，为下一步供暖收费做好准备，此项工作将为学校收回大量资金。

根据《中共中央办公厅 国务院办公厅转发建设部等单位〈关于完善在京中央和国家机关住房制度的若干意见〉的通知》，为离退休人员、新提职称（职务）人员以及有遗留问题在职教职工补发相应补贴，全年共发放了两批差额住房补贴，其中第一批99人，总计239万元，第二批69人，总计248万元；此外，508名无房教职工按月领取补贴600多万元。继续做好住房外调工作，在学校纪委的配合下分别对4名老师的住房状况进行了调查，为学校追回5万元冒领住房补贴款。对原电专近90名教职工补收了房价款，恢复建立公积金，解决了6年多来的遗留问题。

为配合学校申报利用自有土地建设经济适用住房，根据国务院机关事务管理局的中央国家机关住房制度改革办公室的要求，完成了4 700名教职工的住房情况筛查，并为370名教职工补建住房信息，共向国管局上报了4 400名教职工的2 850套产权住宅的情况，为学校完成新建住宅的审批工作提供了强有力的保障。

完成了2001价463户的房屋计价、旧房升值计算和结算汇总工作，启动了超标人员发证工作，理清96价中超标的94户情况，计算出超标结算金额，通过张榜公布、电话通知、登门入户等方式将每户结算表发放到位，并将超标政策向每位咨询老师解释清楚。

积极为广大教职工联系团购商品房工作，经多次接触及反复谈判，最终学校教职工近20人以8个百分点的优惠购买了优质商品房。

组织青年教职工购买两限房，为学校广大青年教职工便利地购买大方居两限房提供了有力保障。30岁以上教师共47人获得选房资格，30岁以下教师共37人获得选房资格，6月19—22日选房中，共69人选到了自己满意的住房。

主动联系、解决学校与铁科研双跨户的住房调整工作，从根本上解决了22户双跨户的住房问题。

3. 抓住重点，加大力度解决学校基本建设中的难点问题

完成“交大液化气站”的搬迁工作。经反复磋商，2月1日，学校与北京市液化石油气公司正式签订了搬迁协议，学校一次性补偿对方129万余元，北京市液化石油气公司于2月25日前停止营业，其所有设施、设备在2月底前全部拆除、搬迁完毕，从而保证了学生活动服务中心的正常开工建设。

以人为本，通过法律途径解决塔五楼通气问题，充分考虑到塔五楼通气工作所涉及问题的复杂性、艰巨性和长期性，积极、稳妥地推进塔五楼的通气工作。

学校完成了交大附小（原向阳小学）迁建相关费用的支付工作，海淀区教委已将该教育预留地上的公用（集体）房屋拆除完毕，下一步，学校协助区教委基建科办理该教育预留地的土地证，待其取得拆迁许可证后，区教委将正式启动私有房屋的拆迁和三通一平工作。

全力保障学生活动服务中心建设，做好三通一平工作。对影响学生吃饭、洗澡、喝水及活动的场所作出合理的安排，与原区域内出版社、印刷厂等10多家单位做好沟通及用房转换处理工作，保证学生活动服务中心的按时开工。

4. 其他工作

根据《关于红果园委托经营管理工作有关决定的通知》（校办通［2008］35号）、《经

济工作领导小组专题会议纪要》（专纪［2009］2 号）、《关于红果园宾馆新一轮委托经营管理有关决定的通知》（校办通［2009］2 号）的要求，完成红果园宾馆新一轮委托经营管理工作，新一轮委托经营管理期限从 2009 年 1 月 1 日算起，为期 3 年。《北京交通大学红果园宾馆委托经营管理合同》中明确，经营期间，红果园宾馆每年向学校上缴额采取“基数 + 分成”的办法，即在上缴学校 400 万元（其中的 50 万元作为学校返还给红果园宾馆的维修和改造费用）的基础上，经营收益超出 400 万元部分学校和后勤集团按 40% 比 60% 分成。2009 年实际上缴学校利润总额为 430 万元。

全面落实人防工程的管理工作。配合国庆 60 周年活动，加大对人防工程的使用管理和监督、检查，在国庆期间关闭教学区的所有人防工程，保障了学校的安全与稳定。加强机械工程楼地下空间的开发使用，为学校开辟地下车库做好前期准备，极大地缓解了学校地面停车拥挤的状况。对逸夫教学楼地下室的改造工程进行全面验收，为电气学院教育部工程中心通过教育部验收提供用房保障。以人防工程解决后勤集团临时工住宿问题，有效缓解其临时工住宿紧张的状况。对不符合安全要求的人防工程，多次下达整改通知，限期整改，要求消除安全隐患，督促其达到安全使用要求。

全年组织学校相关部门与施工单位、使用单位共验收各类工程 30 次，涉及 20 个区域、17 个使用单位，总验收建筑面积近 6 万平方米（其中包括重复验收的面积），为学校新建工程及装修、改造工程把好最后一道关，保证了各单位的安全使用。

处理好回龙观经济适用房的善后工作。经多次与首开集团联系、面谈，按照学校要求办理了 5 套回龙观经济适用房的购房手续，应缴纳的售房款从学校留存在首开集团的余款 500 万中冲抵，剩余费用 2 766 080 元，该款项于 9 月份返还学校。

【地产管理】

按照教育部、国管局要求，整理、上报全校土地资料，办理土地使用证。整理上报了学校土地情况，按照国管局要求办理了临时土地证的申请 7 宗，已取得临时土地使用证 2 宗。根据海淀区国土资源管理局的要求，完成了第二次地籍调查工作。

推进学校西门南侧两块三角地的土地划拨和办理土地证手续工作，保证学生活动服务中心的建设和验收。完成三角地土地规划手续及土地预审手续的办理工作。

【附件10】

学校房产相关统计数据

表55　学校房产数据统计表

房　产　类　型	建筑面积（平方米）
一、教学及辅助用房	225 638
其中：教室	54 255
图书馆	16 357
实验室、实习场所	139 005
体育馆	6 161
会堂	9 860
二、行政办公用房	37 658
三、生活用房	305 678
其中：学生宿舍（公寓）	211 080
学生食堂	11 446
教工单身宿舍	14 944
教工食堂	0
生活福利及其他用房	68 208
四、教工住宅	211 171
总　　计	780 145

实验室与设备管理

【综述】

2009年实验室与设备管理工作按照“积极管理、协调服务、规范高效、知行求优”的工作方针，加强制度建设，围绕担负的工作职责，完成了实验室建设与管理、设备管理、设备招标采购等3个方面的工作。

【实验室建设与管理】

1. 规范实验室设置

制定了《北京交通大学实验室工作条例》和《北京交通大学实验室建立、调整、撤销管理办法》，并从2009年初开始，对校内各类实验室进行了全面摸底调查和登记认定，最终登记确认的教学、科研类实验室实体共计49个，同时，理顺了实验室实体与省部级及以上教学、科研实验室（平台）之间的相互关系，疏通了与学院的实验室管理机制。49个实验室中，以教学为主的实验室32个，以科研为主的实验室17个；分别支撑省部级及以上实验教学示范中心6个，支撑省部级及以上科研平台24个。

2. 确定学院实验室设备管理人员及岗位职责

学校实验设备处、人事处发布《关于规范实验室设置及落实实验室设备管理人员岗位职责的通知》，进一步强调了学院实验室及设备管理人员岗位职责，在各学院确定了实验室及设备日常管理工作的负责人员，为进一步完善实验室队伍建设的工作奠定了基础。

3. 深入摸底调研，充分掌握实验人员队伍状况及岗位需求

9—11月，深入调查实验室专职人员现状及岗位需求规划，对涉及12个学院（系、室）的49个实验室的现有专职人员及岗位需求的情况有了一个比较充分和准确地掌握。为学校实验技术队伍规划、建设提供依据，为下一步的岗位设置、人员引进奠定了基础。

4. 召开2009年度学校实验室工作会议

12月中旬召开了2009年北京交通大学实验室工作会。各学院主管实验室工作的院领导、实验室设备管理人员、部分实验室主任、骨干实验人员以及相关部处领导等40余人参会，对管理工作中的热点和难点问题进行了充分的交流和沟通，取得了很好的效果。

【设备管理】

1. 大型贵重仪器设备开放共享工作

一是搭建设备共享网络信息化平台。按照“分散搁置，集中管理”的共享模式，开发了贵重仪器设备共享平台。经初步筛选，共有7件设备入网；二是大型贵重仪器设备信息公布。通过网络化平台，将符合共享条件的仪器设备信息进行收集整理，并在网上公示，让校内外人员了解北京交通大学设备拥有及使用情况，共公示此类设备信息405台件。三是开展“电镜购置”和“计算集群”项目调研论证工作。

2. 设备日常管理

组织进行了设备盘点清查工作。主要措施有：一是账物清查。以一个月为周期，对上月

新增设备账卡物相符情况、标签粘贴情况进行检查，并对学校现有贵重仪器设备（单台件价值10万元人民币以上设备）使用情况进行抽查；二是账账核对。以一个月为周期，与学校计财处、财务独立合算的二级单位（如远程学院等）进行账账核对；三是结合年度实验室检查、安全检查等专项工作，对实验仪器设备进行盘点清查。

【设备招标采购】

1. 年度采购任务执行情况

2009年度共完成设备采购数量6 427台件，金额9 300万元，政府采购率92.7%。节约资金645万元。进口免税业务办理63项，合同金额2 478万元，为学校节约资金520万余元。

2. 推行政府采购、加强招标管理与监督

着力推行政府采购，强调规范、服务，力求公正、透明。完成了《北京交通大学仪器设备招标采购管理文件汇编》的修订，制定了《北京交通大学招标采购监督管理办法》，共修订完善5个工作文件、8个工作流程。着力提高工作效率、严密工作环节、维护学校利益、保障资金安全，加强对采购人员的约束和监督。

2009

办学条件保障

图书馆工作

【综述】

2009年，图书馆围绕着服务和特色两大宗旨，开拓进取、不断创新，在抓好基础建设、做好专项工作、开展创新服务等几个方面完成了各项预定工作目标。先后获得华北地区高等学校图书馆协作委员会2007—2009年度先进图书馆、中国图书馆学会“全民阅读基地称号”、中国近现代史史料学学会满铁资料研究分会先进单位、北京地区高等教育文献保障系统（BALIS）“原文传递优质服务馆”等荣誉。图书馆设有办公室、采编部、流通部、阅览部、技术部、咨询部、东校区分馆、数字资源部8个部（室）；有工作人员78人，其中正式编制工作人员64人，非事业编制工作人员9人，退休返聘人员5人。正式编制工作人员中，博士1人，硕士17人，本科18人，专科以上学历的工作人员共57人；正高级专业技术职称2人，副高级专业技术职称12人，中级职称25人。

【经费与馆藏】

全年共完成568万经费的采访任务，新增纸本文献共计83 673册、电子图书2.3万册。共采购中文图书20 697种/73 721册（￥226.78万元），外文图书（含外文赠书）808册/808种（￥39.19万元）；中文报刊961种/996份（￥16.11万元），外文期刊165种（￥96.52万元）；中文数据库订购7种（￥40.94万元），外文数据库订购15种（￥100.36万元）；电子图书23 174种/23 174册（￥22.73万元）；音像制品25种（￥652.89元）。共验收到馆中文新书72 226册，外文图书2 264册；验收中文过刊4 952册。收缴纸版及电子版学位论文2 735人次，8 300册；共分编图书1 502种，外文图书1 226种；典藏中文新书62 393册，外文新书1 976册，光盘3 646片。

截至年底，图书馆馆藏纸质资源162万册，中文电子图书32.7万册，中文电子期刊累计总量34.2万册，外文电子期刊累计总量8.87万册，数据库143种。

【读者服务】

1. 借阅服务

图书馆全年外借图书445 103册，还书343 312册，预约借书7 175册，网上续借89 544册，接待读者1 258 856人次（不包括自习室读者）。

延长借阅服务时间。图书馆主校区和分馆从7月11日开始星期六、星期日为读者提供借还书服务，服务时间为9:00—17:00。调整读者借阅权限。本科生、研究生从11月15日开始外借图书由10册调整到20册，借阅期限由30天调整到60天；博士生外借图书由15册调整到20册，借阅期限由30天调整到60天；教职工外借图书由15册调整到30册；新书外借由2册调整到3册，借阅期限由7天调整到21天；增加了“教师入职用书专架”，方便新入职的教职工进行岗前培训，外借量为365册。新书外借量由原来1 283册/天增加到现在的2 021册/天，提高了近60%。

2. 查新、查引及文献推送服务

全完成查新课题 104 项，查引 286 项、6 847 条，文献推送服务 7 100 条，按季为科技处提供学校作者被 SCI、EI、ISTP&ISSHP 收录和引用情况的预检索报告。

完成科技文献检索教学 744 学时、4 784 人次的教学量，教学学时与人数较 2008 年分别增加了 30% 、60% 。进行新生入馆教育 3 523 人次，读者培训次数达到 40 次，1 218 人次参加了培训。

文献传递全年共完成 865 篇，馆际借阅证出借 169 人次，获得“BALIS 原文传递 2008 年度优秀团队”和“2009 年 BALIS 原文传递优质服务馆”的荣誉称号。

3. 自建数据资源利用情况

“铁路交通运输特色数据库”是学校图书馆承建的 CALIS“十五”全国高校专题特色库子项目，2009 年读者检索利用达 14. 4 万次。

“数字铁路博览馆”社会公众访问人数达到 12. 3 万人次，浏览页面达到 27. 3 万页次。在已上线的 29 个中国数字科技馆博览馆中，数字铁路博览馆社会公众访问量排名基本在前 7 位。

完成“数字学习中心”建设项目数据建设。完成了 5 525 套随书光盘的压缩、加工、整理；652G 视频资源的压缩、加工；6 642 册博士、硕士学位论文的整理、格式转换、数据迁移等多项工作，最终形成了随书光盘库和学位论文库，该库已于 2009 年下半年开通使用。

4. 购置数据库利用率

2009 年外文数据库检索 918 133 次，中文数据库检索 4 852 642 次，数据库整体使用量有所提高，如表 56 所示。

表 56　数据库检索统计对比表

年份	2008 年	2009 年
中文数据库	4 982 604	4 852 642
外文数据库	622 132	918 133
合计	5 604 736	5 770 775

5. 电子阅览室利用情况

东校区电子阅览室与人文学院大英部合作，成立了大学英语口语考试中心。2009 年图书馆主校区电子阅览室和东校校区电子阅览室分别接待读者 138 715 人次和 90 336 人次，上机小时数分别是 283 868 小时和 138 588 小时，合计 422 426 小时，173 060 人次。

【文化活动】

1. 开展“书香杯”征文活动和“读者奖”评选活动，营造文化氛围

自 2003 年开始的“书香杯”读书征文活动到 2009 年已是第七届，为进一步扩大此项活动参与范围，活动将参赛资格从北京交通大学全体在校师生扩大到校友及海滨学院全体师生，同时增加对外联络合作处、海滨学院和学生社团——馥思文学社为协办单位。本届“书香杯”征文活动共收到征文 139 篇。征文内容不仅涵盖通常的读书征文，特别增加了抒发建国 60 周年感言和参加国庆阅兵式“交通运输方阵”的体会。最终评出一等奖 3 篇，二等奖 6 篇，三等奖 9 篇，特别奖 2 篇、鼓励奖 13 篇，合计 33 篇，占全部稿件数的 23. 7% 。

2. 开展了第七届“图书文化周”活动

为纪念京张铁路建成通车一百周年，举办了“京张铁路百年回眸”暨“庆建国六十周年铁路文化收藏”系列展览，展览包括图片、文献、实物三部分。还举办了图书馆服务知识有奖问答，召开了“图书馆之友”读者座谈会，组织了书展，并开展了现场荐书活动。

【研究与交流】

11 月 19—20 日，作为满铁资料研究分会挂靠单位，学校图书馆举办了满铁资料研究分会第二届理事会暨第二次学术研讨会，满铁分会会长、学校王永生副校长代表分会和学校就满铁资料数字化建设工作与高等学校中英文图书数字化国际合作计划项目中心副主任负责人竺海康教授签署了合作备忘录，旨在促进双方在数字图书馆建设领域的全面合作、共建共享。会议表决通过了满铁资料研究分会理事会章程和第二届理事会候选人名单，对为《满铁资料整理与研究》及《中国馆藏满铁资料联合目录》的编制工作中作出重要贡献的 22 家单位和 44 位工作人员进行了表彰并颁发了证书。

2009 年，图书馆在研的项目共计 11 项，其中新承接的项目 4 项；出版的著作和发表论文 11 部（篇）；王星华《基于读者需求的图书馆信息咨询服务体系的建立》、李德娟《中国图书馆事业六十年发展成就与问题的实证分析》、邓要武《高校图书馆开展文献信息素质教育的实践与思考》分别获得中国图书馆学会 2009 年年会征文二等奖，崔雁《高校图书馆信息素养教育模型与策略探讨》获得三等奖；万红和邓要武获得华北高校图书馆二十三届学术年会优秀论文奖。

出版社工作

【综述】

北京交通大学出版社（包括北京交通大学电子音像出版社）是教育部主管的中央级出版社。依托学校学科和学术优势，出版各级各类教材、教学工具书、教学参考书、通俗政治理论读物等，及时反映国内外教学科研的新水平、新成果，交流学术经验，促进文化和科研事业发展。

【主要出版物】

按新闻出版总署的文件规定，北京交大出版社主要出版与北京交通大学所设专业方向一致的学术专著、译著；适合高等学校教学需要的政治理论读物；根据学校主管部门确定的分工安排，为尚未成立出版社的高校出版同一专业系统的高校教材。现阶段的主要方向是电子信息、计算机、经济管理、交通运输、土木工程、电气、机械、物理、数学、社科、人文等学科领域的教材和教学参考书。同时，可配合本版图书出版音像和电子制品。

【生产经营】

严格遵守教育部和新闻出版总署的各项政策法规，遵循社会主义精神文明建设的特点和规律，适应社会主义市场经济发展的要求，正确处理出版图书的意识形态和商品双重属性的关系。坚持社会主义先进文化的前进方向，坚持为人民服务、为社会主义服务、为教育事业的改革和发展服务的办社宗旨，把社会效益放在首位，努力实现社会效益和经济效益的最佳结合。切实贯彻“创新体制、转换机制、面向市场、壮大实力”的方针，按照现代企业制度的要求，建立和完善出版社的法人治理结构，建设产权清晰、权责明确、管理科学的现代出版企业。

2009 年出版图书 942 种，比 2008 年增长 15.6%，其中新书为 438 种，比 2008 年增长 51%。生产码洋为 9 597.5 万元，比 2008 年增长 11.4%；销售码洋为 7 673.7 万元，比 2008 年增长 5.6%；销售实洋为 4 852.1 万元，比 2008 年增长 8.7%；回款 4 403 万元，比 2008 年增长 5.4%。全年上缴学校总额达 1 000 万元，同时向“北京交通大学教育基金会”捐赠 100 万元。

经“中国 ISBN 中心”批准，北京交大出版社已成功将出版者前缀升级，由“ISBN 978－7－81123”更换为“ISBN 978－7－5121”，可使用书号由原来的 1 000 个增加到 10 000 个，为北京交大出版社可持续发展奠定了基础。

9 月，根据《教育部社科司关于转发〈关于开展以语文类辞书、社科类翻译作品为重点的专项质量检查活动的通知〉的通知》精神，北京交大出版社对 2007 年 1 月至 2009 年 8 月出版的图书进行了自查。教育部社科司随机抽查了北京交大出版社出版的《大学英语（第 2 册）》等 3 种图书，质量检查结果为全部合格。

2009 年 14 种图书获北京市高等教育精品教材立项，两种被评为 2009 年度全行业优秀畅销书。副总编孙秀翠获“2009 年北京市新闻出版行业领军人物”荣誉称号。

【体制改革】

按教育部和新闻出版总署的部署，在学校的推动下积极、有序地进行改制。2 月 27 日，新闻出版总署发文同意北京交通大学制定的出版社体制改革实施方案。9 月 18 日，财政部、教育部批准北京交大出版社清产核资的立项申请报告，同意以 6 月 30 日为清产核资基准日。12 月 15 日，中介机构将“清产核资工作报告”、“清产核资汇总表”、“清产核资专项审计报告”上报教育部财务司，改制工作取得阶段性成果。

信息管理与网络建设

【综述】

2009 年，学校下一代校园网建设全速起航，校园无线网二期建设全面推进，数字校园基础架构进一步完善，学生管理信息系统全面开通，网络应用和网络服务系统功能升级和多样化，校园一卡通系统功能进一步扩充和完善。获得“北京市教育信息化先进单位”称号。全年为 2. 8 万校园网用户、5 万一卡通用户提供各类业务技术支持和咨询服务；运行维护 3. 5 万个网络信息点、2 000 多台网络设备、55 台各类服务器和应用系统、22 个一卡通应用系统及硬件设备。为 2006 级、2007 级本科生更换卡面 7 000 余张，新办校园一卡通 10 932 张。

【校园网建设】

完成了中国下一代互联网（CNGI）北京交通大学驻地网 IPv6 技术升级，实现了全校所有 35 000 个网络信息点的 IPv4/IPv6 双协议接入，为校园网适应和顺利过渡到下一代互联网做好了平台准备。先后完成了校园网主机房及东校区主机房 UPS 不间断电源的增容改造，机房电源负载能力从原来的 56KVA 提升到 136KVA；完成了 11 栋教学楼和网络中心之间 5 588 米 24/48 芯光缆的重新敷设；完成了 15 栋楼共 284 根垂直线缆的重新铺设；完成了全校 650 台从核心、汇聚到接入交换机的更新升级。

由中国电信投资，学校和中国电信合作在校园内开展了 C + W 网络覆盖，其中 C 代表中国电信的 CDMA2000 3G 网络，W 代表我校的校园无线网 WLAN。此次合作超额实现了原定的校园无线网二期建设目标。截至 12 月底，已完成逸夫楼、机械工程楼、电气工程楼、17 教学楼、5 教学楼、7 教学楼、7 ～ 9 公寓楼等楼宇的无线网络密集覆盖。实现了教学区无线网络的整体覆盖。

【信息系统建设】

丰富了包括教师、本科生、研究生、博士后信息在内的全校人员数据中心；完善了数据交换平台，实现了教务系统、学生信息系统、招分系统、校友系统的数据同步；丰富了校园信息门户的功能，新增了对思源教学系统、岗位履职考核系统、公共短信系统、网络电话系统、职称评聘信息发布系统的整合；建设了统一的人员认证中心，实现招分系统、教师信息系统、学生信息系统的用户统一身份认证。

9 月，在继续完善已有的勤工助学子系统基础上，新开通了助学贷款、专项助学金、奖学金、思想测评、“我最敬爱的老师”评选 5 个子系统，并对全体学工干部进行了用户培训，同步开通本科生基础信息的增加、修改、查询、统计功能。

教职工和学生电子邮件系统的邮箱容量从原来的 100MB 分别扩大到 2GB 和 1GB，网络存储也分别扩大到 2GB 和 1GB；面向全校师生开通了网络 IP 电话，方便了广大师生对外的联系，降低了通信费用；面向全体教工和各个部门开通了公共短信系统，使教师和各个部门能够在管理信息系统中发送短信信息。

采用双机的网络计费系统，实现了校园网出口计费的双机冗余和负载分担，避免了单台设备并发量持续增长的问题。进一步完善网络系统安全体系，并新增网络版杀毒软件1 000套。

【一卡通系统建设】

优化学生离校系统的办理流程，解决了学生办完离校手续后延长使用一卡通的问题。自主开发了学生食堂就餐人数统计分析系统，通过对餐饮消费数据的挖掘分析，对食堂就餐人数做定量分析和趋势统计，为领导决策提供数据依据。

增加和更新了校园卡自助服务终端，调整了布局分布，总数达到19台。在一卡通自助终端上增加了教室空闲/占用查询、网络账号24小时自助开户和交大通IP电话账号自助转账功能。

为东校区超市、烛光超市、远程学院餐厅、图书馆等扩建了校园一卡通系统。对车辆管理系统进行了调试优化，技术上保证按时段计费的要求。

档案工作

【综述】

2009 年，学校档案工作贯彻落实国家档案局、教育部《高等学校档案管理办法》，组织完成了学校档案管理规章制度的重新修订，印发《北京交通大学档案管理办法》，召开了全校档案工作会议，校史博物馆开馆对外开放，1998—2010 年北京交通大学志书的修志工作进展顺利，档案日常业务开展良好，档案信息化工作稳步推进。

【综合档案】

2009 年，综合档案室共接收文书档案、会计档案、研究生档案、科研档案、基建档案、出版物等其他各类档案（含电子档案）5 840 多卷，并进行编号、盖戳、装盒、上架，编制检索工具。积极开展档案利用服务工作，为学校教学、科研、基本建设、财务审计、编史修志工作，以及校庆、建国 60 年庆典、改革开放 30 年等各项活动提供了大量的档案资料。全年共提供档案查考 1 900 多人次，3 800 多卷。为教育部认证中心以及社会机关、团体等提供学历认证材料 120 余人次、160 多项。配合新的综合档案管理系统的使用，对全校各部处、学院的近百名专职档案员进行培训，对各立卷单位的档案立卷归档工作进行指导、督促和检查。

【人事档案】

2009 年，人事档案室完成了 12 653 学生档案的接收、核查、装订、入库、转递工作。接收新生档案 6 550 多卷，毕业生归档材料 79 700 多份，学生人事档案转递 6 100 多人。完成教工归档材料 4 150 多份，办理调出教工转档 26 人；按中组部档案管理要求，完成教工档案分类、整理、装订 1 320 多卷；对 6 100 多名毕业生数据信息进行了注册、登记，并及时建立流动名册、档案台账；配合学生处完成 2009 年度奖惩材料的搜集、归档工作；接待办理学生的档案查阅、毕业档案查询、档案业务咨询、复印成绩等业务 1 500 多项，有效地发挥了档案的参考和凭证作用。

【档案管理信息化】

《北京交通大学档案信息化建设》一期经过一年的开发定制已经完成，2009 年 7 月已经开始使用新的综合档案管理系统。

2009 年教育部修购项目《北京交通大学档案信息化建设》二期批准立项，经费支持额度 108 万元。

2009 年进行了珍贵字画、照片等现有库存档案文献的数字化工作。2010 年将利用教育部修购二期项目全面推进馆藏档案数字化工作。

人事档案信息管理系统通过初步调试，除对外查询功能外其余功能已投入使用。

【校史博物馆建设】

学校将校史博物馆作为宣传“饮水思源、爱国荣校”光荣传统和“求实学、务实业”交大精神的重要阵地，投入 500 余万元对校史博物馆进行设计改造。历经一年多的筹备、设计、施工改造，学校校史博物馆由原来普通图片文字的展示，改造成为校史文物、实物与图文共同展示、交相印证的博物馆，展厅面积1 200多平方米，由八个展厅、一个书画艺术厅构成，馆内展出图片、照片数千张、校史实物文物数百件，涉及文字数十万字，集中展示和反映了学校不断建设、发展、壮大的过程。

8月31日，学校校史博物馆正式开馆，先后接待了新生入学教育、校友返校活动、其他高校学习调研、主题党团日活动等校内外参观共计6 000余人次。中国人民解放军总参谋部举办的“百名将帅书画展”也在校史博物馆书画厅隆重开展。校史博物馆以其半博物化布展理念、翔实生动的图文展示、优美的展示环境、厚重的历史文化底蕴得到了参观者一致赞许，成为学校对外宣传的窗口、展现交大校园文化的平台、进行爱国荣校教育的公共基地。

【修志工作】

7月20日，学校正式发文并启动《北京交通大学志》（1998—2010年）第二轮修志工作。本轮修志工作大致分五个阶段：第一阶段是准备工作阶段（2009年7月—2009年10月），第二阶段是收集整理资料阶段（2009年10月—2010年12月），第三阶段是完成初稿阶段（2010年12月—2011年12月），第四阶段是完成正式稿阶段（2011年12月—2012年9月），第五阶段是审改、定稿阶段（2012年10月—2013年5月）。计划于2014年上半年正式出版。学校成立了编纂委员会、顾问委员会、编辑委员会，组成挂靠档案馆的校志办公室，完成全校60余人修志知识的培训工作，与相关部处、学院等讨论修志篇目大纲，收集汇编整理印刷了3本《修志知识简编》。

按照铁道部要求，组织编写《中国铁路志——线路卷》，经过3年筹备，现已进入试写稿阶段。

【附件 11】

2009 年档案管理情况统计

表 57　2009 年归档情况统计

类别＼年限	本年归档数	其中			本年续卷数	其中		
		永久	长期	短期		永久	长期	短期
文书档案	759	114	584	61	97	27	65	5
财会档案	856	13		843	591			591
科研档案	247		247					
基建档案　项目卷	192	192						
研究生档案	3 042		3 042					
出版物	49		49					
合计	5 145	319	3 922	904	688	27	65	596
人事档案	2009 年馆藏 2011 卷							
死亡档案	2009 年馆藏 8 卷							

表 58　2009 年档案情况统计

类别＼年限		历年总卷数	其中			累计	其中		
			永久	长期	短期		永久	长期	短期
文书档案		20 012	3 732	13 630	2 650	20 868	3 873	14 279	2 716
财会档案		11 163	65	12	11 086	12 610	78	12	12 520
科研档案		1 455		1 446	9	1 702		1 693	9
基建	项目	1 434	607	327	500	1 626	799	327	500
	（蓝图：8 107 张）					（蓝图：8 107 张）			
	（底图：4 497 张）					（底图：4 497 张）			
	设备	1 546	（部门存放，总数不计）			1 546	（部门存放，总数不计）		
照片	卷数	132	55	68	9	132	55	68	9
	（照片：5 567 张）					（照片：5 567 张）			
	（底片：3 095 张）					（底片：3 095 张）			
研究生档案		15 385		15 385		18 427		18 427	
本科生论文		755		755		755		755	
出版物		166	99	10	57	215	99	59	57
教材		114		114		114		114	
人事档案		2008 年馆藏 29 791 卷				2009 年馆藏 31 802 卷			
死亡档案		2008 年馆藏 517 卷				2009 年馆藏 525 卷			

后勤管理与服务

【综述】

2009年，后勤集团坚持以科学发展观为指导，围绕“三服务、两育人”的宗旨和建设“服务型、知识型、效益型、和谐型”后勤的目标，推动后勤社会化改革不断深化，圆满完成了学校布置的各项任务，后勤服务保障能力进一步提升。克服食品原材料涨价、创收来源减少、用工成本上升等困难，完成上交学校992万元。后勤集团被评为全国高校先进集体1项，市级先进集体5项，学校先进集体3项，56人次获得校级及以上表彰。截至12月31日，后勤集团共有事业编制职工259人，非事业编制职工863人。

【节约型校园建设】

学校是教育部28所“节约型校园”建设的试点单位，是住房与建设部、教育部选定的全国3所“节约型校园示范校”，学校采取多种措施推进节能减排工作。2009年新建的浴室采用恒温混水系统及射频卡计费系统，按洗浴时间计费，节水、节气率达50%。在各学院安装智能电表，以运输学院和理学院作为试点学院，在2009年试用期间共节电8.7万多度。对浴室锅炉进行节能设备更换，为图书馆和教室更换节能灯管10 000多支，年节电40多万度。在天佑会堂和4号楼之间的绿地安装草坪喷灌设备，为学生宿舍安装“引射式蹲坑便器节水器”，节水率达48%。与2008年同期相比，学校2009年耗水、耗电、耗气量都有所下降。北京市水务局、共青团北京市委员会、共青团河北省委员会授权学校成立“节水护水志愿者分队”，吴国璜同志被评为2009年北京市节水先进个人。

【后勤规范化管理】

1. 实施制度建设，完善内控机制

后勤集团成立制度建设工作小组，从财务管理、人力资源管理、安全管理、质量监督检查以及党务和行政管理6个方面，对后勤集团制度进行全面梳理。共计修订制度22个，新拟定制度35个，合计约26万字。

2. 优化人力资源配置，加强职工队伍建设

后勤集团从年龄、文化水平、中层干部储备情况等方面对人力资源的现状进行分析，制定了后勤集团“十二五”人力资源规划，力争实现后勤集团人力资源可持续发展。依法为职工缴纳社会保险和住房公积金，充分保护职工的合法权益，2009年未发生1例因工作失误引起的劳动纠纷案件。加强职工培训，全年共计培训3万余人次，培训内容包括了综合素质、专业技能、安全知识、时事政治等各个方面，参加培训的人员包括领导班子成员、中层干部、管理人员和一线职工，培训的深度、水平和覆盖面都超过往年。

3. 推进信息化建设，启用综合报修平台

建设完成后勤集团网上报修模块，综合报修平台于7月13日正式启用，实现了全校后勤保障的一站式报修服务。自开通以来，综合报修平台共接到电话报修2010例，网上报修83例，处理满意率达到99.85%。

4. 顺利通过 ISO9000 质量管理体系复审

12 月 2—4 日，环通认证公司的专家小组对后勤集团 ISO9000 质量管理体系的运行情况进行了复审，认为运行有效，审核顺利通过。

5. 推进全方位的安全体系建设

后勤集团按照“安全责任到人，安全检查到点，安全意识到心，安全技能到手”的原则，全面加强安全工作，2009 年实现安全零事故。进一步完善了生产安全、食品安全、交通安全、消防安全、电力安全、幼儿园安全等方面的安全管理制度，在后勤集团建立起三级联控的安全体系；在年初签订全年安全稳定责任书，在各种重大活动中层层签订专项安全责任书，提高全员的安全责任意识；加强安全宣传教育以及安全技能培训和演练，全年共举办安全培训 30 余次，约 6 000 人次参加；加大安全检查和整改力度，将检查结果与年度考核成绩挂钩，促使各单位切实提高对于安全工作的重视程度和整改力度。

【党建和思想政治工作】

1. 深入学习实践科学发展观活动

后勤集团党委严格按照校党委的统一部署和要求，高度重视，精心组织，周密部署，扎实推进科学发展观活动的落实，较好地完成了学习调研、分析检查、整改落实三个阶段 6 个环节的各项内容，真正实现了党员干部受教育、科学发展上水平、人民群众得实惠的要求。集团党委和各支部共组织学习 31 次，766 人次，党员参与学习率 100%；形成 6 份调研报告和 4 份补充资料，对后勤工作进行了深刻的总结和分析，并提出了可行性建议；已完成建设集中收费平台、改善学生浴室环境、改造 19 号公寓楼供电线路等 33 项整改工作，进一步改善了广大师生的学习、工作和生活环境。在群众满意度测评中，满意度达到 100%。

2. 党风廉政建设工作

后勤集团党委在党委会、总经理办公会等重要会议上反复强调党风廉政建设的重要性，统一领导班子的思想。积极开展廉政风险点分析和排查工作，邀请学校纪委领导对后勤集团的干部、管理人员及财务人员进行培训，切实提高干部和职工的廉政风险防范意识。每个中心结合工作实际，认真梳理岗位职责和业务流程，查摆流程中的廉政风险点，使后勤集团廉政风险防范工作进一步制度化。

3. 工会工作

后勤集团工会积极参与民主管理、民主监督，3 月，召开后勤集团职工大会，向全体职工报告了 2008 年工作情况、财务收支情况和凝聚工程款使用情况。针对后勤集团多种用工形式，制定了《后勤集团非在编职工加入工会办法》，按照自愿的原则为人事代理职工、集体所有制职工、外来务工人员办理加入学校和集团工会的手续，截至年底已有人事代理制和集体所有制会员 46 名，外来务工人员会员 316 名。开展凝聚工程，后勤集团全年投入资金近 10 万元，共计 1 000 余人次享受到“送温暖”活动。在 2009 年校运动会上取得三项团体总分第一，参加了北下关地区运动会、北京高校后勤文化艺术节汇演等活动。

4. 共青团工作

后勤集团团总支以五四青年节为契机，组织后勤集团青年职工成立北京交通大学节水护水志愿者分队。饮食服务中心团支部与学生工作处共同开展“服务标兵”评选活动。后勤集团 3 名团干部被评为北京交通大学 2008—2009 学年“优秀团干部”，6 名团员被评为北京交通大学 2008—2009 学年“优秀团员”。

【理论研究和宣传工作】

1. 颁布实施《关于加强后勤集团宣传工作的意见》（勤服集党发〔2009〕1号）并进行了专门培训，把宣传工作的开展情况同各部门的业绩挂钩，形成激励机制。

2. 2009年，后勤集团在《高校后勤研究》上发表论文1篇，在媒体上发表稿件70余篇，被评为2009年全国高校后勤系统信息与宣传工作先进单位和北京高校后勤系统信息与宣传工作先进单位。

3. 重视同兄弟院校之间的信息交流与沟通。领导班子成员多次受邀代表北京市在各类会议上发言，例如华北五省（市、自治区）高校后勤协作会2009年年会、2009年京津沪渝四直辖市后勤改革研讨会等，在北京市级及以上会议共发言10余次。先后到清华大学、人民大学等20余所院校学习交流，并接待华中师范大学、石家庄铁道学院等十几所院校领导及相关人员来学校调研。

【校内外市场开拓】

飞力烤鸭店经营经济效益良好。东校区工程部积极承揽校外工程，实现利润近60万元，校外公寓的经营范围进一步扩大，利润有所增长。红果园宾馆克服国庆期间封校以及甲流疫情的影响，完成了全年的经济任务。车队在确保学校教学及重大活动用车的前提下，多方开拓服务市场，挖掘创收潜力，全年实现一定利润额。

【国庆服务保障工作】

后勤集团对国庆期间后勤服务保障和安全稳定工作进行了周密部署和全面动员，明确岗位职责，层层落实责任，加强监督检查。国庆期间，平均每天有587名职工坚守岗位，保障了后勤服务工作正常运转，实现了国庆期间零事故的目标。

密切配合学校参加国庆游行学生方阵的训练工作，为学生专门制作早餐、开放浴室，并提供其他相关服务。对重点区域、办公楼和水电设施、设备、线路进行了全面检修，在国庆期间提供24小时零修服务。对校园和家属区的环境卫生进行全面清理，插彩旗400多面，悬挂串旗70余组，在思源碑、天佑会堂等10余处校园景点摆放鲜花25 000盆，养护绿地3万多平方米，在思源楼前搭建两座鲜花环绕的喷泉，在家属区东门外搭建月亮门。在学校各部门开展的国庆活动中，共摆放盆花600余盆次。

按照奥运期间的标准对安全工作进行部署。逐级签订了《"我与祖国共奋进"安全稳定工作承诺书》。后勤集团及各中心领导每晚值班并进行安检，召开中心主任会及时分析、研究、整改安全隐患和薄弱环节。对外来人员全部验查证件并进行网上信息比对，要求外来人员必须办理暂住证，对违章用火、用电等行为加大了检查和处罚力度。对重点部位采取特殊的安全措施，例如加强食堂后厨门禁管理，每晚安排班组长进入学生公寓楼值班，在水泵房、配电室安排工作人员24小时值班。

【供暖保障工作】

后勤服务产业集团圆满完成2009年供暖季工作，实现利用自管燃煤锅炉集中安全供暖6年。在主校区供暖由自管燃煤锅炉改为北京市热力集团供热的情况下，后勤集团克服工期紧张、人员不足、管道老化、系统不稳定等困难，保证2009年冬季主校区按期供暖，东校区和交大学苑供暖工作也正常运行。

后勤集团在12天内完成了行政区、家属区地下及地上二次供暖管网冲洗工作，共冲洗了6 500千米地下管网、60万平方米地上建筑房屋管线以及113栋建筑楼房、近300个供暖进户的管网；完成两项供暖改造工程，在地下对接近 400 米长的主管，焊接 80 多个弯头。提前一天完成全部改造工程。11 月 6 日，学校开始试供暖，当晚实现暖气入户。由于新系统运行参数波动大，且学校地下管网复杂、老化，在运行初期频繁出现跑冒现象，出现整栋楼或者部分房间暖气不热的情况。后勤集团组织 4 个中心共计 200 余人，对主校区所有学生公寓、教学楼和家属区住宅楼进行逐楼排查，针对重点部位进行了逐个检查，及时解决排查中发现和报修反映的问题。

【甲流防控保障工作】

严格执行学校的各项指示，积极与学校相关部门配合，做好甲型 H1N1 流感疫情防控工作，保证了全校师生和后勤职工的健康安全。后勤集团逐级签订《北京交通大学后勤集团防控甲型 H1N1 流感责任书》，明确中心主任为防控工作第一责任人，将防控工作纳入各中心负责人职责和绩效考核范围，实行责任追究制。将自建的综合维修楼改造为隔离区，对隔离区进行严格管理并提供后勤保障，隔离区隔离学生人数迅速由高峰时的 200 人减少到不足 10 人。严格落实《北京交通大学加强流感防控及有效应对人感染甲型 H1N1 流感疫情应急预案》文件，加强消毒工作，改善公共卫生环境，保证食堂餐饮安全，为食堂、宾馆、招待所配备红外线体温感测仪，对职工和来宾进行测温。做好后勤职工队伍防疫工作，组织职工注射甲型 H1N1 流感疫苗，后勤集团职工未发现 1 例甲型 H1N1 流感病例。

【下属单位工作】

1. 饮食服务中心

2009 年，食品原材料价格比 2008 年平均上涨 24%，饮食服务中心努力降低成本，保证饭菜价格稳定，在没有补贴的情况下，比 2008 年减少亏损 196 万元。顺利完成学三餐厅物资搬迁和南门采购库房的规划工作，为学生活动服务中心开工创造了条件。学三餐厅 1 月 20 日停止营业后，为分流就餐学生，饮食服务中心采取改善就餐环境、广泛开展宣传、限制就餐卡种类、延长营业时间等多种措施，避免了预期的就餐压力。到兄弟院校开展调研和组织座谈 20 余次，与学生会等组织合作开展“共建文明食堂”活动，共收到表扬信 16 封，得到网上表扬 29 次，学生就餐满意率达 96% 以上。被评为北京高校伙食工作先进饮食中心，2009 年北京高校集中采购先进学校。

2. 学生公寓管理中心

圆满完成 6 000 余名毕业生离校、3 500 余名学生宿舍调整与 6 400 余名新生入住工作；增加便民服务项目，为学生免费提供微波炉、打气筒、钳子、改锥、针线包、健康秤、“诚信雨伞”等用具；主动加强与学生处、研究生工作部、校团委、保卫处以及各学院的联系，共同做好学生宿舍的管理工作。以优秀成绩通过了市教委对我校学生公寓的春季、秋季卫生安全检查，被评为北京高校先进学生公寓中心。

3. 东校区后勤服务中心

贯彻执行年初制定的工作方针，工作成效显著。按照“安全第一、预防为主”的原则，坚持群防群治，重视防汛工作，采取安全防范措施。深入挖潜，节能降耗，在节能减排方面成绩显著。综合维修、水电保障、绿化保洁、教学楼管理等日常服务保障工作扎实开展，东校区和学苑公寓供暖工作顺利进行。

4. 接待服务中心

顺利完成接管会议中心的工作，通过建章立制、整合机构、招聘及培训职工等措施，使会议中心的运营迅速走上正轨，承办了学校多项重要活动，例如世纪巡视庆典活动、第五届中国交通高层论坛等。全年工作中无1项安全事故，无1例顾客投诉，顺利通过市公安局、消防局、物价局、卫生局等相关单位的多次检查和抽查，红果园宾馆被评为海淀区住宿业诚信服务企业，车队被评为高校系统交通安全工作先进单位。

5. 建设工程中心

积极推进节能工作，2008—2009年供暖季综合节能20万元。加强对浴室设备和锅炉的检修和保养，保证浴室全年正常使用。做好零修工作，加大监督和检查力度，加强同师生的交流沟通，全年共接受报修任务11 286项，顾客满意率达到98.71%。

6. 幼儿教育中心

进一步规范管理，做好早教基地工作；不断提高伙食质量，确保在园幼儿的安全健康；组织丰富多彩的教育活动，通过多种渠道同家长进行沟通，学校教师子女回流率大幅提高；重视骨干教师和青年教师的培养，多名教师获得区级及以上奖励，幼儿园在优秀教育活动评比中获得学习型团队奖并被评为海淀区早期教育先进集体。

7. 物业管理中心

协助学校对塔5楼通天然气工作进行了前期入户调查，耐心地与塔5楼居民沟通，对于推进塔5楼通气工作发挥了重要作用。成立消毒队，加强宣传，做好家属区和交大学苑的甲流防控工作。完成集中垃圾中转站迁移、菜市场改造、学苑南门道路改造、学苑西侧便道绿化等多项工程。获得北京市公安局海淀分局颁发的集体嘉奖和个人嘉奖。

8. 公共服务中心

完成了在学校及后勤集团的各项重要活动中摆放盆花、布置会场和校园景观、美化校园环境的任务，全年新增校内绿地1 000平方米，完成北京市统一绿化普查工作。做好18栋教学楼的管理工作。着力应对甲流疫情，严格按照要求对公共场所进行卫生消毒。学校被评为北京市爱国卫生先进单位。

9. 水电管理中心

圆满完成全年安全供电、供水工作和水电费以收抵支任务；完善24小时售电工作，保证电工零修24小时随叫随到；保证78部电梯的安全运行和达标取证工作；完成机械楼的接收和维修工作；完成交大嘉园学生电费改为自管户和学苑公寓水电收费和维修工作。

10. 劳动服务管理中心

做好安全管理工作，对员工宿舍及出租房屋住宿人数进行调整。进一步完善制度，加强人事、财务和经营实体管理，水站利润有所提高。关心残疾职工，在全国助残日组织残疾职工参观世界公园，在残疾人关爱日给每位残疾职工发放慰问品。

基本建设

【综述】

2009 年，机械工程楼竣工，学生活动服务中心开工，供热工程已投入使用；10KV 外电源项目完成了校内部分（学校总配电室至学生活动服务中心）的施工；开展了科技创业大厦暨北京 CBTC 研发中心项目和住宅改造一期工程项目前期工作。

【基建投资完成情况】

4 月 29 日，机械工程楼项目通过验收，投入使用。该项目建筑面积 36 059m^2，其中地上 10 层 20 794m^2，地下 2 层 15 265m^2，建筑高度 41.75m，项目主要包含主楼、辅楼、专家楼、会议中心、实验室及东区配电室。计划总投资 11 578 万元，获北京市安全文明施工样板工地、北京市结构长城杯金奖、建筑长城杯等奖项。

学生活动服务中心项目位于学校西区，该项目已被列为“2009 年北京市重大项目”，建筑面积 58 000m^2，其中地上 11 层 40 000m^2，地下 2 层 18 000m^2，包含学生服务（含食堂、浴室、超市等）、学生活动（学生社团、学生文艺活动、科技创新等）及留学生公寓等 3 项大功能。该项目是在拆除学生浴室、开水房、小白楼、铁皮大棚、学生 3 食堂、饮食中心办公楼和饮食中心采购小楼等建筑后，于 3 月 18 日开工。该项目 2009 年底完成主体 4 层施工。计划总投资 24 961 万元，2009 年累计完成投资 5 531 万元。

为节约用地，减少污染，为绿色北京作贡献，学校进行市政集中供热系统改造。供热工程范围覆盖学校主校区教学区及家属区，规划供热面积 90 万平方米，计划总投资 5 654 万元，其中高校修购资金 2 890 万元，自筹 1 087 万元，住宅改造 1 677 万元。在相关部门的大力支持下，克服了工程干扰大、工期紧张等困难，并积极配合祖国 60 周年大庆工作，确保了 11 月 7 日供暖。该项目一次水及现有供热站已投入使用，学生活动服务中心换热站及家属区相关改造工作待条件具备后实施。2009 年累计完成投资 2 423 万元。

随着学校各种科研平台、实验楼和教学等现代化设施的建设，学校供电能力已远远不能满足用电需求，学校决定将 10KV 外电源工程立项。工程分为校内及校外两部分，校内部分（学校总配电室至学生活动服务中心）已经完成 90%，校外部分（动物园变配电所至学校总配电室）未完成。全长约 2.9 公里，计划总投资为 1 145 万元，其中修购资金 1 142 万元。2009 年累计完成投资 274 万元。

科技创业大厦暨北京 CBTC 研发中心项目已取得规划意见书，获批面积为 61 800m^2，计划总投资 32 688 万元。2009 年完成设计招标、环评、伐移树等工作，累计完成投资 176 万元。住宅改造一期工程项目已取得立项批复，获批面积为 118 420 平方米，计划总投资 52 832 万元。2009 年建设项目明细如表 59 所示。

表 59　2009 年建设项目明细表

序号	项目名称	2009 年竣工、施工、立项		
		竣工规模/m^2	施工规模/m^2	立项规模/m^2
1	机械工程楼	36 059		
2	学生活动服务中心		58 000	
3	供热工程	√		
4	10KV 外电源		√	
5	科技创业大厦暨北京 CBTC 研发中心			61 800
6	住宅改造一期工程			118 420

【基建管理】

加强项目管理，严格遵守国家、北京市及学校的相关规定，积极配合学校审计处、纪委监察处做好项目投资控制、质量控制和进度控制的工作，自觉接受教育部、政府部门及学校相关部门的监管。

医疗保健与卫生工作

【综述】

2009 年，完成学校师生及家属共 3.5 万余人的基本医疗和卫生保健工作，圆满完成了市卫生局、劳动局、疾控中心和学校布置的各项任务。结合“迎国庆”和“甲流防控”开展了为国庆方队提供医疗保障、组织国庆应急备血、开展学校甲流防控等一系列工作，全院职工共同努力，强化服务意识、发扬团队协作精神，将学校党政对师生员工健康的关怀和对基本医疗、公共卫生工作的重视和支持落到工作实处。社区卫生工作、甲流防控工作、国庆应急备血工作、精神文明建设工作在海淀区卫生局、北京市卫生局组织的各项检查中获得好评。与人民医院合作，开通了网上预约挂号服务。全年获得集体奖励市级 4 次、区（校）级 2 次。建立职工医德医风档案，将医德医风和职业道德作为年度绩效考核、合同续签的重要依据。积极开展精神文明创建，被授予首都公共卫生文明单位称号。

【预防保健】

做好学校传染病防控和突发公共卫生事件处置工作。全年发放各种传染病防控宣传单 3.8 万余张，网络媒体教育 10 余次。尤其在甲流防控方面，各项防控治疗工作井然有序，各种防控预案和流程 10 余份，为全校师生、社区群众接种甲流疫苗。保证了学生军训和国庆游行训练的安全进行。学校传染病防控工作在各部门的大力配合下得到了上级卫生行政部门的肯定和好评。

全年完成各类体检 2 万多人次，预防接种 3 万多人次，全校教职工体检 3 380 人次，家属体检 974 人次。本年度增加了体检项目，加强总检分析及疾病复查。体检中采取了为教职工免费提供早餐及体检结果密封发放等人性化举措。

教职工中男性 1 766 人，女性 1 614 人，共检出各类疾病 70 多种。针对职工患病率高的病种开展各种健康宣教。详见表 60。

表 60　2009 年学校教职工体检排名前十位疾病

排序	疾 病 名 称	患病人数/ 参检人数	患病率（%）
1	女性乳腺增生	1 025/1 416	72.39
2	血脂异常（包括边缘升高）	1 951/3 345	58.33
3	异常心电图	1 452/3 053	47.56
4	脂肪肝	1 123/3 241	34.65
5	咽炎	955/2 763	34.56
6	高血压或血压升高	945/3 380	27.96
7	女性宫颈糜烂	222/1 305	17.01
8	男性前列腺增生/肥大	189/1 167*	16.20

续表

排序	疾 病 名 称	患病人数/参检人数	患病率（%）
9	肝囊肿	225/3 241	6.94
10	肾囊肿	199/3 241	6.14

备注：*体检中有很多男性没有参加前列腺检查，此项数据不具备临床参考价值。

【基本医疗工作】

全年门急诊总人次为120 899人，其中门诊103 895人，急诊17 004人。各种上门医疗服务200余人。10月份随着学校发热隔离患者的增加，校医院发热门诊量最多的一天达到近200人，医院传染科隔离病房的承载能力已超限。校领导高度重视，多方协调，及时安排出发热学生隔离区，使集中隔离床位增加至200个。校医院从内科、外科、中医科、护理部抽调专业技术人员为隔离病房服务，每天上下午各安排一名大夫查房，对病人进行中西医结合治疗。由于各项工作及时到位，学校没有出现1例危重、死亡患者，校医院甲流防控工作获得学校2009年度单项奖。

校医院共有全科医师21人、社区护士12人、社区防保医师3人、社区卫生管理干部7人、社区口腔医师2人、社区卫生B超专业医师1人、社区卫生检验专业医师2人。注重提高医疗质量和职工业务水平。2009年校医院参加社区慢病防治科研课题6项，开展校级大学生健康教育教改项目1项。全院职工发表论文26篇，其中核心期刊21篇。

努力提高医务人员服务质量，2009年聘请20位教职工、学生为社会监督员，签订聘书，定期听取意见和建议。全体员工实行挂牌服务，自觉接受群众监督。改版医院网站，扩大宣传，畅通医患沟通，营造良好舆论氛围。

【健康促进】

加强社区健康促进工作，积极争取政府支持，对学校部分高血压、糖尿病患者免费开展家庭信息化健康管理工作。学校校医院作为海淀区唯一承担妇女两癌筛查的高校医院，为适龄妇女免费开展宫颈癌、乳腺癌的筛查工作。配合政府推进社区卫生服务重点工作的开展，推进家庭健康档案、知己健康管理门诊、家庭保健员队伍的培训和组建，针对高危人群开展一对一服务，全年完成知己健康管理门诊97人次。2009年，知己健康管理工作成绩突出，获得海淀区二等奖。按照海淀卫生局的要求，面向社区群众开展家庭保健员培训工作，共培训家庭保健员30人。

向师生员工及家属发放院刊《健康列车》近3万份，采取了分人群的健康教育，全年组织社区群众健康讲座14次，针对学校存在的主要健康问题在全校开展健康教育和健康促进活动、传染病防控活动25次，大学生健康教育选修课累计128学时共1 200余人参加。

组织师生参加“迎国庆，献爱心，无偿献血日”活动，全校师生共献血549人次，在国庆60周年应急备血工作中我校成绩突出，获得先进单位称号。全年师生捐献成分血和全血944人次，共1 468袋。

组织修订出台学校计划生育管理实施细则及在校学生计划生育管理暂行规定等制度，培训宣传员，开展同伴教育和青春健康教育，推动人口计生工作更加人性化。2009年学校晚婚晚育率和计划生育率再次实现双百分百。

安全稳定

【综述】

2009 年，北京交通大学安全稳定工作的重点是全力做好新中国成立 60 周年庆祝活动期间学校的安全稳定和服务保障工作。学校全面贯彻落实北京市教工委教委《关于首都高校深入开展“国庆平安行动”的实施方案》，扎实推进学校“国庆平安行动”，积极探索并建立维护学校安全稳定的长效工作机制，得到上级机关的肯定。

【社会治安综合治理】

3 月 27 日，学校召开2009 年安全稳定暨综合治理工作会议，会议分析了2009 年安全稳定工作所面临的形势，部署了2009 年安全稳定暨综合治理各项工作，要求把安全稳定工作放在第一位，以迎接新中国成立 60 周年和学习实践科学发展观活动为契机，营造优美和谐、平安稳定的校园环境，并与校内各二级单位签订了责任书。

综合各执法部门力量清理南门外 11 家临建商铺，对校园内营业网点的执照、场所安全以及外来人口进行检查登记，共登记外来人口 1 140 人，进行网上信息比对及筛查 2 275 人次。

审批各类活动 530 余次，提供安保服务 550 次；查验外来人员 56 000 人次，检查携物出校 11 000 人次，拾遗 600 次；发放违规停车通知单 1 200 份，及时清理张贴广告 3 次，清理小商贩 9 次，与北下关城管联合执法 4 次。

启动了安防四期工程，整合校园监控设备，排除故障 842 起，投资 11 万余元进行监控性能改造；通过监控设备发现并抓获犯罪嫌疑人员 4 起，通过录像回放抓获犯罪嫌疑人员 5 人。

【治安管理】

刑事案件发案 47 起，治安案件发案 66 起，其中盗窃 110 起（手机被盗 49 部，钱包、现金被盗 36 起，笔记本电脑被盗 19 台）；破案 42 起，共抓获违法犯罪人员 20 人，其中移交公安机关处理 17 人，刑事拘留 6 人，治安拘留 6 人。

2009 年，学校首次把大学生安全教育正式列入学生公共选修课，落实 1 学分，课程名称为《大学生安全素质概述》，课程设计为总学时 16 学时，其中课内学时 10 学时、实践环节为 6 学时，涉及治安、交通、消防、国家安全和保密、日常生活安全等内容。年内共组织学生安全教育 29 场次，3 450 余人次参加；发布治安警情通报 11 次，发放安全防范宣传提示 4 000 余份，发放安全知识教材 4 000 本，印发安全防范宣传提示材料 4 000 份，警情提示 11 期。

保卫处被海淀区社会治安综合治理委员会、北京市公安局海淀分局评为“海淀区高校治安管理工作先进单位”，黄宏被评为海淀区公安分局先进个人。

【消防管理】

更换灭火器 8 400 具、安全出口指示牌 100 块、应急灯 280 个，清洗图书馆的烟感探头 290 个，对珍藏馆专用灭火系统七氟丙烷气体钢瓶检修并充气 3 瓶；开展校园“雷霆行动”

"百日消防大检查"等专项行动，发放《安全隐患通知书》5份。

6月11日，在19楼学生公寓举办了2009年学生公寓疏散演习，利用通讯设施，在发现火情、报案接警、现场指挥、逃生自救、扑灭大火，解救人员综合点评等方面模拟火灾始末场景，促进了学校消防安全工作。学校荣获北下关地区消防安全先进单位。

【交通管理】

统计在册的机动车1 680辆，其中公车71辆、私车1 609辆，与19个有公车的部门签订了《2009年机动车管理责任书》，与1 275名有机动车的驾驶员签订了《北京交通大学2009年驾驶员交通安全责任书》；牵头对新建的机械工程楼群地下停车场及周边交通进行了规划，制定印发了《北京交通大学机动车管理收费实施细则（试行）》。

投入25 000元重新设置了校园内交通路线和路障，增加了交通标识，制作了《校园交通规划图》；采取措施减少公车违章，共发13份通知书，通报2次。

学校荣获海淀区"交通安全先进单位"荣誉称号，崇毅被评为北京市高校系统交通安全先进个人。

【户政管理】

管理集体户口19 959人，其中教职工975人，16岁以下家属242人，本科生12 867人，硕士研究生4 887人，博士研究生988人。

全年办理集体户口迁移学生5 000人，教工124人，新生迁入5 300人，日常借用户籍卡6 000人次，接待咨询10 000人次。

【平安国庆工作】

制定了《北京交通大学"国庆平安行动"工作任务手册》、《北京交通大学"国庆平安行动"三级校园防控措施》以及《北京交通大学"国庆平安行动"校园通行工作方案》，细化了各单位工作任务及分工。组织对参与活动的师生政审2 679人次，5次彩排活动共出动安保工作人员150人次、学生安保志愿者330人次、公安民警60人次。

3—9月，集中开展了国庆60周年及重要敏感时段校园的安全稳定、矛盾纠纷排查化解、重点人排查帮教、安全隐患排查整治、校园及周边环境专项整治、科技创安等6个专项整治行动。摸排出安全隐患和矛盾纠纷，并分类建立了基础台账库；制订了国庆期间重点人员管控方案；加强了对校内营业网点、施工单位外来人口的管理，组织网上比对及筛查2 275人次；将排查出的南门临建商铺、东校区西门无照摊点、家属区塔5楼拆迁户问题等上报有关部门协同解决，9月17日南门临建商铺全部清除。

9月4日，校党委副书记高艳主持召开学校安全稳定工作会议，部署"国庆平安行动"第二阶段工作，9月28日学校领导带队检查国庆"战时严控阶段"相关措施落实情况。

"国庆平安行动"期间，先后启动了校园II级加强防控和I级超级防控工作方案，共登记校外人员21 571人次，阻止穿行和无关人员约20 000余人次，实现了国庆期间校园通行零纠纷。

学校被北京市国家安全工作领导小组办公室评为"2009年首都国家安全工作先进集体"，被海淀区国庆60周年安保和交通指挥部、海淀区"国庆平安行动"指挥协调小组评为"国庆安保工作先进集体"，学校保卫处荣获北京市公安局集体三等功，裴劲松、邓小凤被评为国家安全工作先进个人，徐民荣获北京市公安局个人三等功，翟庆生、邵虎被北京市公安局记个人嘉奖一次。

校友会　基金会　董事会　校企合作

【综述】

2009年，学校校友会、基金会、董事会、校企合作工作取得了新成效，完成了校友信息库建设，新增校友信息2万余条；新建地方校友会1个，完成5个地方校友会换届工作；举办运输、经管、电信学院世纪巡礼庆典活动，返校校友达千人。完成基金会在教育部及民政部的申报注册，建立了校院两级筹资融资体系，实现了各类社会资金收入7 600万元。董事会新增4家董事单位，总数达66家，圆满召开了董事会第七次全体会议。走访60余家铁路单位、政府和企业，与12家政府、企事业单位新签署了战略合作协议。

【校友会工作】

校友会开展了以运输、经管、电信学院世纪巡礼活动为主的113周年校庆系列活动及校友会日常工作，主要包括校友联络、地方校友会筹建、《校友通讯》编辑发行、校友服务、校友会网站升级维护等。

1. 组织入校60年老校友座谈会及运输、经管、电信学院世纪巡礼庆典活动

9月12日，组织召开入校60周年老校友座谈会，30余名入校60年的老校友欢聚一堂。同日，接待了交通大学48届老校友返校参观团聚。10月17日，在庆祝建校113周年之际，近千名校友回到母校参加运输、经管、电信学院世纪巡礼庆典活动，共同庆祝三个学科创立百年。

2. 校友会理事会机构重新改组

9月召开常务理事会议，全面总结了近两年学校校友会工作，并研讨了下阶段校友会工作。会议还明确了各学院及相关部处负责校友工作的领导和工作人员，建立了校院两级校友工作体系框架。

3. 继续做好校友信息收集工作

采用广泛收集和重点走访收集两种方式，在大量聘用校友信息收集员广泛收集的基础上，有针对性地重点走访较为熟悉的董事单位、校友企业及上级部门。

3月份开始，组织、聘用校友信息收集员60余人，开展校友信息收集活动，共收集校友信息2 300余条；落实全员一对一学院跟踪机制，每个工作人员对应一个学院收集校友信息；建立校院两级校友工作体系，明确学院及相关部处负责校友工作的领导及专门工作人员，召开学院校友工作研讨会。通过校友会常务理事会桥梁，在学院开展校友信息收集工作；举行2009届毕业生校友联络员聘任仪式。首批2009届校友联络员共计聘任198人；积极利用已知校友信息，以点带面，突破寻找所在单位校友信息。

3月和11月两次赴铁道部走访校友，收集铁道部校友信息共计125条，整理铁道部校友通讯录；5—8月走访并联系发改委交大校友40余人，建立并发放发改委交大校友通讯录；12月走访中铁快运有限公司校友，拜访校友6人，收集信息50余条；联系罗宏波、陈昳等几十余位校友以及校内部分老师，联系西门子公司及部分董事单位（如成都局、南昌

局、铁二院、中铁五局、南车石家庄车辆厂、济南铁路局等）校友，收集校友信息 2 000 余条；搜集、整理南京校友名录及通讯信息，累计统计信息 430 余条；借助召开董事会全体会议契机，批量收集校友信息。

校友信息库中共收集自恢复高考之后入校校友信息 60 000 余条，其中重要校友信息 10 000 多条，有效信息 20 000 余条。

4. 结合学校主业，开展大学生隐性德育教育，拓展在校生实习及就业渠道

（1）上半年组织校友企业 20 余家回学校开展“校友企业进校园”的招聘活动，另外还有 10 余家校友企业通过就业资讯网接收学校毕业生的电子简历，吸引学校 1 000 余名毕业生参加，提供的岗位涉及信息技术、软件、机械、管理、法律等多个学科门类，专业对口比例高达 90%，共为学校毕业生提供就业岗位逾 500 个。

（2）启动红果园名人讲堂活动，邀请校友回校为在校生做成才、就业或事业发展报告，校友李河君、高磊、高强举办了 3 期讲座活动。

（3）支持学院完成社会实践、走访校友等活动，暑假期间推荐运输学院赴西安铁路局和兰州铁路局的暑期社会实践活动并荣获了北京市优秀社会实践团队。

（4）协助团委收集历届学生会主席名单，召开五四青年节历届学生会主席代表座谈会。

5. 地方校友会建设

长三角校友会成立，涵盖上海、江苏、浙江三地校友。250 名长三角地区校友参加了成立大会。大会选举产生了第一届理事会成员。北美、香港、湖南、郑州、广西、沈阳、乌鲁木齐校友会在筹备建立。

6. 参与学校及交通大学地方校友会组织的各项活动

11 月 22 日，深圳校友会十周年庆典活动举行，800 余名校友参加了本次活动。校友会全程参与本次活动的筹备工作，并收集了大量在深校友信息。积极推动成都校友会换届工作，先后走访成都铁路局和中铁第二勘察设计院的部分校友，收集校友信息、协商开展校友活动，促进地区校友间的互动。11 月 21 日，广东校友会理事会在广州召开，校友会派代表参会，会议选举产生了新一届理事会机构，讨论了 2010 年广东校友会校友活动安排。交通大学江西校友会通过校友及社会企业捐助设立交通大学江西籍贫困学子助学基金，11 月 14 日，校友会带领受助学生代表参与了本次捐助贫困生活动。4 月 18 日，校友会出席交通大学杭州校友会的理事会议，筹备杭州地区校友企业家回母校参观考察活动。11 月 29 日，交通大学天津校友会召开第六届理事会扩大会议。校友会出席了会议，推动交通大学环渤海高层论坛的筹备工作。

7. 编辑出版《校友通讯》

按计划编辑发行了第八期、第九期 2 期《校友通讯》，共计发稿 40 万字，采访校友 30 余人次，向校友及校内师生发放 6 500 册。

8. 校友服务和日常网络沟通

协助信息中心为 2009 届本硕博毕业生办理校友卡 5 618 张。单独为已毕业校友办理 2 次，共计 50 余张。累计校友卡办理近 5 700 张。继续做好交大龙卡的办理工作，累计办理交大龙卡 1 800 余张，通过龙卡刷卡消费返还学校基金 2. 7 万元。充分利用短信、电子邮件及贺卡等形式，为校友送上温馨节日祝福及生日祝福。累计发送节日祝福短信 36 778 条，成功发送 27 808 条，发送成功率为 75. 61%，收到校友回复短信 144 条；累计发送生日祝福

短信 4 042 条，成功发送 2 970 条，发送成功率为 73.47%，收到校友回复短信 81 条；累计发送电子贺卡 3 635 封，收到校友回复邮件 55 封；12 月为校友发送贺卡 1 500 份。

9. 完成交通大学校友总会有关日常工作

完成每年社团统计工作、总会年审、年度财务审计工作。完成上级主管部门及业务主管部门对于社团管理的各项要求和各种资料报送工作。完成与交通大学各地区校友会的联络工作。完成日常财务管理工作。完成校友总会法人代表变更手续、组织机构代码证申办手续、补办账户审批手续等。参与总干事会议的筹备工作，完成有关财务、会费方面的资料准备。

【教育基金会工作】

教育基金会稳步推进基础工作，规范完善各种规章制度和管理办法，建立项目收支系统、规范项目管理，全面构建学校院系二级筹款融资体制，并创新筹资思路，积极开展筹资、融资工作。2009 年基金会工作取得了突破性进展。

1. 完成了基金会在教育部及民政部的申请注册。从 2008 年下半年开始向教育部、民政部办理注册申请工作，2009 年 7 月份得到民政部的正式批复。

2. 筹资形式多元化，基金筹集规模明显增长。2009 年，实现各类社会资金收入 7 600 万元，其中募集资金达 4 200 万元，同时通过认真组织申报、积极与上级主管部门沟通，获得捐赠收入财政配比资金 27 项 3 330 万元。

3. 初步建立了校院两级筹资融资体系。已有电信学院、计算机学院、运输学院、机电学院、电气学院、理学院 6 个学院设立了学院基金，占校内全部学院的 50%，逐步在校内形成“全员参与筹资”的良好局面。

4. 2009 年新增基金项目 25 项，基金总项目达到 72 项，比 2008 年的基金项目数增加了 53%。对 12 项奖助学金、奖教金项目制作了捐赠汇报手册，增加了基金工作的透明度；举办了“万桥奖学金”颁奖典礼，理学院学生创新基金启动等仪式。

5. 组织项目评审工作成果显著。2009 年，学校第二次参加宝钢教育奖的评选。在评审大会上，学校推荐的宝钢优秀教师特等奖候选人计算机学院王移芝教授和宝钢优秀学生特等奖候选人理学院 2006 级本科生刘永椿，分获 2009 年宝钢优秀教师特等奖和优秀学生特等奖。至此，学校已连续两年获得宝钢优秀教师特等奖和优秀学生特等奖。

北京交通大学教育基金会全年收入 42 601 446.44 元，其中捐赠收入 42 165 315.17 元（如表 61 所示），其他收入 436 131.27 元。

表 61　2009 年北京交通大学教育基金会捐赠收入情况

捐款单位或个人	捐　赠　项　目	捐赠金额/万元
全校教职工	思源助学金	0.8
钱钟侯教授家属及学生	钱钟侯奖助学金	2.5
北京握奇数据系统有限公司	握奇奖教基金	100
莫仲沛先生	智瑾奖	24.5
北京全路通铁路专用器材工厂	全路通奖学金	1
北京尖峰计算机系统有限公司	尖峰奖学金	5
汉能控股集团	汉能李嘉宁奖助学金	34.2
北京利德华福电气技术有限公司	利德华福电气奖学金	3

续表

捐款单位或个人	捐　赠　项　目	捐赠金额/万元
宋庆龄基金会	中海油助学金	7.5
李杏春	电气春雨奖助学金	10
中国扶贫基金会	新长城助学金	48.9
中国移动通信集团北京有限公司	高富浪奖励基金	0.8
北京交大微联科技有限公司	微联素质教育奖助金	1.9
陈锡明先生	曦明助学金	5
宋庆龄基金会	德利多福助学金	11.2
浙江省海外交流协会	浩瀚助学金	2
北京万桥兴业机械有限公司	万桥兴业奖学金	30
德高贝登户外广告北京分公司	红十字会资助款	0.5
日立（中国）有限公司	日立奖学金	10
西门子（中国）有限公司	西门子奖学金	10
光宝电子（东莞）有限公司	光宝奖学金	5
宝钢教育基金会	宝钢教育奖	17.4
北京新联铁公司	新联铁教育基金	20
常州轨道车辆牵引传动技术研究中心	常牵教育基金	10
北京交大思诺科技有限公司	思诺教育基金	400
邱宽明	思诺教育基金	87
徐迅	思诺教育基金	30
赵胜凯	思诺教育基金	20
张民	思诺教育基金	17
赵明	思诺教育基金	17
赵林海	思诺教育基金	16
赵会兵	思诺教育基金	7
王永和	思诺教育基金	6
北京东江昊天科技发展有限公司	东江昊天教育基金	100
北京佳讯飞鸿电气股份有限公司	佳讯飞鸿奖学金	2
河北博爱电子科技有限公司	博爱奖学金	3.1
九阳股份有限公司	九阳奖学金	20
交通大学江西校友会	江西校友会助学金	0.9
福建新华都慈善基金会	新华都奖学金	6.9
中国移动通信集团北京有限公司等	后勤发展基金	22.0
全校教职工	爱心帮困基金	8
拓朗半导体技术服务（上海）有限公司	计算机学院专项技术推广基金	1.5
王玉凤	理学院创新基金	10
腾永平	理学院创新基金	1.5

续表

捐款单位或个人	捐　赠　项　目	捐赠金额/万元
王永生	理学院创新基金	1
北京交通大学教育基金会配比	理学院创新基金	10
北京交大微联科技有限公司	电信学院教育基金	5
北京中铁通信信号设计研究院	电信学院教育基金	4
中国铁道科学研究院	电信学院教育基金	2
交通运输学院校友	交通运输学院教育基金	1.6
王移芝	计算机学院素质教育基金	5
北京交通大学教育基金会配比	计算机学院素质教育基金	5
因特尔美国半导体有限公司	软件学院院长论坛	3.4
王移芝	计算机课程教学团队建设基金	5
力柏锂动力电池集团有限公司	力柏教育基金	264
山东中凯风电设备制造有限公司	山东中凯风电基金	2 000
上海铁路局	上海铁路局基金	10
耀华电气集团温州前龙轨道装备有限公司	董事会基金	100
中铁快运股份有限公司	董事会基金	50
北京交大微联科技有限公司	微联教育基金	200
中铁建电气化局集团有限公司	捐赠款	30
黄骅华城房地产开发有限公司	捐赠款	160
北京交通大学出版社	捐赠款	100
北京北交物业管理有限责任公司泰葩分公司	捐赠款	100
世纪新运交运科研所	捐赠款	20
校友	校友基金	0.7
中国建设银行	捐赠款	2.7

全年业务活动支出6 018 285.45元，具体如表62所示。

表62　2009年北京交通大学教育基金会公益事业支出情况表

支　出　项　目	支出金额/万元
思源助学金	5.0
钱钟侯奖助学金	3.6
握奇奖教基金	16.9
智瑾奖	17.4
尖峰奖学金	5
汉能李嘉宁奖助学金	34.2
利德华福电气奖学金	4.3
中海油助学金	7.5
电气春雨奖助学金	10

续表

支　出　项　目	支出金额/万元
新长城助学金	32.2
马忠科研铁通专项	5.1
北京公交人才基金	4.8
高富浪奖励基金	0.7
微联素质教育奖助金	5.3
曦明助学金	5
德利多福助学金	11.2
浩瀚助学金	2
金源教育基金	10
万桥兴业奖学金	12.6
红十字会资助款	0.5
日立奖学金	17
西门子奖学金	10
光宝奖学金	5
宝钢教育奖	27.4
新联铁教育基金	21
中铁七局奖学金	6.5
常牵教育基金	5
佳讯飞鸿奖学金	2
博爱奖学金	3.1
九阳奖学金	18.8
江西校友会助学金	0.9
新华都奖学金	6
金源奖教金	2
计算机学院专项技术推广基金	0.8
电信学院教育基金	10
交通运输学院教育基金	0.5
ACM 北京地区大学生程序设计大赛	1.6
软件学院院长论坛	1.9
力柏教育基金	232.4
董事会基金	21.0
经管专项款	0.6
配比支出	15

【董事会工作】

11 月 18 日学校董事会第七次全体会议召开，全体董事单位领导和学校人员共 160 人参与了大会。吸纳董事会新成员单位4家，分别是：中铁十七局集团有限公司、北京万桥兴业机械有限公司、山东中凯风电设备制造有限公司、耀华电器集团温州前龙轨道交通装备有限公司。董事会成员单位总数达到66家，董事会基金新增385万元，总量达到2 700万元；会议期间，对董事会章程进行了修改、审定、并得到了通过。首次编写并向董事会成员发放《北京交通大学教育培训产品汇编（2009）》、《校内对口联系各董事会成员的联系人及联络方式》。

董事会成员名单

1. 教育部直属高校工作司
2. 铁道部人事司
3. 中国中铁股份有限公司
4. 中国铁建股份有限公司
5. 中国北车股份有限公司
6. 中国南车股份有限公司
7. 中国铁通集团有限公司
8. 中国铁路物资总公司
9. 中国铁路通信信号集团公司
10. 哈尔滨铁路局
11. 沈阳铁路局
12. 北京铁路局
13. 呼和浩特铁路局
14. 郑州铁路局
15. 济南铁路局
16. 上海铁路局
17. 南昌铁路局
18. 广州铁路（集团）公司
19. 南宁铁路局
20. 成都铁路局
21. 昆明铁路局
22. 兰州铁路局
23. 乌鲁木齐铁路局
24. 中铁快运股份有限公司
25. 中铁特货运输有限责任公司
26. 中国铁道科学研究院
27. 铁道第三勘察设计院集团有限公司
28. 中铁一局集团有限公司
29. 中铁二局集团有限公司
30. 中铁三局集团有限公司
31. 中铁五局（集团）有限公司
32. 中铁大桥局集团有限公司

33. 中铁建工集团有限公司
34. 中铁电气化局集团有限公司
35. 中铁二院工程集团有限责任公司
36. 中铁工程设计咨询集团有限公司
37. 中国土木工程集团有限公司
38. 中铁十六局集团有限公司
39. 中铁第一勘察设计院集团有限公司
40. 中铁第四勘察设计院集团有限公司
41. 中铁第五勘察设计院集团有限公司
42. 齐齐哈尔轨道交通装备有限责任公司
43. 长春轨道客车装备有限责任公司
44. 长春轨道客车股份有限公司
45. 北京二七轨道交通装备有限责任公司
46. 中国北车集团大同电力机车有限责任公司
47. 永济新时速电机电器有限责任公司
48. 西安轨道交通装备有限责任公司
49. 南车株洲电力机车有限公司
50. 南车四方机车车辆股份有限公司
51. 中国南车集团眉山车辆有限公司
52. 南车成都机车车辆有限公司
53. 南车集团石家庄车辆有限公司
54. 北京军区政治部干部部
55. 北京公共交通控股（集团）有限公司
56. 北京市轨道交通建设管理有限公司
57. 北京城建设计研究总院集团有限公司
58. 翁牛特旗人民政府
59. 朔黄铁路发展有限责任公司
60. 沁和能源有限公司
61. 通鼎集团有限公司
62. 吉林化工集团
63. 北京万桥兴业机械有限公司
64. 耀华电器集团温州前龙轨道交通装备有限公司
65. 山东中凯风电设备制造有限公司
66. 中铁十七局集团有限公司

【校企合作】

2009 年，校企合作办公室协助校领导走访了北京铁路局等 40 家铁路单位、政府和企业。学校先后与武汉铁路局、兰州铁路局、中国石油天然气运输公司、汉能控股集团、河北沧州渤海新区、中铁十六局集团有限公司、中铁建电气化局集团、柳州市人民政府、东营市、耀华集团温州前龙公司、中铁十七局集团有限公司、ABB（中国）有限公司 12 家政府、

企事业单位新签署了战略合作协议，其中地方政府单位 3 家、铁路行业单位 5 家、国有企业 1 家、外资企业 1 家、校友企业 2 家，有 3 家单位同时加入了校董事会。组织校市、校地、校企互访百余次。3 月 13 日，学校参加了“北京新能源汽车产业联盟（协会）”成立大会，并当选为副理事长单位。

与学校有合作协议的企事业单位，通过捐赠董事会基金，设立产学研基金、奖学金和奖教金，共建实习实践基地等多种形式支持学校发展。其中：

1. 东营市向学校风电室外研究中心投资 2 000 万元人民币，提供 2 000 平方米以上的办公场所、专家公寓等必要生活设施；学校将向研究中心派驻规模不少于 30 人的科研团队，开展持续的、长期的科学研究。

2. 河北沧州渤海新区在建设好北京交通大学海滨学院的基础上，再提供 1 000 亩土地，支持学校建设科技园等人才培养基地。

3. ABB（中国）有限公司向学校电力牵引教育部工程研究中心捐赠价值 105. 5 万的牵引供电设备，支持学校铁道部牵引电气化培训基地建设。

4. 学校计算机学院 82 级校友、瑞斯康达科技发展股份有限公司董事长高磊向计算机学院捐赠实验室设备价值 109 万，成立了北京交通大学——瑞斯康达计算机网络技术联合实验室。

针对企业的实际需要，学校开展的培训项目有各铁路局动车组新技术师资培训班，中国神华能源股份有限公司班组长培训班，中土公司三次援外班培训，广铁集团中层干部培训班，客运专线师资培训班，通信信号专业培训班，昆明铁路局师资培训班，西安铁路局职教干部培训班，哈尔滨铁路局团干部培训班，南车股份公司财经管理培训班，中铁六局英语培训班等。

2009

院系工作

电子信息工程学院

【综述】

电子信息工程学院下设信息与通信工程系、控制工程系、电子工程系、光波技术研究所、国家电工电子教学基地。学院全面贯彻落实科学发展观，开拓进取，2009 年各项工作得到快速和谐发展。科研经费首次超过 2 亿元，在国家级科技成果奖、国家级教学成果奖、国家级认证实验室、国家级重大科研项目、国家级精品教材、国家级千人计划、教育部创新团队、教育部长江学者特聘教授、北京市优秀博士论文、中国青少年创新奖、国家级学科竞赛奖、北京市模范教职工小家等方面都取得了显著成绩和突破性进展。

【队伍建设】

截至年底，学院拥有教职工 230 人，其中专任教师 180 人，教授 40 人（含国家重点实验室 5 人），副教授 73 人，博士生导师 33 人，硕士生导师 127 人，具有博士学位的教师所占比例由 2008 年的 61. 17% 提高到 2009 年的 66. 34% 。其中中科院院士 1 人，“973” 首席科学家 1 人，国家级教学名师奖获得者 1 人，国家级 “千人计划” 入选者 1 人，国家杰出青年科学基金获得者 1 人，教育部长江学者特聘教授 1 人，新世纪百千万人才国家级人选 2 人，教育部新世纪优秀人才 6 人。教职工分布情况如表 63 所示。

2009 年新增博导 6 人（闻映红、陈根祥、郭宇春、赵会兵、高德云、宋永端），新增硕导 33 人。晋升教授 4 人：周华春、孙昕、秦雅娟、王化深。晋升副教授 4 人：沈波、刘艳、郑东耀、魏杰。晋升讲师 2 人：杨恒、王悉。晋升高级实验师 1 人：周春月。

表 63　教职工在学院系、所、中心、机关分布表

单位＼职称	教授	副教授	讲师	助教	高工	工程师	助工	工人	见习生	合计
信息与通信工程系	17	24	20	1	4	2				68
自动控制工程系	9	24	29	1	1	1	2	1		68
电子工程系	2	6	1							9
光波技术研究所	7	5	10		1	1				24
国家电工电子教学基地	1	12	10	1	3	7	1			35
学院机关	4	2	2	3	5	7		1	2	26
合　计	40	73	72	6	14	18	3	2	2	230

学院按照学科布局进一步凝练学科方向，梳理师资队伍，明确了教学团队和科研创新团队，以及各团队带头人。结合学校 “红果园创新人才培育计划”，通过人才引进、重点培养，逐步形成了一支结构清晰、布局合理的师资队伍。2009 年新增教师 12 人，其中师资博士后 5 人，具有博士学位的青年教师 7 人。选派骨干教师出国研修 6 人，青年教师在职攻读

博士学位新增 3 人。入选第一批“红果园创新人才培育计划”A 类 2 人（张宏科、宋永端）、B 类 1 人（王均宏）、C 类 2 人（延凤平、裴丽）、D 类 13 人。

【党建和思想政治工作】

截至年底，学院共有党支部 46 个，其中教师支部 8 个，学生支部 38 个，学院党员总数 832 个，其中教工党员 136 人。各支部共发展党员 82 人，其中发展研究生党员 26 人，本科生党员 56 人，如表 64 所示。学院党委充分发挥政治核心作用，以落实科学发展观为指导，以创建和谐学院为目标，紧紧围绕学校中心工作，保障各项工作的顺利进行。

表 64　学院党员情况统计表

类　　别	教职工	研究生	本科生	小　　计
党支部个数	8	29	9	46
在册党员人数	136	474	222	832
全年发展党员人数	0	26	56	82
党员比例	59.13%	43.93%	10.44%	

1. 教职工党建和思想政治工作

3—8 月，根据学校党委的统一部署和要求，学院紧紧围绕“着力解决突出问题，加快学科建设步伐，提高人才培养质量”学习实践载体，全面贯彻“党员干部受教育、师生员工添活力、教育发展上水平、体制机制有创新、广大师生得实惠”的总体要求，精心组织开展学习实践科学发展观活动。学院党政领导班子成员高度重视，把这次活动作为解放思想、改革创新、破解难题的重要契机，加强领导，精心组织，平稳有序地推进了各项工作，圆满完成了学习实践活动 3 个阶段 6 个环节的工作，形成了 8 个高质量的调研报告，收到合理化建议 64 条，学习实践活动群众满意率达到 100%。学院党委认真组织广大师生积极参加庆祝新中国成立 60 周年活动，以及电信百年活动，激发了师生爱国热情，增强了师生凝聚力。

2. 本科生党建和思想政治工作

本科生思想政治工作主要体现了以下几个特点：支部建设重在创新探索；日常教育重在精细化；学风建设重在见实效；安全教育重在意识培养；资助工作重在品格塑造；社会实践重在普及参与；队伍建设重在专业化能力提高；就业工作重在质量提升；面向社会资源，积聚办学力量。

学院党委本年度举办了第 18 届党校培训班，共有 249 名入党积极分子参加了培训和考核，结业率 88%；全年发展党员 57 人，预备期满转正 43 人；参加国庆各项活动学生 498 人，其中：游行 372 人，跟车 50 人，安全保障 64 人，复兴之路演出 12 人；毕业学生 565 人，毕业率 95%，应届毕业生毕业率 98%；参加军训学生 2007 级 544 人，2008 级 525 人；评选出校级先进集体 10 个，校级先进个人 172 人；评选出专项奖学金获得者 115 人，单项奖学金获得者 668 人，占参评人数的 48%；使家庭经济困难学生 732 人接受资助，发放资助总额为 663 300 元；为 75 人办理了国家助学贷款；组织安排 120 人参加了勤工助学，发放勤工助学工资 153 600 元。

3. 研究生党建和思想政治工作

2009 年，研究生党建继续做好党员、积极分子信息库的完善维护工作，特别在甲流疫情暴发的特殊时期，学院党员充分发挥模范带头作用，对发热同学进行“一对一”的护理帮扶，圆满完成了甲流疫情的防控工作。积极落实研究生综合素质教育计划，鼓励研究生参加和组织各种学术交流活动。本年度学院共开展“大师面对面”名师讲坛活动 35 次以及各类报告 16 场。成功举办第二届北京高校电子类学术论坛，会聚了北京交通大学、清华大学、北京大学、北京邮电大学 4 所高校的优秀博士生、硕士生进行交流。学院 2 名研究生参加了新加坡国立大学联合印度 CEC 大学在新加坡举办的 IEEE 第十区（亚太区）学生代表大会。“北京交通大学 GPS 实验室赴青藏线那曲物流中心建设实践团”和“基于高速铁路轨道信号车载设备的研究社会实践团”分别荣获校级社会实践团队一等奖和二等奖。落实深入辅导工作，与每一位研究生进行深入谈心，密切关注研究生思想动态，对于心理健康问题，做到早发现、早干预、早治疗。

学院各类奖学金及学生资助情况如表 65、表 66 所示。

表 65　本科（研究）生 2009—2010 年度各类奖学金统计表

奖学金名称	获奖人次
思源奖学金（本）	1
国家奖学金（本）	20
励志奖学金（本）	56
西门子奖学金（本，研）	4
北京公交奖学金（本）	3
日立奖学金（本）	7
金源奖学金（本）	3
智瑾奖学金（本，研）	9
茅以升铁道教育希望之星奖学金（本）	1
学习奖学金（本，研）	703
社会工作奖学金（本，研）	151
奋进奖学金（本）	33
体育奖学金（本）	34
汉能李嘉宁（本）	4
高富浪“见义勇为”奖（本） 博爱道德风尚奖学金（本）	1
高富浪“自强不息”奖（本）	1
高富浪“乐于助人”奖（本）	1
博爱科技创新奖学金（本）	2
新华都（本）	3
佳讯飞鸿（本）	4
日立（中国）	7
文艺奖学金（本）	42
社会实践奖学金（本，研）	22

续表

奖学金名称	获奖人次
京东方奖学金（研）	5
校友奖学金（研）	1
优秀奖学金（研）	11
优秀研究生	6
优秀研究生干部（研）	52
道德建设先进个人（研）	1

表 66　学院家庭经济困难学生资助情况

项目	名　称	奖励人次	总金额/元
奖	国家励志奖学金（本）	56	5 000
	共　计	56	280 000
助	名　称	受助人次	总金额/元
	北京公交助学金（本）	3	9 000
	宏基助学金	1	3 000
	国家助学金（本）	199	327 000
	北京交通大学专项助学金（本）	403	334 800
	新长城（本）	8	14 720
	中海油助学金（本）	3	8 000
	电气春雨助学金（本）	2	4 000
	恒大慈善万人行助学金（本）	1	2 000
	汉能李嘉宁助学金（本）	10	28 000
	共　计	776	806 800
勤	名　称	参加人次	发放金额/元
	学院内勤工岗位（本，研）	444	260 000
贷	名　称	贷款人数	贷款金额/元
	国家贷款（本，研）	119	3 090 000
补	名　称	受助人数	总金额/元
	大一新生补助（本）	121	20 125
减	名　称	受助人数	总金额/元
	减免学费（本）	4	13 750

【教学工作】

2009 年学院招生、在校、毕业学生人数如表 67 所示。

表 67　2009 年招生、在校、毕业学生人数

类别 / 年份	博士			硕士			工程硕士			本科		
	招生	在校	获学位	招生	在校	获学位	招生	在读	获学位	招生	在校	毕业
2009 年	54	248	34	438	836	359	196	289	101	464	2 094	565

1. 本科教学

截至年底，本科生在校人数为2 109人（含留学生15人），2009届应届毕业生585人，2009级新生人数为466人。2009年度共开出课程141门，316个课堂，全年教授上课率83%，主干课程教授上课率80%，双语课程8门。

学生参加并获得各类省部级以上竞赛获奖102人次，学生发表科研论文3篇。107人获得保研（直博）资格，其中校外24人、直博6人、工程硕士21人，首次启动了工程硕士保研。当年毕业深造率平均为52.37%。

第二批中－瑞项目12名本科生赴瑞典中部大学留学，4名本科生赴瑞典皇家工学院留学，1名学生赴澳大利亚新南威尔士大学留学，启动美国明尼苏达大学交流项目。

《数字信号处理》教材（陈后金主编）被评为2009年度国家级精品教材，获得北京市精品教材立项2项，出版新教材7本，完成“铁路特色教材”初稿5本，出版国家“十一五”规划教材2本。1门课程被评为校级精品课程，4位教师被评为2009年度校优秀主讲，教师发表教学论文17篇。

先后完成或启动了无线通信、通信系统、网络与交换、铁路信号微联系统、自动控制系统等实验平台的建设。在郑州铁路局电务段建立了校外生产实习基地并举行了挂牌仪式，与中兴通讯北京培训中心签订了长期实习协议。启动了教育部卓越工程师计划申请工作，起草了相关文件。

2009年度院级教改立项37项。教学成果申报共获得北京市一等奖3项（主持2项、参加1项）、二等奖2项，国家级教学成果一等奖1项、二等奖2项（主持1项、参加1项）。

完成了2008年度大学生创新实验项目的结题验收工作，5个项目被评为校“挑战杯”一等奖。2009年度大学生创新实验项目立项45项，中期检查后批准39项根据任务书开展工作。

2. 研究生教学

12月在校硕士生836人、博士生248人，硕士学位授权点10个、博士学位授权点6个。1月授予博士学位的17名博士在读期间发表论文SCI4篇，EI50篇，ISTP 16篇，一类论文6篇；6月授予博士学位的17名博士在读期间发表论文SCI 19篇，EI 33篇，ISTP 17篇，一类论文13篇。获全国英特尔嵌入式邀请赛二等奖2项；中国机器人大赛三等奖1项。张帆获北京市优秀博士论文奖。简水生院士主持项目获得北京市教学成果二等奖。2005级博士研究生冯素春同学荣获第六届全国青少年科技创新奖。2006级博士生霍宏伟同学被评为第十届全国三好学生。

学院完善了研究生培养的管理制度，规范了研究生培养的环节。开展硕士生奖助学金评审工作，从学生的科研能力、学习成绩、思想品德和导师评价等方面进行综合评价。在研究生院支持下，开发出研究生课程成绩评定系统，受到了广大研究生的广泛欢迎。继续实施硕士研究生培养质量的控制工程，以质量监控为契机，加大了学位论文质量的监控力度，对所有学位论文进行了匿名审查，按比例公开抽签进行双重匿名评审，取得了很好的效果。为拓展研究生国际视野、增强国际交往能力，吸引优秀留学生和国际交换生来院进行研究生阶段学习，积极推进研究生课程的双语课程建设，已有18门学位课程和3门非学位课程立项，部分研究生课程已开展双语教学实践。学院2009届研究生毕业生共有393人，就业率99.20%。

【科研工作】

全年新增科研项目数94项、合同经费数2.36亿元，横向项目1.86亿元，纵向课题经费4 037.03万元。发表论文总数480篇、SCI检索64篇、EI检索114篇、ISTP148篇；出版教材4本，译著2本，专著1本；软件著作权登记92项，专利申请120项、授权71项。

1. 新增国家自然科学基金项目负责人

蔡伯根、娄淑琴、许荣涛、张思东、卢燕飞、骆丽、沈波、郝晓莉、宋永瑞、张严心、苏伟、刘峰、艾渤

2. 新增国家科技攻关/支撑计划课题负责人

徐洪泽、宁滨、沙斐、蒋文怡、丁建文、李开成、钟章队、唐涛

3. 新增国家“863”计划课题负责人

李开成、刘云、周华春、陈后金

4. 新增国家“973”计划课题负责人

娄淑琴（参加）、侯忠生（参加）

5. 新增科研项目合同经费在1 000万元以上的项目负责人

郜春海、李开成、唐涛

6. 2009年合同经费在500万元以上的在研科研项目负责人

唐涛、宁滨、徐洪泽、郜春海、张宏科、钟章队

邱宽民主持的“复杂与高速条件下车载信号安全控制系统关键技术及应用”获国务院颁发的国家科技进步奖二等奖。蒋文怡参加的项目“大秦线重载列车可控列尾装置”获铁道部颁发的中国铁道学会科学技术奖一等奖。张宏科主持的“一体化标识网络系统”通过教育部科技发展中心鉴定。

【学科与平台建设】

学院省部级及以上科研平台情况如表68所示。2009年接受检查的省部级及以上科研平台情况如表69所示。电磁兼容实验室独立获得国家认可（CNAS）和国家计量认证（CMA）资质。北京交通大学电磁兼容实验室通过了教育部行业评审组、中国合格评定国家认可委员会和国际认证认可监督管理委员会的评审，10月独立获得了实验室的国家认可（CNAS）和国家计量认证（CMA）资质。

城市轨道交通CBTC系统北京市高等学校工程研究中心通过评审。“城市轨道交通CBTC系统北京市高等学校工程研究中心”于11月25日通过了北京市教委组织的专家评审。

教育部创新团队通过教育部评审。以钟章队教授为带头人的“面向高速铁路控制的无线移动通信系统研究”团队通过了教育部组织的专家评审，并于12月28日公示。

北京市重点实验室通过验收。2001年获得批复建设的“城市轨道交通自动化与控制北京市重点实验室”、“通信与信息系统北京市重点实验室”于11月13日顺利通过了市教委、市科委组织的专家验收评审。

表68　2009年学院省部级及以上科研平台统计表

序号	实验室名称	类　型	批准时间	负责人
1	轨道交通运行控制系统国家工程研究中心	国家工程研究中心	2008年	李学伟 郜春海

续表

序号	实验室名称	类　型	批准时间	负责人
2	下一代互联网互联设备	国家工程实验室	2008 年	张宏科
3	电磁兼容实验室	国家认可实验室	2006 年	闻映红
4	全光网络与现代通信网	教育部重点实验室	2002 年	娄淑琴
5	城市轨道交通自动化与控制	北京市重点实验室	2001 年	唐涛
6	通信与信息系统	北京市重点实验室	2001 年	刘云
7	城市轨道交通 CBTC 系统	北京市高等学校工程研究中心	待批复	郜春海

表 69　2009 年学院接受检查的省部级及以上科研平台情况

序号	级　别	实验室名称及排序	负责人
1	国家级平台	轨道交通运行控制系统国家工程研究中心	李学伟 郜春海
2	国家级平台	下一代互联网互联设备国家工程实验室	张宏科
3	国家认可实验室	电磁兼容国家认可实验室	闻映红
4	教育部重点实验室	全光网络与现代通信网教育部重点实验室	娄淑琴
5	北京市重点实验室	轨道交通自动化与控制北京市重点实验室	唐涛
6	北京市重点实验室	通信与信息系统北京市重点实验室	刘云

【对外交流与合作】

学院将加强与海外院校的交往与学术交流工作作为国际学术交流合作的重点。2009 年度外宾来访达百余人次，成功聘请世界著名顶尖科学家、英国南安普顿大学光电子中心主任 David N. Payne 教授为学校首位荣誉教授；聘请 8 位海外专家为学校兼职教授。邀请国外学者讲学 4 人次，其中包括邀请国际知名的微电子科学技术与半导体器件专家施敏教授来校进行为期 20 天的讲学活动。成功组织学术报告讲座共 21 人次，兼职教授返校做学术交流比例达 30%。先后有 6 名青年教师获得国家 1:1 配套及学校资助出国进修。短期出国及赴港澳交流累计近百人次。

学院成功主办和协办高水平学术会议 4 次，包括：第三届 2009 海峡两岸信息科学与信息技术学术交流会议，首届未来信息网络国际会议，IEEE 2009 无线通信领域的微波、天线、传播和电磁兼容技术国际学术会议，首届云计算技术国际会议。

先后与美国明尼苏达大学、澳大利亚新南威尔士大学 2 所国际知名院校签署学生联合培养协议，并启动实质性交流。向澳大利亚新南威尔士大学派出 1 名获得 APP 奖学金资助的本科生完成 2.5 +2 的本科联合培养项目。与美国明尼苏达大学本科 2 +2 项目进入选拔阶段。同英国南安普顿大学、加拿大 McMaster 大学、美国 Old Dominion University、台湾淡江大学等院校的相关合作项目也在积极推进。学生国际交流日趋活跃，全年接待来华交流留学生 2 人（来自中瑞典大学学生）；学院共派出长期、短期交流学生 60 余人次。

计算机与信息技术学院

【综述】

计算机与信息技术学院下设二级机构：计算机科学系、计算机工程系、生物医学工程系、计算机基础教学基地、信息科学研究所、网络管理研究中心、计算机综合教学实验室。2009 年，学院各项事业稳步发展，学院教师凝聚力进一步增强，多项工作创历史最好成绩。在教学方面，国家级教学名师奖、国家级教学团队、全国百篇优秀博士论文提名奖都有了突破，ACM 代表队在全球总决赛中获得第 34 名；在科研方面，科研经费连续三年超过 2 000 万元，新增自然科学基金项目、SCI 检索论文、发明专利授权数等都有大幅提高。

【队伍建设】

截至年底，学院有教职工 162 人，其中专职教师 130 人，博士生导师 19 人（其中兼职博士生导师 10 人）、硕士生导师 88 人（其中兼职硕士生导师 10 人），具有博士学位的教师 80 人，占专任教师的 67. 8% 。2009 年全年引进人才 5 人，其中 2 人直接从海外引进。教职工分布情况如表 70 所示。

表 70　教职工在学院系、所、中心、机关分布表

	教授	副教授	讲师	助教	高工	工程师	助工	工人	见习生	合计
计算机科学系	2	10	11		1					24
计算机工程系		14	18			1				33
生物医学工程系		5	5					1		11
信息科学研究所	6	6	8	1	1					22
计算机基础教学基地	1	5	7			5	2	2		22
网络管理研究中心	1	1	7		6	2		1		18
综合实验室		3	2			4	1			10
党政人员	2	4	3	2	1	7	1	1	1	22
合　　计	12	48	61	3	9	19	4	5	1	162

计算机基础课程教学团队带头人王移芝获得第五届国家级教学名师奖，并获得宝钢教育优秀教师特等奖。计算机基础系列课程教学团队入选学校红果园创新团队之后，被评为北京市优秀教学团队，并获得了国家级教学团队称号。

学院全面贯彻落实学校“红果园创新人才培育计划”以及学校“人才引进与师资补充管理办法”等文件精神。在人才培育方面，获批“红果园创新人才培育计划”B 类计划 1 人、C 类计划 2 人、D 类计划 7 人，教学团队 1 个。积极开展师资博士后和科研博士后的进站选拔工作，选拔师资博士后 8 人，进站博士后 3 人。

积极选拔并鼓励中青年教师出国访问和进修，半年以上境外进修的有 6 人，在符合条件的情况下给予延期经费资助。在学校及有关部门的支持下，设立“握奇”青年教师奖教金，2009年评选8人，共发放奖金4万元。

【党建和思想政治工作】

1. 党员基本情况

截至年底，学院共有党支部39个，其中教工党支部7个，学生党支部32个。学院共有党员519人，其中教工党员92人，学生党员417人。全年新发展党员82人，其中新发展教师党员1人，研究生党员35人，本科生党员46人。2009年底，教工党员比例为56.8%，研究生党员比例为46.5%，本科生党员比例为11.9%。

2. 教职工党建和思想政治工作

抓住学习实践科学发展观这一契机，努力促进学院工作的开展。在学习实践活动中，学院党委组织了20余次的座谈、访谈并进行全院范围内的问卷调查，认真征求学院教职工、学校相关职能部门对班子自身及学院工作的意见，制订了确实可行的整改方案；结合学习实践科学发展观活动，学院党委不断完善学院的管理机制，启动使用了“学院日志”、新的学院网站；将院务会的主要内容以纪要形式定期向系、所主任及机关科室负责人公布；印发学院《教师手册》等。

学院党委以学院工会、教职工党支部、青年教师联谊会等组织为依托，组织了各种活动，取得了明显成效：学院工会积极组织广大师生员工参与体育运动，并在学校运动会上获历史最好成绩；组织教工参加学校“七一”红色歌曲大型合唱比赛并荣获二等奖；健全困难职工档案、出险理赔和住院慰问补贴；本年度学院工会在全校工会特色工作评比中获得第一名。教职工党支部积极组织所在系、所进行了暑期休整活动。青年联谊会组织了以“学习长征精神、磨炼坚强意志”为主题的重走长征路活动、“名师讲教学”教学研讨会活动及“交往艺术”讲座活动。

3. 本科生党建和思想政治工作

2009年度有4个班获校级先进班集体，5个班获校优良学风班，172人获得学习奖学金，43人获“三好学生”称号，328人次、268人获得各类奖学金，获奖面为35.8%；共计563人次参加学生科技活动，获校级以上奖励（不含校级）23人次，国家级以上奖励9人次，在第33届ACM－ICPC国际大学生程序设计竞赛中，获得第34名的优异成绩；纪念“一二·九”系列活动中，学院火炬接力赛获得第三名，主题诵读表演获得三等奖；2008级集中军训获得集中军训宣传先进营、队列会操第三名，获得2008级军训宣传先进学院称号。

2009届本科毕业生共计311人，就业率为99.04%。其中17人出国，122人读研究生，深造率为44.69%，全校排名第三。

2009年学院有2个支部获得北京市先锋杯优秀团支部，4个支部荣获学校甲级团支部，1个团日活动被评为校十佳团日活动；139名师生参加了首都国庆60周年群众游行“交通运输”方阵；在中国青少年发展基金会和世界银行联合举办的“希望工程激励行动”中，学院志愿者项目获激励奖，并赴香港与其他志愿者交流学习；2009年共资助学生927人次，为120个贫困生提供了勤工助学岗位；学院继续组织友爱基金捐赠，为61名学生购买生活用品和学习用品；10月，经济困难学生成立了“自强社”。

4. 研究生党建和思想政治工作

2009年度共评选校优秀班集体3个，优秀研究生1人，智瑾奖学金1人，道德先进个

人 1 人，校三好研究生 44 人，优秀奖学金 7 人，优秀研究生干部 31 人；博士生支瑞聪同学获得 2009IBM 巾帼奖学金，硕士生李成、赵云颋、张凯获得 2009 全国高校嵌入式软核系统设计大赛二、三等奖，硕士生韦卫嫦、李彬彬、谢朝强获得尖峰公司专项奖学金；获得“慧光杯”研究生篮球比赛第二名、校田径运动会男子团体第三名，研究生合唱比赛三等奖。

2009 年毕业研究生总数 238 人，其中考博 8 人，就业率 100%，与 2008 年相比就业率增长 8 个百分点，有 12 名同学获得到部队就业、支援西部荣誉证书和奋飞奖。

全年共组织名师讲坛活动 30 次，组织博士生论坛 2 次、就业交流 4 次，组织了心理健康讲座、研究生篮球赛、班级风采大赛、卡拉 OK 大赛、研究生羽毛球活动、研究生交谊舞培训等课余活动，研究生班级风采大赛参与度达到 100%；加强对学术诚信的宣传，以博士生为重点，签署学术诚信承诺书；关注贫困生，“三助”岗位平均每学期在 100 个左右，共办理研究生贷款 26 人，其中新生 19 人。

【教学工作】

1. 本科教学工作

2009 年计算机与信息技术学院在校本科生 1 004 人，下设 3 个本科专业，即计算机科学与技术专业、生物医学工程专业、信息安全专业。现有国家级特色专业建设点 1 个；北京市实验教学示范中心 1 个；国家级精品课程 2 门，网络教育类国家精品课程 1 门，北京市精品课程 3 门，校级精品课程 9 门；“十一五”规划教材 8 本，北京市精品教材 4 本；国家级教学团队 1 个，北京市教学团队 1 个；国家级教学名师 1 人，北京市教学名师 2 人，校优秀主讲教师 23 人，校优秀实验教学指导教师 1 人；学院教授王移芝获得宝钢教育优秀教师特等奖，并把 10 万元奖金全部捐赠给了学院。

获国家级教学成果奖二等奖 1 项，北京市教学成果奖二等奖 1 项；开办国内首个“铁路信息技术人才培养模式改革试点班”，创建铁路信息技术特色课程体系，第一届吸收学生 27 人；成立学生科技创新活动工作小组，学院学生科技创新活动在普及和水平提高方面都上了新的台阶；学院要求所有主干课程开展研究性教学，进一步提高了教学质量。

2. 研究生教学

2009 年在校硕士生 441 人，博士生 203 人。一级学科硕士点 1 个：计算机科学与技术，二级学科硕士点 5 个：信号与信息处理、人机交互工程、模式识别、信息安全、教育技术学；一级学科博士点 1 个：计算机科学与技术，二级学科博士点 3 个：信号与信息处理、人机交互工程、信息安全。研究生发表论文数 254 篇。

【科研工作】

全年新增项目 81 项，项目合同经费 2 086 万元。其中新增自然科学基金项目 12 项，经费合计 276 万，有多位青年教师成功获得了自然科学基金项目。另外还新承担“863”项目 1 项。学院纵向项目经费 1 373 万元，发表论文 485 篇，三大论文检索总数 231 篇，出版著作 10 本，获授计算机软件著作权 10 项，专利 21 项，其中发明专利授权 18 项、实用新型专利 3 项，申请发明专利受理 49 项。

“WIMAX 宽带移动通信在铁路的应用研究”中标神华集团重大科研项目，预期合同金额 630 万元，将为学校在 WIMAX 新技术研究占领制高点，以及参与朔黄铁路后期相关工程项目奠定了良好的基础。

获得首都教育先锋科技创新个人奖1项，北京市科技新星奖1项，詹天佑铁道科技奖北京交通大学专项基金奖1项。申报北京市科技奖1项。学院教授阮秋琦当选新一届IEEE北京分会主席。

【学科与平台建设】

学院现有国家级重点学科信号与信息处理、北京市重点学科计算机应用技术、北京市重点交叉学科信息安全。

学院现有信号与信息处理博士后流动站，计算机科学与技术博士后流动站，现有省部级平台包括：北京市现代信息科学与网络技术重点实验室，铁路信息科学与工程重点实验室，高速铁路网络管理教育部工程研究中心（筹）；北京市实验教学示范中心：计算机实验中心。

学院“211工程”三期建设调整思路，结合学院核心学科的发展趋势和建设缺口，加强了顶层设计和规划工作。根据学科和科研发展的需要，继续开展相关学科申报教育部和北京市重点实验室工作，组织相关教师对学院实验室平台建设问题开展了多次研讨和调研。进一步落实和加强省部级重点实验室和工程中心的建设，完成学院“985工程”创新平台子项目的建设工作。

【对外交流与工作】

本年度学院共接待外国专家、访问团22人次。聘任了周洪波、许利群两名顾问教授。先后送出12名本科生及研究生到美国、瑞典、英国等国及中国台湾地区交换学习。共有2个访问团出国（境）访问：一是组团去瑞典参加ACM全球总决赛并访问Halmstad大学；二是学院7名教师与电信学院教师组团参加2009海峡两岸信息科学学术会议并访问台湾高校。全年接收留学生共有本科生5名，研究生5名，接收中瑞典大学2名学生前来学院进行毕业设计项目调研。全年共有5名教师作为访问学者出访国外。

经济管理学院

【综述】

经济管理学院设有系－中心－机关－研究机构，即经济系、会计系、企业管理系、物流管理系、信息管理系、旅游管理系、工程管理系、公共管理系、金融系；中心有MBA中心、EMBA中心、工程硕士中心、MPACC中心、国际交流中心、培训中心、就业指导办公室、实验研究中心；机关包括综合科、教学科、研究生科、团委；研究机构共21个，包括运输经济理论与政策研究所、发展战略研究所、中国企业兼并重组研究中心、劳动经济与人力资源管理研究所、安全行为与安全管理研究所、增值物流研究所、物流网络工程研究所、工程管理研究所、企业竞争力研究所、企业组织与企业能力研究所、企业信息化研究所、企业文化管理研究所、市场研究所、证券研究所、管理决策与数量分析研究所、会计与财务研究所、中奥物流创新研究中心、中国技术经济研究中心、组织管理研究所、信息理论与技术研究中心、中国金融研究中心。

【队伍建设】

截至年底，学院教职工在编199人，其中专职教师173人，占教职工总数87%。院士1人。国务院参事1人，长江讲座教授1人。博士生导师34人，硕士生导师118人。引进人才：教授3人，张立民、程小可、冯华；博士3人，姚立杰、邢怿君、华国伟。博士后进站39人，博士后出站6人。接收毕业生3人：李刚、商立媛、邱奇。调出1人：赵庆先。退休1人：杜紫梅。教职工基本情况如表71所示。

表71　2009年学院教职工基本情况

单位	教授	副教授	讲师	助教	工程师	馆员	见习	中技工	博士学位	博士学位增长比例
经济系	7	17	8						22	
金融系	1	5	7						5	
公共管理系	3	3	1						4	
会计系	8	11	13						14	
企业管理系	5	16	7						22	
工程管理系	1	6	1						4	
信息管理系	4	12	4						8	
物流管理系	7	12	6						12	
旅游管理系	3	1	4							
机关		1	3	5	6	1	1	2		
合计	39	84	54	5	6	1	1	2	91	15%

【党建和思想政治工作】

学院党员情况如表72所示。学院党委委员：张明玉、王德瑜、郭雪萌、刘延平、李文兴、张秋生、刘伊生、文映春。

表72 学院党员情况统计表

类　别	教职工	研究生	本科生	小　计
党支部个数	6	24	8	38
在册党员人数	145	542	337	1 024
全年发展党员人数	0	38	204	242
党员比例	70.05%	30.32%	18.75%	

1. 教职工党建和思想政治工作

学院深入学习实践科学发展观活动共分三个阶段。第一阶段：学习调研阶段（3月15日—4月20日）。重点抓好学习调研、解放思想讨论2个环节。第二阶段：分析检查阶段（4月21日—6月10日）。重点抓好学院领导班子专题民主生活会、形成领导班子分析检查报告2个环节。第三阶段：整改落实阶段（6月11日—7月9日）。重点抓好制订整改落实方案、集中解决突出问题2个环节。

2. 本科生党建和思想政治工作

本科生以学生党建为龙头，认真组织党员开展理论学习和实践活动，努力发挥学生党员先锋模范作用和党支部战斗堡垒作用。以庆祝新中国成立60周年为契机，加强学生思想政治教育，以党支部为载体，对新中国成立60年以来的恢弘成就进行宣传教育，其中经管学院学生党支部赴怀柔区田仙峪村"红色1+1"实践活动获市委教育工委鼓励奖。学院师生参加首都国庆60周年庆典活动295人，其中参加群众游行方阵290人，参演《复兴之路》大型音乐史诗演出5人。2009年，学院本科生共有贫困生255人，认真完成国家助学贷款工作，申请到校各类奖助学金共计18项，总金额289 750.00元（平均每人1 136.27元），学院常设勤工助学岗位11处，平均每月参加勤工助学困难学生84人。学院2009届本科毕业生373人，就业率达到99.20%，深造率高达38.61%。经管学院共有604人次获得各级各类奖学金，109人次获得各级荣誉称号；在班级建设中，共有17个班集体获得院级优良学风班荣誉称号，7个班集体获得校级优良学风班荣誉称号，3个班集体获得校级先进班集体荣誉称号。积极组织本科学生参加学科竞赛，学院科技创新氛围不断浓厚，本科生发表高水平论文数量显著增加。2009年本科学生公开发表专业论文45篇，全年共获得国际、国家级、北京市奖项46个，在校级各类竞赛中取得奖项140多个。在2009年暑期社会实践评比表彰工作中，经管学院2支代表队分获一等奖和二等奖，有12人获校级社会实践优秀奖学金。

3. 研究生党建和思想政治工作

研究生在2008—2009学年共评出3个校级先进班集体。1名优秀研究生、2名智瑾奖学金获得者，3名京东方奖学金获得者，106名校级三好研究生、3名校级研究生优秀奖学金获得者，77名校级优秀研究生干部。1名道德建设先进个人，1个社会实践三等奖，1名社会实践优秀带队教师，2名社会实践优秀个人。2008级研究生苏均儒、曾升获11届"挑战杯"大学生课外学术科技作品竞赛三等奖，获第五届"挑战杯"首都大学生课外学术科技作品竞赛一等奖。MBA 代表队获清华大学举办的 2009 全国企业案例大赛最佳人气团队奖，1 人获最佳女选手奖。2009 届博士、硕士毕业生共有 389 人，其中 388 人实现就业或深造，其中 5 人出国，12 人读博，10 人读博士后，1 人在家乡实习待签约，就业率达到 99.7%，比去年提高 0.6 个百分点。

【教学工作】

学院招生、毕业以及在校生人数见表 73。

表 73　2009 年学院招生、在校、毕业学生人数

类别/年份	博士			普通硕士			全日制专业学位硕士			全日制 MBA		
	招生	在校	毕业	招生	在校	毕业	招生	在校	毕业	招生	在校	毕业
2009 年	95	531	68	381	702	292	54	54	0	258	559	276

1. 本科生教学

2009 年学院有本科生 1 805 人，开设有经济学、金融学、国际经济与贸易、工商管理、市场营销、会计学、财务管理、信息管理与信息系统、物流管理、工程管理、旅游管理 11 个专业。有国家级精品课程 4 门，分别是：物流学、电子商务、运输经济学、企业物流管理（网络教育类）；有北京市精品课 9 门，分别是：物流学、电子商务、运输经济学、供应链与物流管理、管理学、劳动经济学、基础会计学、采购学、ERP 理论与实践；有校级精品课 14 门；有国家级精品教材 1 本，是《西方运输经济学（第二版）》；有北京市精品教材 29 本，分别是：《电子商务概论》、《电子商务下的物流管理》、《物流学》、《网络支付与结算》、《电子商务技术基础》、《物流成本管理》、《供应链管理》、《配送管理》、《采购管理》、《劳动经济学》、《西方运输经济学》、《现代生产运作管理》、《管理学》、《企业物流管理》、《网站编程技术实用教程》、《ERP 原理与实践》、《建设工程监理案例分析》、《经济法教程》、《多维审视下的组织理论》、《工程管理实践教程》、《人力资源开发与管理》、《商品学概论》、《财务管理：分析、规划与评估》、《供应链管理原理及应用》、《市场营销》、《物流信息管理》、《管理信息系统》、《商用 ERP 实训教程》、《国际贸易》；有北京市精品教材立项项目 12 个，分别是《技术经济学》、《国际贸易》、《物流系统方法论》、《管理研究方法论》、《电子商务管理》、《服务科学概论》、《公司财务管理：理论与案例》、《国际商务谈判》、《经济模型与应用》、《经济学原理（双语）》、《税收理论与实务（第二版）》、《信息管理与信息系统研究方法论》；有 25 本教材列入国家"十一五"规划教材；荣朝和教授荣获第四届高等学校教学名师奖；有北京市教学名师 3 人，他们是荣朝和教授、张明玉教授和汝宜红教授；有校级优秀主讲 46 人；2009 年本科教学参加各类竞赛获奖 83 项，其中获省部级奖项 13 项，国家级奖励 11 项。这 11 项国家级奖励分别是：国家级大学生创新计划项目《北京市平面交叉路口拥堵指数分析及缓解对策研究》（欧国立）；国家级大学生创新计划项目《物流网络化程度与物流效果关系的研究——基于北京市的实证分析》（鞠颂东、丁静之）；国家级大学生创新计划项目《我国铁路与公路建设投资的对比研究》（荣朝和）；国家级大学生创新计划项目《经济模型资源平台的建设》（张真继、常丹、杜晖）；国家级大学生创新计划项目《基于认知网络行为模型的认知网络 QoS 技术》（张润彤）；国家级大学生创新计划项目《会计稳健性与公司治理关系研究》（马忠、高莹、姚立杰）；《创新理念，构建"探究型"经济管理实践教学体系》教学成果（刘延平教授主持）获高等教育国家级教学成果二等奖以及高等教育北京市教学成果一等奖；《厚数博理、学科复合、践实笃行、自主发展——探索创新人才培养新模式》教学成果（王永生教授主持、张真继等教授参加）获高等教育国家级教学成果二等奖以及高等教育北京市教学成果一等奖；《运输经济学系列课程教学团队》（带头人：荣朝和）被评为2009年国家级及北京市级优秀教学团队；《企业物流管理（网络教育类）》课程（赵启兰教授主持）评为国家级精品课程；《西方运输经济学》（第二版）教材（荣朝和教授主编）评为国家级精品教材。

2009年学院围绕专业自评估工作及主干课研究性教学共举办院内教学研讨会十多次，全院老师共发表教学改革论文近百篇，出版完成了《多视角下的经济管理人才培养模式研究》教改论文集。获得高等教育国家级教学成果二等奖主持1项，参加1项；获北京市教学成果一等奖2项，二等奖2项；1个教学团队被评为国家级、北京市优秀教学团队；1本教材评为国家级精品教材；1门课程被评为国家级精品课程、1门评为北京市精品课程；1教师获北京市教学名师奖；6项大学生创新实验计划项目评为国家级大学生创新实验计划项目；14本“十一五”规划教材出版、8本教材获北京市精品教材立项支持等。学院先后主办“邯运杯”第2届全国大学生物流设计大赛、主办“全国大学生创业大赛”北方区决赛、“挑战杯”科技作品、创业计划大赛校内比赛等学科竞赛，吸引全国百十所高校代表队来校参赛。工程管理专业通过住房和城乡建设部专业评估委员会的专业评估（认证）。与美国、英国等8所高校商学院签订了学生交流的实质性合作协议，派出包括本科生在内的61人次学生赴境外学习交流，学院留学生数量为152人。

2. 研究生教学

2009年普通硕士招生专业有17个，全日制MBA专业1个，扩招全日制专业学位硕士专业2个。2010年硕士招生简章，普通硕士改为学术型硕士，招生专业仍为17个，新增全日制专业学位硕士招生专业4个，其中工程硕士3个、会计硕士1个，全日制MBA专业继续招生。

2009年博士招生专业有9个。2010年博士招生简章新增技术经济及管理专业。

在全校率先启用学位论文反学术不端行为系统，提高了研究生学位论文质量；起草修订了《兼职导师工作条例》、《经济管理学院院学位评定委员会章程》等文件，完善了研究生培养的相关制度；制订了全日制专业学位培养方案及实施环节；启动了硕士研究生课程建设；对研究生及专业学位进行了学科自评估；召开了第二届全院研究生指导教师大会暨研究生培养质量讨论会。

【科研工作】

学院高水平科研项目立项取得新进展，获得国家社会科学基金重大项目1项，国家自然科学基金项目6项，国家软科学计划项目2项，科技部“973”项目1项，“863”项目1项，“科技支撑”项目5项。截至年底，经管学院教师承担各类科研项目合同经费总额达到5 520万元，项目165项。

李孟刚副教授主持国家社科基金重大项目“应对重大自然灾害与构建我国粮食安全保障体系对策研究”，是学校首次主持我国人文社科领域最高级别重大课题。

北京交通大学中国产业安全研究中心主任李孟刚作为项目主持人承担教育部重大专项项目“中国产业安全指数研究”课题，项目合同经费1 853.4万元。李孟刚编著的专著《产业安全理论研究》和马忠老师的专著《金字塔结构下终极所有权与控制权研究》分别获得第五届高等学校科学研究优秀成果奖（人文社会科学）二等奖和三等奖。张明玉教授主持完成的科研成果“中国农产品加工跨越式发展战略研究”获北京市科学技术二等奖。

在中情所公布的检索论文中，学院教师 2008 年 SCI 论文 5 篇，EI 论文 12 篇，ISTP 检索论文 163 篇。

【学科与平台建设】

管理科学与工程获批设立一级学科博士后科研流动站，学院的管理科学与工程具备了一个更高的发展平台。新增 2 个工程硕士专业，即工业工程和安全工程，使经管学院的工程硕士领域扩大为 4 个。为鼓励经管学院青年教师开展科学研究，北京交通发展研究基地面向北京市高校进行了公开招标，经过专家认真评审，最终资助了重点研究项目 6 项，一般研究项目 9 项，青年基金项目 8 项，共资助 65 万元。

由北京交通大学与欧亚太平洋大学联盟联合成立了中奥物流创新研究中心。

完成出版了北京交通发展研究基地 2009 年度报告，北京交通大学基础产业研究中心研究报告。

【对外交流与合作】

学院先后与美国、英国、澳大利亚等多所高校及组织签订合作意向书，开展合作交流项目。接收来自美国特拉华大学、美国迈阿密大学、美国杜肯大学、美国辛辛那提大学、美国犹他州立大学、瑞典达拉那大学、韩国仁荷大学、俄罗斯西伯利亚交通大学等高校的短期访问学生 202 余人，台湾新竹交通大学的访问学生 6 人。派出赴瑞典学习交换生 18 名，赴美国迈阿密大学交换生 9 名，赴美国犹他州立大学交流生 5 名，赴美国密苏里州立大学交换生 2 人，赴美国奥克兰大学交换生 3 人，赴美国夏威夷太平洋大学交换生 4 人，参加中美 1 +2 +1 项目交换生 1 人，赴台湾新竹交通大学交换生 3 人，赴台湾义守大学交换生 3 人，赴澳大利亚维多利亚大学交换生 1 人。接待国外专家、学者来访 40 人次。聘请境外顾问教授 6 人。派出教师短期（6 个月以下）赴境外学习交流 14 人次，派出教师长期（6 个月及以上）赴境外学习交流 15 人次。推动建立中奥物流研究中心和信息理论与技术国际研究中心。12 月学院正式获得了国际商学院联合会（AACSB）的会员资格。

土木建筑工程学院

【综述】

土木建筑工程学院在教书育人、人才培养、学科与平台建设、队伍建设、科学研究、社会服务、党建和思想政治工作等方面取得了较为突出的成绩。1 月 20 日，教育部、财政部联合发文，批准学院土木工程实验中心为 2008 年国家级实验教学示范中心建设单位；张顶立教授组织申报的国家重点基础研究发展计划项目《城市地下工程安全性的基础理论研究》获批复，成为学校第三位“973”首席科学家；学院科研经费首次突破 8 000 万元；夏禾教授获 2009 年北京市优秀教师称号；汪越胜教授获 2009 年“宝钢优秀教师奖”；杨庆山教授被评为长江学者特聘教授；学院制定了奖励绩效工资核算办法，并发放绩效工资 22.1 万元。

【队伍建设】

截至年底，在册教职工 210 名，其中专职教师 167 名、院士 2 名、长江学者特聘教授 2 名、国家杰出青年奖金获得者 2 人、博士生导师 52 名、硕士生导师 137 名；具有博士学位的教师比例达 78.4%，比 2008 年提高 2.6%，比 5 年前提高 34.3%。全年引进人才、补充教师 7 名，其中教授 1 名、国外留学人员 4 名；晋升教授 3 人、副教授 4 人；在国外留学或出访 3 个月以上的教师共有 13 名；全年减少教职工 3 人，其中 2 人退休、1 人调出，共 23 位教师入选“红果园创新人才培养计划”，其中 A 类人选占全校 1/4，B 类人选占全校 1/2。聘请美国 Frieder Seible 院士为学校名誉教授。学院共安排 16 位青年教师在校内外挂职锻炼，并为新报到的教师资助科研启动经费。学院新增博士生导师 4 名，新增硕士生导师 26 名。

教职工在学院系、所、中心、机关分布如表 74 所示。

表 74　教职工在学院系、所、中心、机关分布表

单位＼职称	教授	副教授	讲师	助教	研究员	副研究员	助理研究员	高工	工程、实验、会计师	助工助实	见习生技术员	工人	合计
桥梁工程系	7	9	8			1		1					26
隧道与地下工程系	4	3	3										10
建筑工程系	5	6	1		1								13
岩土工程系	3	14	12				1						30
道路与铁道工程系	5	11	10			1		2					29
市政与环境工程系	2	8	3			1		1					15
力学系	4	9	3										16
隧道与地下工程研究中心	4	4	2		2	1		1				1	15
城市轨道工程研究中心	3	2	2						1				8

续表

单位 \ 职称	教授	副教授	讲师	助教	研究员	副研究员	助理研究员	高工	工程、实验、会计师	助工助实	见习生技术员	工人	合计
实验中心	1	2	1					4	7			2	17
勘察设计院	0	1	0					4	3		1	1	10
学院办公室	5	3	2	3				1	5	1	1		21
合　　计	43	72	47	3	3	4	1	14	16	1	2	4	210

【党建和思想政治工作】

学院党员情况如表 75 所示。

表 75　学院党员情况统计表

	教职工	研究生	本科生	小　计
党支部个数	11	31	10	52
在册党员人数	145	498	195	838
全年发展党员人数	0	43	57	100
党员比例	70%	56%	12. 5%	

1. 教职工党建和思想政治工作

根据教育部的总体部署及校党委的安排，学院 3—8 月开展了深入学习实践科学发展观活动。学院党委坚持把学习实践活动同解决思想认识问题和学院改革发展问题紧密联系起来，努力提高学习实效，创新活动方式，切实做到两手抓、两促进、两不误。学院建立了专题网站，编制了活动简报，及时进行宣传和交流。积极创造条件，努力为师生员工办实事，在群众满意度测评中，满意度为 100% 。在加强领导班子和干部队伍建设方面，确保学院的科学决策和民主管理；从政治环境、机制保障、经费条件等方面，加强基层党支部建设，以支部活动为主要形式，加强党员的责任和义务教育，确保党支部的战斗堡垒作用。各支部结合学习实践科学发展观活动和庆祝中华人民共和国成立 60 周年组织了丰富多彩的支部活动，开展了向吴大观同志学习的活动；加强和改进思想政治工作，树立团结奋斗、积极向上的学院风气；通过关注教职工的思想动态和热点、难点问题，理顺情绪，化解矛盾，努力为教职工解决实际困难；积极发挥基层党支部及院系工会组织的作用，营造民主、开放、和谐的学院氛围。

2. 本科生党建和思想政治工作

学院在学生党建工作中，进一步完善各项制度建设，加强“入党积极分子自我培养卡”制度，规范对积极分子的培养和考核，效果明显。在 2006 级推荐免试攻读硕士学位的同学中，51. 4% 被推人员来自党员；2006 级党员中 37. 5% 同学被推荐免试攻读硕士学位，远高于学院 18. 6% 的平均比例。在 60 周年国庆庆典活动中，组织 2007 和 2008 级的 275 名学生参加国庆 60 周年交通成就群众游行方阵和 2 名同学参加大型音乐舞蹈史诗《复兴之路》演出，顺利完成了相关任务，共有 16 名师生获首都国庆 60 周年群众游行优秀工作者，277 名同学获首都国庆 60 周年庆祝活动群众游行荣誉证书和首都中华人民共和国成立 60 周年庆祝活动纪念证书等荣誉。认真做好毕业生就业指导和就业服务，提高就业质量，2009 届就业率达到 98% 以上；注重对低年级学生就业意识和就业能力的培养，开展了多次校友报告会、职业规划大赛，努力提高学生的就业能力，2006 级就业态势良好，已经签约的人数占除去考研、保研人数后剩余人数的 70% 以上。在学生创新能力培养方面，学院承办第八届北京高校建筑结构设计联赛，鼓励学生参加结构设计联赛、“挑战杯”、大学生物理竞赛、大学生数学竞赛等活动，共 74 人获各类奖励。第八届北京高校建筑结构设计联赛，学院获得了桥梁一等奖、大跨组二等奖、大跨组三等奖各一项。近 100 名同学参与大学生创新实验项目，锻炼了学生的科技创新能力。另外，学院加强对家庭经济困难同学的关注，认真贯彻推进“奖、助、勤、补、减”资助工作，全年各项资助共计 811 人次，资助总额达 1 149 740 元，没有一个学生因为经济问题影响学业。同时，进一步加强对家庭经济困难学生的自立自强教育，塑造学生健康品格。按照学校部署，在防控甲流工作中保持高度的责任心，加大了防控甲流的宣传力度，做好学生的思想工作，还到隔离区慰问学生，做好各项预防工作。期间，学院总计有 284 人次发热。学院本科学生获奖及家庭经济困难学生资助情况如表 76、表 77 所示。

表 76　本科生 2007—2008 年度各类奖学金统计表

奖学金	思源	国家	励志	茅以升	智瑾	汉能	金源	日立	万桥	学习	新华都	博爱科技创新	博爱道德风尚	高富浪自强不息	社会工作	奋进	体育	文艺	社会实践
人次	1	15	52	1	3	3	2	3	1	270	1	2	1	1	113	24	28	22	12

表 77　学院家庭经济困难学生资助情况

项目	名　　称	奖励人次	总金额/元
奖	国家励志奖学金	52	260 000
助	名　　称	受助人次	总金额/元
	国家助学金	358	715 000
	北京交通大学助学金	419	352 700
	中海油助学金	3	9 000
	新长城助学金	18	34 720
	UPS 助学金	1	4 000
	汉能李嘉宁助学金	9	24 000
	电气春雨助学金	2	4 000
	宏基助学金	1	3 000
	中国扶贫基金会恒大慈善万人行	1	2 000
	共　　计	812	1 148 420
勤	名　　称	参加人次	发放金额/元
	学院内勤工岗位	68	163 200
贷	名　　称	贷款人数	贷款金额/元
	国家贷款	281	1 679 00

续表

项目	名　　称	奖励人次	总金额/元
补	名　　称	受助人数	总金额/元
	大一新生补助	54	21 000
	家庭经济困难学生临时伙食补贴	282	56 400
	临时困难补助	10	5 500
	共　　计	346	82 900
减	名　　称	受助人数	总金额/元
	西部开发助学工程减免学费	2	11 000

3. 研究生党建和思想政治工作

在加强思想政治教育工作方面，研究生各党支部发挥了战斗堡垒作用，组织参观了“西藏民主改革50周年”、“辉煌60年——中华人民共和国成立60周年成就展”等大型展览。学院举行了研究生纪念建国60周年歌咏比赛活动，并参加了全校研究生庆祝建国60周年合唱比赛，取得了组织一等奖、比赛二等奖的好成绩。9月对全体新生和老生班级骨干集中进行了安全教育、在研究生新生中做好了心理普查工作，组织全体2009级新生和2008级干部进行心理培训与教育。在工作中，学院围绕解决学生实际困难做好了学生贷款、三助、住宿安排等工作。积极支持研究生参加学术活动和国内外学术交流，全年共开展了22次名师讲坛活动，20余名研究生参加全国博士论坛、博士学术会议，73名研究生报名参加全国交通高层论坛，研究生做博士论坛报告和学术报告次数总计30次。博士生刘佩获得学校“优秀博士生科技创新基金”5万元资助。在第十九届“慧光杯”学术节中，学院获奖论文15篇，其中一等奖4篇、二等奖4篇、三等奖7篇。学院共有11个社会实践团队参加了暑期社会实践并取得了优异成绩；“成都地铁环境振动及抗震设计调研与分析”获2009年度首都高校社会实践优秀成果奖；张楠老师被评为2009年度首都高校社会实践先进工作者。有4位博士生参加了北京高校博士生挂职锻炼。在不断提高研究生培养质量的同时，学院注意加强了研究生就业和入职教育。2009年学院应就业研究生总人数282人，其中博士生29人，硕士生253人，就业率100%，同时签约率达到96.8%，较2008年的96.03%、2007年的94.64%，签约率逐年稳步提升。学院研究生获奖情况如表78、表79、表80所示。

表78　学院研究生先进集体、先进个人

首都高校先锋杯团支部	万桥奖学金	宝钢奖学金	校优良学风班	全国数学建模竞赛二等奖	优研	智瑾	道德建设先进个人	西门子铁路奖学金	校三好	校优奖	校优干	校优秀毕业研究生	校优秀毕业研究生干部	校优秀团支部	校优秀团干	校优秀团员	校五四奖章获得者
1	1	1	4	3	4	5	1	1	65	8	43	35	18	2	2	5	1

表79　学院研究生暑期社会实践获奖情况

首都高校社会实践优秀成果	首都高校社会实践先进工作者	校一等奖	校二等奖	校三等奖	校优秀带队教师	校优秀社会实践个人
1	1	2	2	3	1	22

表80　2009年学院研究生其他获奖情况

<table>
<tr><td rowspan="2">校就业工作奖</td><td colspan="3">第十九届慧光杯学术节论文</td><td rowspan="2">博士生到北京市基层挂职锻炼</td><td colspan="3">职工第25届暨学生第45届田径运动会</td><td>新生运动会</td><td colspan="2">庆祝建国60周年合唱比赛</td></tr>
<tr><td>一等奖</td><td>二等奖</td><td>三等奖</td><td>团体总分</td><td>男乙总分</td><td>女乙总分</td><td>土建学院团体</td><td>组织一等奖</td><td>比赛二等奖</td></tr>
<tr><td>1</td><td>4</td><td>4</td><td>7</td><td>4</td><td>第2名</td><td>第1名</td><td>第2名</td><td>第3名</td><td>1</td><td>1</td></tr>
</table>

【教学工作】

2009年学院招生、在校、毕业学生人数如表81所示。

表81　2009年招生、在校、毕业学生人数

类别 年份	博　士			硕　士			工程硕士			本　科		
	招生	在校	毕业	招生	在校	毕业	招生	在校	毕业	招生	在校	毕业
2009年	68	364	14	335	619	226	70	269	16	391	1 605	361

1. 本科教学

截至年底，学院共设“土木工程”、“环境工程”2个本科专业，设“土木工程（道铁工程）”1个方向。土木工程专业通过了建设部的专业评估，有效期至2017年5月；学院参加的“轨道交通复合型工程拔尖人才培养模式创新试验区”获得北京市教委批准；《桥梁工程》被评为国家级精品课程、《工程力学实验》被评为北京市精品课程、《选线设计》和《工程力学实验》被评为校级精品课程。同时，《混凝土结构设计原理》和《土力学与基础工程》被评为学校优秀教案；夏禾教授作为负责人的桥梁工程系列课程教学团队被评为2009年校级优秀教学团队；石志飞教授获校级教学名师称号；冯瑞玲被评为优秀主讲教师。至此，学院共有2名校级教学名师，40名优秀主讲教师及2名优秀实验教师。

学院注重对青年教师和学生创新和实践能力的培养，举办了青年教师教学基本功比赛。闫志刚获得学校第七届青年教师教学基本功比赛一等奖，黄海明、郭薇薇获得三等奖，于桂兰教授获得优秀指导教师奖。之后，闫志刚又荣获北京市第六届青年教师教学基本功比赛二等奖。向宏军在“第五届全国结构力学及弹性力学青年教师讲课竞赛”中荣获一等奖。共组织立项大学生创新性实验项目33项。有7个大学生创新性实验项目获准为国家级大学生创新性实验计划；学生参加的“全国土木工程专业本科生优秀创新实践成果奖”答辩，2个项目均获得了一等奖；并有2个实验项目获2009年北京交通大学优秀实验项目。学院推荐的黄建坤等同学的作品（指导教师石志飞）《后张法预应力钢筋混凝土梁封端缝渗漏治理研究》获第十一届“挑战杯”全国大学生课外学术科技作品竞赛北京市一等奖、全国三等奖（自然科学类学术论文），还有3项作品在北京交通大学2009年度大学生节能减排社会实践与科技竞赛中获奖。学院承办了“全国大学生结构设计竞赛北京交通大学选拔赛”；学院2006级学生安彦坤、龚小平参加第七届全国周培源力学竞赛获北京赛区优胜奖。2009年学院共有18项教学研究与改革项目获准立项，项目奖励经费合计37.6万元（含北京市精品课程和校级重点项目专项）。学院参加的教学项目“面向国家重大需求培养具有轨道交通特色的创新型工程人才”获国家教学成果一等奖；于桂兰教授主持的“《弹性力学》双语教学研究与建设”获2009年校级重点教改项目；2009年学院共出版了6本教材，有5本教材获

2009 年北京市精品教材立项，还有主编的 6 本、参编（副主编）的 11 本铁路特色教材即将出版；2009 年专项建设经费完成了 105 万元（不含研制设备科研经费配套经费约 10 万元）；学院联合北京工业大学主办了全国土建类实验教学示范中心建设研讨会，全国 14 个国家级实验教学示范中心的代表 30 余人参加了研讨会。

2. 研究生教学

2009 年学院共有 3 个博士学位授权一级学科、15 个博士学位授权二级学科、4 个硕士学位授权一级学科、29 个硕士学位授权二级学科（其中工学学科 19 个、管理学科 1 个、专业学位 9 个）。研究生公开发表论文 199 篇，其中一类论文 133 篇。汪越胜教授培养的博士生论文获全国百篇优秀博士论文提名。学院组织各系召开数次奖学金评定制度研讨会，制定了《北京交通大学土建学院硕士研究生基本奖助学金评定细则》，为提高学院研究生培养质量奠定良好基础。学院先后与河北建设勘察研究院有限公司、中铁一局，沈阳铁路勘察设计院签约合作办班，培养工程硕士，为社会培养更多高素质人才，达到了企业和学院共赢的目的。学院继续投入研究生教育创新基金，共资助研究生发表高水平文章 29 篇、资助老师出版研究生教材 6 本、教学管理改革项目 3 项。学院组织申报的《研究生教育创新项目申请》，有 2 个项目通过了学校评审。

【科研工作】

学院新增科研项目 199 项。新增合同经费 8 487.3 万元，比 2008 年增加 30%，其中国家自然科学基金项目 23 项，在全国土木类学院中排名第 5。张顶立教授组织申报的国家重点基础研究发展计划项目《城市地下工程安全性的基础理论研究》获批复，经费 2 900 万元；王永红教授获得一项科技部国际合作项目《CO_2 深部地质封存的长期稳定性预测与控制研究》，总经费 198 万元，以该项目为依托，学校批准成立了二氧化碳封存和捕获（CCS）研发中心；由张顶立教授总负责的铁道部项目《隧道围岩稳定性及其控制技术研究》总经费 3 000 万元；毛军申报的北京市自然基金重点项目《地铁列车在隧道内着火后继续行驶的火灾安全控制研究》已通过答辩，这是学院在北京市自然基金重点项目上的突破；张成平申报的北京市科技新星计划 B 类，通过了北京市科委组织的专家组答辩。

2009 年度学院共获得国家级科技奖励 2 项，省部级科技奖励 6 项，其中夏禾教授参与完成的“列车过桥动力相互作用理论、安全评估技术及工程应用”，袁泉、贾英杰老师参加的军工项目均获国家科技进步二等奖。魏庆朝教授等参加完成的“北京南站建设综合技术”获中国铁道学会科学技术特等奖，杜进生老师的《Ductility Analysis of prestressed concrete beams with unbonded tendons》获第三届欧维姆优秀预应力论文奖一等奖。

2009 年统计的 2008 年论文检索中，有 SCIE 42 篇（07 年 40 篇）、EI 161 篇（07 年 96 篇）、ISTP 127 篇（07 年 38 篇），三大检索论文比 2008 年统计的论文数增加 85%。共发表期刊论文 316 篇、会议论文 224 篇、出版著作及教材 11 部。2009 年获发明专利授权 9 项，是 2008 年的 4.5 倍，新增实用新型专利授权 4 项，软件著作权 4 项。

【学科与平台建设】

2009 年学院有 2 个国家重点学科、2 个北京市重点学科、2 个铁道部重点学科、1 个国家级实验教学示范中心，1 个教育部工程研究中心，1 个教育部重点实验室。

2009 年教育部组织验收委员会对依托土建学院建设的隧道及地下工程教育部工程研究中心建设项目进行了验收，给予了很高评价。学院组织申报了“城市地下工程”教育部重点实验室，已获批准。

优势学科平台（985）“轨道交通基础设施建设安全”创新平台全面启动，已完成招标工作；“风洞实验室”建设完成前期工作；“211 工程”三期建设专项经费与配套经费均已落实并进入招标阶段；土木工程检测实验室申报工作进展顺利；启动了学院与中铁十七局集团公司联合建设国家级科研平台工作。

【对外合作与交流】

2009 年，学院在对外交流与合作方面积极开展工作。先后接见了来访的俄罗斯西伯利亚交通大学、台湾云林科技大学、越南河内建筑大学、台湾亚新工程顾问股份有限公司等 10 个代表团，双方就相互合作方面达成共识。聘请外籍专家讲学 23 次，组织学术报告 66 场。在此基础上，学院积极走出去，在书记吴萱、院长魏庆朝和副院长杨庆山带队下出访意大利、俄罗斯、日本等国家和台湾地区的多个高校和企业，开展访问、交流、学习等活动，与 3 个国外高校签署了合作协议，谋求共同发展。

9 月 10 日，日本地下铁道协会、日本海外铁道技术协力协会与北京交通大学、重庆轨道交通总公司举行了第 5 次直线电机轨道交通技术交流会，施仲衡院士、魏庆朝院长及参加“直线电机轮轨交通系统”系列课题的课题负责人参加了此次交流会。在每年向意大利米兰理工大学成批派遣研究生的基础上，2009 年又派出了 7 名博士后、研究生到台湾科技大学和台湾亚新工程公司交流、实习。10 月，学院主办了第四届环境振动国际会议，来自 18 个国家和地区的专家学者和工程技术人员近 200 人参会。

在合作项目上，中铁十六局、中铁十七局分别与学校签署了双方战略合作框架协议，学院还分别与中交第四公路工程局有限公司、河北建设勘察设计研究院等单位签署了产学研合作协议。为乌鲁木齐铁路局举办铁道工程“4 + 1”专业技术人员培训班和铁道工程骨干人员培训班。充分发挥学院教师在教学科研方面的优势，积极参与国家重点工程的建设，对京沪高铁、贵广客运专线、兰渝客运专线等进行技术咨询和指导，为铁路客运专线建设发挥了积极作用。

交通运输学院

【综述】

交通运输学院下设二级机构：运输管理工程系、交通工程系、交通信息管理工程系、城市轨道交通系、系统工程与控制研究所、系统科学研究所、综合交通研究中心、智能系统与安全技术研究中心、铁路危险货物运输研究实验室、交通运输智能技术与系统实验室、电子商务实验室、运输设备教学馆和交通工程实验室等教学科研实践基地。2009 年，学院科研合同经费达 5 741.7 万元；交通运输综合实验中心被批准为国家级教学示范中心；"城市交通复杂系统理论与技术"方案获得教育部批准，建设方案通过专家论证；交通工程国家级特色专业、国家级教学团队等一系列质量工程教学工作取得突出成果。

【队伍建设】

2009 年，学院在编教职员工有 139 人，其中管理岗位 22 人、教学科研岗位 114 人，其他工作人员 3 人，如表 82 所示。学院教学科研岗位引进人才 4 名，均具有博士学位，其中 2 人为国外引进；高自友教授被教育部批准成为交通运输工程学科"长江学者"奖励计划特聘教授。

表 82　教职工在学院系、所、机关分布表

单位 \ 职称	教授	副教授	讲师	助教	高工	工程师	助工	工人	见习生	合计
运输管理工程系	9	13	7		1	1				31
交通工程系	4	5	8		1			1		19
交通信息管理工程系	3	6	9							18
城市轨道交通系	2	2	6							10
系统工程研究所	7	7	11		1					26
系统科学研究所	1	7	4		1					13
学院机关	5		4	3	4	2	3		1	22
合　计	31	40	54	3	5	2	3		1	139
业务关系在学院的校双肩挑人员	5									5
长江学者特聘教授	2									2

【党建和思想政治工作】

截至年底，学院有党员 767 人，其中教职工党员 104 名（在读博士后 2 名）、研究生党员 412 名（含博士生、博士后党员）、本科生党员 251 名。党支部 32 个，其中教职工党支部 7 个，学生党支部 24 个；2009 年度新发展党员 137 名，其中研究生党员 35 名，本科生党员

102 名；教职工党员比例 74.8%，研究生党员比例 49.5%，本科生党员比例 19%，如表 83 所示。

表 83　学院党员情况统计表

类　　别	教职工	研究生	本科生	小　　计
党支部个数	7	16	9	32
在册党员人数	104	412	251	767
全年发展党员人数	0	35	102	137
党员比例	74.8%	49.5%	19%	

1. 教职工党建和思想政治工作

学院党委坚持“围绕中心抓党建，抓好党建保中心”的工作思路，充分发挥党委的政治核心作用和党支部的战斗堡垒作用。在教职工思想政治工作和党支部建设中坚持学习落实科学发展观，坚持将党建工作与教学科研管理实际相结合，党支部书记作为系所主要领导将党务工作、党员责任与教学科研管理实际工作的具体任务落到实处，切实发挥党支部和党员的积极作用，使党建工作为学院发展保驾护航。2009 年，学院领导班子密切配合，紧紧依靠广大教职工党员和群众，通过深入细致的思想政治工作，调动了广大教职员工的积极性，不断增强学院的凝聚力，率领全院教职员工取得了显著成绩。

2. 本科生党建和思想政治工作

学院将思想政治教育工作贯穿于日常生活中，以国庆 60 周年庆祝活动、交通运输专业成立 100 周年等重大事件为契机，开展以理想信念教育、爱国主义教育、“责任·感恩·诚信”教育为主题的学习教育活动。

2009 年，全院本科生有 490 人次获得各项奖学金，见表 84。其中，1 人获得思源奖学金，80 人获得专项奖学金，59 人被评为北京交通大学三好学生，30 人被评为北京交通大学优秀学生干部。在科研活动中，全年本科生申报大学生创新性实验计划 69 项，其中，国家级项目 6 项，北京市级项目 10 项。本科生参加高水平学科竞赛，成绩显著。在 2009 年度“挑战杯”课外学术科技作品大赛中，学院有 1 项作品获得国家级三等奖、北京市级一等奖，2 项作品获得校级一等奖，4 项作品获得校级二等奖，15 项作品获得校级三等奖。在第四届全国大学生交通科技大赛中，学院有 3 项作品分获二等奖、三等奖和优秀奖。在首届全国高校“创意创新创业”电子商务挑战赛中，学院有 2 项作品分别获得全国总决赛特等奖、三等奖。学院本科生发表各类学术论文 52 篇。在社会实践中，学院赴兰州、西安实践团获得 2009 年度首都高校社会实践优秀团队和校级一等奖，其成果获得 2009 年度首都高校社会实践优秀成果；杰出校友访谈实践团获得校级二等奖；学院 2007 级党支部在北京高校红色“1+1”示范活动评比中获得北京市鼓励奖。

表 84　本科生 2008—2009 年度各类奖学金统计表

奖学金	思源	国家	励志	华睿	宝钢	西门子	金源	公交	日立	钱仲侯	智瑾	学习	社会工作	奋进	体育	文艺	社会实践
人次	1	12	40	2	1	3	2	3	2	3	3	231	92	20	24	32	11

在班级和团支部建设方面，有 6 个班级被评为校优良学风班，4 个被评为校级先进班集体，12 个班级被评为院优良学风班。学院有 1 个团支部获首都高校奥运先锋团支部称号，1 个团支部获首都高校“先锋杯”优秀团支部称号，4 个团支部获甲级支部称号。1 人获校“五四奖章”，2 人获校“十佳团支部书记”，92 名同学获校优秀团员、团干部荣誉称号。

2009 年学院共有本科毕业生 294 名，本科生就业率达 95.9%，其中深造率（含出国深造）为 35.37%，签约率为 85.03%。学院毕业生工作在本科毕业生面向基层就业方面成绩突出获得学校表彰。

在国庆 60 周年庆祝活动中，学院 267 名师生共同参与，圆满完成国庆群众游行任务。其中高永峰老师担任彩车副车长、王晓东老师借调北京市国庆群众游行指挥部，4 名老师被首都国庆游行指挥部授予优秀工作者荣誉称号，1 人受中央电视台《盛典》栏目跟踪报道，1 300 余人参观了建国 60 年成就展。

学院通过多渠道联系资助，继续推广“爱心·诚信”助学金和“星火基金”，将百年院庆所获校友捐款用于资助优秀贫困大学生，为 32 名 2009 级家庭经济困难学生购买御寒棉服。为困难学生发放“奖、助、勤、补”合计 110 余万元。学生资助情况如表 85 所示。

表 85　学院家庭经济困难学生资助情况汇总表

项目	名　　称	奖励人次	总金额/元
奖	国家励志奖学金	40	200 000
	共　　计	40	200 000
助	名　　称	受助人次	总金额/元
	国家助学金	281	281 000
	北京交通大学专项助学金	350	290 500
	中海油助学金	3	9 000
	电气春雨助学金	1	2 000
	新长城助学金	4	8 000
	钱仲侯助学金	8	16 000
	北京公交助学金	3	9 000
	汉能李嘉宁助学金	3	8 000
	宏基助学金	1	3 000
	UPS 助学金	1	3 700
	恒大慈善助学金	1	2 000
	共　　计	656	632 200
勤	名　　称	参加人次	发放金额/元
	学院内勤工岗位	216	216 000
	共　　计	216	216 000
贷	名　　称	贷款人数	贷款金额/元
	国家贷款	221	131 400
	共　　计	221	131 400

续表

项目	名　　称	奖励人次	总金额/元
补	名　　称	受助人次	总金额/元
	大一新生补助	81	17 000
	生活补贴	523	46 000
	临时困难补助	14	7 300
	共　　计	618	70 300
减	名　　称	受助人次	总金额/元
	西部开发助学工程减免学费	4	10 750
	合　　计	4	10 750

3. 研究生党建和思想政治工作

2009 年学院共招收研究生 285 名，博士生 53 名。学院研究生工作坚持科学发展观，认真实践各项活动，构建和谐校园。研究生德育工作以培养研究生思想品德、敬业精神、创新能力、团队精神、身心素质为重点，在促进研究生全面发展和健康成长方面做了一定的工作。

在研究生日常管理和思想教育工作方面，学院进一步修订了《交通运输学院研究生党支部工作细则》和《研究生党支部工作考核细则》，学院组织各研究生党支部组织参观“万众一心 众志成城——抗震救灾主题展览”，开展了“研究生党员观看红色电影”等主题教育活动，丰富了党员的教育形式。

在研究生学术交流方面，学院进一步落实《北京交通大学交通运输学院研究生学术道德规范管理条例》，弘扬严谨求实的学术钻研风气。承办了 2009 交通运输工程全国博士生会议，组织研究生参与第十九届“慧光杯”研究生学术文化节和第一届“慧光杯”研究生辩论赛，并取得良好成绩。

为推进研究生综合素质教育工作，学院举办了第五届交通运输学院研究生“知行”学术文化节，活动期间开展了研究生学术科研论文写作经验交流会、研究生就业经验交流会、8 次大师讲坛及第八届“团结杯”师生乒乓球比赛等活动。

学院进一步规范研究生的评优评先工作，体现了评优评先工作的“公正、公平、公开”，进一步修订了 2009《交通运输学院研究生综合测评实施办法》，有 2 个研究生班被评为校级优良学风班，有 115 名研究生获得个人奖项。

学院继续对研究生的心理健康问题和经济困难研究生进行了关注，协助学校心理中心进行了研究生心理普查，协助校资助中心完成了 2009 年研究生贷款工作。

学院努力做好 2009 年毕业生就业工作，加强对毕业研究生的文明离校教育，召开有班主任、导师参加的全体毕业研究生座谈会。在就业形势严峻的形势下，通过学院上下的共同努力，研究生毕业生就业率达到 99% 。

【教学工作】

2009 年学院招生、在校生、毕业生人数如表 86 所示。

表 86　2009 年学院招生、在校、毕业学生人数

类别 / 年份	博　士			硕　士			工程硕士			本科		
	招生	在校	毕业	招生	在校	毕业	招生	在校	毕业	招生	在校	毕业
2009 年	53	229	39	285	550	201	90	183	60	335	1 261	303

1. 本科教学

学院下设交通运输、交通工程、电子商务三个本科专业，现有全日制本科生 1 261 名。截至年底，学院有国家级实验教学示范中心 1 个，国家级精品课程 6 门，北京市精品课程 6 门，校级精品课程 11 门，北京市精品教材 14 部，国家“十一五”规划教材 17 部，邵春福教授被评为北京市级教学名师，学校优秀主讲教师 30 名。在各类大学生学科竞赛中，获得国家级奖项 23 项，北京市级奖项 4 项，校级奖项 30 余项。

2009 年学院质量工程建设成果突出，提前完成“十一五”指标。其中，交通运输实验中心获批为国家级和北京市实验教学示范中心，朱晓宁教授负责的“面向国家重大需求，培养具有轨道交通特色的创新型工程人才”同时获得国家和北京市教学成果一等奖，杨浩教授负责的“融通交通运输共性基础理论，创建交通运输大类专业平台系列课程”获得北京市教学成果二等奖。

学院还在平台系列课程建设、实验中心建设、教材建设以及教改项目建设工作中取得很大的进步，学院教学管理工作水平有了进一步的提高。

2. 研究生教学

2009 年学院首次招收全日制专业硕士研究生，研究生招生数首次超过本科生。招收全日制专业硕士 36 名，其中交通运输工程领域 27 名，物流工程领域 9 名。学院依托奖助学金制度改革，完善研究生激励机制。制定了《交通运输学院硕士研究生第二学年奖助学金评定办法》，顺利完成了 2008 级 234 名硕士研究生第二年奖助学金评定工作。学院启动了“北京交通大学—北京市交通研究中心”博士生联合培养基地的建设。配合研究生院成功举办教育部研究生创新计划项目——“2009 年度交通运输工程学科全国博士生学术会议”。高自友教授指导的 2 名博士生学位论文获校级优秀论文，其中吴建军博士学位论文被推荐参加北京市优秀博士论文评选，评选出李伟征等 20 名硕士研究生的学位论文为交通运输学院 2009 年优秀硕士研究生学位论文。

同时，学院积极推动研究生国际交流，拓展国际视野。依托“211 三期”建设，实施创新人才培养建设计划，开展博士研究生国际学术交流活动，全额资助经严格选拔的 2 名优秀博士生到美国进行 6～12 个月短期访学，全额资助 4 名博士生参加国际会议往返交通费用。另有 10 多名博士、硕士生在导师的资助下参加国际会议。4 名研究生到马德里工业大学进行为期半年的学术交流。接收 2 名分别来自越南、塞拉利昂的国外留学生攻读硕士、博士学位。开展全英文授课。另外，还有多名研究生通过国家公派项目或其他渠道获得在欧洲、美国攻读博士学位的机会。

【科研工作】

经过全院教师的共同努力，学院科研工作取得了可喜的成绩，科研项目及发表论文情况如表 87、表 88 所示。

新增科研项目 232 项，合同经费 5 842. 7 万元，实到经费 6 197. 17 万元。其中 863 项目 1 项，合同金额 89 万；国家科技支撑计划 1 项，合同金额 20 万；国家自然科学基金项目 5 项，合同金额 114 万；省部级项目 40 项，合同金额 1 177. 2 万；横向项目 175 项，合同金额 4 043 万；国际合作 6 项，合同金额 262. 47 万。发表期刊论文 184 篇，会议论文 107 篇，出版科技著作 11 部，发表三大检索论文 185 篇，其中 SCI 40 篇，EI 62 篇，ISTP 83 篇。学院获技术发明专利 3 项，软件著作权 73 项。获省部级奖 7 项，其中教育部一等奖 2 项，山东省科技三等奖1项，中国铁道学会科技二等奖2项，三等奖2项。

表87　科研项目及经费表

类　别	项　目　数	合同经费/万元
“863”	1	89
国家支撑计划	1	20
国家自然基金	5	114
铁道部	13	520
省部级	27	657.23
国际合作	6	262.47
横向项目	175	4 043
校基金	4	36

表88　发表科技论文及著作表

分　类	类　别	数量（本/篇）
三大检索	SCI	40
	EI	62
	ISTP	83
论文	期刊论文	184
	会议论文	107
科技著作	著作	11

【学科与平台建设】

学院拥有交通运输工程、系统科学2个一级学科博士点；交通运输规划与管理、系统工程、系统分析与集成、运输与物流、城市交通工程、智能交通系统、安全技术及工程、交通运输安全工程8个二级学科博士点；交通运输规划与管理、运输与物流、城市交通工程、智能交通系统、交通运输安全工程、系统工程、系统分析与集成、安全技术及工程、环境工程、电子商务10个二级学科硕士点；交通运输工程、控制科学与工程、物流工程、安全工程4个工程硕士学科；另外，设有交通运输、交通工程、电子商务3个本科专业。

【对外交流与合作】

2009年，学院不断拓展学科发展领域，广泛开展国际学术交流。与英国、澳大利亚、日本、荷兰、美国、德国等30多个国家和地区的大学建立了科技交流与合作交流关系。与沙特乌姆库拉大学就“运输管理与技术”专业教育咨询和科研合作签署了框架协议，与日本广岛大学签署了实质性合作协议。落实2名高水平人才引进工作；落实国家留学基金委“国家公派出国留学研究生项目”，已有2名博士生申请到接收学校；继续推进“学生海外学习计划”，4人赴欧留学；通过“中国政府奖学金”项目，招收国际来华留学博士生1名。2009年开通学院英文网站。据不完全统计，学院全年教师、学生累计出访进修、交流30余人次；接待国（境）外参观来访50人次，开设英文讲座20次、英文授课1门、累计近50小时。

机械与电子控制工程学院

【综述】

机械与电子控制工程学院由机械工程系、检测与控制工程系、动力与控制工程系、机车车辆研究所、材料科学与工程研究所、工程素质培训中心及院机关7个机构组成。院机关包括党委办公室、院长办公室、教学科、科研行政科和院团委。

【队伍建设】

学院现有教职工179人，专职教师122人，双跨院士1人，博士生导师33名，硕士生导师87名，具有博士学位的教师比例为75%。引进人才5人，其他调入人员3人。如表89所示。

表89 教职工在学院系、所、中心、机关分布表

单位 \ 职称	教授	副教授	讲师	助教	高工	工程师	助工	工人	见习生	合计
机械工程系	6	21	12	0	4	1	0	0	0	44
检测与控制工程系	5	11	9	0	4	3	0	0	0	32
动力工程系	4	6	11	0	1	1	0	0	0	23
机车车辆研究所	3	5	6	0	3	1	0	0	0	18
材料科学研究所	4	8	4	0	0	0	0	0	0	16
工程素质培训中心	2	2	2	0	0	4	0	17	0	27
学院机关	4	3	4	1	2	2	2	0	1	19
合　计	28	56	48	1	14	12	2	17	1	179

5月，李长春副院长借调到北京市教委驻勤，学校任命房海蓉为学院挂职副院长，主管本科教学工作；宋雷鸣为学院挂职副院长，主管学院指定的专项工作；张乐乐为学校国际合作处挂职副处长。

【党建和思想政治工作】

学院现有34个党支部：其中教师7个、本科生8个，研究生19个；党员560人：其中教工党员112人、学生党员443人；年度新发展党员144人，转正党员101人；现有研究生党员239人、本科生党员204人，教职工党员比例为63%、研究生44%、本科生13%，如表90所示。

表90 学院党员情况统计表

类　别	教职工	研究生	本科生	其他	小计	备　注
党支部数量	7	19	8	0	34	
在册党员人数	112	239	204	5	560	5人出国、就业未转关系
全年发展党员人数	0	37	100	0	137	
党员比例	63%	44%	13%	/	/	

1. 教职工党建和思想政治工作

深入学习实践科学发展观活动自3月19日开始，活动分三个阶段，历时5个多月。学习调研阶段，学院党委对全院党员进行了动员和部署，组织召开了各类调研座谈会，撰写调研报告，在“我为科学发展献一策”活动中学院提交的意见建议获得金点子奖1项、优秀建议奖7项和优秀组织奖1项；分析检查阶段，学院组织召开了院领导班子专题民主生活会、各党支部专题组织生活会，撰写了院领导班子分析检查报告，全院师生对学院领导班子分析检查报告满意率达100%；整改落实阶段，主要是针对第二阶段领导班子民主生活会和分析检查报告中收集、整理、凝练出的问题，制订整改落实方案。学院的整改方案在充分吸取大家意见建议的基础上，共修改8次，经过分管校领导和联络员吴子成同志的审核把关，形成最终方案。学院党委于7月16日召开了深入学习实践科学发展观活动群众满意度测评大会，有71位师生代表参加了会议。测评结果是：满意和比较满意的达到了100%。其中满意的人数为92.8%；比较满意的人数为7.2%。

2. 本科生党建和思想政治工作

6月“汶川地震灾区学生六一关爱行动”全院师生捐款22 172.73元；12月思源助学金本科生捐款共5 489.10元。

在国庆60周年活动中，学院共256名师生圆满完成了第19方阵——“交通运输”方阵的群众游行任务，2名教师与3名学生共同完成了学校游行方阵后勤联络保障工作，40名师生代表学校独立承担了晚会群众联欢大学生板块的集体舞和联欢节目的表演任务，2名学生参加大型音乐舞蹈史诗《复兴之路》演出。3名带队教师全部被授予“首都国庆60周年群众游行优秀工作者”荣誉称号，1名带队教师获“首都国庆60周年联欢晚会群众联欢大学生板块先进工作者”荣誉称号，学院代表学校独立承担的国庆联欢团队获“最佳组织奖、突出贡献奖”，此外，学院全部参训学生均获首都国庆60周年庆祝活动群众游行荣誉证书。以国庆60周年为契机，开展“抒浓浓爱国情，立巍巍报国志”庆祝建国60周年爱国主义教育系列活动；同时扎实开展日常思想教育工作，学生党建以深入学习实践科学发展观为重点，加强党员教育，坚持党建带团建，举办“点亮青春”2009届本科毕业生党员代表巡讲活动。学院5个基层团支部被评为校甲级团支部。在学校集中军训中，学院2007级获队列先进营称号，2008级获综合先进营称号。

建立客观评价体系，完善认证体制，贫困生享受国家助学金、学校专项助学金以及其他专项助学金共计836人次，总金额1 108 000元，受助比例比2008年有大幅增长。

截至9月，学院本科生就业率98.66%，签约率91.96%，深造率34.55%，签约率全校第二。家庭经济困难和零就业家庭的毕业生就业率均为100%。2008—2009年度本科生班级获校先进班集体8个，校级团支部5个，校优良学风班8个。各类奖学金和资助情况见表91、表92。

表91　本科生2008—2009年度各类奖学金统计表

奖学金	思源	国奖	励志	智瑾	汉能李嘉宁	金源	日立	西门子	万桥	新联铁	新华都	博爱科技	博爱道德风尚	学习	社会工作	奋进	体育	文艺	社会实践
人次	1	14	52	3	3	2	3	3	6	10	2	2	1	282	111	23	29	20	12

表 92　学院家庭经济困难学生资助情况

项目	名　　称	奖励人次	总金额/元
奖	国家励志奖学金	52	260 000
	奋进奖学金	23	11 500
	共　　计	75 人次	271 500
助	名　　称	受助人次	总金额/元
	国家助学金	360	360 000
	北京交通大学专项助学金	445	369 500
	中海油助学金	3	9 000
	中国扶贫基金会新长城助学金	18	36 000
	汉能李嘉宁助学金	9	24 000
	电气春雨助学金	2	4 000
	新联铁助学金	10	20 000
	恒大慈善万人行助学金	1	2 000
	宏基助学金	1	3 000
	UPS 助学金	3	11 100
	德利多富助学金	6	12 000
	曦明助学金	1	5 000
	共　　计	859 人次	855 600
勤	名　　称	参加人次	发放金额/元
	学院内勤工岗位	179 人次	219 864
贷	名　　称	贷款人数	贷款金额/元
	国家贷款	368 人	2 177 500
补	名　　称	受助人数	总金额/元
	大一新生补助	122	22 000
	临时伙食补贴	307	61 400
	饮用水、洗澡、电话费专项补助	390	72 150
	灾区学生火车票报销	5	871
	共　　计	824 人次	156 421
减	名　　称	受助人数	总金额/元
	西部开发助学工程减免学费	8	33 000
	灾区学生减免学费	3	13 750
	共　　计	11 人次	46 750

3. 研究生党建和思想政治工作

以深入学习实践科学发展观为契机，探索提高研究生思想教育实效性的新途径。“六一”节组织学生为汶川地震灾区儿童捐款，累计 5 344 元。参观“辉煌六十年成就展”，观看吴大观同志先进事迹、“反对邪教，警钟长鸣”专题片等，教育学生坚定正确的政治方向。先后邀请倪维斗院士、孙守光副校长与研究生座谈成才，帮助其树立正确的成才观，组织30余名研究生参加学校第三届国际文化节志愿者服务，引导培养学生的志愿精神。

举办了“格物致知，斯文在兹”为主题的机电学院第四届研究生学术文化节，内容涵盖院士校园行、学术论坛、学术沙龙、研究生学术成果展示等。文化节共征集到学术论文39篇，8位专家学者参与各个分论坛点评。全年举办“与大师面对面”名师讲坛11次，举办学术沙龙12期，参与学生达1 200多人次。全力做好金融危机下的就业工作，全院研究生就业率为99.36%，签约率为93.71%。成立了研究生职业生涯规划沙龙，全年举办了7期。首次开办了研究生职业生涯规划课程，帮助学生提前树立职业规划理念。

研究生2008—2009年度各类奖学金统计见表93。

表93　研究生2008—2009年度各类奖学金统计表

奖学金	优秀研究生	校级优干	校级三好	优秀奖学金	道德先进	智瑾	宝钢	京东方	万桥	新联铁	西门子	社会实践
人次	2	25	37	4	1	2	1	4	2	10	1	6

【教学工作】

2009年学院招生、在校、毕业学生人数如表94所示。

表94　2009年招生、在校、毕业学生人数

类别 年份	博　士			硕　士			工程硕士			本　科		
	招生	在校	毕业	招生	在校	毕业	招生	在校	毕业	招生	在校	毕业
2009年	33	166	12	187	380	160	50	150	12	420	1 578	390

1. 本科教学

《面向经济全球化的工程教育改革战略研究》获北京市教学成果一等奖；《动车组装备》获得北京市高等教育精品教材；《工程训练》被评为北京市级精品课程；《机械设计》、《自动控制原理》、《微机检测与控制应用系统设计》获得2009年北京市精品教材立项。国际化创业型工程与管理复合型人才培养模式创新实验区教学团队被评为校级团队，制订了该实验区建设方案和试点方案。对学院170门课程的教学大纲进行了全面修订，有12门主干课程大纲被评为学校优秀教学大纲。

学科竞赛方面：获校级节能减排大赛1等奖1项，2等奖2项；获学校挑战杯竞赛一等奖3项，二等奖2项，三等奖7项；在2009年CCTV机器人电视大赛中，获得优秀奖。在第四届中国北京国际文化创意产业博览会中全校共选6项作品参加展览，学院有4项作品代表学校参展。学生根据计划项目研究成果，申请发明专利1项、实用新型专利1项。李长春教授被北京市教育工会评为首都教育先锋教学创新个人，动车组教学科研一体化创新团队被评为“首都教育先锋”先进集体，10名年轻教师获北京交通大学“新联铁”奖教金。

2. 研究生教学

2009年学院有硕士学位授权点12个、博士学位授权点6个。研究生公开发表论文210篇，被SCI检索6篇，EI检索40篇，ISTP检索18篇，一类论文84篇。姚宝峰获北京交通大学优秀博士生科技创新基金资助项目。宋占勋、马丽梅、王洁、王灵芝、于加晴、马冠钦和王文娟等7人获国家留学基金委公派研究生项目。获“优秀博士生创新研究基金”Ⅰ级4项，金涛涛、

许健、李星和刘永强等4名博士获资助，获“优秀博士生创新研究基金”Ⅱ级2项，赵鹏和曾强等2名博士获资助。载运工具运用工程专业黄振莺博士被学校推荐参加2010年全国优秀博士学位论文评选。李国岫教授获得2009年度北京交通大学“红果园”奖。

根据学校相关文件和政策，积极深入推进研究生培养机制改革方案的实施，根据《机电学院硕士研究生基本奖助学金评审办法》，圆满完成了实施新的培养机制以后2009年度研究生招生复试工作，以及硕士研究生第一学年基本奖助学金的评定以及博士研究生基本奖助基金招生指标的申报和评定工作。

根据《北京交通大学硕士研究生基本奖助学金设置及管理办法》，学院根据“公开、公平、公正”的原则制定硕士研究生基本奖助学金评定办法，对2008级硕士生第二学年进行了硕士研究生基本奖助学金评定。

为规范管理、确保培养质量，经院学位委员会、院务会认真讨论和研究，制定了一系列研究生培养管理文件：《机械与电子控制工程学院关于进一步提高硕士研究生培养质量的若干规定》、《机械与电子控制工程学院博士研究生招生指标申请及评定实施细则》、《机电学院硕士研究生基本奖助学金评定办法》、《机械与电子控制工程学院学位委员会组成及工作职责》和《机械与电子控制工程学院学位点负责人工作职责》，并于6月7日机电学院研究生导师工作会议上研讨落实。

【科研工作】

学院新增科研项目207项，合同总经费6 739.49万元，实到经费5 200万元，比2008年合同经费增加了14%，实到经费增加了10.6%。本年度承担了国家级项目20项（科技部项目9项、国家自然科学基金11项），纵向项目总经费3 694.57万元。获得国家科学技术奖一等奖1项，是学院成立以来的首个国家级奖。李德才教授参展的“低温大直径磁性液体密封装置”从4 700多个申报项目中脱颖而出，获得2009工博会科技创新奖，实现了学校在工博会最高级别奖项上零的突破。另外，孙守光教授获得茅以升科学技术奖—铁道科技奖，朱力强、张朝晖副教授获得北京交通大学詹天佑科技奖，方跃法教授获得北京交通大学詹天佑管理奖。2009年共发表43篇SCI、72篇EI检索论文；获得专利及计算机软件著作权39项。详见表95、表96。

表95　学院科研项目及经费表

项目	类别		数量	合同经费（万元）
纵向项目	国家重点	“973”	0	0
		国家自然科学基金	11	264
		国家社会科学基金	0	0
	省部级	科技部	9	1 269
		教育部	6	446.2
		铁道部	4	379
		北京市	10	512
		其他部市	4	65.97
	其他		19	758.4
	小计		63	3 694.57

续表

项目	类　别	数量	合同经费（万元）
横向项目	小　计	144	3 044.92
合　计		207	6 739.49

表 96　学院发表论文情况统计表

分　类	类　别		数量（本/篇）
论文统计	会议论文	国内学术会议	22
		国际学术会议	18
	国外学术刊物		41
	期刊论文		168
	合　计		249
三大检索	SCI		
	SCIE		43
	EI		72
	ISTP		30
	合　计		145

【学科与平台建设】

学院拥有 1 个国家重点学科“载运工具运用工程”和 1 个铁道部重点学科“车辆工程”，拥有 1 个教育部工程研究中心和 1 个教育部重点实验室（B 类）。

启动实施机电学院学科总体发展规划和“载运工具运用工程”国家重点学科规划。组织申报的“211 工程”三期重点学科建设项目“现代车辆动力与结构关键技术与基础理论”并完成了 2009 年度的平台建设。组织申报了“机械设计及理论”北京市重点学科，最后被确定为学校重点学科。

启动国家“优势特色学科创新平台”建设项目所属“轨道车辆结构安全可靠性研究平台”、“轨道车辆基础设施检测技术平台”等 4 个子平台的建设工作，完成了本年度的任务。

成功建设了具有国际先进水平的高精度多通道构架载荷谱标定系统。

根据我国国防科技工业和武器装备发展需要，成功申报了教育部“先进制造与测控技术国防科技重点实验室”。

【对外交流与合作】

2009 年建立了学院的英文网页。本年度共有 17 人次境外专家来访，境外来校讲学 13 人次。教师、干部出访 10 人次。学院全年参加国际会议 14 人次。接待外国留学生开展短期交流和项目研究达 15 人次，长期在校学习的本科留学生有 5 人。帮助西班牙马德里技术大学的研究生联系学院导师 1 人次。外文发表 162 篇论文，达到 461 人次。学院与美国奥克兰大学机械学院签署了“2 + 2”合作协议意向；与美国北伊利诺斯大学 Northern Illinois University-NIU 签订“4 + 1”合作办学协议；与美国 WPI 大学建立了联合指导课程设计

（IQP）协议；与荷兰 Dewent University 讨论了教师互访和研究生交换。与美国合作项目 1 项（贾力教授），经费 10 万元；聘请美国奥克兰大学机械系主任 Gary Baber 教授、杨连祥教授、德国轨道车辆运用与保养维修咨询公司董事长 Prof. Wolfgang. Roesch 教授、美国新泽西州立大学工程学院代理院长、机械工程系系主任 Y. Jaluria 教授为学院顾问教授。

电气工程学院

【综述】

2009 年，电气工程学院全面实施本科教育 2008 培养计划，开始了“卓越工程师实验班”培养申报工作；制订并落实全日制专业学位硕士的培养方案，积极组织参与全国博士生论坛。本科生与研究生就业率继续稳居学校第一。电力牵引教育部工程研究中心通过建设验收。8 人入选红果园双百培育计划，新能源发电团队入选红果园创新团队。学院成功主办了“PIERS2009”国际会议；组织 210 名同学参加了国庆游行；圆满完成了学习实践科学发展观活动 3 个阶段的任务。

【队伍建设】

截至年底，电气学院有教职工 120 名、专职教师 84 名、博士生导师 18 名、硕士生导师 57 名，具有博士学位的教师 58%，比 2008 年提高 8%。引进人才 7 名。教职工分布情况见表 97。学院选送了 4 位教师出国进修访问，8 位教师在国内攻读学位或进修提高学习。学院专门投入 65 万元支持创新科研项目，制定了《电气工程学院科技创新基金项目管理办法》，制定与新人事制度配套的文件《电气工程学院工作绩效计算办法教师的绩效计算办法》和《电气工程学院实践教学环节和实验技术人员绩效计算与评定办法》等文件。2 人入选红果园双百培育计划 C 类，6 人入选红果园双百培育计划 D 类，新能源发电团队入选红果园创新团队。1 人入选北京市新能源汽车联席会技术专家组技术专家。

表 97　教职工在学院系、所、中心、机关分布表

单位 \ 职称	教授	副教授	讲师	助教	高工	工程师	助工	工人	见习生	合计
电气传动与控制系	0	5	10							15
电工电子基地	1	4	3		2	3				13
电机与电器研究所	2	5	5		2					14
电力电子研究所	2	3	5			1				11
电力工程系	3	6	5							14
实验中心	1					5	1			7
新能源所	4	6	2			4				16
牵引供电所	1	1	3							5
院办	6		5	2		3			2	19
其他部门					1		1			2

【党建和思想政治工作】

学院共有 31 个党支部，其中，6 个教师党支部、25 个学生党支部，在册党员 298 名，教工党员 64 名占教工总数的 53%、研究生党员 176 名占研究生总数的 39%、本科生党员 122 名占本科生总数的 9%；2009 年度新发展党员 40 名，其中，新发展教师党员 2 名、研究生党员 6 名、本科生党员 32 名。详见表 98。

表 98　学院党员情况统计表

类　别	教职工	研究生	本科生	小　计
党支部个数	6	15	10	31
在册党员人数	64	176	122	362
全年发展党员人数	2	6	32	40
党员比例	53%	39%	9%	

1. 教职工党建和思想政治工作

在学校工作领导小组具体指导下，经过学院周密安排部署，精心组织实施，圆满完成了 3 个阶段的任务。学院实验党支部的一个“点子”被学校评为金点子；实验党支部获得优秀组织奖；在校级 60 项优秀建议奖中，学院获得 4 项（电力系、电控系和 2 个学生支部）。

配合领导干部作风建设年活动，学院多次开会学习反腐倡廉的文件，重新研究讨论了学院关于“三重一大”相关措施的文件。发挥教代会的民主管理、民主监督和民主参与作用。充分听取了群众意见，及时修改补充有关教师切身利益的文件。

学院党委在学习实践活动中提出：人才培养质量必须从教师抓起、从基础工作抓起。对北京市第六届青年教师教学基本功比赛，学院认真组织并做了大量宣传准备工作，推动了广大教师去钻研讲课技巧，教学质量得到了提高。

为了加强对大一新生有效引导与教育，发挥高年级学生和研究生的传帮带作用，学院从 2009 年开始，为新入学的大一新生配备小导师。并决定在二至四年级中选拔优秀本科生成立创新试验区，为他们配备博士生导师、教授作为导师。

学院保密工作成绩突出，在全校保密工作会议上做了经验介绍。

2. 本科生党建和思想政治工作

结合国庆 60 周年等时事热点，紧密围绕学校学院中心工作，以党建和学风建设为重点，以 60 周年国庆为契机，以培养社会主义事业的合格建设者和可靠接班人为目标，以党支部建设为突破口，以主题教育、志愿实践、校园文化三大活动为载体，紧抓新生入学和毕业生离校两个关键时期，注重人文关怀，关注特殊群体，提高学生综合素质。以纪念“五四”运动 90 周年为契机，举办了“传承五四精神，共议科学发展”主题教育活动；以国庆 60 周年为契机，开展“我与祖国共奋进”主题教育活动。积极参与国庆 60 周年工作，学院共有 204 名参与交通运输方阵，2 名教师借调直接参与国庆工作。积极组织学生参与社会实践，“寻一甲子征程，绘六十年画卷”赴郴州暑期实践团获首都高校社会实践优秀团队；“访校友知铁路发展，共祝愿为国庆献礼”铁路就业调研社会实践团获学校暑期社会实践三等奖。做好毕业生工作，毕业生一次性就业率为 99.03%，毕业生工作获得学校签约率和面向基层就业优秀奖。本科生各类获奖及家庭经济困难学生资助情况如表 99、表 100、表 101 所示。

表 99 本科生 2008—2009 年度各类奖学金统计表

奖学金	思源	国家	励志	索尼	智瑾	华睿	学习	社会工作	奋进	体育	文艺	社会实践	九阳	金源	春雨	西门子	唐客	九阳科技	日立	利德华富
人次	1	12	39	0	3	2	238	77	19	19	10	10	2	2	3	3	7	4	2	6

表 100 本科生 2008—2009 年度各类集体奖项统计表

奖项	校先进班集体	校优良学风班	北京市先锋杯团支部	校甲级团支部
数量	5	6	2	4

表 101 学院家庭经济困难学生资助情况

项目	名 称	奖励人次	总金额/元
奖	国家励志奖学金	39	195 000
	共 计	39	195 000
助	名 称	受助人次	总金额/元
	国家助学金	257	257 000
	北京交通大学专项助学金	320	265 600
	中海油助学金	2	6 000
	新长城助学金	24	44 800
	汉能李嘉宁助学金	3	8 000
	电气春雨助学金	16	32 000
	宏基助学金	1	3 000
	UPS 助学金	1	3 700
	共 计	624	620 100
勤	名 称	参加人次	发放金额/元
	学院内勤工岗位	197	282 240
贷	名 称	贷款人数	贷款金额/元
	国家贷款	46	276 000
补	名 称	受助人数	总金额/元
	大一新生补助	56	14 000
	临时伙食补贴	215	43 000
	临时困难补助	2	5 000
	饮用水、洗澡和电话费专项补贴	270	49 950
	共 计	543	111 950
减	名 称	受助人数	总金额/元
	西部开发助学工程减免学费	3	11 000
	共 计	3	11 000

3. 研究生党建和思想政治工作

2009年学院研究生共有122人次获得各类奖项和荣誉称号，比上一年度多24人次；共有2个班集体获得校级优良学风班，1个社会实践团队获得校级优秀社会实践团队一等奖。详见表102。

表102 研究生2008—2009年度各类奖学金统计表

奖学金	优研	智瑾	校级三好	校级优干	校级优秀	道德先进	西门子	台达	利德华福	电力节能	光宝	唐车	新誉	社会实践
人次	1	1	30	20	5	1	1	10	6	5	15	7	14	6

学院以学习实践科学发展观活动、建国60周年、国内外重大时事等为契机，紧紧围绕学校、学院年度工作要点，结合学院专业特色和研究生特点开展党建和思政工作，将研究生的思想政治教育融入到研究生的培养以及综合素质教育的各个方面。

学院建立了主管领导统筹专兼职辅导员与班主任有机结合、分层次开展工作的管理队伍。充分发挥博士生和高年级硕士生担任兼职辅导员的作用，引导研究生“自我管理、自我教育、自我服务”；继续坚持博士生担任硕士班班主任的工作机制，充分发挥博士生在班级管理中的朋辈教育优势。学院以思想政治教育为抓手，以学术活动为主线，融合思想及学术教育，多方位提升研究生综合竞争力。3—4月，以学院组织召开的“PIERS2009”国际会议为平台，学院第三届研究生学术节隆重开幕，邀请了多位参加国际会议的专家和国内外名校的学生与校内师生进行交流；华盛顿州立大学曾亮教授、俄亥俄州州立大学徐隆亚教授、AREVA总监Andrew Klime教授等都做了精彩的学术报告。学院还定期召开“大师面对面”名师讲坛系列讲座、学术沙龙等，同时鼓励研究生走出校园，参加学术论坛、国际会议，拓宽了学生的视野。

学院与校外企业和研究机构积极合作，走产学研联合培养的模式，在企业建立了10多个研究生培养基地。吸引企业设立奖学金，新增“唐车奖学金”、“新誉奖学金”，激发了学生的学习、科研热情，还缓解了经济困难学生的压力。通过选派研究生到培养基地实习，增强了学生的实践动手能力，提高了综合竞争力，保证了研究生的就业质量，解决了学生最关心的实际问题。学院研究生签约率全校第一、继续保持就业率100%，研究生就业工作在提高就业率和就业质量方面获得学校表彰。

【教学工作】

1. 本科教学

2009年学院有本科生1 294人，毕业323人、招生324人。学院的电气工程及其自动化和电气信息工程专业按电气信息类大类招生8个班，共262人；按电气信息类（轨道牵引电气化）招生2个班，共62人。

学院现有国家精品课程电气工程导论1门，北京市精品课程电工电子技术、电气工程专业综合设计2门，校级精品课程电力电子技术、电机学、电力系统基础3门，学校教学名师1人、优秀主讲教师29人。在2009年5月北京市第六届青年教师教学基本功比赛中，电气学院教师黄辉荣获北京市青年教师教学基本功比赛理工A组一等奖，展现了学校青年教师高水平的教学基本功和课堂风采，受到了比赛评委的高度评价。为参加学校第七届青年教师教学基本功比赛，学院领导高度重视，认真组织并做了大量宣传准备工作。学院召开了青年教师动员会，并邀请电信学院侯建军教授进行了讲课指导；各系所组织了初赛，每个系所推举出 2 ～ 3 名教师参加学院决赛；学院决赛要求全体青年教师参加，聘请教学经验丰富的教授担当评委，保证了比赛的公正；通过学院决赛选拔优胜选手去参加学校的初赛、复赛、决赛。系列比赛和讲评活动，促进了教师注重讲课技巧提高教学质量，激发教师投入更多精力在本科教学工作中。

2009 年也是实施教育部高等学校本科教学质量与教学改革工程的关键年。学院本科教学以提高教学质量为目标，以实施质量工程为抓手，以改革人才培养模式、实施大学生创新性实验计划项目为突破口，加强教学管理规范化建设，推进主干课程研究型教学和实验教学示范中心建设，继续推进特色专业建设，强化学生实践能力与创新精神。

在大学生创新性实验计划的工作中，学院明确指导教师的职责和工作流程，设立专门的科研实验室，调动学生学习的积极性、主动性和创造性，激发学生的创新思维和创新意识，使学生接受系统的科研训练，保证大学生创新性实验计划的顺利实施，取得了突出的成绩。学院承担了学校的“第二届全国大学生节能减排社会实践和科技竞赛”组织工作，学校获得二等奖 1 项、三等奖 4 项、鼓励奖 6 项，学校还获得了优秀组织奖。本科生郭一竹、严林博、王冠、吴凡等同学的作品——“自动对光太阳灶”获得二等奖。

2. 研究生教学

2009 年研究生招生、在校、毕业学生人数如表 103 所示。

表 103　2009 年研究生招生、在校、毕业学生人数

类别 / 年份	博　士			学术型硕士			专业学位硕士			工程硕士		
	招生	在校	毕 业	招生	在校	毕业	招生	在校	毕业	招生	在校	毕业
2009 年	21	90	8	150	299	141	48	48	0	53	210	28

为保证研究生生源数量和质量的不断提升，学院除坚持每年给在校本科生进行考研动员外，还参加了 2009 年全国研究生招生现场咨询会重庆站的活动，积极宣传学院研究生培养的特色及专业优势，让外地的同学能更多地了解学校及学院的研究生教育。研究生复试时，学院根据不同类型研究生的培养目标，分别制订复试方案，分类并行复试，复试时按专业方向分组，充分体现了导师责任制。

在研究生培养过程中，学院始终坚持把质量放在首位，通过抽查听课、课后对学生问卷调查等进行多种形式开展教学质量监控，将研究生培养机制改革与每一个培养环节有机结合起来，逐步规范完善研究生培养体系。

本着“公开、公平、公正”的原则，建立以二级学科导师团队制订系所奖助学金评定方案的奖助学金评定体系。根据学生学习成绩、科研情况、开题答辩等多种元素分别占一定比例综合评定研究生第二学年奖助学金，将奖助学金评定与培养过程有机结合，有效推进了导师责任制的落实。

根据学科特点，学院率先与一些本专业领域相关的支柱产业签订了联合研究生培养基地协议。探索并实践了校企双导师制、在企业完成论文、校企交替完成课题及论文、为企业定向培养等多种培养模式。联合培养不仅使校企双方获益，同时提升了研究生就业率和就业质量。本年度进一步探索实践了校企博士生联合培养基地的建设与运行工作。

针对全日制专业学位硕士生培养应用型人才的目标，制订培养方案，开设了科研实践课和工程实践课程；由本校实践经验较丰富的老师及外聘的企业专家授课。专业学位硕士生第二学年的工程实践环节可在企业或校企间交替完成，并有相关监控措施。

近几年来学院一直坚持每年邀请 1 ～ 2 名国外的知名专家学者为研究生开设课程、做学术讲座，使研究生了解学科领域的最新发展动态。鼓励参与国家留学基金委交流项目，本年度先后有 8 名研究生在国外知名大学读博士学位或在知名企业进行科研工作；有 35 人参加了国际学术会议。

学院开展研究生教育管理及研究，在研究生培养质量监控、培养基地建设、课程建设等方面，本年度设立了院教研课题 3 项，申报了校教研课题 4 项，完成了中国学位与研究生教育学会课题 1 项。为鼓励研究生发表论文，将研究生发表论文与研究生奖助学金评选有机结合起来。各种激励政策提高了研究生发表论文的积极性，全年研究生共发表论文 428 篇，其中硕士生 209 篇、博士生 219 篇。

【科研工作】

学院新增科研项目 76 项目，其中国家自然基金资助 2 项，省部级项目 10 项，新增合同到账经费 2 237 万元。学院共出版著作 12 本；发表论文 236 篇，其中被 SCIE 收录 4 篇，EI 收录 30 篇，ISTP 收录 74 篇；累计获得专利 28 项，其中发明专利 13 项，实用新型 14 项，外观专利 1 项；累计获得软件著作权 21 项。科研项目、发表论文及专利情况见表 104、表 105、表 106、表 107。

表 104　学院科研项目及经费表

项目	类　别		数量	合同经费（万元）
纵向项目	国家重点	“973”	0	0
		国家自然科学基金	2	55
		国家社会科学基金	0	0
	省部级	科技部	1	29
		教育部	1	50
		铁道部	9	251
		北京市	2	175
		其他部市	2	20
	其　他		4	141
	小　计		20	721
横向项目	小　计		25	753.65
合　计			46	1 474.65

表 105　学院发表论文情况统计表

分　类	类　别		数量（本/篇）
论文统计	会议论文	国内学术会议	26
		国际学术会议	57
	国外学术刊物		2
	期刊论文		116
	合　计		201

续表

分　类	类　别	数量（本/篇）
三大检索	SCI	0
	SCIE	4
	EI	30
	ISTP	74
	合　计	108

表 106　学院被 SCI 检索文章统计表

文　章　名	期　刊　名	作者（教师）
A pilot investigation on oxidation of ammonium sulfite by streamer corona plasma	CHEMICAL ENGINEERING JOURNAL	姜学东，王毅，邱瑞昌
Influence of external magnetic field on a symmetrical gyrotropic slab in terms of GoosL-Hanchen shifts	PROGRESS IN ELECTROMAGNETICS RESEARCH-PIER	黄辉，范瑜
Bipolar high-repetition-rate high-voltage nanosecond pulser	REVIEW OF SCIENTIFIC INSTRUMENTS	王毅，施洪生
Using the fault current limiter with spark gap to reduce short-circuit currents	IEEE TRANSACTIONS ON POWER DELIVERY	张小青

表 107　学院获得的发明专利统计表

序号	专利名称	申　请　人	专利号	授权日期
1	一种电流算法原理的集成保护系统	和敬涵、薄志谦	2006 1 0012228. 8	08 12 31
2	分布式电感	郑琼林、游小杰、胡广艳、孙湖、杨中平、黄先进、郝瑞祥、张利伟、林飞	2006 1 0164947. 1	09 05 13
3	基于波形正弦度原理的变压器励磁涌流识别方法	和敬涵、李静正、欧灶军	2006 1 0113761. 3	09 05 27
4	一种矿井电力机车驱动控制系统	葛宝明	2006 1 0114573. 2	09 05 27
5	一种基于导纳原理实现输电线路保护的方法	和敬涵、李静正、张浩	2007 1 0119032. 3	09 05 27
6	一种用于轨道交通的直线电机性能检测装置	郑琼林、游小杰、杨中平、胡广艳、孙湖、郝瑞祥、黄先进、张立伟、林飞	2007 1 0064357. 6	09 06 03
7	一种逆变器能流循环试验装置	郑琼林、黄先进、孙湖、郝瑞祥、胡广艳、游小杰、林飞、张立伟、杨中平、訾振宁	2007 1 0119483. 7	09 07 29
8	一种基于电流差动原理的集成保护系统	和敬涵、薄志谦	2006 1 0089582. 0	09 07 29
9	低电感门控晶闸管及其功率半导体组件	童亦斌、张婵	2006 1 0165091. X	09 08 19

续表

序号	专利名称	申　请　人	专利号	授权日期
10	伸缩组合式动铁芯永磁操动机构	朱学贵、王毅	2007 1 0063600. 2	09 08 19
11	单稳态自锁式变气隙永磁操作机构	朱学贵、王毅	2007 1 0120485. 8	09 08 19
12	一种基于导纳原理实现变压器保护的方法	和敬涵、李静正、张浩	2007 1 0119033. 8	09 09 02
13	一种内燃机车疲劳寿命估算方法	狄威、刘军、刘志刚、沈茂盛、苏劼、王磊、全恒立、牟富强	2008 1 0117045. 1	09 10 21

12 月 10 日，教育部组织验收委员会对依托学校建设的电力牵引教育部工程研究中心（以下简称中心）建设项目进行了验收。验收专家认为：中心建立健全的管理体制和组织机构、人员规模结构合理，具有良好的学术和创新氛围。中心围绕“牵引供电”、“变流系统”、“牵引电机”和“网络控制”等 4 个研究方向，重点建设了“电力牵引传动系统综合技术平台”等 6 个实验平台，形成了高水平的研究开发能力。工程中心全面完成了项目建设任务，达到了预期建设目标，专家一致同意通过验收。电力牵引教育部工程研究中心经过三年建设筹备期，正式进入运行期。

2009 年学院继续实行电气工程学院科技创新基金制度，培育有发展前途的课题，2009 年共资助课题 13 项，每项 5 万元，合计 65 万元。院基金的设立起到了良好的效果，一些有发展前途的课题和方向通过院基金的资助，逐渐发展壮大，并获得了纵向和横向的课题资助。

【学科与平台建设】

拥有两个部级重点学科：

铁道部重点学科——电力系统及其自动化；

北京市重点学科——电力电子与电力传动。

部级工程研究中心：电力牵引教育部工程研究中心。

正在建设的科研平台有：

211 工程科技平台——“风力发电及动力电池能量高效变换技术”；

985 科技平台——“轨道交通安全科学与技术”的“轨道交通牵引传动供电安全与质量控制子平台”。

【对外交流与合作】

完成了学院英文网页。2009 年度境外来宾来访 32 人次，包括东京大学曾根悟教授、俄亥俄州立大学徐隆亚教授、华盛顿大学曾亮教授、麻省理工学院吴柏杨博士等国外学者和台湾光宝科技总裁、西门子副总裁等企业代表。聘请外籍教师或访问学者讲学 24 人次，包括：华盛顿大学曾亮教授、麻省理工学院吴柏杨博士、英国 AREVA T&D UK 应用研发负责人 Tony. Yip 和希腊工学院 GIT 教授等。欧洲风能协会主席讲授《风机设计与风能利用》32 学时；英国曼彻斯特大学 Nigel 博士讲授《电动汽车与变换器设计》32 学时；东京大学教授、日本铁道电气委员会委员长曾根悟教授讲授《铁道电气化与交流传动》课程 32 学时。

2009 年教师和干部出访 15 人次，接收来华留学生 2 人，在校学生出国（境）交流 3 人次，其中 2 个联合培养博士学位。45 人次用外文发表论文 53 篇。国际合作科研的项目 3 项，包括：与 AREVA 的科研项目、北京交通大学——AREVA 研究生培养基地、与博世（中国）投资有限公司合作的充电站技术研发等，总经费 98 万人民币。世界 500 强企业 ABB 为电力牵引教育部工程研究中心捐赠价值 105.5 万的牵引供电设备，对学校电力牵引教育部工程研究中心的建设、相关领域的科学研究、人才培养、学科建设以及高速铁路牵引供电技术人员的培训将发挥很大作用。

加强与国外高水平大学的交流和合作，落实与国外著名大学的一个学院建立姊妹关系，与美国麻省理工学院，英国曼彻斯特大学、美国 OHIO 州立大学、美国德克萨斯 A&M 大学和雅典科技大学 University of Melbourne、CSRIO、UNSW 等建立了交流与合作关系。

学院积极邀请国内外知名专家到学院进行交流，举办了高水平学术讲座座 6 场，为学院师生提供了很好的互相交流学术研究的舞台。2009 年学院主办了国际电磁学研究进展研讨会（Progress in Electricmagnetica Research Symposium，PIERS），参会者来自世界各地的 480 余人，其中国外代表人数超过 340 人。大会共有分组会议 71 个，内容涉及理论电磁学、计算电磁学、工程电磁学、天线与传播、微波与毫米波、电磁环境与兼容、生物电磁学、微波遥感与遥测、纳米技术、电磁信号处理、太赫兹技术、光学等多个领域。协办了由中国科学技术部和丹麦王国科学技术与创新部主办的中丹可再生能源战略论坛。共有 44 人次参加了国际国内学术会议，包括：IPEMC2009、UKsim2009、IEMDC2009、2009IEEE 等，发表论文 51 篇。

理　学　院

【综述】

理学院紧紧围绕提高培养各类人才质量这一中心工作，大力开展师资队伍建设、学科建设、学院制度建设，各项工作有了很大进展。获得国家级教学成果二等奖1项、北京市教学成果一等奖2项，省部级科技成果一等奖1项，二等奖1项；数学一级学科获准设立博士后流动站；本科生深造率达61.37%，发表SCI论文132篇，获得国家自然基金项目23项，以上3个指标均为全校第1；"工科物理教学基地"获全国教育系统先进集体，光信息科学与技术专业获准为北京市特色专业试点。理学院是参加学校综合预算试点工作的2个学院之一。

【队伍建设】

2009年学院有教职工198人（事业编制190人，劳保2人，非事业编制6人），其中专职教师165人，含院士4人（其中双聘院士3人），师资博士后3人，另有海外讲座教授邓红文1人。全职博士生导师30人（其中退休1人，调动1人），兼职博导3人，全职硕士生导师61人；专职教师中教授42名，副教授74人，具有高级技术职称的教师占教师总数的70%；具有博士学位的教师占教师总数的72%，较2008年提高7个百分点。

新入职教师16人，其中生命科学与生物工程研究院引进教授1人，补充副教授、讲师、师资博士后8人，其他学科补充讲师、师资博士后7人，其中2人具有国外博士学位并做博士后归国，3人是国外博士后归国。在职博士后入站1人，教师公派出国8人，在职攻读博士学位3人，教职工退休2人，校内调动4人，调出1人。职称晋升的教师共有10位，分别为教授四级岗（4人）：曹鸿钧、渠刚荣、娄志东、衣立新，副教授三级岗（4人）：余爱梅、赵红敏、张福俊、胡红刚；讲师三级岗（大学生思想政治教育）（2人）：张丹、薛洪峰。

学院教职工分布及岗位级别分布情况见表108、表109、表110。

2009年，共评定了10项"理学院贡献奖"。特别贡献奖（2项）：（1）王永生、衣立新等，评奖依据：获国家教学成果二等奖；（2）王永生、徐征等，评奖依据：获2009年高等学校科学研究优秀成果奖（科学技术）自然科学一等奖。贡献奖（8项）：李琦，成正维，吴重庆，王永生，冯其波，滕永平和吴迪，何志群，滕枫。

表108　2009年理学院教职工分布表

单位 ＼ 职称	教授	副教授	讲师	助教	高工	工程师（馆员）	助工（助馆）	工人	合计
数学系	14	31	21						66
物理系	9	25	8		4	6			52
光电子所	11	4	3			2			20

续表

单位 \ 职称	教授	副教授	讲师	助教	高工	工程师（馆员）	助工（助馆）	工人	合计
激光所	2		1				1		4
化学系	2	5	8					1	16
生物研究院	4	9	8						21
院机关		1	3	2	1	3	1		11
劳保			2						2
合　　计	42	75	54	2	5	11	2	1	192

表 109　2009 年理学院专职教师岗位级别分布表

系所	教师（165 人）										
	教授（39 人）				副教授（74 人）			讲师（49 人）			双聘院士（3 人）
	一级	二级	三级	四级	一级	二级	三级	一级	二级	三级	
数学		1	3	10	6	12	13	8	11	2	
物理		2	1	6	3	6	16	1	7		
光电	1	2	2	6	1	2	1		3		
激光			1						1		1
化学				2			5	3	4	1	
生物				2		1	8	4	2	2	2
合计	1	5	7	26	10	21	43	16	28	5	3

表 110　2009 年专职教师外其他教职工岗位级别分布表

系所	其他专业技术(13)						管理(11)				工勤(1)	劳保(2)	非事业编制(6)
	高级(4)	中级(8)			助理(1)		学生辅导员(5)		其他(6)		中级		
	三级	一级	二级	三级	一级	二级							
数学							七级一	2	五级	1			
物理	4	3	1	2			八级一	2	七级一	1			
光电		1		1			九级	1	七级二	3			
激光						1							
化学									九级	1	1		
生物													
合计	4	4	1	3	0	1		5		6	1	2	6

学院注重高层次人才的引进和教师的培养工作，按照“围绕学科、岗位引进教授和围绕教授补充教师”的思路，积极开展引进院士、长江学者、教授等高层次人才和教师补充工作，严格把关，注重师资队伍结构优化和程序规范。学院在生物学科陈志南院士团队刚刚组建急需人才的情况下，积极引进目前符合晋升教授条件的外校副教授并先聘为教授参加工作。

积极培养中青年学科带头人和学术骨干教师，加强教学、科研团队建设，凝聚和培养人才。配合学校“红果园创新人才培育计划”工作，学院按照程序认真组织、严格把关，经过系所推荐、申报者述职、评议投票、学院党政联席会讨论，最后确定推荐人员，经学校审批，有6人入选“红果园创新人才培育计划”D类。

学院在职务晋升工作中，根据实际情况，制订了2009年岗位设置方案。4个教授岗位均设置在目前急需发展的学科，做好专业技术职务岗位评聘工作的相关思想工作，圆满地完成了评聘工作，共有4位副教授晋升为教授，4位讲师晋升为副教授（其中1人为晋升学校副教授机动岗位）。

重视青年教师培养工作，执行学院青年教师在职进修相关文件，鼓励青年教师在职进修，按计划安排教师出国进修，2009年教师公派出国人数达到8人。

学院配合学校稳步推进人事分配制度改革。根据学校文件、结合学院自身实际情况，继续按照《北京交通大学理学院教职工考核与绩效工资发放暂行办法》执行并予以完善，为鼓励以教学为主型教师积极承担教学任务，经院务会研究决定，对以教学为主型教师超规定授课学时进行额外补贴，制定了《2009年理学院超课时费补贴标准》，稳步推进了人事分配制度改革。

【党建和思想政治工作】

学院共有党支部30个，其中教师党支部5个，学生党支部25个；党员425人，教职工党员92人，学生党员309人，保留组织关系党员24人。2009年度新发展党员110人，其中新发展研究生党员47人，新发展本科生党员63人。教师党员比例为47.92%，研究生党员比例为45.96%，本科生党员比例为6.81%。

1. 教职工党建和思想政治工作

学院党委深入贯彻科学发展观，坚持围绕中心工作抓教职工党建，理论与实际相结合做好思想政治工作。3月至8月，组织开展了深入学习实践科学发展观活动，围绕科学发展，开展解放思想大讨论，班子成员深入系所，认真调研，查找问题，分析原因，统一思想，整改落实。广大教职工积极参与，建言献策，共谋发展，提高了认识，鼓舞了干劲，学习实践效果显著。

学院党委不断加强教职工党员支部建设，紧紧围绕学院教育教学，具体指导党支部开展工作，效果良好。光电所党支部开展学习院士讲话活动，举行红色党日活动，提高认识；数学系党支部以实际行动做好青年教师培养；物理系党支部围绕基地建设开展支部工作，深入人心；化学系党支部从自身做起，从小事做起，增强支部的凝聚力；院机关党支部利用工作之余，开展学习，改进工作作风，提高工作效率。开展群众工作，书记主动与教授、无党派人士和普通教师谈心，沟通思想，宣传党的理论。高度重视工会工作，利用运动会、新年联欢会、文体活动、节假日，关心教师生活，关注青年教师发展，并积极帮助困难教师解决工作生活问题，体现党的关怀。学院党委组织青年教师到海滨学院进行参观学习、座谈交流，并参观周恩来纪念馆；支持女教授联谊会开展纪念建国60周年革命歌曲大家唱活动。支持教代会提案工作等。重视师德建设，定期评选师德建设先进个人，通过各种方式转变教师的教育教学观念，提高教师的质量意识。

积极开展纪念建党88周年系列活动，组织“共产党员献爱心”捐款活动，共有42名教师党员捐款4 750元；9月，学院发出了向优秀党员成正维同志学习的倡议；组织广大师生学习成正维同志勇挑重担、爱岗敬业、无私奉献的先进事迹；同时，学院党委积极为成正维同志组织捐款，共计捐款37 900元。学院党委还重视系所后备干部培养，完善系所干部培养、选拔、任用和考核办法。

2. 本科生党建和思想政治工作

学院2009届毕业生243人，就业率达100%，比2008年提高。深造学生117人，其中，免试推荐研究生61人（直博4人、保研57人），出国23人，深造率达61.37%，居全校第一；就业同学中志愿服务西部计划2人，北京郊区村官1人，获学校基层就业奖励。

学院本科生各类奖学金及资助情况如表111所示。

表111　本科生2008—2009年度各类奖学金统计表

奖学金	思源	国家	励志	金源	汉能李嘉宁	智瑾	西门子	学习	社会工作	奋进	体育	文艺	社会实践	三好学生	优秀学生干部
人次	1	14	46	2	3	3	1	276	101	23	26	33	14	77	44

学院本科生思想政治工作以“突出重点、结合实际”为工作出发点，以建国60周年为契机，突出爱国主义及社会主义核心价值体系教育，规范学生党建工作，以培养综合素质研究型人才为导向，开展学习观教育、职业生涯规划、心理辅导、资助工作等。

侧重学风建设，以树立正确“学习观”为基础，根据各年级特点，有针对性地开展教育。新生以适应大学学习生活为重心，以班级建设为载体，帮助其尽快适应新的学习生活环境；引导大二学生树立正确的世界观、人生观，以及科学严谨的学习观念和学习态度，针对学生学习目标模糊、学习动力不足的情况对学生进行职业生涯规划；大三学生有相对成熟的大学生活和理念，以职业生涯规划和就业准备工作为重点，及早确立升学或就业目标，着手开始进行个人发展准备，动员学生积极参加学科竞赛和科技创新类竞赛等；针对大四学生考研、就业不同群体的需求，搜寻、汇总、发布各类信息，对学生个体进行就业辅导。通过有效的措施，思源0601班在连获两年北京市先进班集体的基础上，获得校先进集体的最高荣誉“第十届周恩来班”称号；光科0604班刘永椿同学获得“宝钢奖学金”学生特等奖。

7月，选派262名学生参加国庆方阵游行，其中男生157人，女生93人，并推荐12名学生作为学校方阵的集结疏散队员，经过3个多月准备，圆满完成各项集训、合练任务。

3. 研究生党建和思想政治工作

学院获校级优秀研究生6人，智瑾奖学金2人，京东方奖学金8人，校级三好研究生34人，研究生优秀奖学金7人，优秀研究生干部77人，社会实践优秀个人6人，校级优秀毕业研究生17人，优秀毕业研究生干部8人；校级优秀共青团员4人，优秀共青团干部1人；北京交通大学“特殊贡献奖”1人。校级优良学风班2个，优秀研究生团支部1个。

2009年共有毕业研究生136人，其中考博为21人，就业率为99.26%。学院高度重视研究生就业工作，通过举行就业经验交流会、就业动员报告、推荐工作、个别指导等方式，推进就业工作，截至年底，136名毕业生全部就业。

举办“大师面对面”活动21次，邀请院士6人，参与人数达1 500多人次；5月，举办了第六届研究生学术沙龙；加强研究生心理健康教育，开展新生心理普查、心理健康讲座与帮扶工作；解决家庭困难学生的生活问题，帮助11名新生申请办理贷款，为他们顺利完成学业提供保障，同时做好研究生“三助”工作。

积极开展主题教育和社会主义核心价值教育，不断加强和改进研究生思想政治教育。3月至7月，根据学院党委部署，在广大研究生中开展了学习实践科学发展观活动，加强理论学习，坚定共产主义信仰，保持党员先进性。开展“七一”唱红歌比赛，加强责任感和爱国主义教育。

学院不断完善专兼职辅导员工作模式，开展研究生深入辅导和谈心活动，发挥导师和班主任作用，逐步形成全员育人格局，推进研究生思想政治工作。以改革创新精神加强研究生党建，开展党员再教育活动，重视积极分子培养，进行支部书记培训，充分发挥党支部的能动性和创造性。

【教学工作】

1. 本科教学

在校本科生1 539人，有3个本科专业（信息与计算科学、光信息科学与技术、材料化学）和理科试点班。学院现有国家级精品课程2门，校级精品课程5门；1个北京市级特色专业，1个国家级教学团队；获国家级教学成果二等奖1项，北京市教学成果一等奖2项；参加2009年各级大学生挑战杯竞赛，获得国家级三等奖1项、市级一等奖1项、市级三等奖1项、校级一等奖4项、二等奖5项、三等奖4项，获得专利2项；承办了两届“北京市大学生物理实验竞赛”。

“北京交通大学工科物理教学基地”被授予全国教育系统先进集体称号。“工科数学基地教学团队”被评为校级优秀教学团队。“光信息科学与技术专业”获准为北京市级特色专业建设；“光信息科学与技术专业实验”课程被评为校级精品课程。

王永生牵头的综合项目“多学科复合型人才培养模式的探索与实践”获国家级教学成果二等奖。物理系项目“建一流基础物理教学平台，促创新人才培养”和数学系与北京八所高校联合项目“工科基础数学课程中引入数学建模思想的理论、方法与实践研究”获北京市教学成果一等奖。

2009年，学院承办了由北京市教委主办的2008和2009两届“北京市大学生物理实验竞赛”。第一届竞赛全市共29所学校110队约300人参加，第二届竞赛全市35所高校122队约350人参加。第二届北京市大学生物理实验竞赛，获得两个一等奖，两个二等奖。获北京暨全国部分地区大学生物理竞赛一等奖2名、二等奖13名、三等奖29名，并获得了物理团队奖的好成绩。获数学建模竞赛全国二等奖2项、北京市一等奖3项、北京市二等奖3项。在全国首届大学生数学竞赛暨北京市第二十届大学生数学竞赛中，获得数学专业组一等奖1名、三等奖2名，非数学专业组一等奖4名、二等奖7名、三等奖4名，丙组一等奖1名、二等奖2名的好成绩。

学院为夯实学校学生的理学基础，做好理学平台建设工作，牢固树立“没有坚实的理学基础，很难成为一流科技人才”的培养理念，按照质量工程的内涵要求，适应不同专业的需要，从课程体系、实验环节、教学内容与方法、教学环境与手段、教学骨干教师培养等方面制订学校本科生和研究生理学教学一体化平台计划，逐步建立起一套适应我校创新型人才培养的理学教学体系。制订了《理学院加强全校学生理学基础的建设方案》，落实了平台建设的相关负责人，组织学院领导、系所干部和相关专家教授以及职能部门领导召开3次前期论证。此外，立项委托生物研究院，就开设全校大面积生物类基础课进行调研。

学院对公共基础课程进行改革与建设，增加了学时和习题讨论课，微积分由80学时提高到96学时，其他主要课程，如《大学物理》、《微积分》、《概论论与数理统计》、《几何与代数》等也在一定程度上增加了学时，为此学院当年的教学工作量增加10%左右。开设周末重修班，解决重修学生课程冲突、无法真正重修的问题。在经费有限的情况下，聘请北京师范大学赵峥教授开设了文科物理，派1名教授全程听课。

学院理顺专业建设的环节与关系，加大建设力度，提高本科生的培养质量。确定专业建设的负责人、专业带头人与各个专业建设的工作组。同时，学院自筹经费35万元，加强3个专业实验室建设。经过多次调研和论证，3个专业的实验教学设备和仪器已经立项执行。

深化人才培养模式改革，重新修订实践教学和理论课程教学大纲，落实和推进2008本科培养计划。以2008本科教学大纲制定的基本原则为依据，对新编教学大纲逐一进行了交流与评审。此次教学大纲与课程简介的制定，涉及与新计划有关的所有课程183门，通过交流与评审，使其真正成为对教师授课和课程建设有指导意义的纲领性文件。

"光信息科学与技术专业"2009年获准为北京市级特色专业，通过一系列的改革与建设，目标将建设成为具有示范性、辐射性的国家级特色专业；《光信息科学与技术专业实验》课程被评为校级精品课程。

学院进一步强化大学生创新实验项目的运行管理机制，将项目考核的最终结果与教师的工作量、学生的学分奖励以及项目经费支持额度直接挂钩，充分发挥教师的指导和督促作用，调动学生的工作热情，较大地提高了项目实施的效率和效果。

完成了向加拿大滑铁卢大学和台湾科技大学联合培养本科生的选派工作。

2. 研究生教学

理学院现有在校硕士生318人、博士生123人，拥有16个硕士学位授权点，和4个博士学位授权点（光学工程、光学、运筹学与控制论、系统理论）。北京市首都大学生挑战杯创业计划竞赛三等奖1人。

学院创造条件，发现苗子积极培育百篇优秀博士论文获得者。将博士研究生李政勇作为百篇优秀博士论文的培养对象，采取了一系列措施，并留校任教，该生现已获得国家自然基金青年项目1项，博士点新教师基金1项，具备2010年申报百篇优秀博士论文的条件；同时，根据马志明院士的提议，学院将其博士生刘亦婷留校作为百篇优秀博士论文的另1个培养对象。

为提高生源质量，学院加大研究生招生宣传的力度，除了通过网络宣传、电话联系，以及寄发信函到北京、天津、河北、山西、内蒙古、黑龙江、吉林、辽宁、山东、河南、湖南、湖北12个省市的"211工程"院校进行宣传外，还专门派教师到12个省市有条件的"211工程"院校，进行研究生招生实地宣传，取得良好效果。

【科研工作】

学院新增科研项目83项，合同经费1 910.8万，发表论文262篇，其中会议论文66篇，SCI（E）论文132篇（其中，大于上平均影响因子论文19篇，占全校的47.5%），EI共44篇。申请专利37项，授权专利33项，其中发明专利32项。获得省部级科技一等奖1项，二等奖1项。组织高水平学术报告61场，邀请境外专家共计32次（包括美国Minnesota大学终身教授罗智泉，美国奥克兰大学机械工程系教授杨连祥，瑞典皇家科学院院士Olle Inganäs教授等著名学者）。

学院加强科研工作的组织与筹划，努力提高科研实力，在科研获奖、高水平论文、国家级重大项目上均有突破。特别是青年教师的科研水平有明显的提升。

2009 年，王永生（主持）等获得 2009 年高等学校科学研究优秀成果奖自然科学奖一等奖；冯其波（参加）获国家质量监督检验检疫总局“科技兴检奖”二等奖，并当选为中国计量测试学会第六届理事会常务理事；滕枫入选“教育部新世纪优秀人才支持计划”；徐征等获北京交通大学詹天佑专项奖。

学院在主持国家级重大项目上获得突破，新增北京市重点产业竞争力提升主题计划 1 项，总经费 500 万；“973”项目二级主持 1 项、参加“973”项目 1 项，总合同经费 340 万。国家自然科学基金项目获面上主持项目 22 项，总计 663 万元。有 6 位青年教师获得自然基金，另有 3 名教师获得博士点新教师基金。

学院对近 3 年成立的 10 个研究所进行考核，进一步规范科研团队的建设，形成合力。

【学科与平台建设】

2009 年，学院有 1 个北京市重点学科“光学工程一级学科”，1 个校级重点学科“运筹学与控制论”，拥有 2 个省部级重点实验室，即“发光与光信息科学技术”教育部重点实验室，“信息存储、材料与显示”铁道部开放实验室，以及 1 个国家物理实验教学示范中心。新获准“ 数学一级学科 ”博士后流动站。

“光学工程”学科经过近两年的建设进展顺利，成绩显著。王永生获 2009 年国家杰出青年基金。召开了“发光与光信息技术”教育部重点实验室学术会议，有曹镛、秦国刚、许宁生、姚建铨 4 位院士和多名专家参加了会议，在总结获得教育部重点实验室以来工作的基础上，找差距，迎接正式评估。发光与光信息技术“211”三期重点学科项目进展顺利，组织了设备论证，落实了学院自筹和教师自筹经费，第一批招标设备已落实。

数学学科取得了实质性的进展，数学一级学科获准设立博士后流动站，标志着数学学科建设获得重要进展。与中国科学院院士、中科院华罗庚首席科学家、中国数学学会理事长马志明院士签订了长期合作的协议，拟成立北京交通大学数学科学研究院，提升学校数学学科的影响力，为其他学科提供更好的服务；数学学科承担“211 工程”三期学科建设项目也得到落实，拟组建理学院科学计算中心，进一步提升理学学科的影响力。

生物新兴学科进展顺利，学院为把生物学科建设成为学校学科建设的另一个亮点，2009 年生物学科围绕洪涛、陈志南 2 位院士，又引进了有研究经验的教师达 9 人，其中教授 1 人，副教授 4 人，使得生命科学与生物工程研究院进入全面建设阶段，学科与科研工作取得一定成效。生物学科二期建设项目 500 平方米办公实验用房和 300 万建设经费到位，进展顺利。生物学科 2009 年实到科研经费约 200 万元，并推荐 1 人参加千人计划申报。

2009 年学院组织了对光学工程、运筹学与控制论、光学 3 个学科近 5 年的学科信息分类统计，印刷成册，通过统计分析，为今后学科评估、申报提供基础数据。

【对外交流与合作】

学院与国外著名大学澳大利亚新南威尔士大学、美国明尼苏达大学 2 所大学，签订本科生“2 + 2”合作办学协议，专业包括光信息与技术、信息科学与技术及通信工程，每年有约 30 名相关专业的本科生可以到对方大学学习。学院为促进科研发展，结合自身科研情况，聘请了美国奥克兰大学杨连祥教授、迈阿密大学刘洪潭教授为顾问教授。

教师出国进修 7 人（半年至一年），出国参加国际会议及短期合作交流共 17 人，学生出国留学 7 人，主办国际会议 1 次，邀请外国专家学术报告 32 次，承担国际科研合作项目 1

项，获得国家外国专家重点项目资助 3 项。

成功举办了 2 个国际会议，扩大知名度。第 8 届光通信与网络国际会议，与会境内外专家学者 100 余人，收到论文近 150 篇，其中境外专家包括来自美国、英国、日本、澳大利亚、新西兰、韩国、瑞典、丹麦、新加坡、中国香港、中国台湾等十余个国家和地区；中韩代数图论会议，加强了双方在该领域的交流与合作。

人文社会科学学院

【综述】

3月26日，学校党委常委会第八十九次会议对原人文社会科学学院进行如下调整：原社科部更名为马克思主义理论教学研究部，纳入学校直属管理，与法律系、文化素质教育中心组建成新的人文社会科学学院；由原外语系、传播学系组建语言与传播学院。

【队伍建设】

学院有教职工78名，其中专职教师67名，博士生导师8名，硕士生导师36名；具有博士学位的教师比例为38.5%；新引进教授1人，接收博士毕业生3名。

【党建和思想政治工作】

学院有党支部15个，其中教工支部5个，学生党支部10个；在册党员182名，其中教工党员59名，占教工比例为75.64%；学生党员123名（研究生党员63名，占研究生比例为46.32%；本科生党员60名，占本科生比例为14%）。学院党员情况如表112所示。

表112　学院党员情况统计表

类　　别	教职工	研究生	本科生	小　　计
党支部	5个	7个	3个	15个
在册党员人数	59人	63人	60人	182人
党员比例	75.64%	46.32%	14%	

1. 教职工党建和思想政治工作

按照学校党委部署，学院党委开展了深入学习实践科学发展观活动，形成了《人文社会科学学院学习实践科学发展观活动领导班子整改落实方案》。

学院党委在暑期分批组织教师和学生观看了吴大观同志先进事迹，并征集学习心得37篇；组织教师学生网上参加“双百”人物评选。从9月21日开始，学院党委组织教职工党员和400余名本科生、研究生党员及积极分子集体参观了“辉煌六十年——中华人民共和国成立60周年成就展”，参观《复兴之路》大型主题展览。12月4日，学院党委举办了学习贯彻十七届四中全会会议精神报告会，院长韩振峰教授以“一个毫不动摇、两个牢记、三个始终、四个严峻挑战、五大基本建设、六大基本经验”为主线，深入浅出地阐述了十七届四中全会的基本精神。

2. 本科生党建和思想政治教育工作

2009届本科毕业生共计100人（法学），深造率32%，就业率99%。2009年本科生获得各类奖学金183人次，获校先进班集体1个、校优良学风班1个、北京市“先锋杯”优秀团支部1个、北京市三好学生3个、校级三好学生21人、校级优秀学生干部9人、社会实践优秀个人4人，暑期学生社会实践团被评为北京市重点团队，荣获2009年度北京交通大学社会实践一等奖。

坚持以理想信念教育为重点，以热烈庆祝新中国成立60周年为契机，认真开展各类主题教育。学生党建工作以强化党员意识为重点，突出针对性。在国庆60周年群众游行方阵训练及表演期间，注重提高党员的政治觉悟，发挥党员的政治敏锐性和先锋模范作用。先后举办了党支部书记培训班和团干部培训班；各党支部开展了丰富多彩的主题党日活动、知识竞赛、新老党员交流系列讲座、党员述职报告会等活动。2009年下半年，甲流疫情快速蔓延，学院及时为同学们购买了必要的防护用品，并坚持每天2次统计上报全体学生体温变化情况，充分发挥党团组织的战斗堡垒作用，为隔离区的同学送去生活必需品，出色完成了甲流防控任务。

此外学生工作与专业学习紧密结合，积极打造具有人文特色的品牌活动。如“普法宣传月”、“读书报告会”等。先后编写了社会实践文集、DV光盘、《新生入学手册》学习读本、院学生会会刊《启鸿》、院刊《静水》以及《曙光》报等。本科生奖学金和家庭经济困难学生资助情况如表113、表114所示。

表113　2008—2009学年本科生奖学金统计一览表

奖项	国家	思源	励志	金源	汉能	智瑾	新华都	博爱	学习	社会工作	奋进	体育	文艺	社会实践
人次	4	1	11	1	1	1	1	2	66	32	6	44	9	4

表114　2009年本科生家庭经济困难学生资助情况

项目	名　　称	人次	总金额/元
奖	国家励志奖学金	11	55 000
	合　　计	11	55 000
助	国家助学金	63	126 000
	北京交通大学专项助学金	80	66 400
	电气春雨助学金	1	2 000
	汉能李嘉宁助学金	2	6 000
	曦明助学金	2	5 000
	新长城助学金	5	10 000
	中海油助学金	1	3 000
	浩瀚助学金	1	2 000
	合　　计	166	275 400
勤	学院内勤工岗位	241	120 512
	合　　计	241	120 512
贷	国家贷款	35	204 500
	合　　计	35	204 500
补	大一新生补助	23	2 190
	合　　计	23	2 190

3. 研究生党建和思想政治教育工作

2009届毕业生59人，就业率100%。2009年研究生获得各类奖学金31人次，获校级优良学风班 1 个，哲学专业 2008 级研究生《新农村、新生活——城乡一体化建设调研》社会实践团获社会实践优秀团队一等奖。法学专业 2008 级研究生党支部在学校研究生党支部唱红歌比赛中获一等奖和优秀组织奖。研究生篮球队在学校新生篮球赛中获冠军。

2009 年学院根据学校研究生德育工作的精神，在认真回顾总结 16 号文件颁布五年来德育工作经验与不足的基础上，以国庆 60 年这一重大历史事件为契机，以学习实践科学发展观为重点，以培养创新型人才为目标，扎实开展各项工作，取得了较好的效果。组织开展了大师面对面 10 次、“惠风”研究生学术论坛 20 次、第四届“惠风”研究生学术文化节、第四届研究生风采大赛、人文学院第三期研究生党员培训班、“学习科学发展观，党员实践在知行”系列活动等，并顺利完成了 2008 级研究生党员的述职测评工作。思政专业、哲学专业 08 级研究生分别以《文明植阡陌 新风沐田野——湘西泸溪县八什坪乡精神文明建设调研》和《新农村，新生活——城乡一体化建设调研》为主题开展了暑期社会实践活动。

2008—2009 学年研究生奖学金统计一览表见表 115。

表 115　2008—2009 学年研究生奖学金统计一览表

奖项	校级优秀奖学金	校级优秀研究生干部	校级三好研究生	社会实践优秀个人	道德建设先进个人	智谨
人次	1	10	13	5	1	1

【教学工作】

2009 年学生人数如表 116 所示。

表 116　2009 年学生人数一览表

类别／年份	博士			硕士			本科		
	招生	在校	毕业	招生	在校	毕业	招生	在校	毕业
2009 年	8	22	0	70	137	59	112	428	100

1. 本科教学

学院本科教学工作始终围绕落实质量工程、深化教学改革、规范教学管理、提高教学质量而展开。

加强思想政治理论课建设，提高思想政治理论课教学质量，《马克思主义基本原理》课程被评为校级和北京市精品课。进行教学方法和教学模式的改革，加强实践课程建设。通过开展小品表演、读书活动、热点研讨、主题演讲等实践活动，有效地调动学生学习政治理论课的热情，将实践活动做成具有“交大特色”的活动。组织教师参加北京高校思想政治理论课教师教学基本功大赛，杨德才老师在第三届北京高校思想政治理论课教学基本功比赛中获得二等奖，在精彩教案评选中获得优秀。

深化文化素质类课程教学改革，大力推进人才培养模式创新，强化国家级人才培养模式创新实验区建设，《课堂教学与文化、实践活动紧密结合的工科大学生文化素质教育培养模式》被评为北京市教学成果二等奖。积极组织学校首届大学生人文知识竞赛，在此基础上选拔学生参加由北京市教委主办的首届北京市大学生人文知识竞赛，并获得北京市大学生人文知识竞赛三等奖两项。《唐宋诗词鉴赏》课程被评为校级精品课。

积极开展法律专业建设，探索创新型人才的培养模式，改革人才培养模式，构建有利于学生自主学习与研究的创新人才培养体系，组织教师开展研究型教学，主干课程全面推进研究型教学。李文华老师获得学校评选的研究型教学优秀方案。积极组织学生参加由北京市教育委员会主办的首届北京市大学生模拟法庭竞赛，进入前 8 名。组织本科生科研训练体系的实施，开展“大学生创新性实验计划”项目的研究与实施工作，2009 年校级立项 10 项，校级结题 6 项。积极组织“挑战杯”全国大学生社科论文竞赛，获得“挑战杯”课外学术科技作品大赛校级二等奖 3 项、三等奖 4 项。

2. 研究生教学

截至年底，学院共有二级学科博士点 1 个，一级学科硕士点 1 个，二级学科硕士点 10 个（包括马克思主义理论一级学科下属的 6 个二级学科），法律硕士专业学位点申请获得批准，将于 2010 年开始正式招生。

完善了《人文社会科学学院免试推荐和接收硕士学位研究生管理办法》、《人文社会科学学院关于研究生毕业论文中期检查的规定》、《人文社会科学学院学位点经费的划拨指导和使用原则》、《人文社会科学学院关于〈研究生指导教师遴选办法〉的补充意见》、《人文社会科学学院研究生导师职责》等文件，多次召开研究生座谈会、研究生导师座谈会，系部主任和学位点负责人等多种形式的研讨会，研究新时期新形势下提高学院研究生培养质量的新思路、新方法，组织了多场高水平的研究生学术报告，进一步规范了学院学位与研究生招生、培养等各项工作。

【科研工作】

学院新增科研项目 33 项，合同经费 337. 3 万元。其中纵向课题 27 项，经费合计 252. 3 万，横向课题 5 项，经费合计 84 万元，校基金课题 1 项，合计 1 万元。纵向课题包括教育部项目 6 项，铁道部项目 3 项，国家发改委项目 2 项，北京市项目 7 项，科技部项目 1 项，劳动人事部项目 1 项，文化部项目 1 项，国家保密局项目 1 项，其他市部级项目 4 项。

2009 年发表学术论文 84 篇，其中一类论文 18 篇，CSSCI 论文 28 篇；出版专著、译著等 5 部；出版教材及教学辅导书 9 部；举办学术讲座 16 次。

【学科与平台建设】

成功申报法律硕士专业学位点，学校被批准为法律硕士专业学位研究生培养单位；马克思主义理论教学研究部被确立为学校二级管理机构。马克思主义理论教学研究部组织召开 2009 年度学科建设研讨会，交流思想政治理论课建设的经验，谋划思想政治理论学科建设新的发展思路；研究筹建国学与人文精神研究院、中国特色社会主义理论体系研究中心等；积极筹备马克思主义理论一级学科博士点、法学一级学科硕士点的申报准备工作，在力量组合、队伍搭配和学科方向等方面作出了初步规划。

【对外交流与合作】

2009 年学院先后选派 3 名教师公派赴美进修，分别是：马克思主义理论教学研究部王宁西、法律系陈力铭、马克思主义理论教学研究部林建成。

语言与传播学院

【综述】

3月26日，学校党委常委会第八十九次会议决定成立语言与传播学院。学院成立后，重新组建了学院二级机构并选聘了党政负责人。12月9日召开了语言与传播学院第一届教职工代表大会。截至年底，学院下设外语系、传播学系、研究生外语教学部、大学英语教学一部、大学英语教学二部、外语媒体中心6个教学科研单位以及语言文化研究所、文化产业研究中心、英美文学研究所、外国语言学及应用语言学研究所、应用传播研究所5个院级研究所和研究中心。2009年“大学英语教学改革项目”获得国家教学成果二等奖；“大学英语”教学团队被评为首都教育先锋先进集体。

【队伍建设】

截至年底，学院有教职工123名，其中专职教师110名，硕士生导师12名；具有博士学位的教师比例为13.8%。2009年引进学科带头人1名，接收博士生2名，在职攻读博士学位教师3名。教职工分布情况如表117所示。

表117　教职工在学院系、所、中心、机关分布表

职称 单位	教授	副教授	讲师	助教	高政师	高工	工程师	馆员	助理研究员	助工	工人	合计
大学英语教学一部		4	24	2								30
大学英语教学二部		7	20	1								28
研究生外语教学部		11	9									20
外语系	3	7	10									20
传播学系	2	2	6									10
学院机关	2	1	1	1	1	1	1	1	1	1		11
外语媒体中心							1				3	4
合　计	7	32	70	4	1	1	2	1	1	1	3	123

【党建和思想政治工作】

截至年底，学院有党支部13个，其中，教工支部6个，学生支部7个；共有党员147名，其中，教工党员62名，党员比例为46.97%，研究生党员32名，党员比例为52.5%；本科生党员53名，党员比例为13.8%，全年发展新党员29名。详见表118。

表118　学院党员情况统计表

类　别	教职工	研究生	本科生	小　计
党支部个数	6	2	5	13
在册党员人数	63	32	53	148
全年发展党员人数		4	25	29
党员比例	50.8%	52.5%	13.8%	

1. 教职工党建和思想政治工作

召开了学院第一次教职工代表大会，选举产生了学院新一届教代会代表。通过了《语言与传播学院教师考核与绩效工资管理办法》修改方案。

按照学校党委的要求，开展了深入学习实践科学发展观活动。在学习活动中，紧密结合自身实际，扎实有序地展开3个阶段6个环节的活动，并认真抓好每个阶段、每个环节的工作，把深入学习贯彻始终，把解放思想贯彻始终，把解决问题、完善机制贯彻始终，保证了整个活动的质量。活动开展得扎实有序，3个阶段的各项规定任务全面完成。

做好建国60周年安全稳定工作。开展和谐校园建设和安全稳定教育，与各系部签订了《安全责任书》，按照学校"谁主管、谁负责"的原则，明确责任，定期检查，做好思想政治工作。

2. 本科生党建和思想政治教育工作

2008—2009年度评优评先工作中，学院共有157名同学获得各类奖学金。北京市先进班集体1个；先锋杯团支部2个。2008级学生军训获得内务优秀奖。2009届英语专业毕业生共计116人，深造率42.2%，比2008年提高7.7%；就业率100%。

2009年，学院依托学生"三个代表"重要思想学习研究会，开展"学习十七大系列教育活动"，组织学生党支部围绕时代主题以及科学发展观，开展"青春风貌，献礼华诞"主题实践活动。以建国60周年、"五四"运动90周年为契机，认真策划和组织"我和我的祖国"爱国主义主题系列教育活动，通过"新老生座谈会"，"我和我的祖国"主题征文、"我与祖国心连心"残联社会实践、"我和我的祖国"英语演讲比赛等活动，对学生进行爱国主义、社会主义、集体主义教育。先后编写了"青春风貌，献礼华诞"社会实践文集、《迎新专刊》、第一期双语院刊《BE MINE》（《笔漫》）；以及第一期《时政快递》电子期刊、《语言与传播学院共青团工作简报》等。在建国60周年庆典活动中，学院共有60同学参加了国庆方队游行，辅导员方宇鹏老师荣获"北京市国庆游行先进工作者"荣誉称号。

本科生各类奖学金及家庭经济困难学生资助情况如表119、表120所示。

表119　本科生2008—2009年度各类奖学金统计表

奖项	思源	国家	励志	智瑾	汉能	学习	社会工作	奋进	体育	文艺	社会实践
人次	1	4	10	1	1	79	32	6	6	9	4

表120　本科生家庭经济困难学生资助情况

项目	名　　称	人次	总金额/元
奖	国家励志奖学金	10	50 000
	合　　计	10	50 000
助	国家助学金	46	140 000
	北京交通大学专项助学金	58	66 400
	浩瀚助学金	1	2 000
	学子阳光助学金	4	16 000
	中海油助学金	1	2 000
	新长城助学金	5	14 000
	电气春雨助学金	1	2 000
	华睿李嘉宁助学金	3	8 000
	合　　计	119	250 400

续表

项目	名　　称	人次	总金额/元
勤	学院内勤工岗位	76	91 840
	合　　计	76	91 840
贷	国家贷款	41	246 000
	合　　计	41	246 000
补	大一新生补助	21	4 200
	热水、洗澡水补助	67	6 700
	伙食补助	71	4 620
	临时困难补助	2	1 000
	合　　计	161	16 520
减	西部地区计划	1	2 750
	合　　计	1	2 750

3. 研究生党建和思想政治工作

2009 年学院研究生获得各类奖学金 37 人次，其中北京市三好学生、北京市优秀学生干部各 1 人。2009 届毕业研究生 27 人，就业率 100%。

2009 年研究生工作，深入学习贯彻落实党的十七大精神，着力加强创新能力培养以及研究生党建工作，结合学院特色、专业特点开展各项工作。组织开展了大师面对面 8 次、"惠风"研究生学术论坛 6 次、"惠风"研究生学术文化节、研究生羽毛球比赛、研究生党员培训班、"关注儿童心理 支持灾区重建"主题党日活动、研究生"生活广角"、研究生风采大赛、研究生暑期社会实践等活动。

【教学工作】

学院 2009 年招生、在校、毕业生情况如表 121 所示。

表 121　2009 年招生、在校、毕业学生人数

类别 / 年份	硕士			本科		
	招生	在校	毕业	招生	在校	毕业
2009 年	29	61	27	119	416	116

1. 本科教学

2009 年学院下设英语和传播学 2 个本科专业，在校本科生 416 人。其中英语专业 260 人，传播专业 156 人。2009 年校级优秀主讲教师 37 人，占学院教师总数的 34%，"大学英语"课程为国家级精品课程和北京市精品课程。《新时代交互英语读写译 IV（全新版）教师用书》及《新时代交互英语读写译 IV（全新版）学生用书》、《新时代交互英语读写译 II（全新版）教师用书》及《新时代交互英语视听说 II（全新版）学生用书》被评为国家级精品教材。5 本教材被列入国家"十一五"规划教材。

学校交互式大学英语教学模式成效显著，教育部门户网站"各地教育"栏目进行了专题报道。"大学英语教学改革项目"获得国家教学成果二等奖；"大学英语"教学团队被评为首都教育先锋先进集体。9 月揭晓的 2008 年北京市教育教学成果奖（高等教育），学院

《开创交互式大学英语教学新模式》获得一等奖。宫玉波教授负责的“大学英语”获2009年度网络教育类国家精品课程。

2009年学院组织学生参加了全国各类比赛，全国大学生英语竞赛取得特等奖6人、一等奖17人、二等奖51人、三等奖101人，首届北京市大学生英语演讲比赛二等奖1名、三等奖1名，获得外研杯全国英语辩论赛三等奖，2009“CCTV杯”大学生英语演讲赛获优秀奖，十五届“联想杯”大学生英语演讲赛三等奖，学校获14届“21世纪联想杯”全国英语演讲比赛最佳组织奖。

2. 研究生教学

2009年学院共有2个二级学科硕士点（外国语言学与应用语言学、英语语言文学），在校研究生61人，研究生公开发表论文50余篇。在研究生联合培育上，与中央编译出版社签订了培养协议，拓宽了培养渠道。此外组织督导组对研究生课程质量进行了检查，并对研究生毕业论文进行了抽查，多次召开研究生座谈会、研究生导师座谈会，系部主任和学位点负责人研讨会，听取各方意见和建议，研究新时期提高研究生培养质量的方式方法。组织开展了多次高水平的研究生学术报告，进一步规范了研究生学位与招生、培养等各项工作。

【科研工作】

学院新增科研项目4项，合同经费33万元。2009年发表学术论文43篇，其中一类论文1篇，CSSCI论文10篇；出版专著2部、译著1部；教材及教学辅导书13部。举办学术讲座10次，其中外国专家讲座5次、国内专家讲座5次。

【对外交流与合作】

2009年学院英语教师叶起昌、邵钦瑜、王小娟、唱宇先后以访问学者身份通过国家留学基金委或学校公派或自费公派到美国进修或做博士后；英语教师王云彤、许杰借调教育部并驻澳大利亚墨尔本领事馆。

12月，美国富布赖特高级专家Nancy Street博士前来学院传播学系进行了为期1个月的讲学。截至年底，学院共聘有5名外籍教师，其中4名为美国人，1名为德国人。5月，美国桥水州立学院（简称BSC）合作协调人Wing - kai To教授来校访问；5月，BSC教授Wing - kai To等3人被聘为语言学院顾问教授；7月，BSC校长副校长一行来校访问，双方签署了新的交流合作协议；7月中旬，美国BSC本科生26人前来学院进行了为期14天的访学；8月，有5名三年级本科生到BSC学习；9月，有3名传播学专业三年级的本科生到台湾义守大学学习。

软件学院

【综述】

软件学院设有软件工程专业（软件工程技术与数字媒体技术 2 个专业方向）。“精英型软件工程师培养模式的探索与实践”荣获第六届国家级教学成果一等奖，国家级软件人才培养模式创新试验区，《软件系统分析与设计技术》获国家级精品课程，《数据库系统》获国家级双语示范课程，《软件系统分析与设计技术》获教育－IBM 精品课程，“基于 SunSpot 的高压线智能巡检除冰机器人”获全国软件创新大赛二等奖，中国服务外包人才培养中心（北京）服务外包人才培养机构称号，软件工程领域工程硕士获批自主招生。

【队伍建设】

2009 年，共有专兼职教师 88 人。其中专职教师 12 人，校内兼职教师 15 人，企业兼职教师 53 人，外籍教师 6 人，相对稳定的兼职教师人数超过 50% 。如表 122 所示。

表 122　2009 年教职工基本情况

	教授	副教授	讲师	高工	工程师	其他	合计
软件工程教研室		3	6	2	0	0	11
软件工程实验中心						3	3
兼职教师	3	12				53	68
外籍教师						6	6
院机关	1	1	2	0	2	10	16
合　　计	4	16	8	2	2	72	104

【党建和思想政治工作】

截至年底，学院有党员 182 人，其中教工党员 12 人，研究生 88 人，本科生 82 人。教师党员占教师比例为 40% ，本科生党员占本科生比例为 11.5% ，研究生党员占研究生比例为 44.2% 。4 月，学院召开第一届党员大会，选举产生了软件学院党总支委员会。

1. 教职工思想政治工作

加强院领导班子建设，努力健全党政议事制度，认真贯彻落实《北京交通大学 2009 年工作要点》和《北京交通大学 2009 年折子工程》。

组织教职工党员进行专题学习研讨，深入贯彻实施科学发展观等。组织教工党员主题党日活动“深入厂矿农村基层调研，学习实践科学发展观”，赴抚顺新宾县调研学习。

领导班子高度重视国庆 60 周年群众游行方阵训练工作，一线工作人员带领学生连续训练 3 个月，圆满完成国庆 60 周年各项任务。

重视教师综合素质的提高。组织教师参加国内外工作会议、培训，定期召开教师座谈会，进行工作总结和交流。邀请企业兼职教师参加学院本科教学工作会议、学习实践科学发展观活动征求意见会、运动会等，通过多种方式使兼职教师实质性融入学院教师队伍。

2. 本科生思想政治工作

以庆祝新中国成立60为契机，不断深化理想信念教育。开展“红色歌曲大家唱”、“第四届首都大学生创意文化节”、“我爱我的祖国”主题教育活动等，获优秀组织奖。加强党建工作，党员中获得奖学金的比例为75%，2009届毕业生获得北京市优秀毕业生的比例75%，推荐免试研究生的学生党员占77.3%。由121名学生组成的首都国庆60周年群众游行十九方阵第十中队，圆满完成了中队的各项工作任务，为整个方阵出色地完成庆典工作作出了积极贡献。

以学生班级和团支部建设为平台，培养学生集体精神和责任意识。组织了纪念五四运动90周年系列活动、观看主题图片展、参观北大红楼，开展了“传承五四精神 履行青年使命”等主题团日活动。获评校先进班集体2个，校优良学风班3个，甲级团支部2个；获评五四奖章1人，特殊贡献奖1人，校优秀团支部书记1人，校优秀团干部11人，校优秀团员30人；获得国家奖学金7人，国家励志奖学金19人，获得宝钢、智瑾、高富浪“助人为乐”等各项专项奖学金19人，获得单项奖学金221人次，校三好学生35个，校优秀学生干部19个；首都高校社会实践先进个人1个，校社会实践优秀个人6人。家庭经济困难学生资助情况如表123所示。

打造科技创新平台，做好学风建设。打造创新平台，运营通软互联（虚拟）公司，举办第六届“新软攀峰”课外科技作品竞赛，开展新软启航系列培训。辜斯缪同学代表学校获得acm/icpc亚洲区域赛杭州赛区金奖，全球总决赛33名；4人获第二届全国大学生软件创新大赛二等奖；吉天祥同学获得全国海洋知识竞赛全球前十名，获得免费赴南沙群岛考察机会。北京软件行业协会授予北京交通大学北京市软件构件人才培养院校。坚持教育与服务并重，全力推进学院学生就业竞争力培养和就业指导服务体系的建设，截至12月，连续4年实现毕业生一次就业率100%，获得2009年就业先进单位。

以学生文化实践活动为载体，打造学生综合素质提升的平台。全年共组织404名学生开展寒假社会实践，到公司、社会进行调查研究。积极开展“我爱我的祖国”暑期社会实践活动，组织了4支团队，其中“绿色足迹见证魅力宜春市 和谐发展共创辉煌六十载”、“务实造就人才 积极开拓就业——软件精英长沙行”分获学校二、三等奖。雷霆同学作为优秀志愿者，代表北京高校学生在全球艾滋病日当天讲解艾滋病防治知识。举办宿舍文化节，“科学发展 全能之星”综合素质大赛等活动，带领学生到素质拓展基地开展素质拓展训练，纪念12·9学生爱国运动70周年“祖国颂”主题诵读晚会取得三等奖。

表123 学院家庭经济困难学生资助情况

项目	名 称	奖励人数	总金额/元
助	国家助学金	113	226 000
	北京交通大学专项助学金	140	116 200
	电气春雨助学金	1	2 000
	汉能李嘉宁助学金	3	8 000
	宏基助学金	1	3 000
	曦明助学金	2	5 000
	新长城助学金	9	18 000

续表

项目	名　　称	奖励人数	总金额/元
助	UPS 助学金	2	7 400
	浩瀚助学金	1	2 000
	恒大助学金	1	2 000
	中海油助学金	1	3 000
	灾区补助	2	3 680
	共　　计	276	396 280
勤	名　　称	人数	发放金额/元
	学院内勤工岗位	121	92 828
贷	名　　称	贷款人数	贷款金额/元
	国家贷款	33	198 000
补	名　　称	人数	发放金额/元
	大一新生补助	37	6 700
	临时困难补助	2	2 000
	家庭经济困难学生临时伙食补贴	84	16 800
	家庭经济困难学生临时水电补助	90	16 650
	共　　计	213	42 150
减	名　　称	人数	发放金额/元
	灾区学生减免学费	2	5 500

3. 研究生思想政治工作

营造学术氛围，为研究生举办“大师面对面”名师讲座 8 场；组织研究生创新论坛系列学术讲座及参观中外 IT 企业活动，开阔视野，扩大行业背景知识面。在毕业生撰写毕业论文期间，邀请专业老师讲解论文规范、倡导学术道德，狠抓学术不正之风。

组织研究生党支部积极开展“共产党员献爱心”捐献活动，用于北京市慈善协会在全市开展的助老、助残、助学项目和资助我校困难党员和群众。

结合学习实践科学发展观，学院研究生党支部定期开展主题党日活动，例如参观中国人民抗日战争纪念馆、学习刘家霖事迹等。

积极组织并鼓励研究生参加“2009 年成都国际软件设计大赛”、“挑战杯”大赛、“2009 IBM Jazz 创新大赛”等竞赛以及学校“慧光杯”学术论坛，董书建同学获得“2009 成都国际软件设计大赛”数字娱乐软件开发设计第二名，官酩杰同学获得“慧光杯”学术论文一等奖。

【教学工作】

推进大学生创新实验计划项目建设。2008 年立项的大学生创新实验计划项目经中期检查和结题验收，有 2 项被评为优秀。组织指导教师和 2008 年优秀项目学生代表就申报大学生创新实验计划项目的意义、如何开展研究，向学生进行宣讲，积极组织实施了软件学院大学生创新性实验计划项目的申报、审批、阶段检查、中期检查工作和申报国家级项目的推荐工作。从大学生创新实验计划项目孵化出的成果已在各种学科竞赛中多次获奖。

推进国家人才培养模式创新实验区建设。起草了国家级“精英型软件工程师人才培养模式创新实验区”建设方案。明确了实验区建设的指导思想、建设目标、建设内容和预期成果，对人才培养模式、人才培养方案设计进行了总体设计与研究。将项目分解为5个子项目，责任落实到人。

推进国家级特色专业建设。为鼓励教师积极参与教学改革，特别是参与质量工程建设，提高教师教学水平，制定了《利用特色专业项目建设资金对教师教学改革奖励和资助》，对在教材出版、精品课程、双语示范课程、教学团队或教学名师、大学生创新实验计划等作出突出贡献的教师进行奖励，对教师论文发表、进修或培训等方面提供资助。该措施极大提高了教师进行专业建设的积极性，在课程建设、教材建设等方面取得了一批成果。

完善实践教学体系，加强实验中心软硬件环境建设，组织申报北京市教学示范中心。根据学校《关于进一步落实基础与科研实验室向本科生开放工作的通知》，开设《主要实验室功能介绍》课程。

深化教学改革，推进做中学和双语教学。为培养国际化软件工程师，着力推进实践教学和双语教学，在3门主干课程中采用“做中学”的教学方式，提高了学生的实践能力和自主学习能力；2009年聘请了3位外教，为本科生开设了3门全英文课程，在专业基础课和专业课程中推进双语教学，共开设27门双语课程，为学生营造了国际化学习环境，提高了学生跨文化交流能力。

对实验教学体系、实验教学平台进行梳理和建设，组织申报北京市实验教学示范中心。与企业合作建立Oracle（WDP）实验室，邀请企业技术总监为全校师生开设了新技术讲座，进行了Linux、Oracle的免费培训。对多所学校数字媒体实验室进行调研，筹建软件学院数字媒体实验室。

【对外交流与合作】

积极开展与国外知名大学的交流与互访，广泛建立教育合作关系。为了实现国际化软件学院的建设目标，学院开设多门双语教学课程并积极开展国际留学生招生工作。学院增加了外教人数，制订了留学生培养方案、教学计划等一系列相关文件；通过建设学院英文网站、印制招生宣传册、联系招生中介机构、加大网络宣传力度等多种渠道开展招生工作。

建筑与艺术系

【综述】

2009年，建筑与艺术系深入贯彻落实党的十七届四中全会精神，以学习实践科学发展观、提高培养质量、加强队伍建设、重视科学研究、拓宽国际交流为重点，尤其以建筑学专业迎评工作作为全系工作的重中之重，切实加强实验室、图书资料室等教学基础设施建设，凝练学科方向，完善体制机制，推进教学改革，开展科学研究，各项工作稳步推进。

【队伍建设】

截至年底，全系教职工48人，其中教师40人，教授6人，副教授8人，硕士生导师18人；具有博士学位的教师22人，占教师总数的55%。当年引进教授1人、引进博士3人，招聘归国留学生1人，校内调入1人，已确定引进博士4人。教职工分布情况如表124所示。聘请北京建筑设计研究院刘力等8名著名建筑设计大师为系聘兼职教授兼工程硕士导师；聘请俄罗斯D. O. 什维德科夫斯基院士、G. V. 伊萨洛夫院士和M. V. 舒宾科夫院士为系兼职教授兼工程硕士导师。聘请李建伟为兼职教授。

根据学校发展规划和学科发展的需要，制定了师资队伍建设规划和相应的人才培养、引进程序，坚持培养与引进相结合多渠道建设高水平师资队伍，制定政策支持青年骨干教师在职进修、出国培训、挂职锻炼，按照岗位设置规划，严格引进程序，积极补充师资，全年派出国外访问学者1人、国内访问学者1人，教师挂职锻炼2人，双语教学培训2人，入选“红果园创新人才培育计划”D类人选3人。出台办法，鼓励教师参加学术会议、教学研讨会，当年支持参加各类会议20余人次。

表124　教职工在学院系、所、中心、机关分布表

单位＼职称	教授	副教授	讲师	助教	高工	工程师	助工	工人	外聘	合计
建筑设计教研室	2	4	5							11
建筑历史教研室		1	2							3
建筑技术教研室			2							2
设计基础教研室	1	2	3	1						7
室内设计教研室			7							7
城市规划与景观教研室	1		4							5
平面设计教研室	2	1	2							5
资料室								1		1
系机关			2		1	3			1	7
合　计	6	8	28		1	3		1	1	48

【党建和思想政治工作】

2009年底，建筑与艺术系党总支下设党支部8个，其中教师党支部1个、学生党支部7个；党员117人，其中正式党员86人、预备党员31人；党员中教工党员21人、学生党员96人。全年新发展党员31人，转正党员22人，其中2名为教职工党员。教工党员比例43.75%，研究生党员比例44.12%，本科生党员比例12.8%。

建筑与艺术系以健全规章制度、加强基层党组织建设为中心，以发展党员为抓手，以学习实践科学发展观活动为重点，以建国60周年、“五四”运动90周年为契机，在全体师生员工中开展党建思想政治工作。制订了深入学习实践科学发展观活动总体方案，安排了近10个专题集中学习，围绕人才培养、学科建设、体制机制3个调研主题，开展深入调研，形成调研报告。在多方征求意见的基础上，针对系学科发展的突出问题，完成了分析检查报告，制订整改方案和相应措施。活动中，充分发挥党支部的堡垒作用，以支部为单位认真开展党员专题组织生活会，开展“四个一”活动，积极为学校、系发展建言献策。坚持边整边改，落实红果园计划，设立系自筹经费支持青年教师培养、精品课程建设和教学团队建设；制定财务管理补充规定，健全系财务管理制度。分析检查报告、学习实践活动群众满意和较满意的占97.6%。1篇被校《学习实践科学发展观活动简报》专题刊用，在“我为学校科学发展献一策活动”中分别有1个支部和2名个人获得优秀建议奖。

1. 教职工党建和思想政治工作

教工党支部紧紧围绕中心工作开展活动，在科学发展观活动期间，召开专题党支部会议，紧紧围绕“破解影响和制约系科学发展的突出问题，推进系又好又快发展”这一主题展开讨论和实践活动；围绕建筑学专业评估这一重点工作，发挥党员先锋模范作用、党支部战斗堡垒作用，支部召开专题组织生活会，全体党员主动积极承担迎评工作任务；通过外出调研、参观等开展多种形式的主题教育活动，提高党员意识，增强党支部的凝聚力。

2. 本科生党建和思想政治工作

坚持思想育人，加强对学生的思想政治教育。以迎接祖国60华诞和纪念五四运动90周年为契机，指导系团委、学生会组织主题活动，深入开展爱国主义教育。如“迎五四，颂国庆”创意涂鸦大赛、“我爱我的祖国”主题书法、绘画、摄影作品比赛、红色电影配音大赛、“我与祖国共奋进，我与交大共成长”趣味运动会、“新‘17’时代”建筑与艺术系晚会等，展现专业特点，突出建艺风格，引导学生通过艺术创作的形式表达对祖国深深的爱。

本着早动手、早规划、积极动员各方力量的原则，努力推进系毕业生就业工作，就业满意度显著提高。应届毕业生89人全部就业，就业率为100%，被评为校在就业工作中提高就业率成绩突出单位称号。

坚持集中实践与个体分散实践相结合，深入开展暑期、寒假社会实践活动，全年有500多人次参加各类社会实践活动。暑期社会实践重点团队赴河南新乡以“建筑中国—‘建’六十年之中华雄姿，‘筑’千秋路于祖国华诞”为主题开展活动，获得北京交通大学2009年暑期社会实践团队一等奖。

本科生各类获奖及家庭经济困难学生资助情况如表125、表126、表127所示。

表 125　本科生 2008—2009 学年各类专项奖学金获奖情况统计

名称	思源	国家	励志	智瑾	汉能	金源	电气春雨	博爱科技	博爱道德风尚	合计
金额/元	10 000	8 000	5 000	3 000	7 000	5 000	6 000	1 000	1 000	
人次	1	4	9	1	1	1	1	1	1	20
合计/元	10 000	32 000	45 000	3 000	7 000	5 000	6 000	1 000	1 000	110 000

表 126　本科生 2008—2009 学年各类单项奖学金获奖情况统计

名称	学习	工作	奋进	体育	文艺	社会实践	合计
人次	79	31	7	11	6	3	137
金额合计/元	101 300	23 500	3 500	3 400	1 900	600	134 200

表 127　2009 年家庭经济困难本科学生资助情况统计表

项目	名　　称	奖励人次	总金额/元
奖	国家励志奖学金	9	45 000
	共　　计	9	45 000
助	名　　称	受助人次	总金额/元
	国家助学金	49	98 000
	北京交通大学专项助学金	65	54 100
	UPS 助学金	1	3 700
	中海油助学金	1	3 000
	新长城助学金	7	14 000
	汉能李嘉宁助学金	3	8 000
	电气春雨助学金	1	2 000
	曦明助学金	1	5 000
	宏基助学金	1	2 000
	共　　计	129	189 800
勤	名　　称	参加人次	发放金额/元
	学院内勤工助学岗位	41	24 104
贷	名　　称	贷款人数	贷款金额/元
	国家贷款	15	366 000
补	名　　称	受助人数	总金额/元
	大一新生补助	14	3 800
	合　　计	14	3 800

3. 研究生党建和思想政治工作

为保证研究生奖助学金评定工作的科学化、规范化，在充分听取各方意见的基础上，制定了《北京交通大学建筑与艺术系硕士生奖助学金评定办法（试行）》以及相应的细则文件三个，即《建筑与艺术系硕士生第一学年硕士生基本奖助学金评定细则》《建筑与艺术系硕士生第二学年硕士生基本奖助学金评定细则》《建筑与艺术系硕士生综合素质测评成绩评定暂行办法》。研究生暑期社会实践项目“新农村建设——兴隆村生态农业园改造规划”成果获得2009年度首都高校社会实践优秀成果，该社会实践团获校社会实践团队三等奖并被评为2009年度首都高校社会实践优秀团队。

【教学工作】

1. 本科教学

2009年本科专业在原有建筑学和艺术设计2个专业基础上，新增数字媒体艺术专业，当年招生1个班，30人。截至年底，3个本科专业在校本科生合计455人，其中建筑学专业231人（包括外国留学生10人），艺术设计专业194人，数字媒体艺术专业30人。当年新增本科生126人。全年本科学生获得校级以上学科专业竞赛奖37项，其中国家级奖励15项，市级奖励4项，获奖总人次60人。

全系参与，扎实推进建筑学专业迎评工作，成立迎评工作小组，制订具体迎评工作计划，完成了评估申请报告，并被评估委员会接受。对照评估标准推进系软硬件建设，争取到学校实验室建设专项支持217万，完成了计算机数字技术、视觉艺术及建筑物理实验室的建设；积极推进模型制作、建筑构造展示等实验室建设；完善图书资料室建设。对近五年学生作业进行全面归档整理，对系环境进行全面整治，根据评估委员会要求做好专家组进校考察前的准备工作以及专家进校时的环境展示策划等。依据现有条件，认真开展自评工作，全面总结经验，分析存在的不足，在此基础上完成了建筑学专业评估自评报告。

规范与强化实践教学环节。根据学校教学管理文件，规范本科教学工作，加强本科生实践教学环节和培养质量监控，制定了《北京交通大学建筑与艺术系实习课程经费使用管理办法（试行）》和《北京交通大学建筑与艺术系实验室管理办法（试行）》，对学生外出实习费的使用及相关教学实验室的管理和使用进行规范。制定措施鼓励学生参加各种竞赛，在都江堰地震纪念馆设计竞赛、全国大学生作业观摩、大学生毕业设计国际展等多项竞赛中获奖，其中获第18届国际大学生建筑专业毕业设计竞赛一等奖3项，北京高校建筑结构设计联赛一、二、三等奖各1项，在全国大学生“汶川地震都江堰纪念馆”设计竞赛中获优秀奖3项、获竞赛组织奖1项。组织了与德国卡塞尔大学艺术学院的以2001为主题创作海报的课题合作。签订了与英国技术与电子商务研究院联合举办研究型学习的夏季培训的意向协议。

教学日常工作与重点工作齐抓，把学生培养放在首位，除专题研究教育教学相关问题外，建立领导听课制度，要求新学期开始领导必须随堂听课，每学期还要求不定期抽听一定数量的课。加强研究性教学工作，高度重视大纲的撰写及实施工作，加强数字媒体艺术新专业建设，全面推行2008教学大纲。进行建筑学专业教学改革，将一年级美术和建筑设计课程教学融合，优秀主讲教师上课率100%，青年教师获得讲课基本功比赛三等奖1项。

教学研究与人才培养的并重，组织各种级别的精品课程的申报，鼓励教师参加红果园教学团队、红果园教改项目及红果园人才的申报。基础教研室的“跨学科建筑设计基础课教学研究”获得了校重点教改项目的立项。承担校级重点教改项目1项，教师发表教改论文6篇。

2. 研究生教学

截至年底，建筑与艺术系有建筑设计及其理论和设计艺术学2个授权硕士学位点，以及建筑与土木工程领域硕士专业学位点1个。在校硕士研究生共68人，其中建筑设计及其理

论专业 27 人、设计艺术学专业 20 人，建筑与土木工程工程硕士专业 30 人（其中含在职进修生 20 人），2009 年新增硕士生 35 人。全年研究生公开发表论文 14 篇。

规范教学管理，强化教学质量控制，研究生培养实施匿名送审制，逐步建立开题、中期考核、论文开题、答辩等一系列程序与制度，规范研究生教学的程序，制定研究生奖助金评定办法。设立首届建筑与艺术系研究生科研创新基金，首次批准 10 项研究生科研项目立项。以研究生教育为目标，与研究生院共同组织 2 次“院士校园行”活动，开阔研究生的学术视野。与相关设计研究单位联系，加强在职工程硕士培养工作，在北海市设立工程硕士班，共招收学员 15 名。设立系研究生创新基金，2009 年评选 10 项研究生创新基金，鼓励研究生开展创新研究，创建良好的研究生学术氛围。10 月，组织师生参加第七届全国建筑与规划研究生年会，4 名研究生获该届年会优秀论文入选奖。

【科研工作】

全年承担科研项目 22 项，新增科研项目 16 项，其中博士点基金 1 项，北京市哲学社会科学基金 1 项，北京市自然科学基金 1 项，教育部人文社科基金 1 项，其他部市项目 3 项，横向课题 9 项；实际到账总经费近 170 万元，新增科研经费 132 万元。发表论文 63 篇。其中：一类论文 12 篇，核心刊物发表 26 篇，发表会议论文 6 篇。出版专著、教材 12 部。获实用新型专利授权 2 项。组织了 22 次不同层次的国际、国内学术讲座，邀请外籍专家学者来系讲座 10 余次。

薛林平副教授主持的“山西古村镇普查与研究”、“阳泉市小河历史文化名村保护规划研究”2 项科研成果分别获得获建设部、中国规划协会颁发的 2007 年度全国优秀城乡规划三等奖。

【对外交流与合作】

2009 年全年接待国外专家、学者来访 8 次，访问人数合计 20 余人次；教师出国访问 7 次，合计 12 人次；与国外签订合作交流协议 3 份。9 月，蒙小英副教授受国家留学基金委资助赴丹麦哥本哈根大学林业、城市规划与景观研究中心做访问学者。学生出国留学 1 人，出国交流 10 人。

与荷兰 Twente 大学研究生交换项目顺利进行，完成了两校各 10 名学生的互派交流学习，并互派教师多名，共同开展城市设计联合教学、学术交流等，并就 2010 年合作的执行计划进行了细化落实。选派 1 名建筑专业研究生前往西班牙马德里大学进修，获得马德里大学全额奖学金。签订了与英国技术与电子商务研究院联合举办研究型学习夏季培训的意向协议，与阿根廷布宜诺斯艾利斯大学初步达成了联合教学协议。与德国卡塞尔艺术学院联系商谈艺术设计联合教学相关事宜。

在北京建筑设计研究院、北京市城建设计研究总院有限公司、中铁工程设计研究院有限公司、中建国际建设有限公司、都市筑景国际设计研究院、华通设计顾问有限公司、墨臣建筑设计事务所、深圳中世纵横设计公司等单位建立教学与科研基地，与中铁第五勘察设计院集团有限公司、铁道第三勘察设计院集团有限公司达成合作意向。在中国建筑设计研究院中旭公司等 5 家甲级设计单位建立研究生社会实践基地。

远程与继续教育学院

【综述】

远程与继续教育学院下设学院办公室、财务部、教务部、教学服务中心、考务部、招生办公室、网络技术部、研究发展部、学生管理工作部、交流中心、培训中心及留学服务中心12个部门。2009年，学院进一步树立质量意识和服务意识，全面推进教学工作，在教学管理、平台建设、资源建设、支持服务、新专业开发、学习中心管理、师资队伍建设与管理、学院管理与技术人员的素质和水平提高等方面都取得了较大发展，教学质量有所提高。学院积极开展校企合作，为董事单位培养人才。充分利用学校的教育资源，发挥学院各类学历教育互通的优势，不断扩大在董事单位的招生人数，为一线输送骨干人才。

【队伍建设】

截至年底，学院有教职工125人（事业编制教职工48人，非事业编制教职工77人）。教职工分布情况如表128所示。

表128　事业编制教职工基本情况

部　　门	教授	副教授（高工）	讲师（工程师）	助教（助工）	技术员（工人）	合计
学院办公室	1	5	3	1	2	12
财务部			1	1		2
教务部		1	4			5
教服中心		2	2			4
考务部		1	2			3
招生部		1	2			3
研发部		1	1			2
网络技术部		1	2			3
学生工作部			2	2		4
培训中心		1	5			6
留学服务中心		1	1		1	3
交流中心					1	2
合　　计	1	14	25	4	4	48

【党建和思想政治工作】

2009年学院有党员106人，其中教工党员37人，学生党员69人。本年度新发展学生党员26人，预备党员转正9人。学院共有9个党支部，其中教工党支部3个，学生党支部6个。

学院党委坚持以科学发展观为指导，紧紧围绕学校和学院的重点工作和发展目标，牢固树立“育人为本，德育为先”的工作理念，强化安全稳定是前提、教育管理是关键、学风建设是中心、规范管理和队伍建设是保障的工作思路，以学生的全面发展为目标，着力提升学生综合素质，努力创新工作机制，拓展有效途径，扎实地开展了一系列工作，取得了一定成绩。

1. 学习实践科学发展观，加强学生思想政治教育

学院党委以学习实践科学发展观为契机，积极开展学生思想教育工作，促进学生德智体美全面发展。组织学院学生开展“学习实践科学发展观教育”活动，让学生了解国情，体验科学发展的巨大成就；开展“庆祝建国60周年”等主题教育活动，组织学生参观《复兴之路》大型主题展览，加强学生的理想信念教育和爱国主义教育；通过开展道德诚信教育、志愿服务活动、丰富多彩的文体活动、评优评先等活动，提高学生的综合素质。

2. 党团建设

以发挥学生党支部战斗堡垒作用为党建工作重点，通过开展“我爱我的祖国”、“华诞六零，你我同行”等主题党日活动，发挥了学生党员在学生群体中的先锋模范作用；以党支部组织建设的创新为突破口，把迎国庆60周年和学生宿舍卫生检查相结合，开展“干干净净迎国庆”倡议活动，通过倡议签名、卫生扫除、成果展示、优秀评比等系列活动，营造了良好的国庆氛围；通过观看《学习吴大观》影片、学习党的十七届四中全会精神、“擎科学发展旗帜，耀远程新的辉煌”演讲比赛等形式多样的主题教育活动，加强对广大学生党员和入党积极分子的理想信念教育。

完善党课环节，增加了实践答辩，通过在校园、社区、街道开展实践活动，学员提高了对社会的认知能力。举办了1期党课，有56人参加了学习。强化团支部推优入党环节，入党人员确定实行党员大会票决制。全年发展党员26名，转正9名。学生党支部按专业、层次、年级进行了重新调整，进一步落实支部建在班上。开展主题团日、中期评估、五四评优工作。加强学生工作信息宣传，全年完成了4期院《团委工作简报》，印制《远程报》5期，在校外媒体发表文章4篇。做好各学生社团的换届、培训、制度建设等工作。与心理素质教育中心联系开展了心理素质拓展训练活动。开展心理健康培训，在新生中开展心理排查，确定重点关注对象。积极举办丰富多彩、寓教于乐的文体活动，提高学生的综合素质。

3. 落实科学发展，积极开展调查研究

认真落实科学发展观，积极开展各项调研活动，主要围绕国际项目学生管理、校外学生管理、班主任工作、宿舍管理工作等4方面开展调研，完成3篇较有质量的调研报告。先后走访了北大资源管理学院、北京第二外国语大学，参加了国际项目学生管理工作研讨会，从国际项目学生管理体制机制、生源情况、住宿情况、学风建设、奖惩工作、学生活动、班主任管理等方面进行了调研和研讨，不断完善国际项目学生各项工作。走访了顺义、郑州，进行调研和访谈，了解校外教学中心学生的管理现状和实际需求，为下一步有针对性地开展工作提供依据。召开学生座谈会，国际项目、网络、成人班主任研讨会，了解不同群体学生的需求，采取相应措施，提高工作的实效性。

4. 规范管理，建章建制

组织修订了《北京交通大学远程与继续教育学院国际项目学生手册》并组织了学生学习和考试；组织制定了《北京交通大学远程与继续教育学院HND项目学生专项奖学金》；组织修订了《北京交通大学远程与继续教育学院班主任工作手册》，新版手册突出了指导

性、实用性和覆盖全面的特点，是班主任开展各项工作的依据；进一步细化了学生宿舍管理各项制度并加强了制度的执行力度，明确了楼管人员工作细则；进一步完善学生欠费处理和旷课处理规定；以上规章制度的建设和落实，使学院学生管理工作做到了有章可依，管理工作有了新的突破。

【资源与平台建设】

2009 年学院在加强教学及管理平台的日常维护、资源建设、技术服务及技术支持等方面做了大量工作。

1. 教学及管理平台的日常维护，包括常规的系统备份、数据备份、系统调优等工作

及时对学院的应用服务器，数据库服务器，存储备份服务器等 10 余台服务器进行定期巡检，实时查看服务器的运行状态，及时排除一些运行过程中的软硬件故障，使学院远程教学平台及网络教学资源正常运转，保证学院网上教学工作正常运行。

本年度，学院完成了项目申报、论证、招投标工作。教学管理平台部分已完成了系统需求分析与设计，系统开发与厂商测试，正在进入用户测试阶段，部分功能已进入系统运行阶段（如网上收费系统等），教学平台进行了前期需求调研分析，已经进入进一步深化与完善阶段。

完善了基于互联网的实时交互系统的直播、录制、维护及功能。本系统已经部分应用到学院的教学及管理系统当中，广泛应用于学院的远程实时教学辅导、毕业论文答辩以及网络视频教学会议等环节。2009 年学院各相关部门利用这套系统开展的主要活动有：2009 年度春/秋季开学典礼、教学工作经验交流会、教学中心教学管理培训、教学管理工作会议、各教学中心辅导教师培训等；网上视频授课累计 600 余课时；2009 春、秋两季毕业生网上答辩二千余人次。

教学短信系统的支持与维护，该系统目前已经在学院的多个部门得到应用，有效地提高了相关工作的效率。

2. 新一代远程教学及管理平台建设工作

学院与西普公司充分研讨，完成了网院版网考模拟练习系统的安装、调试以及与学院现有教学平台的整合工作，该系统已经部署到学院的服务器上。由于该系统是首次由局域网应用环境扩展到 Internet 环境，学生的个人计算机千差万别，由此带来的系统适应性问题还有待与西普公司迅速沟通、跟进解决。

铁路特色专业课件的建设工作。经过技术部员工的艰苦努力和细致工作，铁路特色专业专科层次网络课件的建设工作也已经取得较大进展，部分课件已经完成，大多数都已进入后期制作阶段。

启动了轨道交通专业及土木工程专业（本科）网络课件的建设工作，相关工作正在有序展开。《会计学》和《工商管理》两个专业的课件已经确定引进人大网院的课件。

协助学校教务处完成上报国家、北京市精品课程前期拍摄、后期编辑及数字化工作，共计 30 门；协助学校完成实验室实验课程的拍摄 5 次。

学院对辅导教师工作流程和导学模板进行规范。编写完成了《辅导教师工作导航手册》、《学生远程学习指导手册》、《校外学习中心教学及学习支持服务工作指导手册》中的技术操作部分。

配合更新完善新的网络课件拍摄要求，起草并协调签署授课及后期制作协议，加强对讲

课教师的培训和沟通，使新制作的课件更适应学生的需求。在新课件结构基础上，力求授课老师更多理解网络教育的特点和要求，使课件更有针对性和实用性。

3. 技术服务与技术支持工作

根据教学安排，及时完成各教学点和学生用课件的配发。接到教服中心信息后，在10天内按质按量完成加工，及时配发。刻制学生用光盘8批次合计257 460张；《入学指南》3批19 000张，《网考辅导》10 000张。

对学院信息化办公环境的日常技术支持，全年共计300余次。进行日常的多媒体教室教学支持服务值班，教室设备维护。及时处理教学过程当中出现的各类技术问题，保证了教学秩序的正常进行。

在2009年北京高教学会教育技术研究会年会上，进行了2009年度北京高校优秀声像、电子作品“金烛奖”颁奖活动。学院申报的2门网络课件全部入围，《铁路行车组织》网络课件被评为“金烛奖”一等奖，《C语言程序设计》网络课件被评为“金烛奖”二等奖。

2009年各类评审中，学院申报的3门课程（《大学英语》、《企业物流管理》、《计算机安全》）全部被评为国家级网络教育精品课程；在11月召开的“现代远程教育试点十周年成就展”上，学校获得了“国家精品课程（网络教育）建设组织奖金奖”、“网络教育资源共建共享优秀奖”等多个奖项，北京交通大学是全国7个连续3年获评国家级网络教育精品课程的学校。

【对外交流与合作】

1月14日，举行阿尔及利亚公共工程部优秀工程师第二届中国培训班结业典礼。

4月9日，苏格兰教育及终身教育大臣菲奥纳·希斯罗普女士率领苏格兰高等教育代表团来到学校进行友好访问，并向北京交通大学远程与继续教育学院及优秀毕业生颁奖。

4月13日，学院培训中心举行第二期铁路信号培训班开班典礼，学院院长陈庚、广铁集团公司人事处技术干部科科长陈洁文出席开班典礼并讲话。

5月27日，举行2009届香港函授交通运输专业毕业典礼，34名毕业学员参加了典礼。

6月1日，阿尔及利亚政府代表团在中土公司有关领导的陪同下来校参观访问。

6月3日，阿尔及利亚公共工程部学员第三期中国培训班开学典礼举行。

6月10日，2009年铁路复员退伍军人学历教育入学考试考务工作会议在学校顺利召开，铁道部劳卫司职教处的领导、17个铁路局和青藏公司的职教科长、西南交通大学网络学院和学校远程与继续教育学院的院长和相关人员参加了此次会议。

10月15日—11月4日，由培训中心承办的商务部援外项目东盟国家路网建设规划与城市交通研修班在学校举办。

11月9—19日，由学校国际合作处副处长邓新华、远程学院副院长祝祖强等一行5人组成的代表团赴澳大利亚科廷科技大学和迪肯大学进行了友好访问。

海滨学院

【综述】

学院新增5个专业，目前开设有自动化（轨道交通控制、铁路信号）、计算机科学与技术（计算机网络与应用、计算机软件）、土木工程、工商管理（会计、财务管理）、物流管理、英语、机械工程及自动化（高速列车及数控技术）、电气工程及自动化、化学工程与工艺、交通运输和艺术设计11个专业，共有在校本科生1 700多人。

【队伍建设】

截至年底，学院共有教职工128人，其中教授12人，副教授14人，高工4人，研究员1人，讲师5人。

学院以北京交通大学雄厚的师资力量为依托，聘请北京交通大学的知名教授担任各学科相关专业的负责人，其中，贾影、罗四维、张军学教授分别担任土木工程、计算机科学与技术、英语专业负责人，同时，各专业大部分课程都是由北京交通大学选派具有教学经验的教师担任课程负责人，其中，杨冰教授担任数学课程组负责人。另外，在聘请北京、天津、河北等高校优秀教师及相关行业的高级专业技术人员和高级管理人员为兼职教师的同时，结合学院自身发展需要和办学特点，公开招聘具有硕士以上学位的青年教工36人，建立了一支学历、职称、年龄结构相对合理且相对稳定的师资队伍，保证了学院的教学质量。

【党建和思想政治工作】

1. 教职工党建和思想政治工作

学院党总支围绕中心工作，充分发挥党总支的政治核心作用和战斗堡垒作用，不断加强教职工思想政治教育及师德建设。全面抓好党员发展工作，2009年度发展党员18人。加强党务干部队伍建设，积极做好党员组织关系的管理和党内信息数据的维护工作。通过深入细致的思想政治工作，调动广大教职工的积极性，不断增强学院的凝聚力，在庆祝国庆60周年、海滨学院周年校庆等活动中，积极依靠广大党员和群众，保证各项工作的顺利进行。

2. 学生党建和思想政治工作

学院加强了学风建设和学生党建工作，扎实开展日常思想教育。学院学生工作以“突出重点、结合实际”为出发点，以建国60周年为契机，突出爱国主义及社会主义核心价值体系教育；以培养综合素质应用型人才为导向，开展学风建设、专业认知教育、心理辅导、资助工作等，并切实做好大学生思想政治教育工作。创新机制模式，丰富载体形式，突出思想教育、素质教育、创新教育，落实关爱学生。推进全员育人，各项工作迈上了新的台阶。

【招生工作】

在院领导的高度重视和招生办公室工作人员的积极工作下，学院的招生范围从2008年的3个省份扩大到2009年的23个省份，招生专业从原来的6个专业扩大至11个专业，招生计划从750人升至1 680人，报到总人数由714人增加到1 737人，报到率从70%上升至86%，招生工作取得了显著成效。

【教学工作】

学院认真组织好常规教学活动，做好教风、学风、考风建设，建立健全教学管理制度，使教学管理日趋完善，教学秩序日趋规范；加强督导，从严治教、从严治学、从严管理，通过查课、听课、召开教师座谈会等途径，对教学实行全程监控；积极开展专业教育等系列教育活动，促使教学质量得到进一步提高，学生学习的积极性也随之增强。

【对外交流与合作】

学院重视培养学生的国际化视野，注重将学院本科课程与国际接轨。2009 级 11 名学生被选送到美国、英国、比利时留学。在中美名校“1 +2 +1”项目中，重庆大学、西南交通大学、苏州大学、云南大学等教育部直属高校和“211 工程”建设高校共选派 23 名同学赴美留学，学院李欣明、马南、杨涵茵、王亚 4 位同学考试成绩 3 人并列第一、1 人排名第三。北京交通大学海滨学院作为被美国、英国等著名大学广泛认可的学校，引起了教育界和社会的广泛关注，2009 年学院获得“全国学生最信赖的十佳独立学院”称号。

【办学条件保障】

10 月 25 日，北京交通大学海滨学院二期建设项目正式开工，项目总投资达 3 亿多元，建设总面积 191 812. 9 平方米，项目涉及教学楼、实验楼、会堂、大学生活动中心、综合体育馆、学生食堂、学生公寓等共计 25 座楼宇。

2009

学校大事记

2009年学校大事记

1月

• 3—4日，校长宁滨一行赴大连快轨CBTC系统中试试验现场，慰问学校30多名在大连进行中试试验的教师，参加了实际列车运行试验，并对CBTC系统研发及中试试验进行了现场指导。大连快轨CBTC系统中试试验是CBTC国家“十一五”支撑计划和北京市科技计划项目的组成部分。

• 6日，副校长陈峰会见了美国海外学习基金会（The Study Abroad Foundation）会长约翰·贝尔弛教授和基金会国际项目中国办公室李旻燕女士，并共同签署了《海外学习基金会与北京交通大学合作备忘录》。

• 6—7日，第14次华北五省市高校德育研讨会暨2008年北京高校德育论坛在我校举办。教育部思政司副司长刘贵芹，市委教育工委常务副书记张建明、副书记刘建、委员高祥阳、教育纪工委书记周燕，校党委书记王建国、副书记颜吾佴、高艳等领导出席论坛。

• 9日，2008年度国家科学技术奖励大会召开，我校参加完成的四项成果分获特等奖1项、一等奖1项，二等奖2项。特等奖获奖项目是“青藏铁路工程”，我校参与人为李学伟、魏庆朝；一等奖获奖项目是“大秦铁路重载运输成套技术与应用”，我校参与人为钟章队；二等奖获奖项目是“高坝抗震分析时域显式整体分析法与场址地震动输入确定及工程应用”和“纯电动客车关键技术及在科技奥运零排放工程中的应用”，我校参与人分别为赵成刚、崔江余和姜久春。我校获奖项目总计位列全国高校第10名。

• 9日，美国Intel公司-北京交通大学“云计算技术在铁路行业的研究应用及人才培养”项目合作签字仪式在我校举行。该项目旨在为铁路提供可管理、可连通及安全可靠的信息化环境。

• 10日，国内首个横跨文、理、工、管的综合性网络舆论安全研究机构——北京交通大学网络舆论安全研究中心正式挂牌成立。该中心由北京交通大学建设，北京市互联网宣传管理办公室协办，聘请国内和业界著名的专家、学者15人组成了学术委员会。中心现有研究人员60余人，其中高级职称占1/3，一半以上具有博士学位。

• 14日，学校召开2009年统战人士座谈会。会上，校长宁滨通报了学校2008年所做的主要工作，并介绍了2009年学校的工作要点；党委副书记颜吾佴总结了2008年学校统战工作，并介绍了学校2009年统战重点工作；党委书记王建国作了总结讲话。

• 14日，学校召开2009年新春团拜会，对2008年学校各项工作中表现优秀的单位和个人进行表彰，校党委书记王建国从“抢抓机遇，推进改革，破解难题，不断开创研究型大学建设的新局面”和“加强党建和思想政治工作，顾全大局，为改革发展凝聚合力”等方面回顾总结了一年来学校各项事业的发展。

• 15日，我校与力柏锂动力电池集团有限公司合作成立“锂动力电池应用和充电站技术联合实验室”并举行签字暨揭牌仪式。

• 15 日，我校与北京地铁运营有限公司联合共建的“城市轨道交通”校外人才培养基地获批北京市高等学校市级校外人才培养基地建设项目。

• 17 日，我校结构强度检测实验室通过计量认证监督评审。评审组按照《实验室资质认定评审准则》要求，现场听取了实验室负责人的汇报，考察了实验室，抽查了检测资料及其他质量记录。评审组认为，该实验室能保持上次计量认证评审时申请的 6 类 13 个参数的检测能力，同意通过计量认证监督评审。

• 19 日，北京交通大学、中国铁路通信信号集团总公司、中国铁道科学研究院三家单位共同出资组建的北京轨道交通运行控制系统国家工程研究中心有限公司举行揭牌仪式。同时召开了第一届董事会，会议一致同意聘任我校郜春海副教授为公司总经理。

• 20 日，教育部、财政部联合下发《关于批准 2008 年度人才培养模式创新实验区建设项目的通知》（教高函［2009］4 号），我校查建中教授主持的“国际化创业型工程与管理复合型人才培养模式创新实验区”和卢苇教授主持的“精英型国际化软件工程师培养模式创新实验区”2 个项目获批建设。

• 20 日，教育部、财政部联合下发《关于批准 2008 年度国家级实验教学示范中心建设单位的通知》（教高函［2009］5 号），我校土木工程实验中心被确定为 2008 年国家级实验教学示范中心建设单位。

2 月

• 3 日，我校谈振辉（交通运输工程）、阮秋琦（信息与通信工程）、荣朝和（应用经济学）、高自友（系统科学）4 名教授被聘为国务院学位委员会第六届学科评议组成员。

• 7 日，校长宁滨一行赴湖北调研，实地考察了武广铁路客运专线实验段并与武汉铁路局签署战略合作协议，在人才培养、科研开发等方面开展校企合作。

• 14 日，全国第二届大学生艺术展演活动闭幕。我校学生艺术团交响乐团、管乐团均荣获全国一等奖，同时学校获优秀组织奖及 1 项高等学校艺术教育类论文三等奖。

• 19 日，我校自主培养的学生运动员赵宽松夺得全国室内田径赛（上海站）跳高项目冠军，跳高成绩 2.20 米，达到国家健将水平。

• 21 日，校党委书记王建国、校长宁滨、副校长陈峰、李学伟一行走访了北京铁路局，就共同建设高速铁路培训中心等具体合作项目进行了深入的探讨，达成了进一步加强合作的实质性意见。

• 23 日，教育部关工委主任田淑兰一行来校调查指导依托我校关工委管理的教育部关工委理论中心工作，并出席了理论中心工作会议。

• 26 日，服务北京轨道交通的订单式培养“3＋1”模式班开班，共招收我校应届毕业生 21 人。该班在培养模式上有较大的创新，实施前 3 年宽口径厚基础的通用性教育，后 1 年针对行业特点进行的专门化教育，培养方案由学校和北京市地铁运营有限公司根据行业对人才的需求共同制订，由运输、电信、电气、机电、土建 5 个学院和北京市地铁运营有限公司的相关单位联合授课，重在强化学生的动手实践能力，增强学生对地铁行业相关技术的全面了解，学生毕业后到企业直接上岗工作。

3 月

• 3 日，我校电信学院和电气学院分别与丹麦奥尔堡大学理工医学院签署了合作备忘录。双方将在学生交流、人才培养、教师互访、科研合作方面开展形式多样、内容丰富的交流合作。

• 5 日，中共北京交通大学九届十次全委会扩大会议举行。党委书记王建国作了题为《全面把握新形势新要求新任务，不断开创有特色、高水平研究型大学建设新局面》的报告，传达了教育部、北京市有关会议精神，分析了高等教育发展呈现出的新特点。校长宁滨作了题为《抢抓机遇，迎接挑战，推进有特色、高水平研究型大学建设》的工作报告，结合 2009 年主要工作和任务，深刻分析了学校工作和发展中面临的主要问题。全体党委委员经过认真审议，一致通过了《北京交通大学 2009 年工作要点》。

• 10 日，我校与中国石油天然气运输公司签订战略合作协议。

• 10 日，2008 年度教育部“新世纪优秀人才支持计划”入选者名单公示，我校关伟、秦勇、姜久春、滕枫、余祖俊、张明玉等 6 人入选。

• 13 日，“北京新能源汽车产业联盟（协会）”成立大会召开。我校成为“北京新能源汽车产业联盟（协会）”副理事长单位，校长宁滨当选为第一届常务理事会副理事长，副校长陈峰当选为第一届理事会副秘书长，机电学院张欣教授、电气学院姜久春教授当选第一届理事会理事。

• 13 日，学校第六届教代会设立 5 个专门委员会：民主管理与监督工作委员会、教学科研工作委员会、“三育人”工作委员会、文化建设工作委员会、青年教职工工作委员会。选举赵成刚、邵春福、刘云、荣朝和、赵耀等 5 人分别担任 5 个专门委员会主任。教代会专门工作委员会是负责处理教代会专门业务的工作机构，负责与本委员会业务相关的调研论证、提案征集、重大问题讨论和建议等。

• 13 日，北京交通大学共青团创业青年夜校成立。学校共青团创业青年夜校是北京共青团创业青年夜校分校之一，主要面向我校在校学生，开展创业培训服务，旨在通过系统性、专业化、实用性培训，进一步提高大学生的创业素质和创业能力，促进青年就业创业。

• 17 日，学校召开第十一届学术委员会第三次全体会议，28 位委员出席会议。学术委员会主任谈振辉教授对 2008 年学术委员会工作进行总结，分别对《北京交通大学科研项目管理办法》、《北京交通大学重点实验室管理办法》、《北京交通大学科研经费管理办法》和《北京交通大学学科建设管理办法》等相关科研政策进行审议，对《北京交通大学学报》（自然版、社科版）存在问题和今后发展思路进行了充分讨论并提出相关建议。

• 17 日，副校长王永生会见了麦肯光明首席执行官彭德湘先生和首席运行官甘丝露女士，并签署了《北京交通大学与麦肯光明合作协议书》，就麦肯光明营销传播创新项目展开全方位的校企合作。

• 18 日，学校举行学生活动服务中心开工典礼。该楼建设用地面积 16 800 平方米，建筑面积 58 000 平方米，其中地上 40 000 平方米，地下 18 000 平方米。建筑高度 45 米。学生活动中心地上 10 层，对外接待中心地上 11 层，地下 2 层。项目建设主要包括学生食堂、浴室、学生活动中心、对外接待及地下车库等。设计使用年限为 50 年，耐火等级为一级，抗震设防烈度为 8 度。停车位 180 辆。

• 19 日，学校举行深入学习实践科学发展观活动动员大会，会议就学校学习贯彻中央和教育部精神，开展深入学习实践活动进行了全面动员和部署。党委书记王建国作了题为《着力推进改革创新 加快建设一流大学》的动员报告。高校深入学习实践科学发展观活动指导检查第三工作组组长贺美英对学校开展学习实践活动提出三点建议：认真学习贯彻中央精

神，牢牢把握学习实践活动的正确方向；增强责任感和使命感，牢牢把握学习实践活动的主动性；采取有力措施，确保学习实践活动真正取得实效。

• 20—21 日，北京高教学会实验室工作研究会 2008 年工作年会召开。我校论文征集工作出色，获一等奖 1 篇、二等奖 2 篇，并获优秀组织奖。

• 21 日，北京大学生艺术团授牌仪式暨北京市参加全国第二届大学生艺术展演活动总结表彰会召开，党委副书记高艳代表学校接牌并作典型发言。

• 23—27 日，由我校以及浙江大学、国际电磁科学院浙江大学分院、麻省理工学院（MIT）电磁波理论与应用研究中心等单位共同主办的第 25 届 2009 年电磁学研究进展国际学术研讨会在京举行。本次大会参会者来自世界各地 480 余人，其中国外代表人数超过 340 人，大会共有分组会议 71 个。

• 26 日，2008 年海淀区“大学科技园产学研合作示范基地”授牌仪式举行，北京交通大学国家大学科技园被授予“海淀区产学研示范基地”称号。

• 27 日，北京交通大学信息理论与技术国际研究中心成立大会召开。该中心是一个集学术信息发布、资源共享、人才联合培养和合作开展研究的国际化科研教学基地，目前的成员单位主要包括北京交通大学、英国雷丁大学、美国麻省理工学院、宾夕法尼亚州立大学等 9 所大学。

• 27 日，学校召开 2009 年安全稳定暨综合治理工作会议，总结 2008 年学校安全稳定工作，部署 2009 年安全稳定暨综合治理各项工作，并与各二级单位签订责任书。

• 28—29 日，学校在第 20 届世界大学生运动会中国大学生田径选拔赛上获得 3 金 1 银 2 铜的好成绩，名列金牌榜第三名。

• 30 日，2008 年度国家社科基金重大招标项目评审结果揭晓。北京交通大学中国产业安全研究中心主任李孟刚作为项目主持人中标“应对重大自然灾害与构建我国粮食安全保障体系对策研究”课题。

4 月

• 2—3 日，“自主研发城市轨道交通 CBTC 系统中试试验”专家评审会召开，专家组对中试试验项目系统设计、试验组织实施及试验结果等进行了细致、全面的质询和深入的讨论，高度评价了“自主研发城市轨道交通 CBTC 系统中试试验”所取得的成果，同意通过该中试项目的技术评审。

• 3 日，2008 年度北京高校好新闻奖评选结果揭晓，我校参评的作品荣获 5 项一等奖，4 项二等奖，1 项三等奖。

• 7 日，“英特尔—北京交通大学联合研究中心”签字及揭牌仪式举行。联合研究中心将面向正在蓬勃发展的中国铁路信息化建设市场，致力于长期合作，共同研究与开发具有国际先进水平的计算机与通信技术，服务于铁路信息化建设需求。

• 8 日，中国铁道学会 2008 年度优秀学术论文结果公布，我校 5 篇论文被评为二等优秀学术论文。

• 8 日，第九届詹天佑铁道科学技术奖评审结果公布，我校电信学院教师沙斐获得贡献奖，电信学院教师蒋文怡、电气学院教师吴命利获得青年奖。同时，2008 年度北京交通大学詹天佑专项基金奖评审结果公布，我校 9 位教师获得北京交通大学詹天佑科技奖，2 位教师获得北京交通大学詹天佑教学奖，1 位教师获得北京交通大学詹天佑管理奖。

• 8 日，我校电力牵引教育部工程研究中心承担的“电铁供电关键技术研究”项目 7 个课题通过了国家电网公司的验收。该项目取得了一系列具有工程实用价值的软件成果，包括自主研发的 EMAP 电气测量综合分析系统、电力机车及动车组谐波电流仿真分析软件、牵引负荷谐波与负序分布计算软件、牵引网基波与谐波计算软件、牵引供电和机车电传动管理信息系统以及电网供电质量对牵引供电系统影响仿真软件等。

• 14 日，学校大学生自主创业指导中心揭牌仪式暨创业专题辅导报告会召开。北京交通大学大学生自主创业指导中心由我校和北京市工商行政管理局海淀分局共建，是北京高校系统内建设的首个大学生自主创业指导中心。

• 14 日，学校召开 2009 年信息工作会，党委副书记高福廷出席会议并讲话，中共中央办公厅信息综合室副主任谭运涛应邀做信息工作培训。会议全面总结了 2008 年信息报送工作，表彰了信息工作优秀单位和优秀个人，并对 2009 年工作进行了部署。学校在教育部日常信息报送排名位列高校第八，《教育部简报》采用单篇专题经验类信息 6 篇，在全国高校中排名第一，连续第 7 年被评为教育部报送信息先进单位。

• 15 日，学校举办首场“校友企业进校园”招聘活动。共有 17 家校友单位和 2 家合作单位参加此次招聘活动，吸引了我校近 1 000 名毕业生参加。校园招聘提供的岗位涉及信息技术、软件、机械、管理、法律等多个学科门类，专业对口比例高达 90%。

• 16 日，学校与河北沧州渤海新区举行战略合作签字仪式。学校将继续发挥自身在学科建设、人才培养等方面的优势，在建好海滨学院的基础上，与渤海新区开展全方位的合作，充分发挥大学在服务地方经济方面的作用，为渤海新区的建设贡献新的力量。

• 21 日，我校代表队在第 33 届 ACM - ICPC 国际大学生程序设计竞赛全球总决赛中荣获排名第 34 位的好成绩，在中国大陆地区 16 支队伍中与天津大学、北京邮电大学等并列第 6 名。

• 22 日，在全国高等学校建筑学学科专业指导委员会主办的“重建精神家园——汶川大地震都江堰纪念馆设计”2008 Autodesk Revit 杯全国大学生可持续建筑设计竞赛中，我校《从心开始》、《MEMORY WALL》、《红殇堰》3 份作品荣获优秀奖。

• 23 日，北京市首届发明专利奖颁奖大会举行，我校机电学院李德才教授课题组的发明专利“低温大直径磁性液体密封装置”荣获二等奖。

• 24 日，北京市委教育工委常务副书记刘建、副书记王民忠，市教委副主任郭广生、郑萼，市委教育工委宣教处、市教委科研处负责同志一行来到首都大学生思想政治教育研究中心视察指导工作。

• 24 日，北京市委统战部常务副部长闵克、党外干部处处长王素江、市委教育工委统战群工处处长钱卫等一行来学校调研统战工作。学校就联系交友工作面临的新情况、新问题，不同类型党外代表人士的特点，创新交友机制、完善制度规范以及联系交友工作方面的做法和体会进行了介绍。

• 26—28 日，“邯运杯”第二届全国大学生物流设计大赛举行，我校物流管理本科专业 2 个参赛队分获大赛一、二等奖。

• 29 日，学校轨道交通控制与安全国家重点实验室学术委员会会议召开，会议听取了国家重点实验室五年工作计划以及 2008 年开放课题和自主研究课题工作，讨论修改了《实验室学术委员会工作章程草案》。

5 月

• 1—2 日，我校学生羽毛球代表队在 2009 年北京市大学生羽毛球锦标赛上获得 6 金 4 银 3 铜的好成绩。学校教职工羽毛球队在高校教职工羽毛球混合团体赛中，再夺金牌，实现了“五连冠”。

• 4 日，学校举办以“青春、祖国、使命”为主题的纪念“五四”运动九十周年暨学生会成立九十周年庆典晚会。

• 5 日，为加强学校思想政治理论课教师队伍建设和马克思主义理论学科建设，推进语言学科发展，我校对人文社会科学学院进行调整：社科部更名为马克思主义理论教学研究部，纳入学校直属管理，并与法律系、文化素质教育中心组建成新的人文社会科学学院，简称人文学院，同时马克思主义理论教学研究部正式挂牌；外语系、传播学系组建语言与传播学院，简称语言学院。两个学院分别成立党委。

• 6 日，北京市副市长黄卫一行来我校视察指导工作，听取了校长宁滨关于学校基本情况、学校发挥学科优势和特色、服务北京经济社会发展特别是轨道交通建设情况，以及学校近三年毕业生就业工作情况的汇报。

• 8 日，机械工程楼群落成典礼举行。该楼由 4 部分组成，分别为 A 座（机械工程楼）、B 座（机械工程楼东侧的实验楼）、C 座（机械工程楼西侧的专家楼）和机械工程楼北侧的国际会议中心，建筑面积 36 059 平方米，总投资 1. 16 亿元，通过了海淀区建设工程质量监督站竣工验收，荣获北京市文明安全施工样板工地、工程结构“长城杯”金奖。

• 10 日，2009 年北京市节约用水大会召开。我校被北京市政府评为 2008 年度北京市“节约用水先进单位”，后勤集团吴国璜同志被市水务局评为节约用水先进个人。

• 10 日，2009 年全国大学生英语竞赛举行，我校 6 名同学获得全国特等奖，17 名同学获得全国一等奖。

• 11 日，台湾新竹交通大学教授、美国斯坦福大学教授施敏院士为期 3 周的半导体器件物理讲习班开班。施敏院士为来自我校及北京大学、中科院微电子所、中科院半导体所的 150 余名师生做了题为《Nanoelectronic technology：challenges in the 21st century》的学术报告，展示了微电子技术在人类现代文明发展中的重要地位，介绍了 21 世纪微电子技术发展面临的主要挑战。

• 10—13 日，住房与城乡建设部高等教育土木工程专业评估委员会对我校土木工程专业的办学情况进行了实地视察。视察组对我校土木工程专业在学科优势强力支撑本科专业教育、雄厚的师资力量、实验教学创新和复合人才培养等方面的办学优势与特色给以高度评价，并对我校进一步提高土木工程专业办学水平提出了建议。

• 11—13 日，住房与城乡建设部高等教育工程管理专业评估委员会专家组对我校经管学院工程管理专业进行了实地考察与评估。评估组高度评价了我校工程管理专业的办学思想，认为专业培养目标定位准确、教学计划科学合理、专业具有多学科和实验平台的强力支撑，肯定了多层次的人才培养体系及良好的社会声誉。同时，专家小组提出了进一步加强专业教师队伍建设和进一步优化课程体系的建议。

• 15 日，北京市轨道交通建设培训学校揭牌仪式在我校举行。北京市陈刚副市长为培训学校揭牌，与会领导向北京交通大学培训中心等 8 个培训基地授予了培训基地铜牌，向轨道交通建设施工人员代表赠送了安全生产书籍。

• 15 日，茅以升科技教育基金会第十八届颁奖大会举行。我校李学伟、孙守光、董宝田三位教授获得茅以升科学技术奖——铁道科学技术奖；土建学院 2005 级茅以升班学生嵇中获得茅以升科学技术奖——工程教育学生奖；经管学院 2005 级闫丽君、理学院 2006 级黄石生、土建学院 2006 级杨文茂 3 名学生获得茅以升科学技术奖——铁道教育希望之星奖。

• 16 日，“北京交通大学内蒙古管轨运输系统技术有限公司研究生联合培养基地”签约仪式举行。基地综合集成了我校包括轨道交通安全与控制国家重点实验室、运输学院、电信学院、电气学院等 4 个单位的优势学科，是我校在西部地区建立的第一个研究生联合培养基地。

• 18 日，“2008 全国高校辅导员年度人物”揭晓，我校人文学院辅导员孙慧环获评该荣誉称号。

• 19—21 日，在北京高校第六届青年教师教学基本功比赛中，我校参赛教师电气学院黄辉荣获一等奖，土建学院闫志刚、机电学院唐天巧荣获二等奖。

• 21 日，学校召开 2009 年本科教学工作会议。校长宁滨作了题为《深化人才培养模式改革，开创全员育人新局面》的报告，宁校长回顾了我校 2008 年本科教学工作的总体情况，重点总结了我校在“质量工程”体系建设、人才培养模式改革、拔尖创新和轨道交通特色人才培养的探索创新工作中所取得的成绩，提出了本科人才培养中还存在的问题和差距，在进一步分析形势和学校面临的机遇和挑战的基础上，部署了 2009 年的重点工作。王永生副校长对会后的具体工作进行了部署。

• 23 日，北京市委常委、教育工委书记赵凤桐一行来我校视察指导工作。校长宁滨介绍了学校基本概况，并结合学校开展的深入学习实践科学发展观活动，汇报了发挥学校人才、学科等方面优势，服务北京经济社会发展的情况和学校下一步的发展思路。赵凤桐书记在听取学校工作汇报后，充分肯定了学校近年来在改革发展中所取得的重要成绩，特别是对学校着眼大局、围绕北京需求、致力于为北京经济社会发展服务给予了高度评价。

• 26—27 日，新时代认证中心审核组对我校国军标质量管理体系进行了现场审核。审核组认为我校质量管理体系保持了认证注册的基本要求，运行基本有效。

6 月

• 1 日，“新长城北京交通大学自强社”成立。新长城自强社依托中国扶贫基金会“新长城”项目，由中国扶贫基金会和高校共同出资建设，为家庭经济困难学生能力提高和素质培养提供资助，我校是第 42 所参加该项目的高校。“自强社”由中国扶贫基金会和我校学生资助管理中心共同管理，学校党委副书记高艳任名誉社长。

• 2 日，北京市流感防控督导检查组一行 4 人莅临我校调研指导甲型 H1N1 流感防控工作，听取了我校流感防控工作情况的全面汇报，对我校甲流防控工作予以肯定，认为我校的各项防控工作一是抓得早，学校重视，宣传组织到位，出台预案等各项措施早；二是抓得快，反应迅速，措施及时；三是工作措施到位，全校师生上下一致，齐心协力，狠抓落实，各项措施到位。

• 4 日，根据《关于 2009 年招收在职人员攻读硕士学位工作的通知》（学位办［2009］33 号），我校会计硕士专业学位（MPAcc）成为“招生限额自定”的 5 所高校之一。

• 9 日，学校与中铁建电气化局集团举行战略合作协议签约仪式。中铁建电气化局集团捐赠 30 万元在我校建立中铁建电气化局集团教育基金。

• 9 日，中国—沙特阿拉伯王国高等教育合作协议签字仪式举行，教育部周济部长出席并致词。北京交通大学与沙特乌姆库拉大学（Umm Al－Qura University）签署了校际合作协议以及交通运输专业合作协议。两校将从交通运输领域开始，有步骤、有计划地开展一系列实质性合作。本次两国高等教育合作协议签字仪式上，包括我校在内的 10 所中方大学与沙特的 7 所大学分别签署了 13 份合作协议。

• 9 日，朝鲜教育代表团一行 10 人访问我校，就大学的信息技术教育等领域共同关心的问题进行了友好的座谈，双方表示将积极开展在相关领域的交流与合作活动。我校从 1954 年开始接收朝鲜留学生，至今共有 71 名朝鲜留学生先后在学校学习。

• 9 日，根据国务院学位委员会办公室《关于批准新增法律硕士等类别专业学位研究生培养单位的通知》（学位办［2009］35 号），我校被批准为法律硕士专业学位培养单位。

• 10 日，由我校自主研发的北京市轨道交通亦庄线国产 CBTC 示范工程信号系统采购合同签约仪式举行，标志着我国城市轨道交通信号系统不再依靠纯进口，真正实现了自主创新。北京市委常委、教育工委书记赵凤桐，北京市交通委员会主任刘小明，北京市科学技术委员会主任闫傲霜等领导出席了签约仪式，我校校长宁滨、副校长李学伟代表核心技术提供单位出席并签约。

• 13 日，校长宁滨应邀出席“北京国际教育合作与发展高层论坛”，并作了题为《发挥有特色高水平大学优势 培养高素质创新型拔尖人才》的主题演讲。

• 13 日，副校长李学伟带队参加“第三届京港大学校长高峰论坛”，并作了《服务与共赢——高校服务区域经济的理论与实证》的主题发言。

• 14 日，校长宁滨出席了“中国—西班牙大学校长论坛”，并作了《结合行业优势，谋求多方共赢》主题发言。副校长陈峰代表学校和与会的中国、西班牙高校共同签署了中国—西班牙大学联合体协议书。

• 16 日，根据国务院学位委员会办公室《关于同意工程硕士培养单位增列工程领域的通知》，我校新增安全工程、材料工程、集成电路工程、化学工程和工业工程等 5 个工程领域，至此，我校工程硕士授权领域已达 20 个。

• 17 日，科技部副部长杜占元一行在校长宁滨的陪同下，到大连快轨 3 号线视察 CBTC 中试现场。杜占元副部长对我校 CBTC 研发和试验工作给予高度肯定，希望继续完善并促进 CBTC 信号系统的产业化。

• 19 日，中共中央政治局委员、北京市委书记刘淇一行来我校视察调研 CBTC 系统核心技术研发、示范工程进展及产业化工作。作为国内首个具有自主知识产权的 CBTC 核心技术及系统装备，已完成了市内研发、现场实验及中试任务，将在北京地铁亦庄线工程进行示范。

• 19 日，北京市市级实验教学示范中心评审专家一行来校评审我校申报的软件服务外包实验教学中心。评审专家听取了汇报，进行了询问，实地考察了软件工程基础实验室、软件工程综合实验室、数字媒体技术实验室、企业联合实验室、学生虚拟公司等实验室的管理、建设、设备与环境情况，并查阅了相关支撑材料。

• 22 日，2008 年北京市高等教育教学成果奖评奖结果公布，我校共获奖 18 项，其中《面向国家重大需求，培养具有轨道交通特色的创新型工程人才》等 9 个项目获得北京市一等奖，《国家级重点学科引领的经济学特色专业人才培养模式》等 9 个项目获得北京市二等奖。

● 22 日，第五届“挑战杯”首都大学生课外学术科技作品竞赛闭幕，我校共有 12 件作品获奖，其中特等奖 1 件，一等奖 5 件，二等奖 1 件，三等奖 5 件，学校荣获团体“优胜杯”。

● 25 日，城市交通复杂系统理论与技术教育部重点实验室建设计划论证会召开。专家组认真听取了实验室建设任务报告和专题学术报告，并对实验室进行了实地考察。专家一致认为北京交通大学交通运输学院建设该重点实验室具有明显的学科优势，设定的研究方向特色鲜明，实验室建设方案清晰、研究方向明确、措施合理、保障充足。同时，专家组对建设计划提出了建设性建议，希望能进一步整合现有资源，进一步凝练研究方向，加强理论与实践的结合。

● 25 日，我校交通运输实验中心申报北京市级实验教学示范中心评审会召开。评审专家观看了宣传短片，听取了实验中心工作汇报，并实地考察了运输设备教学馆、轨道交通控制与安全实验室、交通运输模拟实验室，就交通运输实验中心的实验内容、实验安排、师资队伍、管理模式等方面提出问题。此次评审会促进了交通运输实验中心申报北京市级实验教学示范中心的建设工作。

● 27 日，2009 届本、专科毕业生毕业典礼举行。3 349 名本科生、422 名高职生完成学业顺利毕业。180 名同学被评为北京地区高等学校优秀毕业生，237 名同学被评为校级优秀毕业生，57 名同学被评为校级优秀毕业生干部，110 名毕业生支援祖国西部地区建设，11 名毕业生参与大学生志愿服务西部计划。

● 21—29 日，我校代表团一行 31 人赴台参加“2009 海峡两岸信息科学与信息技术学术交流会议”暨访问台湾 4 校活动。此次活动增进了我校与台湾新竹交通大学、亚洲大学、淡江大学、宜兰大学的友谊，为两岸信息技术领域广泛的学术交流与合作奠定了更加深厚的基础。

● 30 日，学校举行国家“千人计划”首批人选宋永端教授聘任仪式。宋永端教授 2004 年获任美国北卡 A&T 大学终身教授，2005 年任美国国家航空研究院特聘杰出教授及“协调系统控制”中心主任。他在风电系统控制及检测、群体无人机系统、导航控制系统及复杂仿生智能系统等有深入研究，成果突出。

7 月

● 1 日，国家工商总局注册局副局长刘琳一行到我校走访调研大学生创业工作。副校长李学伟出席了调研座谈会。

● 2 日，为庆祝国庆 60 周年，学校举办 2009 年教职工“祖国万岁”大合唱比赛，全校 18 个二级工会代表队近 800 位教职工参加了比赛。建筑与艺术系代表队获得一等奖，校机关、机电学院、电气学院代表队获得二等奖，计算机学院、理学院、电信学院、经管学院、土建学院、人文学院获得三等奖。

● 2 日，全国政协副主席、致公党中央主席、科技部部长万钢一行来校视察，亲临我校轨道交通控制与安全国家重点实验室、隧道及地下工程教育部工程中心和结构强度检测国家认证中心指导工作。党委书记王建国、校长宁滨陪同视察。万钢主席听取学校工作汇报后，对我校相关工作作出了重要指示。

● 6 日，2009 年北京市级特色专业建设点名单公布，我校光信息科学与技术专业获批 2009 年北京市级特色专业建设点。

• 10 日，学校与美国布里奇沃特州立大学签署合作协议。两校之间将进一步开展学生和教师交换领域的合作交流。

• 10 日，教育部组织验收委员会对依托我校建设的隧道及地下工程教育部工程研究中心建设项目进行了验收。验收专家委员会听取了中心建设总结报告，审查了工程及相关材料，现场考察了中心的研发条件和实验室。经认真讨论，验收专家委员会认为该工程中心全面完成了项目建设任务，达到了预期建设目标，一致同意通过验收。

• 11 日，学校举行 2009 年研究生毕业典礼暨学位授予仪式。239 名研究生获得博士学位，2 803 名研究生获得硕士学位，其中包括 2 203 名全日制硕士研究生、9 名在职人员以研究生毕业同等学力申请硕士学位、7 名高等学校教师在职申请硕士学位、382 名在职人员获得工程硕士专业学位、99 名在职企业管理人员获工商管理硕士专业学位和 103 名高级管理人员获得工商管理硕士专业学位。

• 13 日，学校举行"我爱我的祖国"主题暑期社会实践活动出征仪式。副校长王永生为各学院社会实践团队代表授旗，党委副书记高艳作了重要讲话。自此，我校 91 支社会实践团赴全国各地的社会实践工作陆续展开。

• 14 日，北京交通大学党政工共建教职工之家会议举行。校长宁滨作了题为《加强和改进工会工作，建设和谐教职工之家》的讲话。党委副书记高福廷就学校制定的《党政工共建教职工之家活动实施意见》作了介绍。北京市教育工会主席张青山主席充分肯定了我校工会工作和建家活动取得的成绩，同时传达了《中共北京市委关于加强和改进工会工作的意见》的有关精神，通报了北京市总工会的重点工作。校工会常务副主席殷快就全面启动学校教职工爱心帮困基金及《北京交通大学教职工爱心帮困基金管理办法》作了说明，学校教职工爱心帮困基金正式启动。

• 14 日，以我校土建学院张顶立教授为首席科学家组织申报的国家重点基础研究发展计划（"973"计划）项目《城市地下工程安全性的基础理论研究》获得批准立项，将于 2010 年 1 月正式启动。

• 15 日，我校召开国家重点基础研究发展计划（973）专项工作总结和"十二五"建议征集专题会议。副校长李学伟在总结讲话中强调，重大项目的申请首先要具备"积累"、"领先"的条件，其次要有战略眼光，瞄准国家需求和科技发展的方向，提前做好准备。

• 16 日，我校"轨道交通复合型工程拔尖人才培养模式创新试验区"的试点班正式成立。该实验区试点班紧密结合全校 4 个轨道交通特色专业，从 6 个学院选拔了 26 名优秀学生组成。试点班将以国家经济社会发展对人才的重大需求为导向，紧密追踪轨道交通前沿理论和技术，依托"交通运输工程"国家一级重点学科、"轨道交通控制与安全"国家重点实验室等学科和资源优势，实施导师全程指导、本硕连读的培养模式，培养具有大工科背景、掌握轨道交通某一关键领域技术和轨道交通运营管理基本理论的复合型拔尖人才。

• 20 日，学校第二轮修志工作动员会暨启动会召开。《北京交通大学志》（1998—2010 年）的修志工作分为 5 个阶段：2009 年 7—10 月为准备工作阶段，2009 年 10 月—2010 年 12 月为收集整理资料阶段，2010 年 12 月—2011 年 12 月为完成初稿阶段，2011 年 12 月—2012 年 9 月为完成阶段，2012 年 10 月—2013 年 5 月为审改、定稿阶段。志书计划于 2014 年上半年正式出版。

• 23 日，澳大利亚西澳大学（The University of Western Australia）著名科学家、2005 年

诺贝尔医学奖得主巴瑞·马歇尔教授（Barry Marshall）访问我校并以“我的诺贝尔之路”为题作精彩演讲。

• 24—29日，第五届全国大学生跆拳道锦标赛举行，我校获得了1金1铜的好成绩。史硕在男子58公斤级比赛中夺得全国大学生跆拳道锦标赛冠军。

• 29日，我校与柳州市政府签订“校地合作共同发展”战略合作框架协议。

8月

• 8—13日，我校羽毛球队在第十三届全国大学生羽毛球锦标赛上夺得5金3铜的好成绩，同时校党委副书记颜吾佴获“校长杯”男单冠军。

• 13日，“北京交通大学、北京市基础设施投资有限公司博士研究生联合培养基地”举行签约仪式。产学研联合研究生培养基地的建立对加强博士研究生实践能力的培养，增进学生对工程现场和社会的了解和提高研究生培养质量具有重要作用。

• 18日，邵春福、荣朝和、张思东、夏禾、姜久春、吴重庆等6位教授被评为2009年北京市优秀教师。

• 18日，我校王方石教授主持的《数据库系统》获评国家级双语教学示范课程。

• 20日，我校结构强度检测实验室再次获得“实验室认可证书”和CNAS标识章，成为国内社会公认的评价检测机构。该实验室采用先进的仪器设备、规范的检测方法对轨道车辆产品的结构强度进行检测，提供准确数据和公正、科学的技术服务，是我国轨道车辆结构强度领域的主要试验研究基地。

• 21日，北京市学位委员会公布了第二届学科评议组组成人员名单，我校7名教授遴选为第二届学科评议组成员，分别是：荣朝和（经济学）、王永生（理学）、方跃法（工学）、张宏科（工学）、郑琼林（工学）、唐涛（工学）、刘延平（管理学）。

• 25日，学校召开深入学习实践科学发展观活动总结大会。校党委书记、学校深入学习实践科学发展观活动领导小组组长王建国作北京交通大学深入学习实践科学发展观活动总结报告，全面介绍我校学习实践活动的主要工作和特点。

• 25日，我校张帆博士完成的“大功率光纤激光器的关键单元技术研究”和任旭博士完成的“基于社会交易理论的企业战略联盟演变机理研究”2篇学位论文，被评为“2008年北京市优秀博士学位论文”。

• 25—26日，学校召开2009年暑期工作会议。校长宁滨作了题为《深入贯彻落实科学发展观 加快建设一流研究型大学》的主题报告，总结了上半年学校改革发展取得的主要进展，特别是在“973”主持项目、国家科技奖、国家级教学成果奖、高水平人才引进等方面取得的新成绩，并对下半年的重点工作进行了部署。

• 26日，我校“运输经济学系列课程教学团队”（带头人：荣朝和）、“计算机基础系列课程教学团队”（带头人：王移芝）和“交通工程专业系列课程教学团队”（带头人：邵春福）被确定为2009年国家级教学团队。

• 31日，学校校史博物馆正式开馆。校史博物馆展厅面积1 200多平方米，由八个展厅、一个书画艺术厅构成。馆内展出图片照片数千张、校史实物文物数百件，集中展示和反映了学校不断建设、发展、壮大的过程。

9月

• 1日，第六届高等教育国家级教学成果奖获奖项目公布，我校宁滨教授主持的《面向国家重大需求，培养具有轨道交通特色的创新型工程人才》和卢苇教授主持的《精英型软件工程师人才培养模式的探索与实践》2 个项目获得国家级教学成果一等奖，另有 4 项成果获得国家级教学成果二等奖。

• 1 日，“首都教育先锋”创建活动评选结果揭晓，我校动车组教学科研一体化创新团队、大学英语教学团队荣获“首都教育先锋”先进集体称号，部春海荣获“首都教育先锋科技创新标兵”荣誉称号，马忠、李长春荣获“首都教育先锋教学创新个人”荣誉称号，赵耀荣获“首都教育先锋科技创新个人”荣誉称号，郝生跃、王雪松荣获“首都教育先锋管理创新个人”荣誉称号。

• 1 日，我校人文学院辅导员孙慧环被授予“全国高校优秀辅导员”荣誉称号。

• 2 日，王移芝教授获得第五届高等学校教学名师奖。王移芝教授是我校计算机与信息技术学院教授、硕士研究生导师，国家精品课程“大学计算机基础”的课程负责人，并担任计算机基础教学基地主任，负责全校非计算机专业的计算机基础类课程的教学工作。

• 3 日，学校举办 2009 级新生开学典礼。7 000 余名新生、部分新生辅导员、班主任和学生家长参加了开学典礼。2009 年学校招收研究生 3 157 人（博士生 394 人、硕士生 2 763 人），本专科生 3 978 人（本科生 3 478 人，专科生 500 人）。

• 4 日，我校李孟刚副教授完成的《产业安全理论研究》和马忠教授等完成的《金字塔结构下终极所有权与控制权研究》2 部专著分别获第五届高等学校科学研究优秀成果奖（人文社会科学）著作奖二、三等奖，该奖项是人文社会科学奖最高级别奖项。

• 4 日，我校管理科学与工程、数学 2 个一级学科获批设立博士后流动站，开展博士后工作。至此，我校已有 13 个一级学科设立了博士后流动站，分布在理、工、经济 3 大学科领域。

• 4 日，我校交通工程专业被批准为第四批国家级特色专业建设点，至此，该校立项建设的国家级特色专业建设点共 11 个专业。

• 4 日，教育部授予我校人文学院辅导员孙慧环“全国模范教师”荣誉称号。

• 6 日，我校高自友教授获评 2008 年度“长江学者”特聘教授。

• 7 日，根据《关于做好 2009 年北京高等学校市级校外人才培养基地申报工作的通知》，我校与“北京铁路局”联合申报的“铁路特色专业”市级校外人才培养基地建设项目获得批准，至此，我校已有 2 项市级校外人才培养基地建设项目。

• 5—7 日，我校学生公健在 2009 年全国田径冠军赛暨田径大奖赛总决赛中以 67. 19 米的成绩获得了男子链球比赛的冠军。

• 9 日，学校庆祝 2009 年教师节暨表彰大会隆重举行。校党委副书记高艳宣读了北京交通大学教师节表彰决定，学校领导为获奖教师代表和获奖单位代表颁发了荣誉证书。教师代表王移芝、教育工作者代表孙慧环先后发言，宁滨校长发表重要讲话。

• 15 日，我校在北京市教委组织的 2008/2009 学年度各区县、高等学校和中等专业学校及其统计人员的教育事业统计工作的质量评估中荣获优秀集体一等奖。

• 15—17 日，我校主办的第八届光通信与网络国际会议（ICOCN2009）举行。本届会议的主题是激光与光通信领域的最新研究进展，包括：激光器、光放大器等有源光器件与模块、光无源器件、光传输、光信号处理、光交换与网元、光网络、光传感等主要议题。会议共收到高水平学术论文近 150 篇，与会境内外专家学者 100 余人，其中境外专家来自美国等

10 余个国家和地区。

• 14—21 日，我校建筑与艺术系建筑学毕业设计作品参加第 18 届国际大学生建筑专业毕业设计竞赛，2 项作品获得优秀作品一等奖，指导教师韩林飞教授、张红红教授、邓智勇博士获优秀指导教师奖。

• 22 日，2009 年“中国最具影响力 MBA 排行榜”在“世界经理人高峰会”上发布。2009 年第七届“中国最具价值 EMBA”排行榜中，我校 EMBA 在全国 62 所院校中排名第 7；“中国最具影响力 MBA”排行榜中，我校 MBA 在近 200 所院校中排名第 13；“最具影响力中外合作 MBA”排行榜中，我校中澳商学院在众多院校中排名第 8。

• 25 日，我校与奥地利欧亚太平洋大学联盟及维也纳技术大学共同创建的“中奥物流创新研究中心”举行签约揭牌仪式。教育部国际司副司长生建学、校长宁滨和维也纳技术大学副校长凯撒共同为中心成立揭牌。中心的成立将进一步促进中奥两国在物流管理领域开展理论与实践的创新研究，推动物流学科的发展，提升双方在相关领域的国际知名度和学术影响力。

• 28 日，北京交通大学“行业特色研究型大学发展战略研究中心”项目顺利结题，战略研究培育基地成功通过教育部验收检查。

• 29 日，我校与山东东营市人民政府共建风电室外研究中心举行合作签约仪式。校长宁滨代表学校与东营市市长张建华共同签署了《东营市人民政府与北京交通大学关于建设风电室外研究中心的协议》。

• 30 日，学校举行北京交通大学师生参加国庆 60 周年庆典活动誓师出征大会，为参加国庆 60 周年庆典活动的 2 500 余名师生鼓舞士气，激励他们发扬交大人“团结、奋进、求实、创新”的精神，为祖国母亲献礼，为百年交大争光。

• 9 月，操场改造工程完成，工程总投资 660 万元，新建场地 10 700 平方米，返修场地 7 700 平方米，新建攀岩设施。

10 月

• 1 日，在国庆 60 周年庆典活动中，我校 2 323 名师生组成“交通运输”群众游行方阵，70 余名合唱团同学出演大型音乐舞蹈史诗《复兴之路》，45 名师生参与新中国成立 60 周年群众联欢晚会。

• 10 日，“为祖国骄傲”庆祝新中国成立 60 周年纪录片展评会中，我校作品《为城市轨道安上中国芯》荣获 DV 类作品金奖，作品《把一切献给人民铁路——金士宣》，获得 DV 类银奖、党建类铜奖，作品《应战》获 DV 类铜奖、党建类铜奖，作品《反盗版公益宣传片》，获 DV 类银奖。

• 15 日，首都国庆 60 周年群众游行总结表彰大会举行，我校荣获“首都国庆 60 周年群众游行优秀组织单位”称号，校党委副书记高艳代表学校上台领奖。

• 16 日，在国庆应急备血工作总结会上，我校被评为国庆 60 周年应急备血工作先进单位。

• 17 日，第五届中国交通论坛在我校举行，本届论坛主题为“金融危机下的综合交通体系建设”。300 余位来自国家相关部委的领导、国外政府官员和国内外的专家、学者、企业代表及台湾地区的学者出席论坛。

• 17 日，第五届交通大学全球商界校友领袖峰会召开，校党委书记王建国、副书记颜吾佴一行出席会议，五所交通大学的商界领袖校友共160余人参加，本届会议的主题是：四海同心交大人。

• 17日，学校举行运输、经管、电信学科世纪巡礼庆典。近千名海内外校友回到母校，与校领导、老教师和师生代表共同庆祝3个学科创立百年。庆典大会回顾总结了3个学科百年来的发展的历程和宝贵经验。学校制作展出了《世纪巡礼——北京交通大学运输、经管、电信学科发展历程图文展》，反映3大学科的世纪发展之路及对学校发展建设的突出贡献。

• 17日，我校6门课程被评为国家精品课程，其中土建学院夏禾教授负责的《桥梁工程》、交通运输学院袁振洲教授负责的《道路交通管理与控制》、软件学院卢苇教授负责的《软件系统分析与设计技术》为国家精品课程；语言学院宫玉波教授负责的《大学英语》、计算机学院韩臻教授负责的《计算机安全》和经管学院赵启兰教授负责的《企业物流管理》为网络教育类国家精品课程。《软件系统分析与设计技术》同时获评教育部－IBM精品课程。

• 22日，学校举行纪念学校工会建会60周年座谈会。北京市教育工会主席张青山、中华全国铁路总工会原副主席孙忠玲出席了座谈会并讲话。我校工会是北京高校建立的首个工会组织，当时《新民日报》发表特别消息称“交大京院工会成立是京市教育界创举”。

• 22—23日，新中国成立60周年“高校德育创新发展研究”论坛举行，校党委副书记高艳在论坛上以“中央16号文件下发5年来高校德育理论与实践的探索”为题作了发言。同时，校党委副书记高艳的“坚持以人为本，构筑促进研究生全面发展的综合素质教育平台”荣获2008年“高校德育创新发展研究成果”三等奖、电信学院党委副书记赵岚的“加强学生活动的规则设计，提高学生活动的教育功效”获优秀奖。

• 22—23日，学校举行国庆庆典活动总结表彰报告会，以事迹报告的形式宣传表彰先进典型，传承和发扬“国庆精神”。我校师生圆满完成了群众游行第19“交通运输”方阵、大型音乐舞蹈史诗《复兴之路》以及新中国成立60周年群众联欢晚会等各项重任。

• 24日，我校举办第三届国际文化节。沙特驻华特命与佛得角、刚果（金）、格林纳达、马达加斯加、汤加驻华大使、教育部国际合作与交流司副司长生建学、国家留学基金委副秘书长李建民，来自25个国家的外交官、64个国家的学生和他们的家人朋友，校领导宁滨、高艳、陈峰，以及近2 000名师生共同参与了这次盛会。

• 25日，北京交通大学海滨学院二期建设项目开工奠基仪式举行。海滨学院二期工程项目总投资达3亿多元，建设总面积19万余平方米，项目涉及教学楼、实验楼、会堂、大学生活动中心、综合体育馆、学生食堂、学生公寓等25座楼宇。

• 28日，在第十一届“挑战杯”全国大学生课外学术科技作品竞赛中，我校学生回恺的课题荣获二等奖，另有4名同学课题荣获三等奖。

• 28—30日，由我校主办的第四届环境振动国际学术研讨会（the 4th International Symposium on Environmental Vibrations）召开。会议旨在探讨环境振动领域的前沿进展以及相关工程面临的挑战，议题主要包括交通系统、建筑活动和工业生产等引起的地面和结构物振动的监测、评估和理论研究及其相应的振动控制研究与应用等。大会共收到264篇学术论文，有24个国家和地区的专家学者和工程技术人员200余人参加。

• 30日，我校软件学院获得首批中国服务外包人才培训中心（北京）服务外包人才培训机构，该培训机构承担着加快培养服务外包人才，提升服务外包产业人员素质，促进高校毕业生就业，加快促进服务外包产业快速健康发展的任务。

11 月

• 2 日，副校长陈峰会见了台湾科技大学校长陈希舜教授等一行 6 人。双方就两校在工业工程设计管理、土木工程、电磁兼容、轨道交通等专业和领域的合作达成了共识，并就交换生培养具体事宜进行了交流。

• 6 日，主校区供暖由自管燃煤锅炉改为北京市热力集团供热，正式开始供暖。学校对二次管网系统进行了梳理和必要的改造。

• 3—7 日，2009 年中国国际工业博览会举行，我校被评为工博会全国高校展区优秀组织奖，机电学院李德才教授的参展成果“低温大直径磁性液体密封装置”获得工博会科技创新奖。

• 7 日，“首届中国信息安全人才培养与就业工作研讨暨交流会”在我校召开。本届会议以“金融危机形势下信息安全人才需求与就业”为主题，分为“信息安全人才培养与就业工作研讨会”和“信息安全专场招聘会”两个会场同时举行。招聘会作为业内首场信息安全专场招聘会，有天融信、联想网御、浪潮等国内信息安全的领军企业，握奇数据、谷安天下、瑞达时代、海泰方圆、国迈科技、天津国瑞等近 10 家信息安全界的新锐企业参加，提供了近千名职位。

• 6—8 日，在第六届中国模拟联合国大会上，我校学生获得“优秀代表团”奖和“优秀立场文件”奖，张春晖同学获本次大会“最佳主席”称号。

• 8 日，学校电信学院戴胜华老师指导的本科生参赛队伍获全国“IEEE 标准电脑鼠标走迷宫”大赛总决赛第 3 名。

• 10 月 30 日—11 月 9 日，由我校交响乐团、女子排球队组成的“2009 乐动两岸文化交流团”一行在台湾台北、新竹两地进行了交响乐义演和排球友谊赛等文化交流活动。这是大陆大学生交响乐团第一次、也是规模最大的一次赴台演出，票务所得全数捐给台湾 8. 8 水灾受灾同胞。

• 9 日，学校高质量地完成了“国庆平安行动”的各项任务，被海淀区国庆 60 周年安保和交通指挥部、海淀区“国庆平安行动”指挥协调小组授予“国庆安保工作先进集体”荣誉称号。

• 11 日，我校陈后金教授主编的《数字信号处理（第二版）》、荣朝和教授主编的《西方运输经济学（第二版）》和刘军、马敏书教授主编的《电子商务系统的分析与设计（第二版）》3 种教材被评为国家精品教材。

• 13 日，我校宁滨教授牵头申报的“轨道交通复合型工程拔尖人才培养模式创新试验区”获批北京高等学校市级人才培养模式创新试验区。“轨道交通复合型工程拔尖人才培养模式创新试验区”是我校对接国家轨道交通快速发展重大需求，秉承办学传统，结合全校 6 个轨道交通特色专业而设立的一个拔尖复合型工程人才实验区。

• 16 日，在 2009 年宝钢教育奖评审工作会议上，我校计算机学院王移芝教授和理学院 2006 级本科生刘永椿分别获得宝钢优秀教师特等奖和宝钢优秀学生特等奖。

• 16 日，在 2009 成都国际软件设计大赛上，我校董书建同学取得数字娱乐软件设计开发第二名暨手机游戏方向第一名。

• 17—18 日，2009 年北京地区高校毕业生就业工作总结会召开，我校获“2009 北京地区高校毕业生就业工作先进集体”荣誉称号，黄晓慧、梁英 2 名同志被评为“2009 北京地区高校毕业生就业工作先进个人”。

• 18 日，北京交通大学董事会第七次全体会议举行。校长宁滨代表学校向董事单位领导和代表汇报了学校各项工作取得的新成绩及与董事单位的交流与合作情况。副校长陈峰向各董事单位报告了董事会基金使用情况和董事会章程的修改说明。副校长王永生、李学伟代表学校分别作了学校人才培养合作报告和学校科技与产业合作报告。66 家董事会成员单位均派代表与会并作深度交流。

• 24 日，学校成立北京交通大学智能系统及再生能源研究中心，挂靠电子信息工程学院管理，中心是依托国家首批“千人计划”人选宋永端教授及其团队成立的，由宋永端教授任负责人。

• 25 日，我校申报的“城市轨道交通 CBTC 系统北京市高等学校工程研究中心”通过了北京市教委组织的专家评审。

• 26—28 日，学校召开召开 2009 年学位与研究生教育工作会议，会议主题为“优化结构、注重创新、提高质量”。此次会议是学校研究生教育结构调整与注重创新、提高质量的启动会，后续还会组织专家报告、教育研讨，并出台相关政策文件。

• 28 日，由我校主办的“第三届中国产业安全论坛”在人民大会堂举行。本届论坛的主题为“关注金融产业安全 共促国家经济发展”。十届全国人大副委员长成思危、全国政协主席张梅颖担任论坛名誉主席。北京交通大学中国产业安全研究中心在论坛上发布了《2009 中国金融产业安全报告》等 3 份年度学术报告。

• 28 日，我校交通运输实验中心被确定为 2009 年度国家级实验教学示范中心建设单位。交通运输实验中心以国家一级交通运输工程国家重点学科等为依托，主要面向交通运输学院 3 个专业，4 个方向约 1 400 人开设实验、实习、课程设计、毕业设计等实践课程，并面向全校学生开放，开设交通运输实验室功能介绍与新技术案例教学、学术前沿讲座等开放性课程。

• 30 日，2009 年度高等学校科学研究优秀成果奖（科学技术）拟授奖项目公布，我校王永生教授主持完成的“固态阴极射线发光及相关发光材料”和高自友教授主持完成的“面向交通运输系统的复杂网络理论与方法”分获自然科学奖一等奖。

• 30 日，我校研制开发的轨道交通亦庄线国产 CBTC 示范工程核心技术设备产品定型会召开，标志着自主创新技术先进的 CBTC 信号核心设备已具备投产条件，迈出了具有自主产权的 CBTC 系统产业化的关键一步。

12 月

• 1—3 日，由北京交通大学、中国电子学会、武汉大学联合举办、华中科技大学和中山大学协办的第一届云计算国际会议（CloudCom 2009）召开。会议旨在吸引国内外云计算及其相关技术领域的专家学者，共同探讨云计算及其带来的问题与挑战。来自美国、德国等国家的 100 余位专家学者参加了会议。本次会议收到国内外投稿近 200 篇，主要内容涉及云/网格体系架构、中间件框架、软件即服务（SaaS）、硬件即服务（HaaS）、数据网格和语义网、虚拟化技术和资源管理、安全和风险、容错和可靠性、高性能计算、效用计算、社会和科学计算等。

• 6 日，在全国高校首届“创意 创新 创业”电子商务挑战赛中，我校 2 支参赛队分获特等奖和三等奖。

• 11 月 24 日—12 月 7 日，应比利时鲁汶孔子学院、丹麦奥尔堡孔子学院及荷兰海牙孔子学院邀请，我校学生艺术团以“东方情 中华韵”为主题，在丹麦、比利时、荷兰等地举行了 6 场巡回演出，开展了以民乐为主体，舞蹈、歌曲、武术、国画等中国传统艺术相融合的综合性文化交流活动。

• 7 日，2009 年北京高等教育精品教材建设立项项目评审结果公布，我校王移芝教授主编的《计算机应用基础》等 29 种教材项目获得 2009 年北京市精品教材立项支持，其中重大支持项目 1 项、重点支持项目 7 项、一般支持项目 21 项。

• 9 日，第六届中国青少年科技创新奖颁奖典礼举行。我校电信学院光波所简水生院士指导的博士生冯素春获此奖项。

• 10 日，我校羽毛球队代表中国参加 2009 年泛印度洋亚洲大学生运动会，囊括了男女团体、男女单打、男女双打 6 块金牌。

• 10 日，教育部对依托我校建设的电力牵引教育部工程研究中心（以下简称中心）建设项目进行了验收。验收专家委员会一致认为该工程中心全面完成了项目建设任务，达到了预期建设目标，同意通过验收。

• 11 日，第四届全球孔子学院大会召开，我校和比利时鲁汶工程大学合办的鲁汶孔子学院荣获优秀孔子学院荣誉称号。

• 12 日，在第五届东亚运动会田径比赛中，我校学生赵宽松代表中国参加跳高比赛，获得银牌。

• 14 日，土建学院张顶立教授负责的“城市地下工程教育部重点实验室”获教育部批复立项建设。

• 15 日，依托我校机电学院申报的“载运工具先进制造与测控技术教育部重点实验室”（B 类）暨教育部国防科技重点实验室，获教育部正式批复立项建设。至此，我校共有省部级及以上科研平台 28 个。

• 18—19 日，“2009 年北京高校心理素质教育年会暨北京高校心理素质教育理论与实践研讨会”在京召开，我校心理素质教育中心荣获 2007—2009 年北京高校心理健康教育工作“先进集体”奖，田宝伟老师荣获“先进个人”奖。

• 19 日，我校校长宁滨出席第三届高水平行业特色型大学发展论坛年会暨共建工作座谈会，并作题为“发挥学科特色型大学优势 构筑新型产学研联盟”的专题发言。

• 20 日，我校“一体化标识网络系统”项目通过教育部科技成果鉴定，这标志着我国拥有自主知识产权的首个全新未来信息网络系统问世。由中国工程院院士邬贺铨、周炳琨、王小谟等 11 位专家组成的鉴定委员会认为“一体化标识网络”在未来信息网络体系、理论及技术等核心研究领域，取得突破性进展。专家表示，该系统在全球未来信息网络研究领域率先实现了未来网络体系从概念到现实的跨越，也标志着我国成为世界上第一个系统提出未来信息网络概念、体系、机制并全面构建原型实验系统而且开始推广应用的国家。

• 22 日，我校出版社出版的《公路工程》和《大学英语・第 1 册（修订本）》被中国书刊发行业协会评为“2009 年度的优秀畅销品种”。

• 22—24 日，教育部在京组织召开 2009 年度教育部科技委全体会议暨科技委换届大会，我校宁滨教授被聘为第六届教育部科技委委员、能源与土木建筑水利学部常务副主任和教育部科技委学风建设委员会委员，李学伟教授、余祖俊教授分别被聘任为科技委信息学部委员和国防科技学部委员。

• 24 日，副校长李学伟参加了我校与郑州市轨道交通有限公司战略合作协议签约暨北京交通大学博士工作站揭牌仪式。

• 24 日，学校举行纪念校报创刊、广播站成立 60 周年座谈会。校党委副书记高福廷、北京高校校报协会理事长李铁铮、全国高校广播工作联谊会代表刘乃勇等出席座谈会。

• 27 日，“比利时 Group T 鲁汶工程大学驻北京交通大学联络处”举行揭牌仪式。我校副校长陈峰、Croup T 校长韩德华（Johan De Graeve）共同为联络处揭牌。

• 29 日，学校召开六届二次教代会。校长宁滨作了题为《深入贯彻落实科学发展观，不断开创研究型大学新局面》的 2009 年校长工作报告。本次大会共收到代表提案、建议、意见 46 件，均按教代会工作规程规定的提案处理程序处理。

• 30 日，2009 年高等学校科学研究优秀成果奖（人文社会科学）颁奖大会在人民大会堂召开。我校李孟刚副教授完成的《产业安全理论研究》和马忠教授等人完成的《金字塔结构下终结所有权与控制权研究》两项成果获优秀成果奖。

• 30 日，学校召开“十二五”规划制定启动工作会。校领导宁滨、陈峰、李学伟、王永生、张星臣以及各学院、部分机关部处领导参加了会议。宁滨校长对规划制定工作提出要求。王永生副校长对“十二五”规划制定工作作出了具体部署。会上成立了由校领导牵头职能部处参加的 6 个专题调研小组。